专利检索
策略及
实战技巧

主　编◎秦　声

副主编◎吴　荻　李　麟

知识产权出版社

全国百佳图书出版单位

—北京—

图书在版编目（CIP）数据

专利检索策略及实战技巧/秦声主编.—北京：知识产权出版社，2019.10（2021.9重印）
ISBN 978-7-5130-6558-0

Ⅰ.①专… Ⅱ.①秦… Ⅲ.①专利—信息检索 Ⅳ.① G254.97

中国版本图书馆 CIP 数据核字（2019）第 229846 号

内容提要

本书系统梳理了专利文献检索的基本理论与方法，包括专利文献检索目的、常用检索工具、专利分类体系基本知识和检索通用的方法。在此基础上，通过大量的不同技术领域的实际案例，详细阐释了在专利检索中常用的检索策略和检索技巧，包括利用分类号检索、追踪检索、要素拓展检索、特定特征检索、同在或邻近算符检索、全文检索、语义检索、期刊论文检索等。此外，还特别介绍了专门适用于化学材料领域、通信领域、机械领域的特色检索策略。通过本书系统的介绍，旨在使相关从业者掌握运用互联网进行专利检索的方法。

责任编辑：宋 云　　　　　　　　责任校对：谷 洋
文字编辑：薛晶晶　　　　　　　　责任印制：刘译文

专利检索策略及实战技巧

主　编　秦　声
副主编　吴　荻　李　麟

出版发行	知识产权出版社有限责任公司	网　址	http：//www.ipph.cn
社　址	北京市海淀区气象路 50 号院	邮　编	100081
责编电话	010-82000860 转 8388	责编邮箱	songyun@cnipr.com
发行电话	010-82000860 转 8101/8102	发行传真	010-82000893/82005070/82000270
印　刷	北京九州迅驰传媒文化有限公司	经　销	各大网上书店、新华书店及相关专业书店
开　本	720mm×1000mm　1/16	印　张	26.5
版　次	2019 年 10 月第 1 版	印　次	2021 年 9 月第 2 次印刷
字　数	430 千字	定　价	88.00 元

ISBN 978-7-5130-6558-0

前　言

根据世界知识产权组织的研究，专利文献中记载了世界上 90% 以上的技术信息，并且 80% 的技术信息仅在专利文献中记载，这些专利文献无疑是巨大的宝藏。随着我国建设创新型国家目标的确立和创新驱动发展战略的实施，专利越来越受到社会各界的关注和各类创新主体的重视，这也带来了对专利文献进行检索的巨大需求。

专利文献检索相对于其他科技文献的检索，有其独特的特点，也具有较高的难度，这主要体现在以下几个方面。第一，从专利文献本身的特点来看，专利文献比一般科技文献的用语往往更加抽象、更加多变，这无疑给检索带来非常大的困难和不确定性。第二，从检索工具和检索手段来看，一方面，专利文献有其专门的分类体系，IPC、CPC、FI/F-term 等多种分类体系并存，且分类条目数量巨大、结构复杂，想要较好地运用分类号来进行检索绝非易事；另一方面，目前的各种专利数据库都提供了丰富的检索入口，包括申请人、发明人、发明名称、摘要、关键词、全文、申请日、公开日、引证被引证文献等，有的数据库检索入口多达上百个；此外，较先进的专利检索工具除了支持简单的逻辑运算外，还支持同在关系、邻近关系、词频检索等多种高级检索功能，甚至提供智能语义检索。面对如此丰富的分类号、检索入口、检索功能，如何结合不同的检索工具，灵活运用各种检索手段来进行专利文献检索，需要具有非常强的策略性和技巧性。第三，从检索目标和检索结果来看，由于新颖性和创造性评判需要具有很强的法律思维和本领域的技术素养，这也会对检索目标的确定和检索结果的筛选带来较大的困难。

毫无疑问，专利文献检索绝对是一项门槛要求非常高的综合技能，这给所有需要进行专利检索的人员带来了巨大的挑战。本书正是以这样的基本认识为出发点，力图让初步接触专利检索的人员更加容易掌握专利检索的基本技能，同时让有一定基础的检索人员掌握一些进阶的检索技巧，提高检索效率。首先，本书介绍了专利文献检索的一些基本理论和常用检索工具，还介绍了基本适用于各类专利文献检索情形的通用检索策略；其次，本书通过大量的不同技术领域的实际案例，向读者展示了丰富的专利检索实战技巧；最后，对于诸如化学、通信、机械等特殊领域，本书还介绍了专门适用于这些领域的检索策略和检索技巧。

　　参与本书编写的人员情况如下：秦声，负责撰写第 1、4 章、第 12.2 节；吴荻，负责撰写第 2.3、8.1 节，第 9、10 章；李麟，负责撰写第 5.3、7.3 节，第 11、15 章；张少文，负责撰写第 2.1、2.2、7.2 节；严开元，负责撰写第 3 章、第 12.1 节；王志豪，负责撰写第 5.1、5.2 节；张思朝，负责撰写第 6 章、第 13.1 节；方赟，负责撰写第 7.1、8.4 节；罗永霞，负责撰写第 8.3、13.3、13.4 节；吴志威，负责撰写第 8.2、13.2、13.5 节；陈园，负责撰写第 14 章。

　　衷心希望本书的内容会对科技工作者、企业知识产权工作者、专利代理机构工作者等相关从业者带来一定的帮助。由于时间仓促、水平有限，书中难免出现错漏之处，欢迎广大读者批评指正！

秦　声

2019 年 10 月

目　录

第一部分
检索基本理论篇

第 1 章   专利检索概述

专利检索是专利相关程序中必不可少的一个环节，其应用广泛，无论是指导企业技术研发，专利申请文件撰写，还是专利审查确权、后续专利保护及侵权诉讼，专利检索都起着至关重要的作用。本章详细介绍了专利检索的应用及目的，新颖性、创造性及现有技术，明确了本书所涉及的专利检索的概念。

1.1   检索的目的

自威尼斯首次建立专利制度以来已有几百年的历史，在这几百年里，专利制度不断发展壮大，同时，在此制度下诞生的专利文献也随着专利制度的发展而发展，我国仅 2018 年单年专利申请量就达到 432 万余件，专利文献目前已成为数量巨大的科技文献资源。

专利文献指包括专利请求书、说明书、权利要求书、摘要在内的专利申请说明书和已经批准的专利说明书的文件资料，其中蕴含着丰富的科技信息、法律信息和经济信息，支撑着我国科技和经济的高速发展。结合其蕴含的多种信息，专利检索具有广泛的用途，下面分别介绍。

1.1.1   查新检索

查新又称为科技查新，是指查新机构根据委托人提供的技术内容，按照《科技查新规范》操作，查找能够影响其新颖性的科技文献，并作出相关结论。科技查新是科学研究的一项重要基础工作，一般是在专利文件撰写或者科技项目立项研发之前进行，为科研人员提供丰富的技术信息和研究方向，指导科研人员撰写专利文件。

科技查新通常是以文献检索和情报调研相结合的情报研究工作，它以科技文献为基础，以文献检索和情报调研为手段，对专利文献和期刊文献进行检索，依据检索结果，对查新项目的新颖性进行检索判断，因此，其主要是利用文献的技术信息。

专利作为科学技术类文献的一个重要分支，是科技查新中文献检索必不可少的部分，专利检索成为科技查新的一项重要手段，其依据待查新项目的科技信息，在专利数据库中检索一定时间范围内能够破坏其新颖性的专利文献或者其他相关文献，获取其中的技术信息，为查新报告的客观、准确提供依据，为科研人员的进一步研究提供借鉴意义和指导方向。

1.1.2　无效检索

专利权无效宣告是指自国家知识产权局公告授予专利权之日起，任何单位或个人认为该专利权的授予不符合《中华人民共和国专利法》（以下简称《专利法》）规定的，可以请求专利复审和无效审理部宣告该专利权无效的制度。该制度的设置是为了纠正国家知识产权局对不符合专利法规定条件的发明创造授予专利权的错误决定，维护专利权授予的公正性。

请求人针对某一项已授权的专利向国家知识产权局提出无效的理由包括：被授予专利权的发明、实用新型不符合《专利法》第 22 条的规定，即该发明或者实用新型不具备新颖性、创造性和实用性。且该理由在无效阶段较为常用，因此，在无效阶段也需要进行专利检索。

在实际应用中，无效通常是作为侵权纠纷的后续步骤，若某一企业 A 起诉企业 B 的某一产品涉及侵犯该企业 A 的某一项专利技术，为了保护自身权益，企业 B 通常会对相关专利发起无效挑战。例如国家知识产权局发布的《2017 专利复审无效十大案件》很大一部分案例都涉及侵权、无效两个程序，其中案例"互联网门禁临时用户授权装置和方法"由于涉及 2017 年热门的共享经济而受到广泛关注。作为共享经济的开创者之一，摩拜单车的出现方便了人们最后一公里的行程，摩拜单车得以广泛应用的关键在于其能够摆脱停车桩的束缚，依托物联网智能电子锁实现与后台数据交换，方便随时租借 / 停车。然而这一核心技术涉及一项专利纠纷，2017 年 3 月，深圳呤云科技有限公司分别向北京市知识产权局和北京知识产权法院提出侵权诉讼，认为北京摩拜科技有限公司的产品摩拜单车所采用的电子锁技术涉嫌侵权，涉案专利名称为"互联网门禁临时用户授权装置和方法"（专利号：ZL201310630670.7），请求判令摩拜公司停止侵权，并赔偿损失 130 万元。随后，摩拜公司以涉案专利不具备创造性等为由，向国家知识产权局专利复审委员会提起了专利权无效宣告请求。2017 年 12 月，专利复审委员会作出第34304 号无效宣告请求审查决定书，宣告涉案专利权全部无效。摩拜公司能够请求复审该专利无效的原因就在于其进行了大量专业的检索，检索到外文教科书、国内馆藏图书、专利文献等多种证据形式来破坏该授权专利的创造性，从而复审委员会宣告其无效。可见，专利无效检索能够获取关键的技术信息，同时产生巨大的经济效益。

另外，在专利审查过程中，为了避免竞争对手的某项专利获得授权，在审查阶段即向国家知识产权局提供检索的证据提出无效专利请求，避免后续纠纷。

1.1.3　侵权检索

《专利法》第 11 条规定"发明和实用新型专利权被授予后，除本法另有规定的以外，任何单位或者个人未经专利权人许可，都不得实施其专利，即不得为生产经营目的制造、使用、许诺销售、销售、进口其专利产品，或者使用其专利方法以及使用、许诺销售、销售、进口依照该专利方法直接获得的产品"，也就是说制造、使用、销售某一产品之前需要进行侵权检索。

侵权检索又称为防止侵权检索或专利侵权主动检索，是用来判断自身的某一产品是否会侵犯其他专利的专利权，一般用于产品发布之前在特定区域范围内进行检索，预期后续是否会涉及侵权纠纷，由于专利权的范围是依据专利的权利要求书来确定，因此，检索的对象应当是处于有效期内的专利的权利要求书。检索的目的在于查找出权利要求记载的与该产品技术方案相同的专利以及权利要求范围更大的专利。

例如 2016 年北京知识产权法院审理的"U 盾"专利侵权案，北京握奇公司起诉恒宝公司制造并销售的 U 盾产品侵犯其专利权，法院审理后认为恒宝公司制造、销售的被诉侵权产品以及使用该产品进行转账的物理认证方法侵犯了握奇公司的专利权，并造成了较大的经济损失，法院判决恒宝公司立即停止侵权行为，并赔偿握奇公司经济损失 4900 万元，以及为握奇公司支付诉讼律师费 100 万元。恒宝公司为此次侵权付出了巨额赔偿的代价，若其能够在制造销售产品之前进行侵权检索，规避相关专利的保护范围或者向专利权人寻求合作，或许能够避免此次损失。可见，有效的侵权检索在一定程度上意味着巨额的经济利益。

侵权检索的另一项重要目标在于规避海外风险，具体是了解海外国家相关的法律法规，针对需要出口的产品，在进入其他国家之前，需要对该国家的相关技术和专利进行分析了解，以规避出口产品的风险。例如美国著名的337调查，337调查是指美国国际贸易委员会（United States International Trade Commission，USITC）根据美国《1930年关税法》（Tariff Act of 1930）第337节（简称"337条款"）及相关修正案进行的调查，禁止的是一切不公平竞争行为或向美国出口产品中的任何不公平贸易行为，尤其涉及知识产权侵权。目前，337调查针对我国的案例数量呈上升趋势，且胜诉率较低，更是向我国的企业家们发出警报信号，在商品出口美国之前需要进行专利检索，了解相关领域的知识产品状况，规避海外风险。

1.1.4　专利分析

专利分析检索与其他检索不同，并非针对某一单一的技术方案进行专利检索，而是对某一领域或者该领域的某一技术整体进行检索，对检索到的专利信息进行统计、分析，获取其中所蕴含的技术信息，为企业科研人员的研发提供指导方向。

例如泄漏测试技术领域传统的检漏方法有气泡法、涂抹法、化学气体示踪法、压力变化法、流量法、超声波法等，而随着高真空检漏技术科学领域的不断发展和应用技术的日趋成熟，氦质谱检漏技术已经成为迄今为止最为灵敏、有效、便捷，应用最广泛的检漏手段。而氦质谱检漏技术的改进主要涉及结构部件和检测方法两个方面。

通过对氦质谱检漏技术的专利文献检索、标引和梳理，对涉及氦质谱仪检漏领域的专利文献样本的分析可知，对结构的改进集中在真空泵和检测探头上，使其真空条件的可靠性、装置的便携性及检测环境适应性得到提高；对其检测方法，由于应用环境和检测对象不同，按照检测过程中氦气的流向可划分为正压法检漏和真空法检漏，根据对密封性要求及测量目的不同，对焊缝等试件进行的漏点检测以及对密封性要求严格的部件进行漏率检测，而依据不同试件的特点，漏点检测又可分为喷枪法和吸枪法。可见，专利分析检索能够让技术人员了解技术整体发展状况，把握研发热点。

1.1.5　商业情报检索

在对专利整体进行分析时，除了能够获取重要技术信息外，还可以对商业情报进行检索，获取有价值的商业信息。现在的专利分析通常包括对涉及关键技术的专利，分析其申请人、专利权人和发明人，以了解该领域的核心技术掌握在谁的手中，谁才是具有核心竞争力的人才。对于无法避开的关键技术，可以通过寻求技术转让、许可等方式进入市场，例如对国内毫米波雷达这一技术进行专利分析发现，国内专利中相关专利转让将近 5000 件，通过转让可以发现哪些企业是这个行业的领军人物，哪些专利具有商业价值。另外，还可以通过一定条件吸引相关人才加入，壮大自身研发能力。

1.2　现有技术与新颖性、创造性概念

1.2.1　现有技术

《专利法》第 22 条第 5 款规定，现有技术是指申请日以前在国内外为公众所知的技术。现有技术的公开形式通常包括出版物公开、使用公开和其他形式公开，在专利检索中常用的现有技术为出版物公开，具体应当包括专利文献和非专利文献。现有技术应当具有时效性和公开性，时效性是指公开的内容是在专利申请的申请日之前，公开性是指该技术内容能够被社会公众所知，而非保密文件。现有技术是判断发明是否具有新颖性和创造性的基础。

1.2.2　新颖性、创造性概念

新颖性和创造性是对授权专利的一项基本要求，即授予专利权的发明和实用新型，应当具备新颖性和创造性。

新颖性是指该发明或者实用新型不属于现有技术，也没有任何单位或者个人就同样的发明或者实用新型在申请日以前向国务院专利行政部门提出过申请，并记载在申请日以后公布的专利申请文件或者公告的专利文件中。

判断一份发明是否具有新颖性，是将发明的各项权利要求分别与每一项现有技术的相关技术内容进行比较，不得将几项现有技术方案进行组合。新颖性判断标准为技术领域、技术问题、技术方案和技术效果实质上相同，也就是说如果检索到一篇对比文件，公开了与待检索的技术方案相同的技术领域、技术问题，采用了相同的技术手段，达到了相同的技术效果，则说明该对比文件能够破坏待检索的技术方案的新颖性。

创造性是指与现有技术相比，该发明具有突出的实质性特点和显著的进

步，该实用新型具有实质性特点和进步。

发明具有突出的实质性特点是指对于所属技术领域的技术人员来说，发明相对于现有技术是非显而易见的，如果发明是所属技术领域的技术人员在现有技术的基础上仅仅通过合乎逻辑的分析、推理或者有限的试验可以得到的，则该发明是显而易见的，也就不具备突出的实质性特点。发明具有显著的进步是指发明与现有技术相比能够产生有益的技术效果。

发明是否具备创造性应当基于所属技术领域的技术人员的知识和能力进行评价，所属技术领域的技术人员也可称为本领域技术人员，是指一种假设的"人"，假定他知晓申请日或者优先权日之前发明所属技术领域所有的普通技术知识，能够获知该领域中所有的现有技术，并且具有应用该日期之前常规实验手段的能力，但他不具有创造能力。如果所要解决的技术问题能够促使本领域技术人员在其他技术领域寻找技术手段，他也应具有从其他技术领域中获知该申请日或优先权日之前的相关现有技术、普通技术知识和常规实验手段的能力。

判断要求保护的发明相对于现有技术是否显而易见，通常可按照以下三个步骤进行：

（1）确定最接近的现有技术；

（2）确定发明的区别特征和发明实际解决的技术问题；

（3）判断要求保护的发明对本领域技术人员来说是否显而易见。

在以上步骤中，要从最接近的现有技术和发明实际解决的技术问题出发，判断要求保护的发明对本领域的技术人员来说是否显而易见。判断过程中，要确定的是现有技术整体上是否存在某种技术启示，即现有技术中是否给出将上述区别技术特征应用到该最接近的现有技术以解决其存在的技术问题的启示，这种启示会使本领域技术人员在面对所述技术问题时，有动机改进该最接近的现有技术并获得要求保护的发明。如果现有技术存在这种技术启示，则发明是显而易见的，不具有突出的实质性特点。

下述情况通常认为现有技术中存在上述技术启示：

（1）所述区别特征为公知常识，例如本领域中解决该重新确定的技术问题的惯用手段、教科书或工具书等中披露的解决该重新确定的技术问题的技术手段；

（2）所述区别特征为与最接近的现有技术相关的技术手段，例如同一份对比文件其他部分披露的技术手段，该技术手段在其他部分所起的作用与该区别特征在要求保护的发明中为解决重新确定的技术问题所起的作用相同；

（3）所述区别特征为另一份对比文件中披露的相关技术手段，该技术手段在该对比文件中所起的作用与该区别特征在要求保护的发明中为解决重新确定的技术问题所起的作用相同。

为了判断一项专利技术是否具备新颖性和创造性，需要对其进行专利检索，若检索到能够破坏其新颖性、创造性的对比文件，则该专利技术无法被授权，或者即使已经被授权的专利也可被无效；而若没有检索到相关对比文件，则说明该专利技术可被授权，或该专利权处于有效状态。

1.3　本书涉及的专利检索的概念

专利检索是一个较为宽泛的概念，包括针对专利文献的检索和在专利范围内的检索，为了避免理解的混淆，特此规定本书中以下涉及的专利检索是指针对一项专利技术交底书、一项已撰写好的专利申请或一项已经授权的专利，在现有技术的范围内检索能够影响其新颖性或创造性的对比文件。

第2章 专利检索工具介绍

目前，世界各国或地区的知识产权机构为了方便社会公众获取专利文献信息，均提供了相应的专利检索工具服务，国内有国家知识产权局专利检索及分析系统，国外有欧洲专利局网上检索系统、美国专利商标局网上检索系统等，各国、各地区检索系统各有特色。此外，还有一些商业专利检索系统，现分别介绍如下。

2.1 国家知识产权局专利检索及分析系统

2.1.1 系统简介

国家知识产权局综合服务平台面向社会公众提供专利检索及分析系统，依托海量数据资源，系统主要提供门户服务、专利检索服务、专利分析服务，其中专利检索服务、专利分析服务是核心功能，专利检索及分析入口为http://www.pss-system.cnipa.gov.cn，检索功能包括常规检索、表格检索、药物专题检索、检索历史、检索结果浏览、文献浏览、批量下载，分析功能包括快速分析、定制分析、高级分析、生成分析报告等，数据范围收录了103个国家、地区和组织的专利文献数据，以及引文、同族、法律状态等数据信息，其中涵盖了中国、美国、日本、韩国、英国、法国、德国、瑞士、俄罗斯、欧洲专利局和世界知识产权组织等，每周三进行中外专利数据更新，每周二进行同族、法律状态数据更新，每月进行引文数据更新。

专利检索及分析系统用户需要注册后，方能进行专利检索和分析，其中用户注册又分为普通用户注册和高级用户注册，后者注册需要填写申请表，并由地方知识产权局提交国家知识产权局备案登记后方可获得账户，高级用户能够使用的功能更为全面，当用户登录专利检索及分析系统后，首页界面如图2-1所示。

图 2-1 专利检索及分析系统首页界面

2.1.2 检索核心功能介绍

该系统检索核心功能主要包括分类导航、专利检索、专利分析、药物检索以及热门工具五大板块，在分类导航下有 A 到 H 部的分类表，点击进入后，实质上就是专利检索下的导航检索，能够逐个进行分类号中文含义以及英文含义的查询，或者根据中文、英文含义关键词进行相关分类号的查询；专利检索下分为常规检索、高级检索、药物专题检索、导航检索、命令行检索。

2.1.2.1 常规检索

常规检索主要提供了一种方便、快捷的检索模式，帮助用户快速定位检索对象（如一篇具体的专利文献或一个专利申请人/发明人的专利申请等）。如果用户的检索目的十分明确，或者初次接触专利检索，可以以常规检索作为检索入口进行检索。为了便于用户进行检索操作，在常规检索中还提供了基础的、智能的检索入口，主要包括自动识别、检索要素、申请号、公开（公告）号、申请（专利权）人、发明人以及发明名称。常规检索界面如图2-2所示。

图 2-2 常规检索界面

2.1.2.2 高级检索

高级检索根据收录数据范围提供了丰富的检索入口以及智能辅助的检索功能。用户可以根据自身的检索需求，在相应的检索表格项中输入相关的检索要素，每一个检索表格项，针对的都是一个特定的字段进行的检索，并确定这些检索项目之间的逻辑运算，进而拼成检索式进行检索。如果用户希望获取更加全面的专利信息，或者用户对技术关键词掌握得不够全面，可以利用系统提供的"智能扩展"功能辅助扩展检索要素信息，以及"跨语言"功能辅助进行中外文专利文献的检索。为了保证检索的全面性，充分体现数据的特点，系统根据专利数据范围的不同提供了不同的检索表格项，高级检索界面如图2-3所示，从该检索界面可以看出高级检索提供了丰富的字段入口，如发明名称、IPC分类号、摘要、权利要求、说明书、关键词等，只要在对应的表格项中输入对应的内容，点击检索就可以获得相应的检索结果。

图 2-3　高级检索界面

2.1.2.3　药物专题检索

药物专题检索是基于药物专题库的检索功能，为从事医药化学领域研究的用户提供检索服务。用户可以使用此功能检索出西药化合物和中药方剂等多种药物专利。系统提供高级检索、方剂检索和结构式检索等多种检索模式，方便用户快速定位文献。其中药物专题检索高级检索界面如图 2-4 所示，从该检索界面可知，相比普通高级检索，药物专题检索高级检索的检索字段入口更为丰富，具有很多与药物检索相关的特定字段，如分析方法、生物方法、制剂方法、化学方法、联合方法、新用途、物理方法、提取方法、治疗应用、相似疗效、治疗作用、相互作用、毒副作用、诊断作用，以及方剂味数、方剂组成等。

用户通过点击图 2-4 药物专题检索高级检索界面当中的方剂检索，则可以由高级检索界面切换到方剂检索界面，该检索界面如图 2-5 所示，通过该检索界面，可以对方剂的味数进行设定以及相应的包含种类进行输入来进行检索。

图 2-4　药物专题检索高级检索界面

2.1.2.4　其他检索核心功能

导航检索与分类导航部分内容相同，实质就是分类号的查询与获取，在此不作赘述，而命令行检索则是与专利局审查员审查专利时采用的 S 系统完全相同的检索方式，需要高级用户才能够使用。对于常规检索、高级检索、导航检索、药物专题检索、命令行检索，在专利检索及分析系统的右上角的帮助中心均有详细的操作样例和注意事项以及更多与检索相关的其他内容，用户可以根据需要从帮助中心获得更多信息。

图 2-5　药物专题检索方剂检索界面

2.1.3　运算符介绍

常规检索当中，主要支持 AND、OR 运算符，而在高级检索的检索式编辑区域，支持丰富的运算符对检索要素的组合，如布尔运算符 AND、OR 、NOT，邻近运算符 W、nW、D、nD、=nD，同在运算符 F、P、S、NOTF、NOTP 等，这些运算符可通过检索式编辑区点击 ⊕ 符号进行显示，按照提示操作输入即可，上述运算符的具体含义说明如表 2-1、表 2-2、表 2-3 所示。

需要说明的是不同的运算符同时使用嵌套检索，需要对同一运算符组合的若干要素加圆括号后再与其他运算符涉及的要素进行组合检索，分类号和关键词均可以用布尔运算符进行运算，邻近运算符和同在运算符针对的是关键词之间的运算。

表 2-1　布尔运算符

算符	由算符连接的两个检索项的关系	例子
OR	A 和 B 的"并"集	压缩机 OR 增压机
AND	A 和 B 的"交"集	空调 AND 冷媒
NOT	从 A 中排除 B 的内容	热管 NOT 换热管

表 2-2　邻近运算符

算符	由算符连接的两个检索项的关系	例子
W	A 和 B 紧接着，先 A 后 B，且词序不能变化	空气 W 压缩机
nW	A 和 B 之间有 0~n 个词，且词序不能变化	板 1W 冷却器
=nW	A 和 B 之间只能有 n 个词，且词序不能变化	空气 =3W 热泵
D	A 和 B 紧接着，但 A 与 B 的词序可以变化	热电 D 制冷
nD	A 和 B 之间有 0~n 个词，词序可以变化	温 2D 差
=nD	A 和 B 之间只能有 n 个词，词序可以变化	相机 =3D 镜头

表 2-3　同在运算符

算符	由算符连接的两个检索项的关系	例子
F	A 和 B 在同一字段中	灌装 F 汽水
P	A 和 B 在同一段落中	地源 P 热泵
S	A 和 B 在同一句子中	温差 S 发电
NOTF	A 和 B 不在同一字段中	制冷 NOTF 制热
NOTP	A 和 B 不在同一段落中	鼓风机 NOTP 电风扇

2.1.4　检索结果浏览

通过各种检索模式获得检索结果之后，就开始进入检索结果浏览阶段，浏览方式包括概要浏览和详细浏览，其中概要浏览是常规检索、高级检索等默认的检索结果展现方式。

2.1.4.1　概要浏览

当用户通过某种检索方式检索之后，系统按照默认的配置以概要浏览搜索列表的方式展现检索结果信息。用户可通过概要浏览快速了解专利文献的基本信息，为了便于用户深入了解指定专利文献信息，系统还提供了丰富多样的辅助工具。下面进行具体介绍，用户首先在"常规检索"页面构建检索式，对于"高级检索"等其他检索方式，也是类似的，比如在检索框内直接输入"笔记本"执行检索之后，则进入如图 2-6 所示浏览界面。

图 2-6　概要浏览页面——搜索式

此外用户可以根据需要通过辅助工具按钮 🔍 搜索式 ☰ 列表式 🖼 多图式 选择切换显示模式：搜索式、列表式、多图式中的一种；对于列表式以及多图式的概要浏览页面，具体如图 2-7、图 2-8 所示。

图 2-7　概要浏览页面——列表式

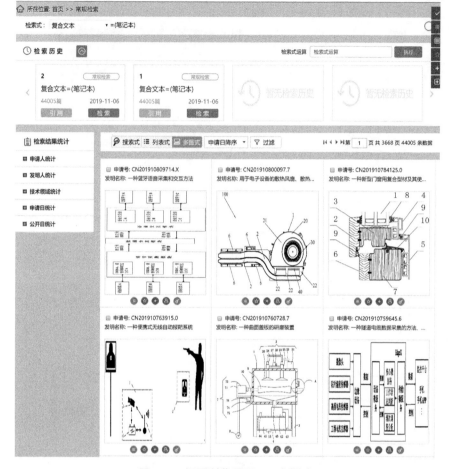

图 2-8　概要浏览页面——多图式

2.1.4.2　详细浏览

详细浏览是一种全面浏览专利文献信息的浏览模式。通过该浏览模式，用户可以全面掌握专利文献的技术实现原理。用户在详细浏览中可以查看到文献的著录项目、全文文本以及全文图像信息。为了便于用户快速定位文献的核心价值，系统还提供有多种详览辅助工具。用户在"概要浏览"页面浏览概要信息的过程中，如果需要查看文献的详细信息，可以通过点击 详览 按钮查看指定文献的详细信息；也可利用页面中提供的多选功能浏览多篇文献的详细信息，然后再点击 📄 按钮即可，具体详细浏览界面如图 2-9 所示。

通过该详细浏览界面，用户可以获得更多的专利文献信息，如详尽的著录项目信息、全文文本信息以及全文图像信息，还可以提供文献的下载服务。

图 2-9　详细浏览界面

2.1.5　热门工具

热门工具包括同族查询、引证/被引证查询、法律状态查询、国别代码查询、关联词查询、双语词典、申请（专利权）人别名查询、分类号关联查询、CPC 查询九部分内容，其中与现有技术检索密切相关的：引证/被引证查询有助于用户把握某一项技术的发展脉络，对现有技术有足够的认知，而CPC 以及分类号关联查询，对于现有技术的查全查准都是大有裨益的，申请（专利权）人别名查询，则有利于追踪检索的全面性，用户可以根据实际需要采用上述工具帮助检索。对于有关检索的其他更多功能用户可进一步阅读帮助中心的相关内容进行学习，本书主要侧重于检索策略，有关专利分析以及其他的功能，用户同样可参考帮助中心内容进行有针对性的学习。

2.2　其他专利检索系统

2.2.1　欧洲专利局网上检索系统

欧洲专利局网上检索系统是欧洲专利局（EPO）面向社会公众提供的免费检索平台，检索入口为 https：//worldwide.espacenet.com，该检索平台包括三个数据库，分别为基于 PCT 最低文献量的 Worldwide 数据库、欧洲专利局公布的全部欧洲专利申请全文 EP 数据库（每周三更新公布数据），以及世界知识产权组织 WIPO 公布的全部 PCT 专利申请 WIPO 数据库（每周三更新公布数据，比 WIPO 公布时间要滞后两周），总计文献量上亿，支持英文、德文、法文、日文、韩文、中文等多语种文字检索，以及同族专利、专利引文、法律状态信息的查询。

2.2.1.1　检索功能介绍

欧洲专利局网上检索系统支持智能检索、高级检索以及分类号的检索，通过在浏览器中输入上述检索入口，登录该平台后的检索界面如图 2-10 所示，该检索界面也即智能检索界面。

通过在上述检索界面的检索输入框内输入检索的相关分类号、关键词等信息，点击"search"按钮，则可以获得相应的检索结果，在该检索界面的智能输入框内点击 i 图标，即可获得操作提示，更多操作帮助信息可以点击"help"（帮助）按钮进行获取。

通过点击"Advance search"按钮，可以切换到高级检索界面，该检索界面具体如图 2-11 所示，表格项主要包括标题以及摘要字段信息的输入、申请号/公开号/优先权号字段信息的输入、申请人/发明人字段信息的输入，以及 CPC/IPC 分类号字段信息的输入，通过在各个表格项中填入相应的信息，点击"search"按钮，系统就会将不同的表格项之间的内容进行逻辑与运算，获得相应的检索结果。

此外对于 EPO 网上检索系统不仅仅可以通过 i 图标获得操作提示，"help"按钮获得帮助信息，还有一些适应于当前操作下的帮助信息，也即

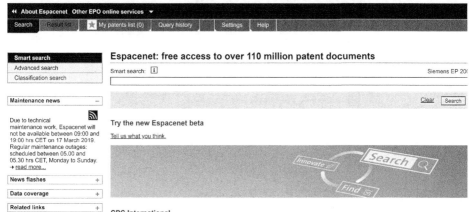

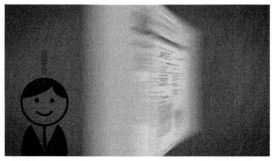

图 2-10　EPO 网上检索系统智能检索界面

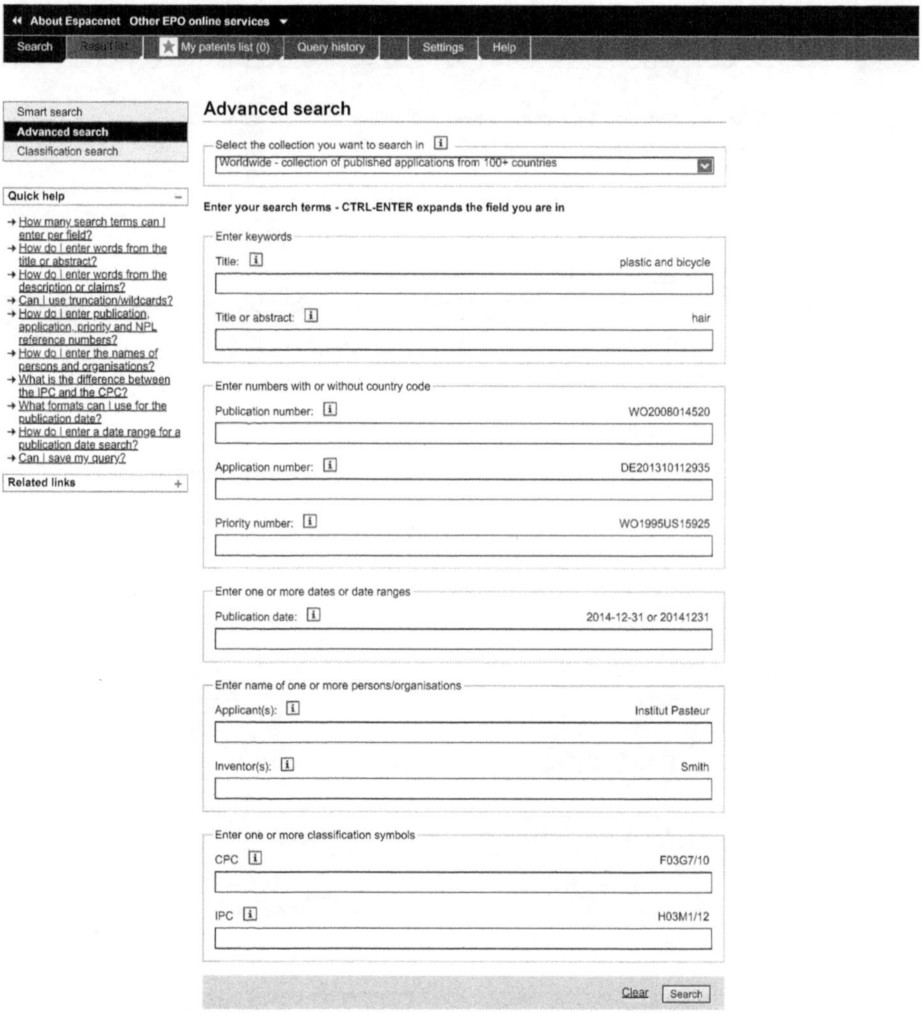

图 2-11　EPO 网上检索系统高级检索界面

"quick help"（快速帮助），如针对高级检索，快速帮助能够提供"每个检索字段中可输入多少个检索词""能用多个检索词的组合进行检索吗""如何从说明书或权利要求书中输入关键词进行检索""可以使用截词或者通配符进行检索吗""如何输入公开号、申请号、优先权号和非专利文献号""如何输入人名和机构名""IPC 和 CPC 的区别是什么""什么是有效日期格式""日期范围检索允许以怎样的格式输入""可以保存检索查询吗"，通过对这些信息的阅读，用户能够比较得心应手地进行高级检索的操作。

　　欧洲专利局网上检索系统的上述检索功能，有如下限定：每一个检索字段中最多输入 4 个检索词，每一个检索界面最多使用 21 个检索词和 20 个运算符，摘要字段中的检索词必须是英文，使用不同字段联合检索时，缺省运算符为 AND，且不可改变等，具体可参考"help"或者"quick help"下的相关信息。

此外通过点击"Classification search"按钮，可以切换进入分类号检索界面，如图 2-12 所示，类似于我国的国家知识产权局专利检索及分析系统的导航检索，通过在检索输入框内输入分类号，则可以查询该分类号的含义，输入主题信息，则可以显示相关的分类号，该功能有利于检索时对分类号的含义进行准确的确认并获得精准的分类号，提高检索准确性和效率。同样的通过"quick help"可以查询到如下信息："什么是联合专利分类系统（CPC）""怎样输入分类号进行检索""可以通过关键词检索分类号吗""如何根据给出的分类进行新的扩展检索""在哪里可以浏览某个 CPC 分类号的描述""分类号前面的星号是什么含义""括号中的文本有什么含义"，通过对上述帮助信息的理解学习，有助于掌握分类号的使用。

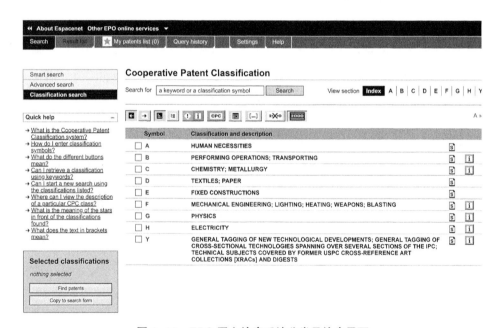

图 2-12　EPO 网上检索系统分类号检索界面

需要说明的是，为了方便检索时的操作，用户可以通过"Change country"的下拉列表进行语言的转换，如选择"China"选项，则可以将检索界面设置为中文模式，利于国内用户的使用。

2.2.1.2 运算符和截断符

布尔运算符，在检索中，可以通过布尔运算符 AND、OR 或 NOT 组合检索项，以得到想要的检索结果。在检索界面范围内，每个输入框中最多可输入 3 个运算符，总共可以输入 20 个运算符。

逻辑与（AND）运算符组合检索项，能够缩小检索范围，查找的是匹配所有检索条件的专利文献，如果任意一个检索条件没有包含在专利中，该专利文献就不会出现在检索结果列表中，对于标题、摘要、发明人、申请人、ECLA 以及 IPC 字段，缺省运算符是 AND，如在标题中输入 solar powered car，则检索的这三个词之间是相与的关系。

逻辑或（OR）运算符组合检索项，能够增加检索范围，用于扩展检索，增加查询到与查询相匹配的专利机会，如在标题 / 摘要字段输入 car or automobile or vehicle，只要在专利文献中出现 "car" "automobile" "vehicle" 任意一种表达方式，则会出现在检索结果列表中。

逻辑非（NOT）运算符，能够排除一些不相关的专利，缩小检索范围，如想查找关于固定装置的专利，用 nail 进行检索，检索结果中同时可能包含有 fingernail 的文献信息，而这些信息与检索的目标并不相符，为排除该类文献，用户可以在标题 / 摘要字段中输入 nail NOT finger 以排除这些无关的专利文献。

对于公开号、公开日、申请号和优先权号字段，缺省运算符为 OR，对于其余的字段，缺省运算符均为 AND，用户在输入检索式时，中间不必键入缺省运算符 AND 或 OR，系统会自动匹配正确的运算符。

上述不同的布尔运算符还可以组合起来进行嵌套查询，以满足更多的查询条件，但必须使用圆括号指定检索词与运算符的运算顺序，圆括号内的内容先被读出，而后是圆括号外的内容，如在标题 / 摘要字段中输入（mouse OR rat）AND trap，检索系统将会检出标题或摘要中包含检索词 mouse 或 rat，并同时包含 trap 的专利文献。如果存在嵌套圆括号，检索系统将从最内层圆括号内的逻辑表达式向外依次执行，最终完成整个查询，如（（mouse OR rat）AND trap）OR mousetrap。

截断符（通配符），为了扩大检索范围，检索系统还提供了三种不同形式的截断符可供使用，"*" 代表任何长度的字符串，该符号前必须至少有三个字母数字式符号，如 co* 则是非法的，在欧洲专利分类字段中，只可以在 IPC 完整分配符后使用 * 号，如 B65D81/32*。"?" 代表 0 或 1 个字符，要查找标题中含有 car 或 cars 的专利，可以在标题字段中输入 car?。"#" 只代表一个字符。"?"和"#"符号前必须至少有两个文字数字式字符（例如 co? 或 pa#），对于符号前有两个文字数字式字符的情形，可以最多采用三个截断符，对于符号前有三个以上文字数字式字符的情形，可以最多采用七个截断符。上述截断符的使用，均会显著增加检索时间。更多的使用技巧以及注意事项，请参照"help""quick help"下的相关内容。

2.2.1.3 检索结果浏览

在 EPO 网上检索系统的智能检索搜索框内，输入相应的分类号、关键词以及算符构建检索式后，或者在高级检索的各个表格项中，按照相应的字段，输入相关内容，如在申请人字段表格项中输入申请人信息，在标题 / 摘要字段表格项中输入关键词信息，在 IPC 字段表格项中输入分类号信息，点击 search 按钮即可得到以列表的方式展现的检索结果信息。下面以智能检索为例，在输入框中输入 f25b1/00 and compressor，点击 search 按钮，则系统以列表的方式呈现检索结果，如图 2-13 所示，在该图中点击 ①▶ 按钮，则可以进行翻页操作，通过勾选相应的文献前的白色方框或者点击 □ Select all（0/25）按钮，则可以选择相应的文献，点击 ⊖Export（CSV|XLS）进行批量的 excel 表格导出检索结果著录项目信息，点击 ↓Download covers 则可以批量进行专利文献的 PDF 下载，需要说明的是下载前需要根据弹出的对话框提示输入验证码信息。

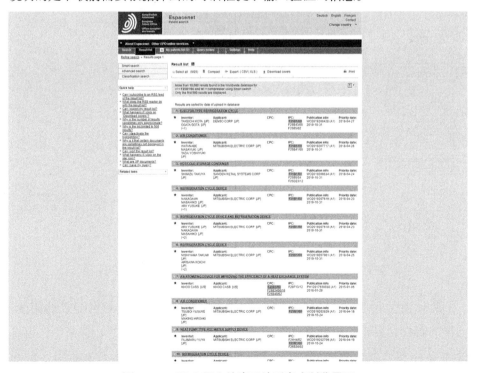

图 2-13 EPO 网上检索系统列表式浏览界面

为对目标专利文献的技术内容进行详细了解，用户直接点击目标文献的标题即可，如点击 WO2019073517（A1）的标题"AIR CONDITIONING DEVICE"，则进入如图 2-14 所示的详细浏览界面，在该浏览界面当中，显示的是本申请的著录项目信息，可以对发明人、申请人、分类号、申请号、优先权号、申请日、公开日进行了解，还包含整个摘要信息。对于摘要信息部分，只要点击 [Select language ▼] ⇌ patenttranslate ，可以将该摘要信息翻译成自己熟悉的语言以便于理解技术内容。

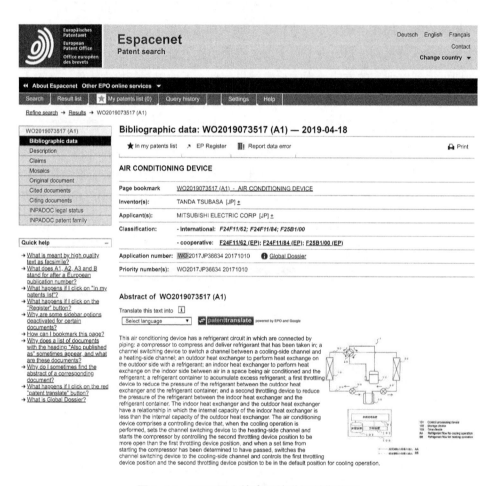

图 2-14　EPO 网上检索系统详细浏览界面

此外还可以点击"Description""Claims"进行说明书、权利要求的阅读，同样的若权利要求、说明书是用户所不熟悉的语言，如日文、韩文等，也可以通过点击 [Select language ▼] ⇌ patenttranslate 翻译成熟悉的语言，以利于把握文献的技术内容，通过点击"Original document"则可以下载本申请的 PDF 全文文本，通过点击"Mosaics"则可以下载本申请的全部附图，通过"Citing documents""Cited documents"的点击操作，则可以获得本专利文献的引证与被引证信息，便于对某一技术的发展脉络进行把握，找到更多所需要的相关文献，通过点击"INPADOC legal status"可以对专利文献的法律状态信息进行查询，通过点击"INPADOC patent family"则可以对同族信息进行查询，对于有审查历史的专利文献，还会增加"All document"的查询操作，能够获得文献的审查意见通知书、申请人答复时所作出的文本修改以及意见陈述等信息。

对于高级检索功能的检索结果浏览与智能检索是相同的，区别仅仅在于检索结果前检索式构建的方式不同，对于更多功能的操作和注意事项，用户可以参考"help""quick help"的相关内容，以及 $\boxed{\text{i}}$ 符号下的提示信息。

2.2.2 美国专利商标局网上检索系统

美国专利商标局网站是美国专利商标局建立的政府性官方网站，该网站向公众提供全方位的专利信息服务，其中除了提供专利数据库服务外，还提供丰富的其他相关信息，如专利概述、专利申请、文献公布程序、US 专利分类体系等。美国专利商标局收录了 1790 年起的美国专利文献，不同的专利信息收录在不同的数据库中，其中 PatFT 数据库可以检索 1790 年以来授权的美国发明专利、设计专利、植物专利、再颁专利、依法登记的发明等，AppFT 数据库可以检索 2001 年 3 月以来的发明专利申请公布和植物专利申请公布，Public PAIR 数据库可以检索专利申请公布及授权专利的专利申请基本资料、审查过程的相关文件信息等。美国专利商标局网上检索系统的检索入口为 http://patft.uspto.gov，或者是 http://appft.uspto.gov，两者进入的检索界面是相同的。

2.2.2.1 检索功能介绍

通过上述两个检索入口中的任意一个，就可以进入如图 2-15 所示的检索入口界面。

在检索入口界面上，用户可以分别选择在 PatFT 或 AppFT 数据库下进行相应的快速检索、高级检索、号码检索，并能够通过点击"PatFT Help Files""AppFT Help Files"获得相应的帮助信息，下面就上述两个数据库的检索分别进行介绍。

图 2-15　美国专利商标局网上检索系统入口界面

（1）快速检索。

点击 PatFT：patent 下的 Quick Search，就可以进入如图 2-16 所示的
PatFT 数据库快速检索界面。

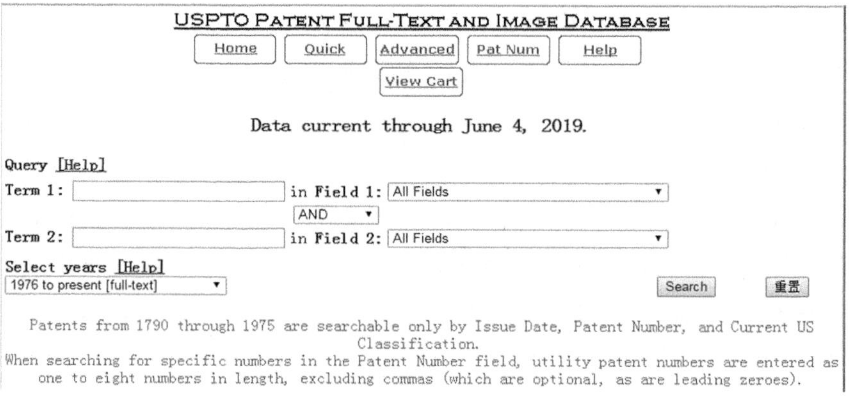

图 2-16　美国专利商标局网上检索系统 PatFT 数据库快速检索界面

在 Term1 和 Term2 后的文本框中输入检索内容，选择两个文本框中的
逻辑运算关系以及检索字段，就可以进行检索，默认的检索字段是 "All
Fields"，用户可以通过下拉的方式选择更具体的字段，如 Title（标题）字
段、Abstract（摘要）字段、Patent Number（专利号码）字段等。逻辑运算
关系包括 AND，OR，ANDNOT。现对检索举例说明如下：在 Term1 中输

入 Snowman，在 Term2 中输入 kit，然后选择 AND 运算符，选择 Abstract 字段，则将返回摘要中同时包含 Snowman 和 kit 的检索结果列表，若选择 OR 运算符，其余不变，则将返回摘要中包含 Snowman 或者 kit 以及两者均包含的检索结果列表，若选择 ANDNOT 运算符，其余不变，则将返回摘要中包含 Snowman 但不包含 kit 的检索结果列表。Title（标题）字段的检索也类似，对于 Patent Number（专利号码）字段的检索，只需要在文本框中输入专利号码即可返回特定的检索结果，其余更多的字段操作，可查看 help 获得使用说明。若用户想进行短语型检索，只需要将短语加""即可，比如说想要检索 air conditioner，只需要在 Term1 或者 Term2 的文本框中输入"air conditioner"，即可返回包含上述短语的检索结果列表，此外快速检索还支持右截断检索，只需要在检索字符串的末尾加截断符 \$ 即可，比如在 Term1 或者 Term2 的文本框中输入 telephon\$，则返回包含 telephone、telephony、telephones 的检索结果列表。

点击 AppFT：Applications 下的 Quick Search，就可以进入如图 2-17 所示的 AppFT 数据库快速检索界面。

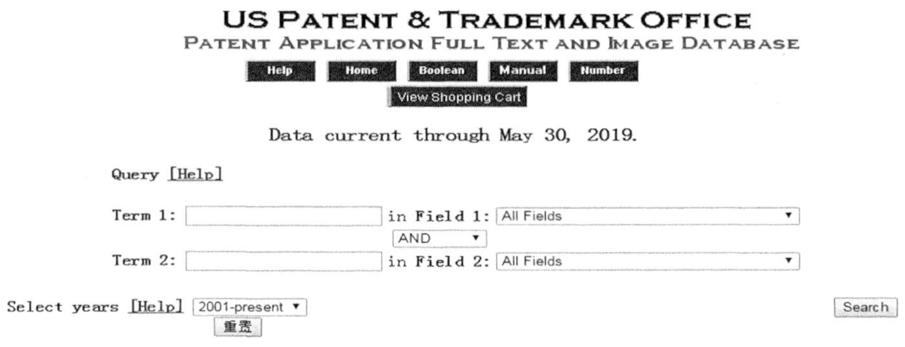

图 2-17 美国专利商标局网上检索系统 AppFT 数据库快速检索界面

AppFT 数据库下的快速检索与 PatFT 数据库下的快速检索的相关操作相一致，两者区别主要在于数据库包含的文献有所不同，具体如何检索操作，不再详细说明。

（2）高级检索。

点击 PatFT：patent 下的 Advance Search，就可以进入如图 2-18 所示的高级检索界面，用户只需要将构建的检索式在高级检索界面内的输入框内输入，点击 search 按钮即可获得相应的检索结果列表，如检索式 ttl/（tennis and

USPTO Patent Full-Text and Image Database

| Home | Quick | Advanced | Pat Num | Help |

View Cart

Data current through November 5, 2019.

Query [Help]

Examples:
ttl/(tennis and (racquet or racket))
isd/1/8/2002 and motorcycle
in/newmar-julie

Select Years [Help]

1976 to present [full-text]   ▼   Search

重置

Patents from 1790 through 1975 are searchable only by Issue Date, Patent Number, and Current Classification (US, IPC, or CPC).
When searching for specific numbers in the Patent Number field, utility patent numbers are entered as one to eight numbers in length, excluding commas (which are optional, as are leading zeroes).

Field Code	Field Name	Field Code	Field Name
PN	Patent Number	IN	Inventor Name
ISD	Issue Date	IC	Inventor City
TTL	Title	IS	Inventor State
ABST	Abstract	ICN	Inventor Country
ACLM	Claim(s)	AANM	Applicant Name
SPEC	Description/Specification	AACI	Applicant City
CCL	Current US Classification	AAST	Applicant State
CPC	Current CPC Classification	AACO	Applicant Country
CPCL	Current CPC Classification Class	AAAT	Applicant Type
ICL	International Classification	LREP	Attorney or Agent
APN	Application Serial Number	AN	Assignee Name
APD	Application Date	AC	Assignee City
APT	Application Type	AS	Assignee State
GOVT	Government Interest	ACN	Assignee Country
FMID	Patent Family ID	EXP	Primary Examiner
PARN	Parent Case Information	EXA	Assistant Examiner
RLAP	Related US App. Data	REF	Referenced By
RLFD	Related Application Filing Date	FREF	Foreign References
		OREF	Other References
PRIR	Foreign Priority	COFC	Certificate of Correction
PRAD	Priority Filing Date	REEX	Re-Examination Certificate
PCT	PCT Information	PTAB	PTAB Trial Certificate
PTAD	PCT Filing Date	SEC	Supplemental Exam Certificate
PT3D	PCT 371c124 Date		
PPPD	Prior Published Document Date	ILRN	International Registration Number
REIS	Reissue Data	ILRD	International Registration Date
RPAF	Reissued Patent Application Filing Date	ILPD	International Registration Publication Date
AFFF	130(b) Affirmation Flag	ILFD	Hague International Filing Date
AFFT	130(b) Affirmation Statement		

图 2-18   美国专利商标局网上检索系统 PatFT 数据库高级检索界面

（racquet or racket））表示返回标题字段中有 tennis 且包括 racquet 或者 racket 的检索结果列表；isd/1/8/2002 and motorcycle，返回公布日为 2002 年 1 月 8 日的任意字段内包含有 motorcycle 的检索结果列表；in/zhangsan，返回发明人为 zhangsan 的检索结果列表。关于分类号的检索，高级检索提供了国际分类号 ICL 字段、美国分类号的 CCL 字段以及联合分类号的 CPC、CPCL 字段，通过这些分类号能够高效地获得目标文献。对于更多的字段信息，可参考高级检索界面的最下方表格。此外高级检索的运算符和截断符的用法与快速检索相同，在此不作重复说明，更多的检索操作，请参照 help 的帮助信息。

点击 AppFT：Applications 下的 Advance Search，就可以进入如图 2-19 所示的 AppFT 数据库高级检索界面，AppFT 数据库下的高级检索与 PatFT 数据库下的高级检索的相关操作一致，两者主要在于数据库包含的文献有所不同，具体如何检索操作，不再详细说明。

US PATENT & TRADEMARK OFFICE
PATENT APPLICATION FULL TEXT AND IMAGE DATABASE

Help　Home　Boolean　Manual　Number

View Shopping Cart

Data current through May 30, 2019.

Query [Help]

Example: ttl/needle or ttl/syringe andnot (sew or thread$)

Select Years [Help]
2001-present ▼　　　　Search　重置

Field Code	Field Name	Field Code	Field Name
DN	Document Number	IN	Inventor Name
PD	Publication Date	IC	Inventor City
TTL	Title	IS	Inventor State
ABST	Abstract	ICN	Inventor Country
ACLM	Claim(s)	AANM	Applicant Name
SPEC	Description/Specification	AACI	Applicant City
CCL	Current US Classification	AAST	Applicant State
CPC	Current CPC Classification	AACO	Applicant Country
CPCL	Current CPC Classification Class	AAAT	Applicant Type
ICL	International Classification	GOVT	Government Interest
APT	Application Type	AN	Assignee Name
APN	Application Serial Number	AC	Assignee City
APD	Application Date	AS	Assignee State
FMID	Patent Family ID	ACN	Assignee Country
PRAD	Priority Claim Date	KD	Pre-Grant Publication Document Kind Code
PCT	PCT Information	PARN	Cross Reference to Related Applications
PTAD	PCT Filing Document Date	RLAP	Related US App. Data
PT3D	PCT Filing 371 Date	RLFD	US Related Document Date
PRIR	Foreign Priority	PPPD	Prior Published Document Date

图 2-19　美国专利商标局网上检索系统 AppFT 数据库高级检索界面

（3）号码检索。

号码检索针对的是获得明确专利文献相关号码的特定检索，仅仅只需要在输入框内输入相关的号码即可，具体参见号码检索界面下的检索示例或者帮助信息，在此不作详细说明。

2.2.2.2 检索结果浏览

美国专利局网上检索系统的 PatFT 数据库和 AppFT 数据库的快速检索以及高级检索呈现的检索结果均是列表方式，现在以 AppFT 数据库为例介绍如下，首先在检索输入框构建检索式，以“ICL/F25D11/00 and timer”为例，在输入框内输入上述内容后，点击 search 按钮，则可以得到如图 2-20 所示的列表式检索结果。

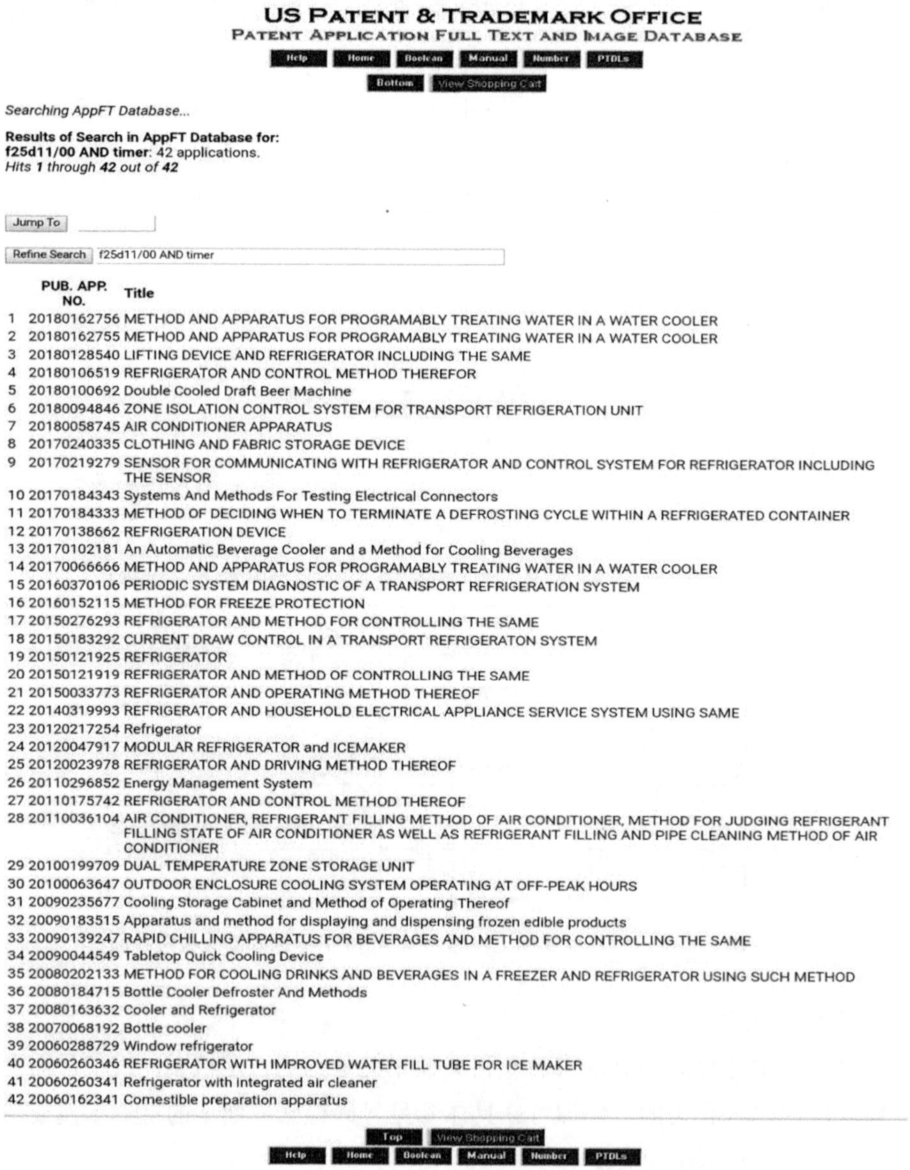
US PATENT & TRADEMARK OFFICE
PATENT APPLICATION FULL TEXT AND IMAGE DATABASE

Help | Home | Boolean | Manual | Number | PTDLs

Bottom | View Shopping Cart

Searching AppFT Database...

Results of Search in AppFT Database for:
f25d11/00 AND timer: 42 applications.
*Hits **1** through **42** out of **42***

Jump To

Refine Search | f25d11/00 AND timer

	PUB. APP. NO.	Title
1	20180162756	METHOD AND APPARATUS FOR PROGRAMABLY TREATING WATER IN A WATER COOLER
2	20180162755	METHOD AND APPARATUS FOR PROGRAMABLY TREATING WATER IN A WATER COOLER
3	20180128540	LIFTING DEVICE AND REFRIGERATOR INCLUDING THE SAME
4	20180106519	REFRIGERATOR AND CONTROL METHOD THEREFOR
5	20180100692	Double Cooled Draft Beer Machine
6	20180094846	ZONE ISOLATION CONTROL SYSTEM FOR TRANSPORT REFRIGERATION UNIT
7	20180058745	AIR CONDITIONER APPARATUS
8	20170240335	CLOTHING AND FABRIC STORAGE DEVICE
9	20170219279	SENSOR FOR COMMUNICATING WITH REFRIGERATOR AND CONTROL SYSTEM FOR REFRIGERATOR INCLUDING THE SENSOR
10	20170184343	Systems And Methods For Testing Electrical Connectors
11	20170184333	METHOD OF DECIDING WHEN TO TERMINATE A DEFROSTING CYCLE WITHIN A REFRIGERATED CONTAINER
12	20170138662	REFRIGERATION DEVICE
13	20170102181	An Automatic Beverage Cooler and a Method for Cooling Beverages
14	20170066666	METHOD AND APPARATUS FOR PROGRAMABLY TREATING WATER IN A WATER COOLER
15	20160370106	PERIODIC SYSTEM DIAGNOSTIC OF A TRANSPORT REFRIGERATION SYSTEM
16	20160152115	METHOD FOR FREEZE PROTECTION
17	20150276293	REFRIGERATOR AND METHOD FOR CONTROLLING THE SAME
18	20150183292	CURRENT DRAW CONTROL IN A TRANSPORT REFRIGERATON SYSTEM
19	20150121925	REFRIGERATOR
20	20150121919	REFRIGERATOR AND METHOD OF CONTROLLING THE SAME
21	20150033773	REFRIGERATOR AND OPERATING METHOD THEREOF
22	20140319993	REFRIGERATOR AND HOUSEHOLD ELECTRICAL APPLIANCE SERVICE SYSTEM USING SAME
23	20120217254	Refrigerator
24	20120047917	MODULAR REFRIGERATOR and ICEMAKER
25	20120023978	REFRIGERATOR AND DRIVING METHOD THEREOF
26	20110296852	Energy Management System
27	20110175742	REFRIGERATOR AND CONTROL METHOD THEREOF
28	20110036104	AIR CONDITIONER, REFRIGERANT FILLING METHOD OF AIR CONDITIONER, METHOD FOR JUDGING REFRIGERANT FILLING STATE OF AIR CONDITIONER AS WELL AS REFRIGERANT FILLING AND PIPE CLEANING METHOD OF AIR CONDITIONER
29	20100199709	DUAL TEMPERATURE ZONE STORAGE UNIT
30	20100063647	OUTDOOR ENCLOSURE COOLING SYSTEM OPERATING AT OFF-PEAK HOURS
31	20090235677	Cooling Storage Cabinet and Method of Operating Thereof
32	20090183515	Apparatus and method for displaying and dispensing frozen edible products
33	20090139247	RAPID CHILLING APPARATUS FOR BEVERAGES AND METHOD FOR CONTROLLING THE SAME
34	20090044549	Tabletop Quick Cooling Device
35	20080202133	METHOD FOR COOLING DRINKS AND BEVERAGES IN A FREEZER AND REFRIGERATOR USING SUCH METHOD
36	20080184715	Bottle Cooler Defroster And Methods
37	20080163632	Cooler and Refrigerator
38	20070068192	Bottle cooler
39	20060288729	Window refrigerator
40	20060260346	REFRIGERATOR WITH IMPROVED WATER FILL TUBE FOR ICE MAKER
41	20060260341	Refrigerator with integrated air cleaner
42	20060162341	Comestible preparation apparatus

Top | View Shopping Cart

Help | Home | Boolean | Manual | Number | PTDLs

图 2-20 美国专利商标局网上检索系统列表式检索结果浏览界面

　　基于上述检索结果，用户可以了解到该检索式获得了 2001 年来的共 42 篇文献，若用户想对某一个文献的具体信息进行详细了解，可以通过点击专利文献的标题或号码信息进入详细浏览界面，如图 2-21 所示。

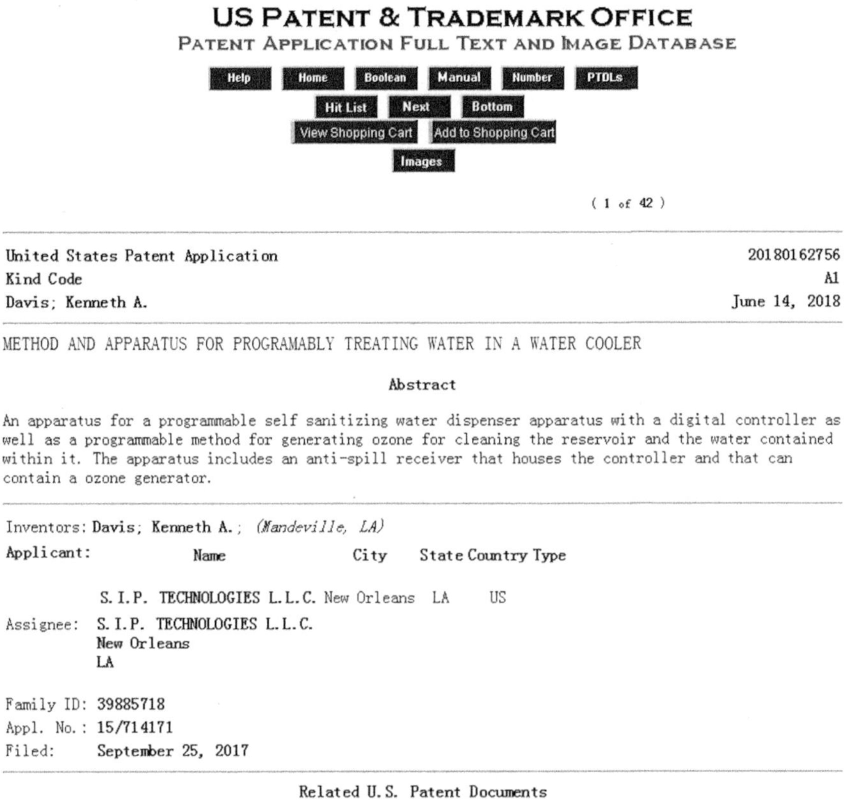

US PATENT & TRADEMARK OFFICE
PATENT APPLICATION FULL TEXT AND IMAGE DATABASE

| Help | Home | Boolean | Manual | Number | PTDLs |

| Hit List | Next | Bottom |

| View Shopping Cart | Add to Shopping Cart |

| Images |

(1 of 42)

United States Patent Application	20180162756
Kind Code	A1
Davis; Kenneth A.	June 14, 2018

METHOD AND APPARATUS FOR PROGRAMABLY TREATING WATER IN A WATER COOLER

Abstract

An apparatus for a programmable self sanitizing water dispenser apparatus with a digital controller as well as a programmable method for generating ozone for cleaning the reservoir and the water contained within it. The apparatus includes an anti-spill receiver that houses the controller and that can contain a ozone generator.

Inventors: Davis; Kenneth A. ; *(Mandeville, LA)*

| Applicant: | Name | City | State | Country | Type |
| | S.I.P. TECHNOLOGIES L.L.C. | New Orleans | LA | | US |

Assignee: S.I.P. TECHNOLOGIES L.L.C.
New Orleans
LA

Family ID: 39885718
Appl. No.: 15/714171
Filed: September 25, 2017

Related U.S. Patent Documents

图 2-21 美国专利商标局网上检索系统单篇文献详细浏览界面

　　通过详细浏览界面，能够显示该专利文献的全部著录项目信息、相关专利文献信息，其中著录项目中标引的国际分类号 IC、联合分类号 CPC、美国分类号 UC 信息，非常有助于进一步挖掘相关专利文献的检索。摘要、说明书、权利要求均具有完整的文本信息可以复制，但没有附图信息，若想下载该文件的 PDF 文档，可以通过以下操作获得：在点击上述检索式获得检索结果中的第一篇专利文献进入详细浏览界面之后，进一步点击 Images 按钮，就可以进入 PDF 文档阅读模式，具体如图 2-22 所示，在该模式下，可以通过 Go to page 下的输入框选择具体的页数进行浏览，也可以直接点击 full pages 按钮，通过全文档的下拉滚动条进行全部内容的阅读，还可以通过右下方的浮动框进行保存、缩放、打印等操作，也可以直接在文档页面右键弹出相应的操作指令进行对应的操作，具体不作详述。

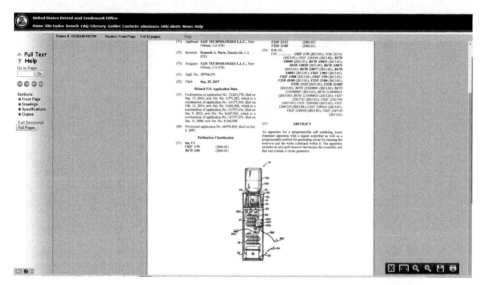

图 2-22　美国专利商标局网上检索系统单篇文献 PDF 阅读模式

　　以上是整个美国专利商标局网上检索系统的检索介绍，对于更多的操作信息，用户可以通过 help 选择对应的内容获取帮助。

2.3　商业专利检索系统

　　专利信息记载了 90% 以上的科技信息，通过专利检索有助于了解世界科技发展状况，指导研发方向，规避侵权，避免浪费资源，对于科研机构、企业单位等核心竞争力的提升，乃至整个社会创新能力的崛起和发展，都具有重要意义。随着计算机网络技术以及人工智能的发展，在官方互联网检索平台发展的同时，也出现了一些具有特色的商业专利检索系统，如 Patentics 专利智能检索分析平台、incoPat 专利检索平台、patsnap 智慧芽专利检索平台等，同样能够为社会公众提供高效精准便捷的专利检索服务，现分别介绍如下。

2.3.1　Patentics 专利智能检索分析平台

2.3.1.1　Patentics 专利智能检索分析平台简介

Patentics 专利智能检索分析平台是索意互动（北京）信息技术有限公司开

发的集专利信息检索、下载、分析与管理为一体的平台系统，包括网页版和客户端版，共收集了全球 112 个国家、地区和组织的专利数据，同时还收录了引文、同族、法律状态等数据信息，收录总量超过 1.4 亿条，其中包含中、美、欧、日、韩、德以及世界知识产权组织（WIPO）等世界主要国家、地区和组织的专利全文库，并持续扩展更新。专利全文数据被翻译为英文、中文两种语言，专利摘要数据全部提供英文版本，轻松跨越语言障碍。除专利文献外，还特别收录了中国硕博论文和期刊摘要数据，以及全球通信标准全文数据。该数据库最大的特点是将中文发明和实用新型专利文献全文翻译成英文融入英文库，把一些英文专利文献全文翻译成中文融入中文库，这样就可以支持中、英文的检索，语义分析时自动理解专利文本，自动扩展相关表达，自动核准 IPC 分类号，基于专利文献的上万维度描述，语义模型的千万数据训练，实现中、英文文本语义的双向对照匹配分析，达到有效提高获取目标文献精准性的效果。

2.3.1.2　检索功能介绍

Patentics 专利智能检索分析平台在检索方面可以按照语义排序检索，也可以如同其他检索平台一样，具有不进行语义排序的高级检索功能，其检索入口为：https：//www.patentics.com/searchcn.htm，通过该检索入口，注册账户登录后，进入如图 2-23 所示的检索界面。

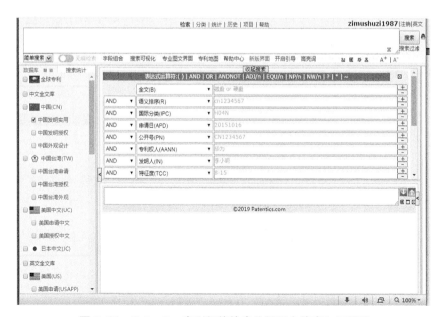

图 2-23　Patentics 专利智能检索分析平台检索入口界面

（1）语义排序功能。

检索字段代码为 R/，在该检索字段代码后跟一个申请的公开号或者申请号、一段话、一句话或者词输入到最上方的检索框内，再勾选左栏的数据库，则可以自动分析输入文本的内容，将检索结果按照相关度的高低进行排序展示。此外若为了获得更加具体而精确的目标文献，在上述输入内容的基础上，还可以加关键词或者分类号字段通过 AND 逻辑与运算来进行人工干预，其中关键词的检索字段代码为 B/，后接相应的关键词信息即可，而不同的分类号检索字段代码则不相同，如 IPC/ 是国际专利分类号的检索字段代码，CPC/ 是联合专利分类号的检索字段代码。

（2）高级检索功能。

在图 2-23 的表格区域，最左侧为逻辑运算符框，中间为检索字段框，右侧为检索信息空白输入框，最右侧还有"+、-"增减按钮。其中逻辑运算符框和检索字段框，均可以通过鼠标点击下拉操作选择不同的运算符或者不同的检索字段，在不选择语义排序 R 字段的基础上，在检索信息空白输入框中填入与检索字段代码对应的信息，如关键词、国际分类号、发明人等信息，还可以根据需要增减检索字段，如增加权利要求、摘要字段等，选择数据库，则可以用逻辑运算进行检索，输入相应的检索内容，这种情况下由于没有选择语义排序检索字段，则输出结果与大多普通互联网检索平台的结果相同。

获得检索结果的界面，如图 2-24 所示，在检索结果界面下，用户可以选择列表、图文、附图等浏览方式，还可以对文献进行下载，全文浏览。为便于进一步检索获取有用信息，可以进行统计分析，获得相应的申请人、分类

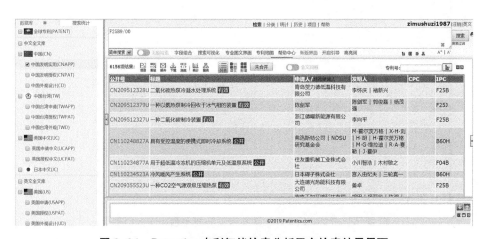

图 2-24　Patentics 专利智能检索分析平台检索结果界面

号分布信息以及聚类分析，获得相应的关键词信息。

此外检索时为便于获得分类号信息，用户还可以点击最上方输入框上的"分类"，里面嵌入有 UC、IPC、CPC、FI 等分类号，通过相应的点击操作，就可以逐级查找分类号信息。

以上是 Patentics 专利智能检索分析平台检索方面的功能介绍，对于更多的功能介绍，用户可以通过该平台的帮助按钮获得更多信息，在此不作赘述。

2.3.2　incoPat 专利检索平台

2.3.2.1　incoPat 专利检索平台简介

incoPat 是北京合享新创信息科技有限公司自主研发的，可针对关键词、IPC 分类号等进行检索，同时也具备语义检索功能，此外还具有独有的图形检索、扩展检索等功能。incoPat 利用自然语言处理、人工智能技术，借鉴 DNA 识别的理念和算法，创建了专利 DNA 图谱比对方法，抽取发明的核心部件及关系，在专利的文章级别、段落级别、词级别、语义级别进行大规模精准计算，新颖性检索和无效检索的准确性获得革命性提升。incoPat 收录了全球 120 个国家、地区和组织的 1.3 亿条专利文献信息，并对全球专利提供了中英双语的标题和摘要，对中国、美国、俄罗斯、德国等重要国家提供中英双语的全文信息，支持中文、英文和小语种检索全球专利，语言不再是用户获取专利智慧的障碍。

2.3.2.2　检索功能介绍

incoPat 专利检索平台的检索入口为：https：//www.incopat.com，通过该检索入口，注册账户登录后，鼠标悬浮在主菜单"检索"处，则进入如图 2-25 所示的检索界面，从该检索界面可以看到简单检索、高级检索、AI 检索、语义检索等功能。

其中简单检索、高级检索分别与国家知识产权局专利及检索分析系统的常规检索、高级检索操作类似，在此不作赘述。AI 检索属于 incoPat 专利检索平台独具特色的检索模式，如图 2-26 所示，在该检索模式下，能够进行查新检索、无效检索、风险侵权检索，通过输入技术描述信息，选择数据范围，绘制 DNA 图谱（如将主题所包括的各部件及其之间的连接关系、从属关系通过绘制图形的方式表示出来），则可以获得检索结果，每一步都有具体操作提示。此外该界面也自带操作演示视频，能够帮助新手尽快上手操作。

通过主菜单检索—语义检索则可以进入如图 2-27 所示的语义检索入口

图 2-25　incoPat 专利检索平台检索入口界面

图 2-26　incoPat 专利检索平台 AI 检索入口界面

界面，在该界面下可以通过以下方式完成检索：（1）选择数据范围；（2）在"公开（公告）号"输入框内，可以输入一个或者几个专利公开（公告）号，系统将默认提取专利标题、摘要和权利要求中的内容。在"技术信息"输入框内，可输入英文或者中文的技术说明；（3）点击"展开限制字段"按钮，

图 2-27　incoPat 专利检索平台语义检索入口界面

可以展开其他限定字段，与语义检索内容进行逻辑组配（二者为逻辑"与"关系）；（4）点击结果限制字段下方的"检索"按钮，可直接查看按照相关度排序的检索结果。

　　incoPat 专利检索平台针对检索结果的输出提供以下五种展示方式：列表显示、图文显示、首图浏览、深度浏览和多图浏览。用户可以根据自己的习惯或者工作实际需要选择对应的展示方式。

　　对于 incoPat 专利检索平台更多功能及其涉及的操作，用户可以通过主菜单的帮助中心及在线咨询的方式来获得相应的指导。

2.3.3　patsnap 智慧芽专利检索平台

patsnap 智慧芽专利检索平台收集了世界范围内 113 个国家、地区或组织的 1.3 亿条专利信息，包括每周更新的美国、欧洲、世界知识产权组织、中国、日本、韩国、挪威和全球法律专利数据库。其检索入口为：https：//analytics.zhihuiya.com，通过该检索入口可以进入如图 2-28 所示的检索界面。

图 2-28　智慧芽专利检索平台检索入口界面

在该检索界面新手引导区，可以看到为了便于用户的使用，提供了快速入门、帮助中心、智慧芽学院的功能区域，通过这些功能区域有助于用户快速掌握相关操作。该专利检索平台能够提供前述两个商业专利检索平台存在的简单检索、高级检索、语义检索、分类号搜索等功能，基本都是类似的功能和操作，在此不作赘述。与前述两个商业专利检索平台最大的不同，在于 patsnap 智慧芽专利检索平台提供了化学搜索模式，进入化学搜索模式下的检索界面如图 2-29 所示。

在化学搜索模式下，支持结构式检索、组合结构式检索、性质搜索、批量检索，能够输入物质身份信息或导入结构图片进行搜索，专业性和准确性相对于其他商业专利检索平台具有明显优势，值得推荐。对于更多功能的使用和操作，请用户参照新手引导区的相关介绍。

图 2-29　智慧芽专利检索平台化学搜索模式检索界面

第3章 专利分类体系介绍

利用专利分类体系对专利文献进行分类给出相应的分类号，人们就可从浩如烟海的专利文献中方便地获得所需要的专利文献并从中得到技术上和法律性上的情报信息，有效地指导科技工作者选择研究方向，了解现有技术，规避法律风险。发明和实用新型专利申请以及授权专利，世界各地主要采用国际专利分类表（IPC）、欧洲专利局（EPO）专利分类表（EC）、美国专利商标局（USPTO）UC 分类表、CPC 联合专利分类表以及日本 FI/F-term 专利分类系统进行分类，其中 CPC 联合专利分类表的新特点是引入 EPO 和 USPTO 最佳分类实践，2016 年之后国家知识产权局全部新受理专利均进行 CPC 分类。

3.1 国际专利分类

3.1.1 简介

国际专利分类表代表了适合于发明专利领域的知识体系，具有部、大类、小类、组依次降低的等级结构。

部：部是分类表等级结构的最高级别，共 8 个部，部的类号分别由 A 至 H 中的一个大写字母表示，每一个部均有一个类名，如 A 部的类名为人类生活必需，该部被认为内容非常宽泛。每个部还可能有若干分部。

大类：每一个部又被细分为若干大类，大类是分类表的第二等级，由部的类号加上两个阿拉伯数字构成，如 A01 即是一个大类的类号。大类的类名表示该大类所包含的技术内容，如 A01 农业；林业；畜牧业；狩猎；诱捕；捕鱼。其类名所包含的技术内容就是农业；林业；畜牧业；狩猎；诱捕；捕鱼。某些大类可能有一个索引，它只是给出该大类内容的总括的信息性概要。

小类：每个大类包括若干小类，小类是分类表的第三等级，小类类号由大类类号加上一个大写字母组成，例如 A01B。小类的类名尽可能确切地表明该小类的内容,如 A01B 农业或林业的整地;一般农业机械或农具的部件、零件或附件。此外,大多数小类都有一个索引,用于给出该小类技术内容总结的信息性概要。

组:每一个小类又被细分为若干"组","组"既可以是大组(即分类表的第四等级),也可以是小组(即依赖于分类表大组等级的更低等级),组的类号由小类类号加上斜线分开的两个数组成,每一个大组的类号由小类类号、1 到 3 位数字、斜线及 00 组成,例如 A01B 33/00。小组是大组的细分类,每一个小组的类号由其小类类号、1 到 3 位数字、斜线及除 00 以外的至少两位数字组成,例如 A01B 59/046,任何斜线后面的第三位或随后数字应该理解为其前面数字的十进细分数字,例如 59/046 可在 59/04 下面找到。小组类名在其大组范围之间确切限定了某一技术主题领域,并被认为有利于检索,该类名前加一个或几个圆点指明该小组的等级位置,即指明每一个小组是它上面离它最近的又比它少一个圆点的小组的细分类,小组类名必须解读为依赖并且受限于其所缩排的上位组的类名。大组和小组之间包含专利文献的关系,可以用图 3-1 来理解。

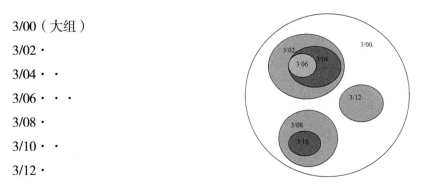

3/00(大组)
3/02 ·
3/04 · ·
3/06 · · ·
3/08 ·
3/10 · ·
3/12 ·

图 3-1 大组和小组之间包含专利文献的关系示意图

从图 3-1 可以看出,大组 3/00 所包含的内容是未被分在其下任意更低等级小组而只能被给出该大组分类号的专利文献,对于小组而言,其包含的内容是未被分在其下任意更低等级小组而只能被给出该小组分类号的专利文献,依次类推。

一个完整的分类号由代表部、大类、小类和大组或小组的类号构成,各部分代表的位置具体如图 3-2 所示。

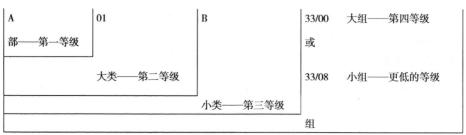

图3-2   一个完整分类号各部分代表的位置

此外，在分类表的一些位置还有附注和参见信息，附注可以与部、分部、大类、小类、导引标题或组相结合，附注定义或者解释特定词汇、短语或分类位置的范围，或者指明怎样将技术主题进行分类。如A01D大类结合有以下附注：

附注：

（1）本小类包括残茬的切碎或粉碎，例如为了产生覆盖料，但不包括其他的机械灭除有害植物，它们包括在A01M 21/02组内。

（2）在本小类中，在A01D 34/00、A01D 42/00、A01D 43/00、A01D 57/00、A01D 67/00、A01D 69/00和A01D 75/00各组中，最好加上A01D 2101/00的引得码。

大类、小类或组的类名，或附注，可以包括一个涉及分类表另一位置的在括号中的短语，这样的短语称为参见，说明由参见指明的技术主题包括在所涉及的一个或几个位置。例如A01B 15/12·犁辕；手柄（工具或其附件的手柄一般入B25G）。

3.1.2   等级结构的原理

IPC是一种等级分类系统，较低等级的内容是其所属较高等级内容的细分。IPC分类表是使用等级，即部、大类、小类、大组和小组，按等级递降顺序划分技术知识的体系。各小组的等级仅仅由其类名前的圆点数，即其缩排的等级来决定，而不是由小组的编号来决定，相同圆点数的小组等级相同，圆点数少的等级高于圆点数多的等级。为了避免重复，小组类名前的圆点也用来替代其等级更高（缩排较少）的小组的类名。例如：

A01B 33/00　　　带驱动式旋转工作部件的耕作机具

A01B 33/02　　　·工作部件安装在与行进方向呈横向的水平轴上的

A01B 33/04　　　·工作部件安装在与行进方向平行的水平轴上的

A01B 33/06　　　·工作部件安装在垂直或陡斜的轴上的

A01B 33/08 ·工作部件；零件，例如传动装置或齿轮装置

A01B 33/10 ··工作部件的结构或功能特点

A01B 33/10 是其所属较高等级 A01B 33/08 内容下的细分，A01B 33/08 则是其所属较高等级 A01B 33/00 内容下的细分，整体实际涉及的是"具有结构或功能特点的工作部件的带驱动式旋转工作部件的耕作机具"。分类尽可能分到最低等级的小组，若小组类名与技术内容不相适应，则可以分到大组。

3.2 联合专利分类

3.2.1 简介

联合专利分类系统（CPC），自 2013 年 1 月 1 日起投入使用，是由欧洲专利局（EPO）和美国专利商标局（USPTO）共同开发的双边系统，其按照国际分类体系（IPC）的标准和结构进行开发，以欧洲专利分类（ECLA）作为整个分类体系的基础，并结合美国专利分类 USPC 的成功实践经验。

ECLA 分类体系是对 IPC 分类体系的进一步细分，为便于 CPC 的学习，先对 ECLA 分类体系进行简单介绍，下面是部分 ECLA 分类表：

A01B 17/00 带专用附属装置的犁，如带土下施肥工具、碎土器的

A01B 17/00B ·［N：土壤下施肥料、禾秆或类似物的（除草的入 39/18）］

A01B 17/00D ·［N：碎土机］

A01B 17/00D1 ··［N：带有驱动工具的］

A01B 17/00D1A ···［N：绕垂直倾斜的轴旋转的］

从分类表中可以看出，对于 IPC 分类表中的大组 A01B 17/00，ECLA 分类体系在该大组下增加了四个 ECLA 细分分类号，显然 ECLA 分类体系数量相对于 IPC 分类体系的 7 万分类条目会更多，大约有 14 万条以上的分类条目，能够表达更为丰富的技术主题信息。为高效检索，ECLA 从便于机器检索的角度出发对附加信息给出了 ICO 码。

3.2.2 CPC 分类号的来源

CPC 分类表与 IPC 分类表同样包括 A~H 部，类名均无变化，同样具有

附注、参见、导引标题等内容。在 CPC 分类表中，包括先前的欧洲专利局 ELCA 分类号的大约 16000 个条目，并将美国专利商标局 USPC 分类号中涉及商业方法的 375 个条目引入 G06Q 小类；还增加了大约 7300 个条目的 Y 部新兴技术的分类（例如新能源），Y10S 引入了 USPC 的参照技术收集（XRACs）和摘要小类；还增加了大约 82000 个条目的 CPC2000 系列，共计大约 260000 个条目。文献分类范围主要涉及"最低 PCT 文献"和具有英、法、德、荷兰同族专利的文献，以及其他国家局分配 CPC 的专利文献。

3.2.3 CPC 分类表的编号体系

CPC 分类表的编号体系包括主干分类号和 2000 系列引得码分类号，CPC 主干分类号是将 ECLA 中的"/"后面的字母数字部分通过特殊的规则转换成 1~6 位数字，并将等级与 IPC 一致的类号主体部分予以保留，最终形成自己的分类号，如表 3-1 所示。

表 3-1　CPC 分类表的编号体系

IPC 分类号	ECLA 分类号	CPC 分类号
H01L 21/027	H021/027	H01L 21/027
	H021/027B	H01L 21/02709
	H021/027B2	H01L 21/02718
	H021/027B6	H01L 21/02727
	……	……
	H021/027B6D	H01L 21/02772
	H021/027B6E	H01L 21/02781
H01L 21/033	H01L21/033	H01L 21/033

从表 3-1 可以看出，IPC、ECLA 中纯数字的分类号，CPC 分类表将其完全一致地引入，对于 ECLA 针对 IPC 的"/"后带有字母的细分分类号，则按照一定的规则，一一对应地将"/"后的首字母及其首字母后的数字和 / 或字母全部换算成数字，其余保持不变地编为 CPC 分类号，如 ECLA 分类号 H021/027B6，将 B6 转换成 27，其余的类号主体部分 H021/027 保持不变，最终形成 CPC 的分类号为 H01L 21/02727，并将其编入分类表中，此外，主干分类表中还包括一些直接"镜像"ICO 得到的一些 CPC 分类号。

CPC 中的 2000 系列分类表，主要由 IPC 引得码转入以及细分 ICO、垂直 ICO 转入的分类号，如 IPC 中的引得码 F21W101/00，则通过在 101 前直接添加数字 2 的方式对应转换为 CPC2000 系列分类号 F21W2101/00，对于细分 ICO 分类号 S02F1/01C4，则依据一定的规则转换为 G02F2001/0113 作为 CPC 2000 系列的分类号，而对于垂直 ICO 分类号 S02F201/02，则通过在 201 前直接添加数字 2 的方式对应转换为 CPC2000 系列分类号 S02F2201/02。

通过上述编号规则，形成的 CPC 分类表结构大致如表 3–2 所示。

表 3–2　CPC 分类表结构

	CPC 分类表结构	来源
主干分类号 （标引发明信息或附加信息）	H01L 21/285 ···	IPC
	H01L 21/28504 ····	ECLA
	H01L 21/28508 ····	
	……	
	H01L 21/28524 ····	"镜像" ICO
	H01L 21/28528 ····	
	H01L 21/28532 ····	
2000– 系列引得码 （标引附加信息）	H01L 2021/28528 ····	"细分" ICO
	H01L 2021/285285 ·····	
	……	
	H01L 2925/065 ···	"垂直" ICO
	H01L 2925/06504 ····	
	H01L 2925/06508 ·····	

3.2.4　CPC 分类表的获取

获取 CPC 分类表可以进入网站 http：//worldwide.espacenet.com，点击 Classification search，则页面显示如图 3–3 所示。

在图 3–3 页面"search"前方的输入框内，输入相应的关键词以及分类号，就可以查询对应的 CPC 分类号信息，点击图标 S 操作，就可以下载 PDF 版本的该部的 CPC 分类号信息，用于离线分类号的查询。点击图标 ! 操作，可以获得相应的注释警告信息；点击图标 i 操作，则可以获得相应的切换注释信息；最值得向用户推荐的是点击图标 D 操作，通过该操作可以获得详细的分类定义信息；非常有助于用户对于分类号的理解和掌握，并为检索时扩展分类号提供方向。对于每一个分类号的部、大类、小类、组都可以进行点击操作，逐级获得详细的 CPC 分类号信息。如在依次点击 A、A21、A21B1/00 之后，可以获得如图 3–4 所示的操作页面，在该页面中可以看到详细的 CPC 分类号信息。

图 3-3　获取 CPC 分类表页面

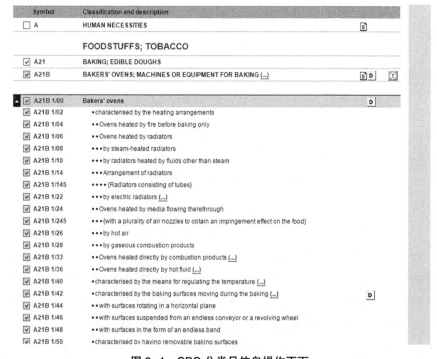

图 3-4　CPC 分类号信息操作页面

点击 A21B 1/00 后部的图标 D，则可以得到分类定义信息，如图 3–5 所示，分类定义给出了该大组"包括，……以及……分到……"分类号的相关信息，对于该分类号下文献信息的检索是非常有帮助的。

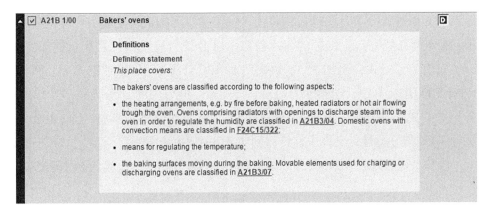

图 3–5　CPC 分类号分类定义信息页面

对于 CPC 分类号的检索格式，在专利互联网检索工具中并无特别之处，只需要将完整的分类号输入检索框即可，当然也可以输入部分分类号，如大类、小类等，但会失去检索的准确性。

以上是 CPC 分类体系知识的简单介绍，并非 CPC 分类体系的全部内容，期望用户通过上述内容的学习，根据相应的 IPC 分类号，找到与技术主题更为相关的 CPC 分类号，达到更加精准高效地获得目标文献的目的。

3.3　日本 FI/F-term 专利分类

3.3.1　简介

日本特许厅针对日本专利文献给出了 FI 专利分类号信息，FI 专利分类号是针对 IPC 分类的细分和扩展，相对于 IPC 的大约 7 万个条目，FI 具有大约 19 万个条目，覆盖了全部的 IPC 领域，由 IPC 组合基于 IPC 的细分组成，以最新版 IPC 为基础编制而成，也参照了第四版至第七版 IPC 分类表。

3.3.2　FI 分类号格式与等级

FI 分类号由 IPC 分类号加上 IPC 细分号和 / 或文件识别符（文档细分号）构成，其中 IPC 细分号由 3 位阿拉伯数字构成，从使用场合、结构特征等不同方面进行分类，文件识别符由 1 位英文字母构成，是对 IPC 分类号或 IPC 细分类符号进一步细分的表示符号。FI 分类号标记格式具体示例如下：（1）只有 IPC 格式，例如 F25B 5/00；（2）IPC 分类号 +IPC 细分类号，例如 F25B 5/00 102，其中，F25B 5/00 是 IPC 分类号，102 是 IPC 细分类号；（3）IPC 分类号 + 文件识别符，例如 F25B 5/00 A，其中 A 为文件识别符；（4）IPC 分类号 +IPC 细分类号 + 文件识别符，例如 F25B 5/00 301 A 。

FI 分类号的等级结构参照表 3–3，以 F25B 15/00 的分类表结构为例进行说明。

表 3–3　F25B 15/00 的 FI 分类表结构

分类号	主题		F-term 分类号
F25B 15/00	能连续运转的吸着式机器、装置或系统，例如吸收式		3L093
101	·单效（103 优先）		3L093
102	·多效（103 优先）		3L093
103	·通过重力循环溶液的		3L093
104	·以发生器加热量的控制为特征的		3L093
301	·单效（305 和 306 优先）		3L093
	A	溶液或制冷剂的流路的特殊配置	3L093
		······	3L093
	Z	其他	3L093

按照 IPC 圆点组表示分类表的等级结构，圆点数越多的小组，等级越低，反之，圆点数越少的小组，等级越高，则上述等级结构表可以理解如下：

F25B 15/00 能连续运转的吸着式机器、装置或系统，例如吸收式

101　　·单效（103 优先）

102　　·多效（103 优先）

103　　·通过重力循环溶液的

104　　·以发生器加热量的控制为特征的

301　　·单效（305 和 306 优先）

　　　A··溶液或制冷剂的流路的特殊配置

…

　　Z··其他

3.3.3　F-term 专利分类简介

F-term 分类号是日本特许厅专为计算机检索而设立的技术术语索引，其对由一些相关 / 相近 FI 分类号构成的"集合"从多角度进一步细分，构成一篇专利文献的"立体分类体系"。F-term 从技术的多个侧面，例如发明目的、用途、构造、技能、材料、控制手段等方面进一步细分或充实某个特定的 IPC/FI 技术领域，其标引主要基于对权利要求的拆解，但也可能根据说明书以及附图的内容进行分类。

3.3.4　F-term 分类号构成

F-term 分类号由主题码（Theme code）+ 视点符（Viewpoint）+ 位符（Figure）构成。其中主题码由 5 位字符组成，表示技术主题，例如 3L092 表示采用可逆循环的压缩式制冷机器；视点符由 2 位字母组成，表示结构、应用等，例如 BA 表示以结构和配置为特征的；位符通常由 2 位数字组成，表示进一步细分，例如 01 · 制冷剂回路，上述主题码、视点符和位符构成的 F-term 分类号为 3L092 BA 01。

F-term 分类表结构图具体如表 3-4 所示。

表 3-4　3L092 分类表结构示意

3L092		采用可逆循环的压缩式制冷机器				
		F25B 13/00–13/00，371				
AA	AA00	AA01	AA02	AA03	…	AA14
	目的	· 维持和提高容量	· 提高效率和节约能量	· 提高舒适性		· 其他 AA01~13 中不包括的
BA	BA00	BA01	BA02	BA03		BA30
	以结构或配置为特征的	· 维持和提高容量	· · 喷射回路	· · · 气体喷射回路		· 风扇

3.3.5　FI 和 F-term 专利分类号的获取与检索

FI 分类号可以从如下网站获取：https：//www.j-platpat.inpit.go.jp/p1101，其检索界面如图 3-6 所示。

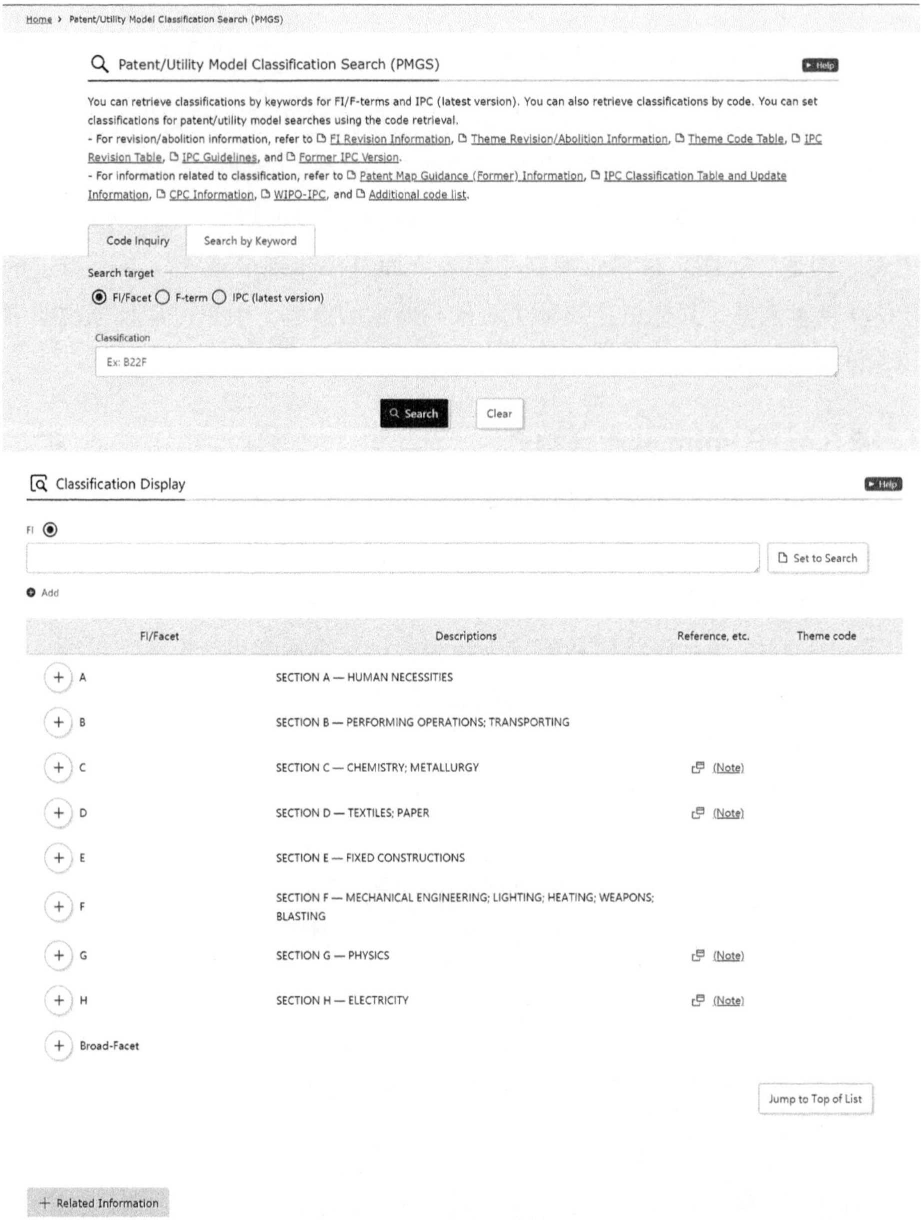

图 3-6　FI 分类号获取检索界面——Code Inquiry 模式

　　若想获得某 IPC 分类号对应的 FI 分类号或者 F-term 分类号，在选中 Code Inquiry 模式时，可以通过在上述检索框内输入 IPC 分类号，具体操作如下：若要获得 F25D 11/02 的相关 FI 分类号，只需要选中 IPC（latest version）前方的复选按钮，并在输入框内输入 F25D 11/02，然后会出现如图 3-7 所示的检索结果页面。

C：空気調節または空気加湿Ｆ２４Ｆ；冷凍機械，プラントまたはシステムＦ２５Ｂ；機器または同様の器具
を，冷凍しないで，冷却するものＧ１２Ｂ；機関またはポンプの冷却は，関連するクラスを参照)

冷凍機械と関連しない装置

+ F25D1/00　　天然冷空気または冷水を用いる装置　　　　Concordance

+ F25D3/00　　他の低温物質を用いる装置；蓄冷材を用いる装置　　Concordance

+ F25D5/00　　吸熱化学反応を用いる装置，例．寒冷を発生させる混合剤を用いるもの　Concordance

F25D7/00　　蒸気を回収しない蒸発効果を用いる装置 (冷却装置を有するバターあるいはチーズ皿Ａ４７Ｇ１９／２６)　Concordance

F25D9/00　　冷凍機械と関連しない装置でグループＦ２５Ｄ１／００～Ｆ２５Ｄ７／００に包含されない装置；グループＦ２５Ｄ１／００～Ｆ２５Ｄ７／００までの２個以上のグループに包含される装置の組み合わせ　Concordance

冷凍機械と関連した装置

− F25D11/00　　冷凍機械と関連し内蔵した可動式の装置，例．家庭用冷蔵庫　Concordance

F25D11/02　　・異なる温度の冷却区画を有するもの　Concordance

F25D11/04　　・特に冷凍物の貯蔵用に適したもの (Ｆ２５Ｄ１１／０２が優先)　Concordance

+ F25D13/00　　冷凍機械と関連した固定式の装置，例．冷却室　Concordance

图 3-7　FI 分类号检索结果页面

在该结果页面当中点击 F25D 11/02 右方对应的 Concordance 图标，就可以弹出相应的 FI 分类号列表，如图 3-8 所示。

相应地点击图 3-8 右方的 FI 分类号就可以弹出对应的 FI 分类号的类名和对应的 F-term 主题码信息，具体结果页面如图 3-9 所示。

Concordance Display (IPC (Latest Version) -> FI)

No.	IPC (latest version)	FI
1	F25D11/02	F25D11/02
2	F25D11/02	F25D11/02@A
3	F25D11/02	F25D11/02@B
4	F25D11/02	F25D11/02@C
5	F25D11/02	F25D11/02@D
6	F25D11/02	F25D11/02@E
7	F25D11/02	F25D11/02@F
8	F25D11/02	F25D11/02@J
9	F25D11/02	F25D11/02@K
10	F25D11/02	F25D11/02@L
11	F25D11/02	F25D11/02@N
12	F25D11/02	F25D11/02@Z

图 3-8　FI 分类号检索结果页面——FI 分类号列表

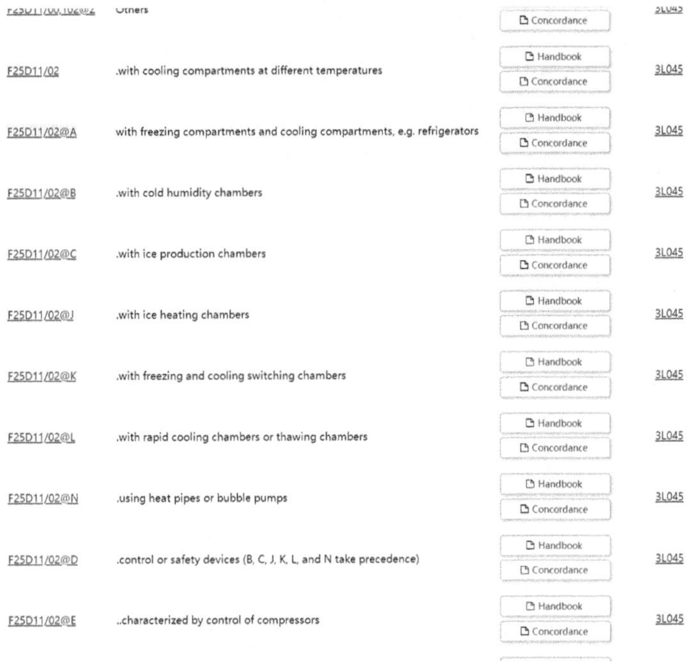

F25D11/00,102@2	Others		3L045
F25D11/02	.with cooling compartments at different temperatures	Handbook / Concordance	3L045
F25D11/02@A	with freezing compartments and cooling compartments, e.g. refrigerators	Handbook / Concordance	3L045
F25D11/02@B	.with cold humidity chambers	Handbook / Concordance	3L045
F25D11/02@C	.with ice production chambers	Handbook / Concordance	3L045
F25D11/02@J	.with ice heating chambers	Handbook / Concordance	3L045
F25D11/02@K	.with freezing and cooling switching chambers	Handbook / Concordance	3L045
F25D11/02@L	.with rapid cooling chambers or thawing chambers	Handbook / Concordance	3L045
F25D11/02@N	.using heat pipes or bubble pumps	Handbook / Concordance	3L045
F25D11/02@D	.control or safety devices (B, C, J, K, L, and N take precedence)	Handbook / Concordance	3L045
F25D11/02@E	..characterized by control of compressors	Handbook / Concordance	3L045

图 3-9 FI 分类号检索结果页面——F-term 主题码信息

在图 3-9 检索结果页面当中，还可以点击 □ Handbook 操作，获得相应的 FI 分类表手册信息，具体如图 3-10 所示。

用户可以根据需要选择相应的 FI 分类号进行专利文献的检索。对于 F-term 分类号的获取，在获得 F25D 11/02 涉及的 F-term 的主题码为 3L045 的情况下，直接点击前次检索步骤检索结果页面中出现的 3L045 ，或者在初次的检索界面中选中 F-term 前方的复选框，在输入框中输入 3L045 检索，则可以获得如图 3-11 所示的检索结果界面。

在该检索结果界面当中点击 open + 展开按钮，则可以获得更加详细的信息，如图 3-12 所示。

用户还可以点击图 3-11 中的 □ List print 按钮，获得该主题码下的 term 信息的全面展示列表，具体如图 3-13 所示。

此外，在首次检索界面当中，还可以选中 FI/Facet 前方的复选框按钮，然后在输入框中同样可以输入 IPC 分类号 F25D 11/02，则可以即刻获得该分类号下的 FI 分类号信息，以及 F-term 主题码信息，随后获得 F-term 分类号的相关操作与前述相同，不再详述。选中 FI/Facet 前方复选框按钮，输入 IPC 分类号获得 FI、F-term 分类号信息的操作，与选中 IPC（latest version）前方

FI Handbook Display

No.	FI/Facet	Dot	Descriptions	Supplementary explanation	Related fields	Theme code
1	F25D11/00	0	Self-contained movable devices associated with refrigerating machinery, e.g. domestic refrigerators	-	F25D17/06,302,F25D17/08,302	3L045
2	F25D11/00,101	1	.refrigerators	-	-	3L045
3	F25D11/00,101@U	0	refrigerators having built-in compression type freezing machines (use being limited)	-	-	3L045
4	F25D11/00,101@A	1	.domestic use	-	-	3L045
5	F25D11/00,101@B	2	..control	-	-	3L045
6	F25D11/00,101@C	1	.for exhibition	.Showcases	.F25D17/06,302,F25D17/08,318; A47F	3L045
7	F25D11/00,101@E	2	..control	-	-	3L045
8	F25D11/00,101@D	1	.for transport	.Containers, container vehicles, freezers	.F25D17/06,302; F25D17/08,302 B60P3/20 (Vehicles for transporting refrigerated goods) B65D88/12@W	3L045
9	F25D11/00,101@F	1	.for vehicles	-	-	3L045
10	F25D11/00,101@G	1	.portable	-	-	3L045
11	F25D11/00,101@H	1	.vending machines	-	.F25D17/06,310,F25D17/08,317, G07F	3L045
12	F25D11/00,101@J	2	..control	-	..G07F	3L045
13	F25D11/00,101@V	0	refrigerators having built-in absorption type freezing machines	-	F25B15/00	3L045
14	F25D11/00,101@W	0	refrigerators having built-in thermoelectric cooling elements	Peltier elements	F25B21/02	3L045
15	F25D11/00,101@Y	0	refrigerators having built-in temperature control heaters	Heaters for prevention of subcooling	-	3L045
16	F25D11/00,101@Z	0	Others	-	-	3L045
17	F25D11/00,102	1	.water cooling machines	-	.Production of cold water for cooling large fixed machines -> F25D13/00@B	3L045

图 3-10　FI 分类号检索结果页面——FI 分类表手册信息

🔍 Classification Display ▶ Help

F-term ◉

☐ Set to Search

➕ Add

Highlighted search keywords:

3L045

☐ List print

Theme code	3L045　Explanation
Descriptions	Devices that are associated with refrigeration equipment (Category : -)
Scope of FI	F25D11/00 -16/00;27/00-31/00

☐ AA00 TECHNICAL SUMMARIZATION　　　　　　　　　　　　　　　Open ＋

☐ BA00 PURPOSE OF COOLING　　　　　　　　　　　　　　　Open ＋

☐ CA00 TARGET OF COOLING　　　　　　　　　　　　　　　Open ＋

☐ DA00 COOLING MEANS　　　　　　　　　　　　　　　Open ＋

☐ EA00 COLD-AIR CIRCULATION SYSTEMS　　　　　　　　　　　　　　　Open ＋

☐ FA00 INTERMEDIATE HEAT MEDIA OTHER THAN AIR　　　　　　　　　　　　　　　Open ＋

☐ GA00 TYPES OF EVAPORATORS　　　　　　　　　　　　　　　Open ＋

图 3-11　F-term 分类号检索结果页面

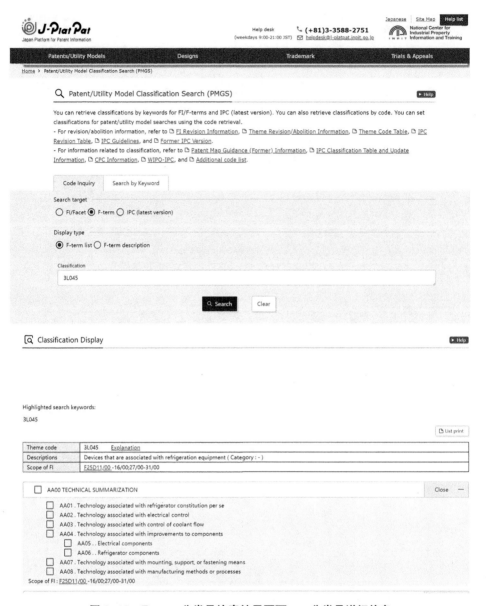

图 3-12　F-term 分类号检索结果页面——分类号详细信息

复选按钮，输入 IPC 分类号获得 FI、F-term 分类号信息的操作相比，更为简单便捷，推荐使用。

如图 3-14 所示，用户还可以在 Search by Keyword 模式下，在输入框中输入关键词，获得相关的 FI 和 F-term 分类号信息，其中间过程的操作与前述类似，此不赘述。

在获得 FI 和 F-term 分类号的基础上，为获得相关的专利文献，只需要

Theme code : 3L045

Theme code	3L045
Descriptions	Devices that are associated with refrigeration equipment
Scope of FI	F25D11/00-16/00;27/00-31/00

Aspect	F-term												Scope of FI
AA	AA00	AA01	AA02	AA03	AA04	AA05	AA06	AA07	AA08				F25D11/00-16/00;27/00-31/00
	TECHNICAL SUMMARIZATION	. Technology associated with refrigerator constitution per se	. Technology associated with electrical control	. Technology associated with control of coolant flow	. Technology associated with improvements to components	. . Electrical components	. . Refrigerator components	. Technology associated with mounting, support, or fastening means	. Technology associated with manufacturing methods or processes				
BA	BA00	BA01	BA02	BA03	BA04	BA05	BA06	BA07	BA08	BA09	BA10		
	PURPOSE OF COOLING	. Cool storage or low-temperature preservation	. Refrigerated transport	. Freezing	. Flash cooling	. Thawing	. Cooling after heat treatments	. Prevention of the overheating of heat-generating bodies	. Adjustment of temperature for testing	. Adjustment of the temperature of living areas	. Use for heat-storage systems		
CA	CA00	CA01	CA02	CA03	CA04	CA05	CA06	CA07	CA08	CA09			
	TARGET OF COOLING	. Fluids	. Indoors or areas inside warehouses	. . Refrigerated rooms	. . . Ice-makers	. . Flash-cooling chambers	. . Thawing chambers	. . Moist cooling chambers	. . Freezing chambers (e.g., partial freezing or chilling)	. . Chambers with adjustable specifications			
DA	DA00	DA01	DA02	DA03	DA04	DA05	DA06	DA07					
	COOLING MEANS	. Refrigerators	. . Compressor-type refrigerators	. . Absorption-type refrigerators	. . Thermoelectric exchange elements	. Other cooling sources or cooling actions	. . Liquefied gases	. . Dry ice					
EA	EA00	EA01	EA02	EA03									
	COLD-AIR CIRCULATION SYSTEMS	. Forced circulation	. Natural circulation	. Direct cooling									

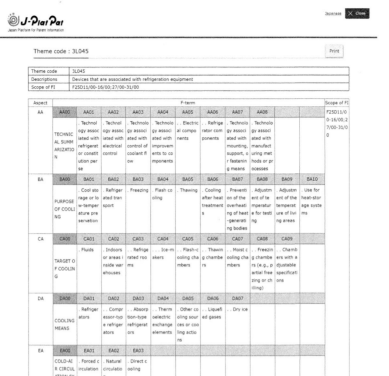

图 3-13　F-term 分类号检索结果页面——分类号详细信息展示列表

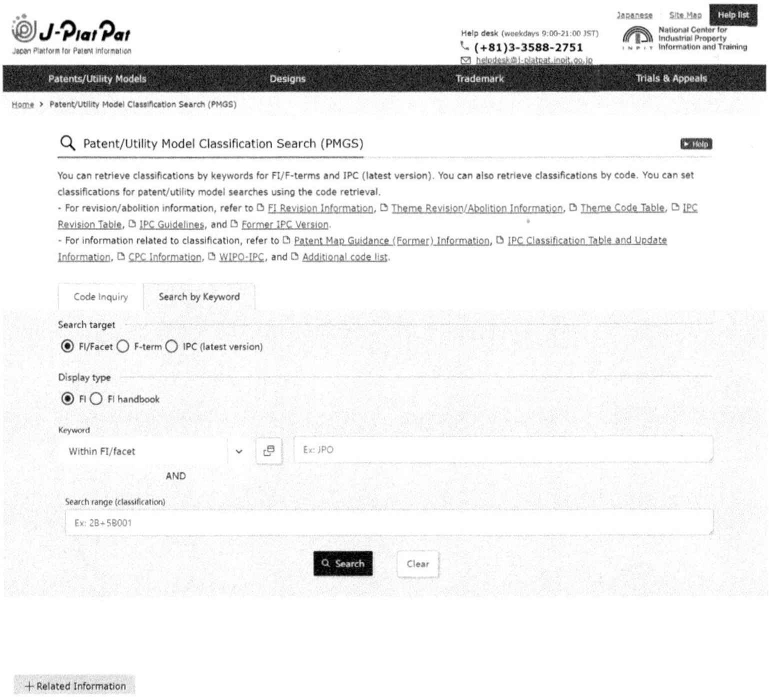

图 3-14　FI 分类号获取检索界面——Search by Keyword 模式

在第二章日本特许厅网上检索系统,按照规定的格式输入分类号即可以检索获得相关专利文献,其中 FI 输入格式为"IPC 分类号,IPC 细分类号 @ 文件识别符",如 FI 分类号为 G09G 3/20 660 F,则输入 G09G 3/20,660@F;对于 F-term 分类号,F-term 的输入格式为以全部数字和字母构成的 F-term 分类号的顺次排列,如 F-term 分类号为 3L045AA05,不做任何改动直接输入即可。

以上是 FI/F-term 分类体系知识的简单介绍,并非 FI/F-term 分类体系的全部内容,期望用户通过上述内容的学习,根据相应的 IPC 分类号,找到与技术主题更为相关的 FI/F-term 分类号,以达到更加精准高效地获得目标文献的目的。

第4章 检索通用的方法

专利检索是一项专业性较强的工作,如何从海量的专利文献中检索到需要的目标文献,需要遵循一定的流程和方法。虽然不同的技术领域检索的侧重点不同,但是遵循检索通用方法可以在一定程度上保证检索的准确性和全面性。

4.1 检索流程

专利检索是根据已有的发明技术方案,在现有的海量专利数据和非专利数据库中寻找能够破坏其新颖性或创造性的对比文件。检索流程通常包括如下步骤:(1)理解发明;(2)提炼基本构思,构建目标文献;(3)确定检索要素;(4)选取数据库;(5)表达检索要素;(6)构建检索式;(7)筛选对比文件;(8)动态调整检索策略。具体流程如图4–1所示。

4.2 理解发明

明确检索对象是专利检索的起点,由于检索的目标文献需要的是能够破坏待审查专利的新颖性或创造性的对比文件,因此需要首先了解待检索对象的基本构思,根据待检索对象来确定检索方向和策略。在正式检索之前,检索者应当仔细阅读待检索的相关文件,明确发明所属技术领域,充分理解其所提出的技术问题、解决该问题的技术手段和期望能够达到的有益效果。

【案例4–1】一种具有升降洒水功能的路灯

案情简介

一种具有升降洒水功能的路灯,包括底座,底座上侧固定连接有灯柱,所述灯柱上开设有开口朝上设置的凹槽,凹槽内设置有升降装置,升降装置

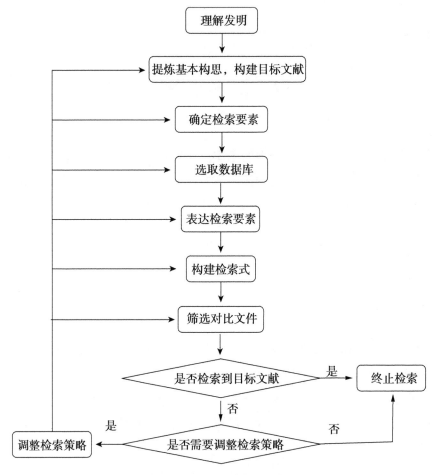

图4-1　专利文献检索流程

包括上轴承座、下轴承座、滑轨、丝杆、螺母、滑块和升降柱，滑块套设于丝杆和滑轨，通过上轴承座和下轴承座固定于凹槽内，升降柱通过螺母连接在丝杆上，螺母与滑块连接，滑块滑动设置于滑轨上，升降柱上方连接有支撑架，用于设置路灯，电机驱动丝杆转动，通过螺母带动升降柱实现升降运动，从而降低路灯便于维修；所述底座内部设有蓄水腔，蓄水腔上侧的底座上布置有滤网，所述蓄水腔内部布置有泵体，所述灯柱外侧壁上固定连接有安装板，安装板下侧固定连接有洒水装置，所述泵体通过软管与洒水装置相连通，洒水装置包括若干个开口朝下设置的喷头，喷头呈上大下小的圆台状。

其要解决的技术问题是目前路灯维修一般借助吊车升降，存在维修效率低、成本高、安全性差等问题，且洒水车对城市道路进行洒水时，容易造成交通拥堵，喷洒出的水也会影响经过车辆的驾驶员的视线，影响交通安全，且每次从水库取水造成较大浪费。

理解发明

经过分析该待检索文献的技术领域、技术问题、技术手段和技术效果可以确定：该文献的技术领域为路灯，为了解决维修不便的问题所采用的关键技术手段为设置升降装置，通过电机、丝杆带动升降柱和路灯进行升降，为了解决城市洒水不便的问题所采用的关键技术手段是在路灯上设置洒水装置。

4.3　提炼基本构思，构建目标文献

通常，一份技术方案是包含了多个技术特征的方案，多个技术手段相互作用，组合形成实现某一功能的技术手段，多个技术手段共同构成解决某一技术问题的技术方案，其中，有些技术手段是为了解决相应的技术问题而对现有技术作出改进的关键技术手段，还有一些技术手段只是为了辅助说明该方案的手段，并非对现有技术作出改进的关键技术手段。为了明确检索目标，在理解方案之后需要提炼基本构思，基本构思是体现一份发明的技术方案相对于现有技术作出改进的最核心的内容，可以根据技术领域以及对现有技术作出的改进这两个方面来确定。

提炼基本构思之后，需要结合基本构思构建目标文献。在检索过程中，若检索到了与待检索方案的基本构思相同的技术方案的对比文件，则该对比文件是可以单篇影响新颖性或创造性的可能性最大的目标文献。另外，目标文献也可以是对比文件的组合，它们结合在一起评价技术方案的创造性。构建目标文献时，优先构建单篇公开了基本构思的目标文献。

以案例 4-1 为例：

根据前面对该案例的理解分析，可以确定该方案的基本构思中的技术领域为路灯，对现有技术作出改进的核心技术方案是同时设置带有丝杆的升降装置和洒水装置及蓄水腔。而具体的升降装置还包括上轴承座、下轴承座等。这些均是丝杆升降装置的辅助支撑结构，而这种结构是现有技术中实现丝杆支撑的常用结构，并非对路灯作出改进的核心技术方案，因此不能作为基本构思。同样地，洒水装置的设置位置为灯柱，蓄水腔的设置位置为底座，都是常规的放置方式，并非该方案的基本构思。

对该案例构建目标文献时，优先构建单篇公开了基本构思的目标文献，即单篇对比文件公开了同时设置有升降装置和洒水装置的路灯。

4.4　确定检索要素

在提炼基本构思之后，检索者应当针对能够体现基本构思的技术方案进行检索。检索之前首先要确定检索要素，检索要素是能够体现技术方案的基本构思的可检索的要素。在确定基本构思之后，同样从方案所属的技术领域和该方案对现有技术作出改进的技术手段两方面来确定检索要素。检索要素的集合应当能够完整地表达待检索技术方案的主要内容。

对于案例4-1，一种具有升降、洒水功能的路灯，检索者已经确定了基本构思为一种路灯同时设置带有丝杆的升降装置和带有蓄水腔的洒水装置。根据上述基本构思，从方案所属的技术领域确定检索要素1为路灯，从方案相对于现有技术作出的贡献可以确定要素2为带有丝杆的升降装置，检索要素3为带有蓄水腔的洒水装置。

4.5　选取数据库

专利检索需要在一定的数据库内进行，因此，在检索之前还需要选择合适的数据库，常用的数据库包括专利数据库和非专利数据库。专利数据库主要有国家知识产权局综合服务平台面向社会公众提供的专利检索及分析系统，该系统收录了103个国家、地区和组织的专利数据，其中涵盖了中国、美国、日本、韩国、英国、法国、德国、瑞士、俄罗斯、欧洲专利局和世界知识产权组织等收录的专利文献；而非专利数据库中，最常用的数据库是CNKI，目前可提供中国学术文献、学位论文、会议、年鉴、工具书、报纸以及外文文献等各类资源统一检索和下载服务。另外还有万方、Google学术、百度学术、超星、读秀等，还可在相关领域常用的数据库、电子期刊中进行检索。

一份待检索的方案通常需要在中文和外文专利数据库中进行检索。在此基础上，还可以结合方案特点和领域特点进一步选择其他数据库进行检索。对于涉及理论学术改进的方案，还可以检索学术期刊类数据库；对于生活领域的方案，还可以检索网页数据库；对于技术领域在各国发展不平衡的方案，可以着重检索在该领域技术发展成熟的国家的数据库，例如对于车辆领域可以优先检索日本、美国、韩国、欧洲专利数据库；对于特殊领域还需要检索该领域的特色数据库，例如生物基因、药物领域的发明还需要检索 STN 数据库等。

以案例 4-1 为例，由于该案例所属的路灯领域为生活领域，洒水装置和升降装置在路灯领域也是常用的装置，采用的结构为常规的机械传动结构。为了便于阅读和理解检索文献，通常会首先在中文专利数据库中进行检索，如果没有检索到合适的目标文献，再调整到其他数据库进行检索。

4.6　表达检索要素

由于确定的检索要素通常采用一句话或者一段话进行表述，而在具体的检索过程中不可能直接输入一句话或一段话进行检索。由于表达方式的多样性，采用句子检索很大程度上会造成漏检。因此，实际检索过程中通常采用分类号和关键词进行检索，这也就需要在确定检索要素之后，从检索要素中提取确定性高的特征，并对该特征进行扩展。具体检索要素的表达包括关键词的提取和扩展，以及分类号的提取和扩展。

4.6.1　关键词的提取

对于关键词的提取，应当从检索要素中提取确定性高的特征。检索要素的确定性是指体现基本构思的每一要素中各关键词被目标文献记载的确定程度，确定性越高则说明该关键词越需要被目标文献记载，通过该关键词来检索到目标文献的可靠性也越高。

在案例 4-1 中，经过分析后确定检索要素：要素 1 为路灯，要素 2 为丝杆升降装置，要素 3 为洒水装置和蓄水腔。

首先，对于要素 1，路灯是目标文献所属的技术领域，确定性高，因此提取的关键词优先要提取路灯；其次，对于要素 2，带有丝杆的升降装置，需要检索路灯中带有升降装置的文献，此时"升降"即为确定性高的关键词，在检索中首先选取最优选的关键词进行检索，而要素 2 中的"丝杆"是机械传动领域常用的驱动传动方式，且检索的文献中未必会仅采用上述表达方式，其确定性相对较低，故不将它提取为关键词；最后，对于要素 3 带有蓄水腔的洒水装置，要检索带有洒水装置的目标文献时，"洒水"很容易被目标文献记载，确定性高，因此，提取关键词"洒水"，而"带有蓄水腔"确定性较低，因为现有技术中洒水装置通常都带有蓄水腔，蓄水腔未必会被明确记载，因此不将它提取为关键词。

4.6.2 关键词的扩展

由于专利撰写中表达方式的多样性，在检索中不仅需要提取确定性高的关键词，更需要采用多种手段扩展关键词，以确保检索的全面性。具体扩展方式有以下几种。

（1）利用近义词/同义词、反义词扩展，例如在案例"一种校零装置"中，关键词"校零"的扩展"校准、校正、补偿、调零、自校准、自校零"都属于近义词扩展。

（2）利用上下位概念扩展，例如，光盘驱动器测试装置中关于"光盘"的扩展包括上位概念和下位概念，其中上位概念可以是"光存储，存储，记录媒体，存储媒体，optical storage，storage，record media，storage media，memory media"等，下位概念可以是"CD，DVD，蓝光，HD-DVD，blue-ray"等。

（3）功能、用途和结构特征之间的相互扩展，例如在案例4-1中"升降"是功能性关键词，"丝杆、滑块"是结构类关键词，"清洁"是功能性关键词，"喷头"是结构类关键词，两者之间可以相互扩展。

（4）通过异形体、简繁体字扩展，例如"三轴摇摆模拟试验装置"，其中"三"一词的异体字、繁体字、英文等可扩展为其关键词"三、叁、弍、彡、仨、卅、3、three、trip+、trinal"等。

（5）通过单复数、不同的拼写方式扩展，例如光纤根据不同拼写方式可以扩展为"optical fiber"或"optical fibre"。

（6）通过词性变化扩展，例如"提高水压检漏试验准确性的方法"，其中"水压"一词依据词性变化可扩展为"水压、压力、注水、注入、充水、Water pressure、hydraulic、impulse、water inject+、inject+、flood+、fill+、charge+"等。

（7）通过等同特征扩展，例如螺钉、螺栓、螺丝、螺柱。

（8）通过错误的拼写方式扩展，例如一些不容易识别的错别字，"用作检测重叠基片的方法和设备"，其中"叠"的错误拼写方式可扩展为其关键词：重叠、重迭。

（9）通过台湾、香港申请中相同含义词的不同表述习惯而扩展，例如

"激光"在台湾申请中通常记载为"镭射","发动机"记载为"引擎"。

（10）初步检索可以获得一些相关文献，通过检索获得的相关文献也可以扩展关键词，或者从工具书、教科书、读秀、CNKI 及其他网络资源扩展关键词。例如，一种光伏太阳能材料厚度测量方法，包括将样品垂直放入橡胶模具中进行树脂胶固化，将完成固化的样品取出，在冷却后进行研磨和抛光，将样品置于显微镜下，测试样品的厚度。根据该方案的记载，难以提取出该申请对于现有技术的改进点，无法提取关键词进行检索。此时在非专利数据库和 Patentics 中对背景技术进行检索，可以获得一个关键词"金相切片"，这是一种通常应用于印制电路板的样品提取方法，该方案的方法正是应用了金相切片技术。通过对背景技术的检索，得到准确的关键词，采用该关键词进行检索即可检索到目标文献，目标文献中明确记载了"金相切片"。

（11）专利文件撰写过程中，部分专利会将具体工作方式写入其中，此时如果采用结构或方法步骤中的部分关键词进行检索，由于不能完整地体现基本构思，检索结果通常不会特别理想。此时，若检索者能够根据该方案的具体实现方式扩展到该方式所对应的原理性词汇，可提高检索效率。

例如一种原型实验波浪模拟爬高装置，包括浪池、供水装置、浪涌装置。所述浪池的一端设有浪坡，浪池内设有浪涌装置；所述供水装置为设置在浪坡的坡壁下端的带水泵的进水管；所述浪涌装置为通过传动杆与伺服电机连接的生波板 6，所述生波板纵向设置在浪坡的底部，所述传动杆包括万向杆 9 和直杆 10，所述直杆的一端通过万向节 11 与生波板连接，另一端通过万向节 11 与万向杆连接；所述万向杆的另一端通过电机传动轴连接伺服电机 7，如图 4-2 所示。

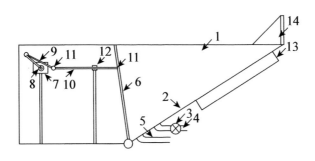

图 4-2　波浪模拟爬高装置技术方案

该装置用于模拟波浪爬高，对波浪爬高作用下的海堤外坡护面材料进行测试。

该方案的基本构思为采用电机作为驱动装置，万向杆、直杆和万向节配合作为传动装置，驱动生波板模拟波浪的形成。"传动装置"作为其中一个要素，可以提取关键词"万向杆"和"直杆"等，但是采用上述关键词进行检索，噪声较大，无法准确命中目标文献。

此时结合说明书中详细记载的该驱动传动装置的工作原理，共同作用驱动生波板运动。其中浪涌装置为通过传动杆与伺服电机 7 连接的不锈钢生波板 6，生波板 6 的底部通过铰接头固定在浪坡 2 的底部与浪池 1 底的交界处，传动杆包括万向杆 9 和直杆 10，直杆 10 穿过固定在浪池 1 内侧壁上的滑动轴承 12，一端通过万向节 11 与生波板 6 连接，另一端通过万向节 11 与万向杆 9 连接；万向杆 9 的另一端通过电机传动轴 8 连接伺服电机 7，启动伺服电机 7，通过电机传动轴 8 驱动万向杆 9，将伺服电机 7 的圆周运动转化为活塞运动，并通过直杆 10 将活塞运动传递到生波板 6，滑动轴承 12 保证了直杆 10 始终保持在水平方向运动。生波板 6 在直杆 10 的推动下，以铰接头为圆心做往复转动，推动水在浪坡 2 上进行波浪爬高，同时对测试槽 13 中的样品进行冲刷测试。

此时检索者详细分析该传动过程，可以确定该传动装置的工作原理为机械传动领域常用的"曲柄摇杆机构"，对于"传动装置"这一要素可以进一步扩展关键词"曲柄摇杆机构"进行检索，能够很快获取目标文献。

4.6.3　分类号的提取

目前，国际上认可的分类体系包括通常使用的 IPC/CPC，还包括美国 UC 分类体系和日本 FI/F-term 分类体系，各分类体系各有优劣，检索者可根据领域特点进行选择。

以常用的 IPC/CPC 分类体系为例，它可以为技术领域的检索要素和对现有技术作出改进的检索要素分别提取分类号。

为每个检索要素提取分类号的方式包括以下几个方面。

（1）从相关文献中提取分类号，这里的相关文献包括同族文献、引证文献、现有技术文献。例如一种光放大链路的嵌入式光时域反射测试，中文专利给出的分类号是 G01M 11/00（光学设备的测试）和 H04B 10/071（使用光时域反射计监控），而根据英文同族专利还可提取分类号 H01S 3/067（纤维激光器）和 G01N 21/00（利用光学手段测试分析材料），上述分类号都是需要检索的分类号。

（2）查找分类表，根据待检索发明的技术领域、基本构思，按照部、大类、小类、大组、小组的顺序查找分类表，提取相关分类号。

在案例 4-1 中，对于技术领域的检索要素"路灯"，提取分类号 F21W 131/103（户外照明，用于大街或道路）。

对于检索要素 2"带有丝杆的升降装置"和检索要素 3"带有蓄水腔的洒水装置"，升降装置和洒水装置这种功能类型的装置没有确切的分类位置，因此，不能提取分类号，只能采用关键词进行检索。但是对于存在分类号的检索要素，还需要提取能表达该检索要素的分类号。例如，一种车胎气门芯，其应用于车辆的轮胎，其对于现有技术的改进在于提供了一种具有单向阀功能的气门芯结构。因此，"具有单向阀功能的气门芯结构"是其中一个要素，由于单向阀具有准确的分类号 F16K 15/20（专为充气体设计的单向阀），因此提取该分类号。

4.6.4　分类号的扩展

对于一件专利文献，分类员可以从不同的角度分到多个不同的分类号中。为了全面检索，检索中不仅要使用提取的分类号，还需要对分类号进行相应的扩展，例如分类号向下扩展，即需要检索给出的分类号，并查看该小组下的其他分类号是否能够明显被排除，若不能明显排除则需要检索；分类号向上扩展，如果该分类号所在小组的高一级小组直到所处的大组与待检索的主题相关，同样需要检索；特殊规则扩展，如果所获取的分类号中给出了特殊分类规则，应当检索该特殊分类规则下的分类号及其相关的分类号。

4.7　构建检索式

构建检索式进行检索时通常包括试探性检索和常规检索两个步骤。

4.7.1　试探性检索

试探性检索是根据初步确定的技术领域、技术方案和有益效果，提取关键词和分类号进行简单检索，这里所说的关键词和分类号是从待检索方案的技术主题、技术手段或效果中直接提取，不需要进行检索领域、分类号和关键词的扩展，简单检索有助于检索者快速检索到目标文献，此外还可了解现有技术的发展状况以及本领域常用的技术手段。

以案例 4-1 为例，由于路灯领域的申请人较为分散，且技术领域属于生活领域，技术方案较简单，采用的是常规的机械结构，普通人员即可理解，不需要特殊专业领域的技术知识，申请人、发明人较分散，因此，采用申请人、发明人追踪检索效果不会特别突出。另外，由于路灯领域发展已较为成熟，且日常生活中随处可见，因此，试探性检索可从实物和专利文献两方面进行。对于实物的检索，可采用百度进行试探性检索，输入关键词"路灯、升降、洒水"，可以得到可洒水的路灯和可升降的路灯的相关实物图片。对于专利文献的检索，检索者可以预期同时具有升降和洒水功能的目标文献较多，可能具体的实现手段不同。因此，需要采用已知的分类号、关键词进行试探性检索，以快速获取目标文献。具体到该案例，可以采用待检索文献给出的关键词进行试探性检索。

检索式 1：关键词 =（路灯）and 关键词 =（升降）and 关键词 =（洒水）

采用检索式 1 能够检索到多篇类似的对比文件，例如对比文件 1（CN106907633A）涉及一种具有双重智能散热功能的洒水路灯，但是该对比文件的升降柱用于实现洒水装置的升降，并非路灯的升降，采用的升降方式为电机驱动螺纹杆转动。对比文件 2（CN108895397A）涉及一种新型路灯，具有升降装置和洒水装置，升降柱带动路灯和洒水装置实现升降运动，具体升降装置采用气缸驱动升降柱运动。通过上述检索结果，检索者可以明确同时具有洒水装置和升降装置的路灯已经申请了较多专利，各专利技术的区别主要体现在具体的升降装置和洒水装置的设置方式上，可见采用关键词进行试探性检索，在快速获取目标文献之前，还可帮助检索者了解现有技术的发展状况及该领域常用的技术手段。

4.7.2　常规检索

常规检索是在确定了检索要素、提取和扩展关键词及分类号之后，依据一定的逻辑关系构建检索式进行检索。构建检索式的过程即为将一个或多个确定性高的检索要素组合来还原表达发明的技术方案的过程，因此，不同的检索要素之间需要进行逻辑"与"的关系运算，从而确保检索方向的准确性。对于同一检索要素，由于在同一篇文献中一般只采用一种表达方式，不会同时采用多种表达方式，因此，对于同一检索要素在一个检索式中通常采用逻辑"或"运算，从而确保检索的全面性。另外，专利检索系统中还包括摘要字段和全文字段，用于表达关键词的检索范围，在构建检索式时根据检索需要选取相关字段构建检索式。

一般体现基本构思的技术方案通常会分解出多个确定性高的检索要素，每个检索要素又包含分类号和关键词的表达，在构建检索式时，对于同一检索要素优先采用更为优选的表达方式进行检索，同时，为了确保检索的全面性，在未检索到目标文献的情况下还需要采用次优选的表达方式构建检索式。

以案例4-1为例，该案例的检索要素为：路灯，灯柱的凹槽内设有丝杆升降装置，升降装置上安装有路灯，路灯上安装洒水装置，底座上安装蓄水腔；提取的分类号为：F21W 131/103；提取和扩展的关键词分优先级包括：最优选的关键词升降、洒水，次优选的关键词包括丝杆、螺母、喷水、蓄水等，根据上述关键词扩展得到的关键词包括升降——上升、下降、垂直等，丝杆——丝杠，滑轨——轨道、滑动、滑槽等，洒水——喷头、喷洒、喷淋等，蓄水——储水、收集水等。根据分类号和关键词的优先级组合构建检索式：

检索式2：IPC=（F21W31/103）and QLYQ=升降 and QLYQ=洒水

检索式3：IPC=（F21W31/103）and QLYQ=（丝杆 or 螺母 or 滑轨 or 滑块）and QLYQ=（喷水 or 蓄水）

检索式4：IPC=（F21W31/103）and QLYQ=（上升 or 下降 or 垂直）and QLYQ=（喷头 or 喷洒 or 喷淋）

……

4.8 检索结果的筛选

构建检索式之后需要对检索结果的数量进行调整以适于浏览，从而筛选出需要的目标文献。筛选对比文件时，首先筛选新颖性对比文件，即能够公开待检索文件的全部技术特征的文件；若没有新颖性文件，则需要筛选能够多篇结合，破坏发明的创造性的对比文件。

如果目标文献涉及一种产品结构特征时，为了提高浏览的效率，通常需要结合发明名称和附图，必要时结合关键结构部件特征的文字描述；如果目标文献涉及一种方法步骤或其他不易采用图像表述的技术方案时，只能对文字进行浏览，此时，为了提高浏览速度，检索者可以设置高亮关键词，结合主题名称、摘要和关键词进行初筛，筛选出相关度较高的目标文献之后再对初筛结果进行详细浏览，从而获得准确的目标文献。

目前，各专利检索系统常用的检索结果排序方式包括按照相关度排序和按照时间排序，例如 Patentics 检索系统采用按相关度排序方式，按照相关度排序可以更快浏览相关度高的文献，能够更快地获取目标文献；而国家知识产权局提供的专利检索及分析系统采用按照时间排序的方式，具体包括按申请日升序、申请日降序、公开日升序、公开日降序排序，按照时间排序可以浏览到技术发展过程，了解一定时间内技术发展程度。检索者可根据需要调整显示结果的数量和排序方式，从而更快地找到目标文献。

以案例 4–1 为例，在该案例中，采用检索式 1 进行检索，共获得 5 条检索结果，结合附图浏览可以确定目前的对比文件仅公开了整体构思，例如对比文件（CN108895397A）涉及一种新型路灯，具有升降装置和洒水装置，升降柱带动路灯和洒水装置实现升降运动，具体升降装置采用气缸驱动升降柱运动，与该待检索方案的手段不同，还需要进一步检索具体手段。

4.9　调整检索策略

检索策略是检索者根据目标文献而构建的数据库、分类号、关键词的选取和组合方式，以获取目标文献的思路。很少有目标文献是通过一个检索式即可得到的，大部分的检索过程是不断调整，从而逼近目标文献的过程。随着检索的进行，检索者需要根据现有的检索结果调整检索方向和检索策略。

调整检索方向主要是对检索预期的目标文献的内容进行调整，包括在用全要素检索方法未检索到目标文献时，需要重新理解发明，拆分技术方案进行部分要素检索，或者根据已经检索到的目标文献公开的内容来分析还缺少哪些要素，从而调整下一步检索方向，有针对性地进行检索。

调整检索方向之后，需要根据调整后的检索方向及现有的检索结果，进一步确定检索数据库、检索要素、关键词 / 分类号的确定及扩展以及构建检索式，调整的过程可以根据需要选择其中的一个或多个步骤。

4.9.1　调整基本构思和目标文献

由于检索者和发明人本身对于技术发展水平的认知有限，对于发明和现有技术作出贡献的技术方案的认定会存在区别，因此需要调整检索要素。基本构思的调整是在检索者不断了解现有技术的基础上，重新确定发明相对于现有技术作出改进的核心技术方案。

例如一种电池组防水检测装置，为了检测电池组的防水性能，并确定漏水位置，发明人提出了一种电池组防水检测方法，其特征在于，包括以下步骤：

（1）按照指定的防水级别装配电池组；

（2）将气密检测仪连接电池组和气源，进行气密检测，且气源的相对湿度为75%~95%，得到气密检测合格的电池组和气密检测不合格的电池组；

（3）采用湿度卡检测步骤（2）气密检测不合格的电池组的漏气位置，并对电池组漏气位置进行处理；

（4）将步骤（3）处理后的电池组重复步骤（1）~（3），直到气密检测合格；

（5）将步骤（2）气密检测合格的电池组进行防水试验。

首次检索时确定其基本构思为：电池防水检测，先进行气密性检测，之后进行漏气位置检测。经过检索之后发现对电池组进行检测时先检测气密性，再定位泄漏位置是常规的检测方法，例如通过对电池组内充气进行气密性检测，存在漏气时在电池组外侧涂抹肥皂泡，根据冒泡的位置来定位泄漏位置。因此，先检测气密性再定位泄漏位置并非本发明的核心技术方案；再分析该发明的方案发现，其采用具有一定湿度的气体进行气密性检测，若发生泄漏，则利用湿度卡定位泄漏位置，所以，重新调整基本构思为电池防水检测，采用带有湿度的气源和湿度卡定位泄漏位置。

在常规检索中，若是没有检索到单篇能够影响该方案的新颖性和创造性的目标文献，那么就需要调整目标文献，尤其是对于可以采用多篇结合来评价创造性的技术方案，可以调整目标文献为多篇对比文件的组合。

以案例 4-1 为例，对于该案例来说，若是首次检索未检索到同时设置有升降装置和洒水装置的路灯，由于该方案中的路灯升降装置用于解决路灯维修不便的问题，洒水装置用于解决城市清洁的问题，两个手段之间独立作用，并无相互配合。因此，目标文献可以调整为两篇，其中第一篇为设置有升降装置的路灯，第二篇为设置有洒水装置、蓄水腔的路灯，两者可以结合评价该技术方案的创造性。

4.9.2　调整检索要素

由于目标文献进行了调整，那么根据目标文献需要重新调整检索要素。

以案例 4-1 为例，由于前期重新构建了目标文献，针对不同的目标文献需要重新确定检索要素。对于目标文献的第一篇，带有升降装置的路灯，那么确定此时的检索要素为路灯和升降装置；对于目标文献的第二篇，带有洒水装置、蓄水腔的路灯，调整检索要素为路灯和洒水装置。

4.9.3　调整数据库

调整检索数据库需要根据已检索到的相关文献，了解现有技术的发展脉络及状况，判断待检索的基本构思处于技术发展脉络的哪个阶段来调整下一步重点检索的数据库。

例如一种 LED 寿命的检测装置，结合技术方案中记载的问题及手段，可以确定该方案的基本构思为通过检测 LED 固晶层焊接的空洞率来分析其散热性能。根据常规的检索思路，该发明涉及一种检测装置的结构特征，且申请人为国内企业，通常首先会在专利数据库中进行检索。在专利数据库中采用检索式："关键词 =（（LED）and（空洞）and（固晶）and（散热））"进行检索，仅有 5 条检索结果，都涉及具体制造过程中如何降低热阻，并非涉及检测，与目标文献相关度较差。进一步思考分析其原因，是由于该发明的检索装置所依托的理论方法提出较晚，目前还处于理论分析阶段，那么就需要在期刊数据库进行检索，寻找相关的理论研究。

调整数据库之后在 CNKI 进行检索，检索式为"LED and 空洞 and 固晶 and 散热"，即可检索到目标文献《芯片互联层及封装基板对大功率 LED 器件光热性能的影响》，公开了通过对互联层空洞进行扫描，获得空洞率，再分析空洞率对 LED 器件的性能参数的影响，与待检索的文献的构思相同。

以案例 4–1 为例，就该案例来说，前期检索时根据经验优先检索了专利数据库，假如在专利数据库中检索的数据量较少，此时就需要考虑调整数据库。由于该方案涉及生活领域，可以通过搜索引擎检索网页。

通常，在一个数据库中未检索到预期的目标文献时，尤其是检索结果较为异常，例如检索结果数量特别少时，需要分析未检索到的原因，根据需要对数据库进行调整。

4.9.4　调整检索要素的表达

在调整关键词 / 分类号的确定及扩展时，前期已经进行过一系列的检索，此时的调整主要是查找前期检索中没有使用到的相关领域的关键词或者分类号，这种查找需要根据积累的经验，了解现有技术中的相关术语、分析目标文献的检索方向才能完成。

（1）了解现有技术，获取相关领域的技术术语以扩展关键词。

例如一种利用地面测站同波束干涉测量的航天器姿态测定方法，该方法包括以下步骤：①对同一航天器的不同星载发射天线开展同波束干涉测量，获取同一航天器的不同星载发射天线至不同地面接收天线的距离差；②基于同一航天器的不同星载发射天线至不同地面接收天线的距离差，计算航天器的姿态信息。该方案的基本构思为基于同一航天器的不同星载发射天线至不同地面接收天线的距离差，计算航天器的姿态信息，要素1为"计算航天器姿态"，要素2为"同波束干涉"。在常规检索时对要素2提取关键词为"同波束干涉""SBI""same beam interferometry""距离差"等，难以检索到目标文献。

在关键词调整时，检索者了解了技术方案，并考虑了关键词的扩展方向。此时，检索者可根据要素2中同波束干涉测量技术检索其基本原理，明确其是通过两次差分运算消除了观测装置内部时延的影响，并且在相关领域中使用的术语为"双差"，再使用"双差"作为关键词进行检索，就可检索到目标文献《一种基于GPS载波双差方程的姿态角直接求解方法》，虽然记载的技术术语不一致，但是目标文献公开了该发明的构思。

（2）在常规检索未检索到对比文件时，可以采取特殊的检索策略，例如选取特有的参数或商品型号作为关键词进行检索，或许会产生预料不到的效果。

例如一种过流保护电路，其要解决的技术问题是在电脑主板测试过程中，由于短路问题可能使电源输出的较大电流进入主板，进而损坏电子元件。其测试电路结构如图4-3所示。

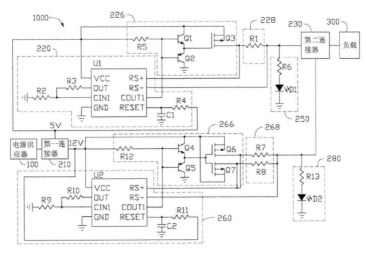

图4-3　一种过流保护电路

　　对电路结构进行检索时，由于该电路采用的零部件均为本领域常用的电阻、电容等，不便于检索，因此，只能从主题名称及其要解决的技术问题确定检索要素的关键词为"过流保护"。采用"过流保护"进行检索，检索结果数量大，难以阅读。检索者可以分析其中一个关键芯片 MAX4373 为常用的过流保护芯片，因此，采用关键词："过流保护、MAX4373"进行检索，即可得到公开了该电路结构的对比文件《开关电源电路及 LED 调光照明设计理论》。

　　（3）检索过程中对于分类号也需要根据检索的结果进行调整，分析寻找更适合的分类号进行检索。

　　例如一种螺纹自动检测装置及使用方法，该方案要解决的技术问题是传统的螺纹检测方法大多为手工式检测，利用螺纹量规进行接触式检测，工人根据手工检测结果判定待检测产品是否合格，这种方法工作量大、工作效率低且测量结果易受人为因素影响，不仅缺乏测量效率，而且缺少整体的合格判定依据，已不能满足生产的实际需求。该发明提供了一种螺纹检测方法，包括振动盘用于将待检测螺纹整形输送到输送线装置，输送线装置将螺纹输送至综合检测台，综合检测台设置有螺纹通止规检测装置、螺纹视觉检测装置及工件下料装置。

　　该发明给出的分类号为 G01M 13/00：机械部件的测试，首次检索时采用该分类号进行检索：IPC=（G01M 13/00）and 螺纹，检索结果均是如何对螺纹进行单独检测，并不涉及振动盘、输送线装置、工件下料装置等。检索者经过分析可知该分类号并不能完整地体现对螺纹进行输送、检测这一整体结构，而螺纹检测装置的整体涉及待测件的传送、检测和分选。因此，重新调整检索分类号，经过查找分类表可以得到分类号 B07C 5/00（邮件分选，按照物品或材料的特性或特点分选），B07C 5/36（以其分配方式为特征的分选装置），这一分类号更能体现装置的整体结构。采用调整后的分类号结合关键词进行检索：

IPC=（B07C 5/36）and 螺纹 and（通规 or 止规）

　　通过上述方法，即可得到目标文献《一种小型回转体工件旋转式高精度内螺纹检测自动分选装置》，该文献公开了上料通道、视觉检测工位、翻转机构、通止规检测工位和下料工位，可以评价该方案的创造性。

4.9.5　调整检索式

　　检索式是决定检索结果的最直接的因素，也是调整最多的因素，具体调整方式有以下几种。

（1）根据检索结果调整检索式，结合重新确定的基本构思和检索要素构建检索式。

以案例4-1为例，由于前期已经调整目标文献为分别公开了升降装置的路灯和带有洒水装置的路灯，同时调整第一篇目标文献的检索要素为路灯和带有丝杆的升降装置，第二篇目标文献的检索要素为路灯和洒水装置、蓄水腔。

在检索第一篇目标文献时，为检索带有丝杠驱动升降的路灯，检索式可调整为："路灯 and 丝杆 and 升降"，可检索到对比文件1（如图4-4所示）：一种灯具可升降的路灯杆，其中公开了一种灯具可升降的路灯杆，包括空心灯杆。其特征在于：灯杆1内通过丝杆座2安装有丝杆3，丝杆3上螺纹连接有丝杆螺母4，丝杆螺母4上连接有安装座5，灯杆1的底部安装有驱动丝杆螺母4沿丝杆3上下位移的电机6，灯杆1内的安装座5上连接有灯具7，灯具7通过连接杆8铰接在安装座5的上端。

在检索第二篇目标文献时，为检索带有蓄水腔及洒水装置的路灯，检索式可调整为："路灯 and 洒水 and 蓄水"，可检索到对比文件2（如图4-5所示）：一种环保型太阳能路灯，其中公开了一种环保型太阳能路灯，包括太阳能板1、照明灯3、灯座4和方形灯柱6，照明灯3安装在灯座4上，多个雾化喷头5均通过设置在方形灯柱6内部的第二水管7与设置在储水箱8内部的潜水泵9连通。使用时，通过四个太阳能板1组合而成的棱台状箱体结构可以将雨水收集，并通过第一水管2排入预先埋设好的储水箱8内进行储存，在天气炎热或是路面灰尘较多时，通过潜水泵9工作，储水箱8内部的水从雾化喷头5中喷出，从而改善了环境，减少了水资源的浪费。

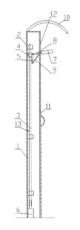

图 4-4　案例 4-1 的对比文件 1　　　图 4-5　案例 4-1 的对比文件 2

（2）结合附图浏览的方式调整检索式，由于机械结构领域的案件通常需要结合附图浏览筛选对比文件，当某些要素涉及结构特征时，不便于采用关键词进行表述，此时需要调整检索式，可以不表达该要素，直接在浏览时通过附图来筛选该要素。

（3）调整检索式中的逻辑算符，以更准确地表达检索要素。一般的检索式中"and"用于表达两个检索要素之间的关系，"or"用于表达同一检索要素中不同的关键词／分类号之间的关系，但是仅采用上面两种逻辑进行运算，容易造成数据量大、不易阅读，或者关键词限定范围较小，容易漏检的缺陷。因此，对于同一要素中不同关键词之间的关系，可以采用同在算符、临近算符等调整检索式。

以案例 4-1 为例，首次检索的检索式为："路灯 and 升降 and 洒水"，经过检索之后获得的对比文件中，包括了对洒水装置进行升降的路灯，并非对路灯本身进行升降，说明这一检索式的表述不准确。因此，为了更准确地表述对路灯本体设置升降装置，可以调整检索式为："（路灯 or 灯柱）S 升降"，可以检索在同一句话中同时记载"路灯"和"升降"的目标文献；再例如升降装置中采用丝杆作为传动装置，对这一手段进行检索时如果采用检索式："路灯 and 升降 and 丝杆"，则检索结果较多，结果不集中，不便于找出最相关的对比文件，可以调整检索式为："路灯 and（升降 10D 丝杆）"，以明确检索在路灯中采用丝杆作为升降装置的传动方式的目标文献。

第二部分
常用检索技巧篇

第5章　利用分类号的检索

使用分类号进行检索是专业检索人员进行高效检索的重要手段，本章从分类号的获取出发，介绍了获取准确的分类号的主要方式，并结合实际案例分别介绍 CPC 检索和 F–term 检索的方法和策略。

5.1　分类号的获取

5.1.1　分类体系简介

5.1.1.1　专利分类发展简介

建立专利制度初期，世界范围内的技术水平不高，各国的专利文献量较少，因此无须对专利文献进行分类，例如美国在 1830 年以前所有专利文献都是按年代排列的。但是随着时代的高速发展和技术的进步，专利文献所涉及的学科和技术范围变得越来越广泛，几乎覆盖了所有的技术领域，含有大量的科技信息。19 世纪中叶，美国、欧洲等许多国家和地区进入资本主义迅速发展阶段，相继制定了各自的专利分类法。这时各国的专利分类法各不相同，相互交流很不方便。随着国际技术贸易的发展，特别是越来越多的国家采用了审查制的现代专利制度，各专利局必须对一些主要国家的专利文献进行检索，而且数量巨大。很多国家认识到需要制定一种统一的专利分类体系。为此，欧洲各国首先制定了"欧洲专利分类法"。1967 年保护知识产权联合国际事务局（BIRPI）接受欧洲专利专家的建议，将"欧洲专利分类法"作为"国际专利分类法"（International Patent Classification，IPC）。1968 年 9 月第 1 版 IPC 生效。

1971 年 3 月 24 日《巴黎公约》成员方在法国斯特拉斯堡召开全体会议，签署了《国际专利分类斯特拉斯堡协定》。该协定的主要内容是：世界知识产权组织（WIPO）成为 IPC 的唯一管理机构，负责执行有关《国际专利分类斯特拉斯堡协定》的各项任务；IPC 确定为《巴黎公约》成员方的统一专利分类法，所有成员方都应当使用；成立专门联盟，《巴黎公约》成员方都可参加，该联盟设立专家委员会，各成员方应派代表参加，研究修订《国际专利分类表》(IPC)；专家委员会的每个成员有一票表决权；IPC 以英文版和法文版为正式版本；专门联盟的最主要权利是共同协作对 IPC 进行修订，最主要义务是使用 IPC 对本国专利文献标识完整分类号。自此，《国际专利分类表》使各国专利文献获得统一国际分类，解决了由于各国采用不同分类法所造成的不便。

中国国家知识产权局专利局自 1985 年实施《专利法》以来，一直采用"国际专利分类法"对发明专利和实用新型的技术主题进行分类。1996 年 6 月 17 日，中国正式向 WIPO 递交了加入《国际专利分类斯特拉斯堡协定》的申请书，1997 年 6 月 19 日正式生效。自此，中国正式成为《国际专利分类斯特拉斯堡协定》的成员方。

发展到现阶段，世界上的专利分类表有：世界知识产权组织（WIPO）管理的《国际专利分类表》(IPC)、美国专利商标局和欧洲专利局合作开发的合作专利分类表（CPC）、日本专利局设计的日本专利分类表（FI/F-term）和英国德温特出版公司编制的德温特专利分类表。

5.1.1.2　专利分类的用途

专利分类的主要目的是便于专利文献的检索。专利文献根据其所含的技术主题标引分类表中的分类号。相同技术主题的文献都归在同一分类位置上，从而应能从同一分类位置检索到，即在同一分类号中可以找到相同主题的文献。

使用关键词检索时，有时难以表达技术手段，难以区分技术领域，并且在检索外文专利文献时，对外语的表达也会存在困难，因此，使用关键词进行检索往往存在一定的局限性。分类号则是由专业人员针对文献信息，按照特定的分类原则和规则给出的，具有相当高的一致性和规律性，不受语言差异的限制，而且充分体现技术的相关性。因此，使用分类号检索具有一定的优越性，可以弥补专业知识和检索经验的不足，有效提高专利检索的质量和效率。掌握专利分类表是从技术角度入手查找专利文献的重要技能，而在使用分类号检索前，首要问题是如何有效获取到准确的分类号。

5.1.2　获取分类号的主要方式

对于 IPC、FI/F-term、CPC 等分类体系，虽然分类原则和方式有所差异，但分类号的获取途径大致相同。下面以 IPC 分类体系为例，介绍如何获取分类号。

常用的获取分类号的途径，大致有三种方法：第一种方法是直接查找法，即使用《国际专利分类表》，用户可以通过技术方案描述的主题事物查找到其所在的分类和分类号，确定 IPC 分类号；第二种方法是检索结果统计分析法，即通过使用与所检索技术方案的主题密切相关的一个或多个关键词在专利数据库进行检索，利用数据库的统计功能从命中结果中统计 IPC 分类号的分布情况，以确定该技术方案可能的分类号；第三种方法是通过检索到与技术方案相关度较高的专利文献，追踪获取到专利文献的 IPC 分类号。

5.1.2.1　直接查询《国际专利分类表》获取 IPC 分类号

直接查找 IPC 分类表确定技术方案的 IPC 分类号是最直接、最基础的方法，国家知识产权局、WIPO 的 IPC 专利网站都有《国际专利分类表》电子版，查找分类号时既可以按照"部、大类、小类、大组、小组"的顺序逐级查找，也可以利用网站提供的检索功能，根据主题词直接检索分类号。

除此之外，国家知识产权局专利检索及分析入口（http：//www.pss-system.cnipa.gov.cn）提供了便捷的分类号查询入口，可直接用分类号进行查询，包括利用分类号、中文含义、英文含义进行查询，如图 5-1 所示。

图 5-1　国家知识产权局专利检索及分析系统分类号查询入口

下面将通过 3 个实际案例，通过发明信息查找相关分类号进行检索、发明信息结合附加信息查找相关分类号进行检索，以及阅读相关专利文献明确分类定义进一步查询准确的分类号进行检索这三种方式，介绍通过查询 IPC 分类表获取分类号的实际检索方法。

【案例 5-1】

案情简介

家禽内脏取出装置，包括一个以头部向下的方式支撑宰杀并且去毛的鸡或其他家禽的钩环，一个勺状部件，可移动地设置在钩环上以便插入到家禽腹腔中，从中取出肠、肺以及其他内脏。通过家禽的跗关节悬挂在一个枢接在钩环的夹持构件上。该勺状部件朝着缩回或收回位置偏压，且设有锯齿状的边缘，这种边缘能够使其很容易插入家禽身体中，并当勺状部件拉出时能有效地抓住或拉出内脏。该勺状部件的移动可以利用输送装置使钩环运动通过凸轮机构等来进行。

该方案的优点在于，它能够自动去除悬挂于输送装置上的家禽的内脏，从而可以避免人工作业并降低了污染的危险。

基本构思

发明信息：一种家禽内脏取出装置，包括用于保持家禽的钩环、勺状内脏去除部件以及操作勺状部件的机构。

检索过程

查表获取分类号，A22C 小类类名是"肉类、家禽或鱼的加工"，与该方案发明信息相关。A22C 的类名不包含至其他分类位置的相关参见。

利用关键词查找 IPC 分类表，小组 A22C 21/06 是 A22C 21/00 的下位组，A22C 21/00 的类名是"禽类的加工"。因此 A22C 21/00 与该方案相关。小组 A22C 21/06 的类名"取出家禽内脏装置"，这也与该方案相关。

在小类 A22C 中，大组 A22C 15/00 "悬挂肉类或香肠用的设备"，大组 A22C 17/00 "其他加工肉或骨的装置"以及大组 A22C 18/00 "加工肉类的车间、工厂或类似设备"也许都可考虑作为可选的分类位置。然而，该方案仅与整只家禽的悬挂和内脏取出装置有关。肉类往往仅仅被定义为动物可食用部分，例如"特别是包括鱼以及家禽等动物作为食物的肉体，通常与骨头以及其他不可食用部分对应"。而取出内脏只是在将禽类加工成肉类之前的准备步骤。此外，大组 A22C 18/00 包含参见"仅加工家禽的入 A22C 21/00"，这更明确指出该方案不在本组的范围内。

因此，A22C 21/06 是本小类下唯一合适的组。

使用查询的分类号 A22C 21/06 结合关键词进行检索。

序号	命中数量	结构式
1	1036	IPC 分类号 =（A22C21/06）
2	558230	关键词 =（勺）
3	26	1 and 2

经过浏览，获取相关文献 CN202340715U 公开了该方案的发明构思。

小结

通过查表获取 IPC 分类号时，要注意根据分类原则和分类规则进行查找，关注附注和参见信息，选取与发明构思最相关的分类号。

【案例 5-2】

案情简介

一种控制显示器上指针的光学指示装置。该装置具有在本体空腔中的光学传感系统，该光学传感系统包括透镜，所述空腔覆盖有可移动的透光板。通过将透光板固定于本体上，该装置可用作光学触摸板。通过把该装置放在一个固定表面上并去除面板，可将该装置用作光学鼠标。面板探测元件安装在本体上，用于探测面板存在与否，并可以作为开关，将指示装置在作为光学数字转换器时的前向运动模式和作为光学鼠标时的后向运动模式之间进行切换。

现有技术中的指示装置（如鼠标）通过滚动球机械地旋转，增加了成本和复杂度，指示准确度也会受到影响，该方案提供的光学指示装置可降低复杂度，提高指示的准确度。

基本构思

发明信息：指示装置可适当地构成并作为光学鼠标或光学数字转换器。指示装置（鼠标或触摸板）包括覆盖光学传感系统的透光面板，以及位于腔中作为按钮的可移动透光部件。在施加压力时，按钮的上表面从第一位置移动至第二位置，以改变其上表面到光学传感系统之间的焦距。

附加信息：以"面板探测元件"的输出为基础可进行两种操作模式（前向和后向移动模式）的切换，这一技术特征可以作为附加信息进行分类。

该技术方案进一步揭示了该发明的一些应用，如指示装置安装于键盘的上表面，指示装置位于笔记本电脑的表面上。

检索过程

查表获取分类号，利用关键词在 IPC 关键词索引中进行检索，确定发明信息和附加信息可能合适的分类位置。

对于发明信息，小类 G06F 的类名为"电数字数据处理"。这显然与本申请的发明信息相吻合。G06F 的类名中并未包括对其他分类位置的参见。大组 G06F 3/00 包括"将待处理的数据转变成计算机能够处理的形式的输入装置"，其一点组 G06F 3/01 包括"用于用户与计算机之间交互的输入装置……"，它的两点组 G06F 3/03 包括"将部件的位置或位移转换成代码形式的装置"，三点组 G06F 3/033 包括"由使用者移动或定位的指示装置，例如，鼠标、跟踪球、笔或操纵杆"，G06F 3/041 包括"以转换方式为特征的数字转换器，例如，触摸屏或触摸垫"。三点组 G06F 3/041 下的四点组 G06F 3/042 包括"以光电方式为特征的数字转换器，例如，用于触摸屏或触摸垫"。由于发明信息指出指示装置既可用作鼠标，也可用作数字转换器，因此，小组 G06F 3/033 和 G06F 3/042 均为发明信息确切的位置。由于数字转换器是"可接收光信号来指示物体在面板上的移动……"中所提及，而鼠标也被提及，小组 G06F 3/042 应是反映发明信息的分类位置。

对于附加信息，大组 G06F 3/00 包括"用于将待处理的数据转变成计算机能够处理的形式的输入装置"，其一点组 G06F 3/01 包括"用于用户与计算机之间交互的输入装置……"，它的两点组 G06F 3/03 包括"将部件的位置或位移转换成代码形式的装置"，三点组 G06F 3/033 包括"由使用者移动或定位的指示装置，例如，鼠标、跟踪球、笔或操纵杆"，以及 G06F 3/038 包括"所用的控制和接口装置，例如，驱动器和装置内嵌的控制电路"。G06F 3/038 即为合适的分类位置。

大组 G06F 3/00 包括"用于将待处理的数据转变成计算机能够处理的形式的输入装置"，其一点组 G06F 3/01 包括"用于用户与计算机之间交互的输入装置……"，它的两点组 G06F 3/02 包括"使用手动操作开关的输入装置，例如，使用键盘或拨号盘"。在该组的下位组中没有合适的分类位置，因此，该组即为合适的分类位置。

根据查表分析，获取到分类号为：G06F 3/042，G06F 3/038，G06F 3/02。
分别使用分类号进行检索。

序号	命中数量	结构式
1	49518	IPC 分类号 =（G06F 3/042）

2	40994	IPC 分类号 =（G06F 3/038）
3	120888	IPC 分类号 =（G06F 3/02）
4	96	1 and 2 and 3

通过浏览，获取到相关文献 US2003112221A1 公开了该方案的发明构思。

小结

附加信息是对检索可能有用的信息，是对发明信息的补充。在检索时，除了可以根据发明信息查找相关分类号之外，还可以尝试针对附加信息进行查找，以提高检索效率。

【案例 5-3】

案情简介

一种快速处理单纤故障的装置，包括光发送模块（用于发送光信号）和光接收模块（用于接收光信号），其特征在于，所述装置设置在光模块内，还包括单纤保护模块，连接在光发送模块与光接收模块之间，当所述光接收模块未接收到光信号时，控制光发送模块关闭光信号发送功能。相关附图如图 5-2 所示。

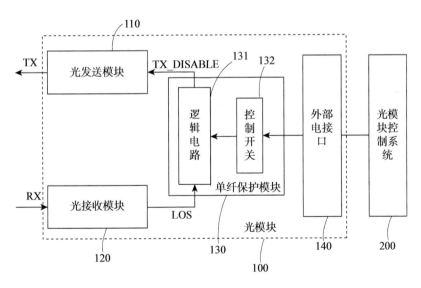

图 5-2　案例 5-3 相关附图

该方案主要针对现有技术中通过软件方式处理单纤故障速度较慢的问题，提供了使用硬件处理的方案，具体采用了一个逻辑电路，在发生故障时控制光发送模块关闭光信号发送，从而快速处理单纤故障。

基本构思及检索要素分析

（1）基本构思。

一种处理单纤故障装置，逻辑电路控制发送端关闭发送。

（2）检索要素分析与提炼。

确定检索要素1：处理单纤故障；

确定检索要素2：逻辑电路控制发送端关闭发送。

对于检索要素1中的单纤故障，描述的是在通信的双方之间，如A和B进行双向光通信，B发送给A的链路正常，而A发送给B的链路出现断路等故障，这被称为单纤故障。

检索过程

首先，直接查找IPC分类表，确定与检索要素1处理单纤故障相关的分类号。

部	H	电学
大类	H04	电通信技术
小类	H04B	传输
大组	H04B 10/00	利用无线电波以外的电磁波（例如红外线、可见光或紫外线）或利用微粒辐射（例如量子通信）的传输系统
一级小组	H04B 10/03	·故障恢复装置
二级小组	H04B 10/032	··使用工作和保护系统

IPC采用等级结构形式逐级细分，在其小组内的等级是依次降低的，可根据分类表中小类文字标题前的圆点数目加以判断。H04B 10/032这一分类号表示：在光传输中使用工作保护系统的故障恢复装置。因此，该分类号体现了该方案的检索要素1。

接下来，尝试通过检索要素1的分类号表达以及检索要素2的关键词表达相"与"进行检索。

IPC分类号=（H04B10/032）and 关键词=（（（逻辑 or 控制）s 电路）or 硬件 or 芯片）and（（关闭 or 停止 or 取消）s（发送 or 发射 or 激光器））

经过检索，未发现对比文件。

这时，考虑到二点组H04B 10/032的文献量有限，未能完全覆盖相关文献，进一步检索其上位小组的分类号H04B 10/03。

IPC分类号=（H04B10/03）and 关键词=（（（逻辑 or 控制）s 电路）or 硬件 or 芯片）and（（关闭 or 停止 or 取消）s（发送 or 发射 or 激光器））

经过检索，仍未发现对比文件。通过浏览以上命中的文献范围发现，H04B 10/03 和 H04B 10/032 下的文献，主要是在发生故障后如何恢复。但是该方案的发明构思是通过逻辑电路控制发送端关闭发送，快速关闭故障端的光模块，从而防止光辐射泄漏，因此与上述分类号存在一些区别。因此，应该尝试找到更加相关的分类号。

经过查表，发现还存在以下小组分类号。

H04B 10/07·用于监视和测试传输系统的装置；用于传输系统故障测量的系统

H04B 10/08（转到 H04B 10/07）

可以看出 H04B 10/07 与 H04B 10/03 和 H04B 10/032 的区别在于，它主要针对的不是恢复故障的阶段，而是检测或者测量故障的阶段，与该方案的应用场景所处的工作阶段更加接近。

此外，对于 H04B 10/08，其备注中注明了"（转到 H04B 10/07）"，这是因为在 IPC 分类号版本更新的过程中，对有些专利文献进行了重新分类。而对于一些早期分到 H04B 10/08 的专利文献，如果仅检索 H04B 10/07，就无法获取。因此，为了避免漏检，检索 H04B 10/07 时也应当同时检索 H04B 10/08。

IPC 分类号 =（H04B10/07/ic or H04B10/08/ic）and 关键词 =（（（逻辑 or 控制）s 电路）or 硬件 or 芯片）and（（关闭 or 停止 or 取消）s（发送 or 发射 or 激光器））

经过继续检索，命中一篇专利文献 CN1054692A，发明名称为"光导纤维线路控制系统"，其分类号是 H04B 10/08，公开了该方案的发明构思。

可见，如果仅通过 H04B 10/07 进行检索，就无法命中该文献，因此，需要同时检索 H04B 10/08，从而避免漏检的发生。

小结

直接查找 IPC 分类表确定技术方案的 IPC 分类号是最直接、最基础的方法。在查找和使用的过程中，应当注意 IPC 的逐级细分的特点，在最下位小组的分类号检索不到的时候，应当扩展到上位小组的分类号，甚至大组或类下进行检索。通过阅读该分类号下的专利文献，进一步理解分类定义，熟悉该分类号下的文献技术方案特点。另外，注意关注分类表中的附注和备注信息，避免因未关注到有用信息而发生漏检。

5.1.2.2　通过统计分析获取 IPC 分类号

如果技术人员想了解涉及某一个技术领域的分类号的分布情况，直接查询 IPC 分类表就变得不太实际了。这时，能够进行检索和分析 IPC 分类号功能的工具就变得尤为重要。国家知识产权局专利检索及分析入口（http：//www.pss-system.cnipa.gov.cn）除了可以直接使用分类号进行查询之外，还可以通过技术关键词进行检索，统计分析涉及某项技术的 IPC 分类号，能够很好地解决这类问题。国家知识产权局专利检索及分析系统高级检索入口如图 5-3 所示。

图 5-3　国家知识产权局专利检索及分析系统高级检索入口

例如，技术人员想了解涉及可见光通信领域的 IPC 分类号，可在发明主题、摘要、权利要求中进行检索，输入关键词"可见光通信"。

然后，在检索结果中进行"技术领域统计"，涉及"可见光通信"的专利分类号即可统计出来（如图 5-4 所示）。各分类号相关专利数量由高到低排序，这样，技术人员一方面能够直观地了解到该技术领域所涉及的主要的分类号都有哪些，另一方面也能够有针对性地浏览该分类号下涉及"可见光通信"的专利申请的具体内容，便于技术人员精准定位现有技术的情况。

图 5-4 涉及"可见光通信"的专利申请统计结果

【案例 5-4】

案情简介

一种车内数字电视流传输系统,其特征在于,包括依次连接的天线、机头模块和移动终端模块。机头模块包括 TV 接收单元、信号处理单元、显示单元和网络路由单元,TV 接收单元与天线连接,信号处理单元分别连接 TV 接收单元、显示单元和网络路由单元,网络路由单元通过网络与移动终端模块连接;天线将接收到的数字电视信号传送给 TV 接收单元,TV 接收单元对接收到的信号进行解调处理,得到特定格式的数据,然后将数据传送给信号处理单元,信号处理单元对数据进行解码处理后传送给显示单元进行显示,同时通过网络路由单元进行数据分发传输最终在移动终端模块上显示。

技术方案主要通过依次连接天线、TV 接收单元、信号处理单元、显示单元和网络路由单元、移动终端模块以及网络模块,使数字电视流在车内网络分发传输,充分运用了网络分发技术,使乘客能够通过车内网络在自己的移动终端设备上观看欣赏电视节目,使乘客有很好的用户体验。

检索过程

从技术方案来看,包括了依次连接天线、TV 接收单元、信号处理单元、显示单元和网络路由单元、移动终端模块和网络模块，使数字电视流在车内网络分发传输，结构技术特征较多，检索的方向不明确。基于此种情况，需要对本技术方案的构思进行分析和提炼。

提炼技术方案后概括为，对车内的电视流进行分发传输，使得其他移动或智能终端也能收看电视节目，基于该概括，首先在中文库中使用关键词试探检索：

序号	命中数量	检索式
1	132626	关键词＝（车载 or 车内）
2	1064346	关键词＝（传输 or 传送 or 分发 or 转发）
3	164241	关键词＝（电视 or tv）
4	577	1 and 2 and 3
5	208823	关键词＝（（移动 or 智能）3w（终端 or 设备））
6	117	4 and 5

在上述检索式浏览过程中，发现关于车内电视信号处理方面的专利文献，涉及信号稳定接收、车载硬件等方面，技术领域较为杂乱，考虑到台湾申请人对车载、行车方面的相关发明申请较多，进入台湾摘要库进行试探检索，并结合台湾库常见专业词汇和繁简体切换输入方式。

序号	命中数量	检索式
1	34251	关键词＝（車載 or 車內 or 行車）
2	16004	关键词＝（電視 or tv or 數訊 or 視訊）
3	331	1 and 2

通过浏览发现一些相关文献与该方案构思基本相同，但结构差别较大，公开特征不多。考虑到用技术方案概括的关键词检不到与本申请结构类似的专利文献，而对于结构的表达和组合比较烦琐，于是尝试在台湾库中继续统计相关 IPC 分类信息。

对台湾库中检索的 3 式进行分类号的统计，各分类号下的专利文献量如表 5-1 所示。

表 5-1　台湾库检索专利文献的 IPC 统计表

IPC 分类号	文献量
B60R 11/02	18
B60R 16/02	12
B60R 25/00	9

续表

IPC 分类号	文献量
A63B 24/00	8
B60Q 11/00	7
G08B 21/18	7
G06F 17/30	7
G01C 22/00	6
B60R 1/00	6
G06Q 30/02	6

作为对比，同时对中文库中检索到的 4 式进行分类号统计，各分类号下的专利文献量如表 5-2 所示。

表 5-2　中文库检索专利文献的 IPC 统计表

IPC 分类号	文献量
H04L 29/08	37
H04N 21/414	35
H04N 7/18	28
H04L 29/06	22
H01L 51/54	20
C09K 11/06	19
H04N 5/44	18
H01L 51/50	17
G01C 21/26	13
H04N 21/61	12

对照 IPC 分类表，比较和分析两个库中获得的文献量较大的前几个分类号，发现台湾库中给出的第一个分类号 B60R 11/02 比较准确。

B60R　　　　不包含在其他类目中的车辆、车辆配件或车辆部件

B60R 11/00　其他类目不包括的物品固定或安放装置

B60R 11/02　用于收音机、电视、电话或类似电器；及其控制机构的配置

由于该分类号涉及收音机、电视和电话等车载内容，在中文库中结合电视流传输的相关表达进行检索：

7　6732　　　IPC 分类号 =（B60R11/02）

8　164241　　关键词 =（电视 or tv）

9　316　　　　7 and 8

10   1064356   关键词 =（传输 or 传送 or 分发 or 转发）

11   40   9 and 10

得到公开该方案发明构思的对比文件 CN2777882Y。

小结

如果技术方案中特征较为繁多，不容易对发明构思从关键词的角度很好地表达，可使用与待检索技术方案密切相关的一个或者多个关键词进行检索，再利用检索系统的统计功能统计检索结果的分类号分布情况，确定针对该技术方案的分类号，进而利用分类号准确定位目标文献。

5.1.2.3　通过追踪专利文献获取 IPC 分类号

技术人员在面对一份专利文献的检索工作时，不仅可以通过该申请文件扉页上的信息获取 IPC 分类号，还可查询该专利文献是否存在同族文献，以及专利的审查过程是否存在相关对比文件，获得相关 IPC 分类号。

以公开号 CN106445184A、发明名称为"虚拟计算机键盘"的专利文献为例，首先可通过国家知识产权局专利检索及分析入口（http：//www.pss-system.cnipa.gov.cn）检索到该专利文献，从该专利文献的扉页即可获取它的 IPC 分类号 G06F 3/023、G06F 3/048、G06F 3/0488。如图 5-5 所示。

图 5-5　专利文献 CN106445184A 的 IPC 分类信息

然后，通过查询该专利文献的同族，可以看到，该文献存在 14 个同族文献。如图 5-6 所示。

同族文献信息

族号: 52450641

公开（公告）号: EP3130999A1	**公开（公告）日:** 2017.02.15	**申请号:** EP16181866
优先权号: US201461930663;US201562104023;EP15702935;US2015012694		
发明名称: SYSTEMS, DEVICES, AND METHODS FOR DYNAMICALLY PROVIDING USER INTERFACE CONTROLS AT A ...		
公开（公告）号: US2017010846A1	**公开（公告）日:** 2017.01.12	**申请号:** US201515113779
优先权号: US201515113779;US201461930663;US201562104023;US2015012694		
发明名称: SYSTEM AND METHOD OF UPDATING A DYNAMIC INPUT AND OUTPUT DEVICE		
公开（公告）号: JP6359056B2	**公开（公告）日:** 2018.07.18	**申请号:** JP2016158867
优先权号: US201461930663;US201562104023		
发明名称:		
公开（公告）号: US2017010847A1	**公开（公告）日:** 2017.01.12	**申请号:** US201615273627
优先权号: US201615273627;US201615113779;US2015012694;US201562104023;US201461930663		
发明名称: Systems, Devices, and Methods for Dynamically Providing User Interface Controls at a Touch-Sensitive Se...		

图 5-6　专利文献 CN106445184A 的同族文献信息

以其中一篇同族文献 US2017010771A1 为例，可以查询到其 IPC 分类号为：G06F 3/02、G06F 3/14、G09G 5/12、G06F 3/0482、G06F 3/0488。如图 5-7 所示。

图 5-7　同族文献 US2017010771A1 的 IPC 分类信息

同时，对同族文献 US2017010771A1 的引证和被引证文献同样可以进行追踪。追踪的方式可进入美国专利商标局 USPTO 的全球专利档案系统，查询同族文献 US2017010771A1 的审查过程，其中审查通知书中使用了两篇对比文献 US2011047459A1 和 US2015339031，可以进而获取它们的分类号信息。

【案例 5-5】

案情简介

该方案涉及空间光通信领域。现有的无线通信系统，大部分是基于广播式原理。卫星通信是目前最为主要的通信手段。这种通信方式，由基站向外发射电磁波，被中继站或者卫星中转后，被终端设备所接收。这种通信方式的缺点在于：首先，需要基站或者卫星系统配合，系统复杂；其次，这是一种广播式系统，信号在自由空间进行非定向的传播，易被截获，安全性较差，虽然可以采用各种加密方法，但仍然存在安全隐患；再次，广播式通信需要大功率发射和中继装置，难以将系统功耗降低，并实现系统的小型化；最后，这种广播式通信易被相邻信道和外界干扰，造成信息失真、失效。而另外一种被广泛应用的光纤通信方式，虽然能够做到高速、可靠和保密，但对环境的要求较高，需要搭建光纤系统，不能在短时间内建立起来。

现有技术的光通信方式通常是在发送和接收端同时设置调制器和解调器的方式来实现信号的可靠传输，这就会造成信息发送部和信息接收部的体积和功率都很大。

而为了解决上述问题，该方案提出了一种光通信系统，该系统包括：信息接收部包括光源和探测器，光源输出光源信号给信息发送部；信息发送部包括空间光调制器，该空间光调制器接收该光源信号并对其进行调制，并将反馈信息加载到光源信号上反射至信息接收部，探测器接收反射回来的光源信号并对其进行解调，进而达到降低信息发送部和信息接收部的体积和功率的技术问题。

与现有技术相比，该方案使用非对称的后调制结构，光源和探测器集中在信息接收部，信息发送部仅需要一个信息调制器件，不再需要搭载光源等装置。这使信息发送部的体积和功率可以做得很小，使用电池就能够驱动，机动性和隐蔽性好，尤其适合于战场探测、信息侦查和人员搜救等需要分布式传感器长期工作的场合。该系统结合了微波通信与光纤通信的优点，既具有大容量、高速、保密性好和安全可靠的优点，又不需要铺设光纤，应用灵活。

基本构思及检索要素分析

（1）基本构思。

一种光通信系统，信息发送部调制并反射光源信号至信息接收部。

（2）检索要素分析与提炼。

确定检索要素 1：光通信系统；

确定检索要素 2：信息发送部调制并反射光源信号至信息接收部。

检索过程

通过初步查找 IPC 分类表，找出与本申请发明构思最相关的 IPC 分类号：

H04B 10/10（转到 H04B 10/11）

H04B 10/11 ·针对自由空间传输的装置，即通过空气或真空传输

但是上述分类号仅能体现出空间光通信的技术领域，并不能很好地表达发明构思，但也可以尝试使用来进行检索。

序号	命中数量	检索式
1	1179	IPC 分类号 =（H04B10/10 or H04B10/11）
2	4796	关键词 =（反射调制 or 空间光调制）
3	30	1 and 2

经过浏览，获得一篇相关申请 CN207603641U 与该方案发明构思接近，但是具体公开的细节不多，需要进一步检索，尝试获取更好的对比文件。相关附图如图 5-8 所示。

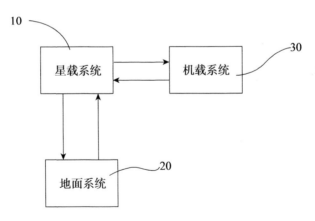

图 5-8　专利文献 CN207603641U 的相关附图

通过对相关申请 CN207603641U 的审查过程进行追踪，并查看其相关对比文件，找到比较准确的 IPC 分类号：

H04B 10/105（转入 H04B 10/118）

H04B 10/118 ··特别适用于卫星通信〔2013.01〕

经过研究发现，适用于卫星通信的光通信结构，通常在传输中继方面会

有所改进，对发送和接收端的体积和功率的要求比较高，而该方案发明的主要改进点正是通过反射调制的方式，减小发送和接收端的体积和功率。因此，接下来适用涉及卫星通信的分类号，结合关键词进一步进行检索。

4	1044	IPC 分类号 =（H04B10/105 or H04B10/118）
5	27447	关键词 =（反射 and 调制）
6	15	4 and 5

通过浏览，获得对比文件 CN103973367A，公开了该方案的发明构思，且特征公开更多。相关附图如图 5-9 所示。

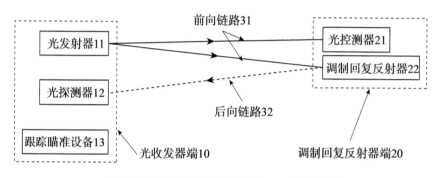

图 5-9　专利文献 CN103973367A 的相关附图

小结

如果通过查询分类表不能确定较为准确的分类号，可以通过检索阅读和浏览相关专利文献，追踪相关文献的同族专利文献或者审查过程，尝试获取更加准确的分类号，这样不仅能够快速检索到相关文献，而且还能够对分类号的含义以及分类号下的文献有更为深入的了解，相比于直接查询分类表获取分类号，更加具有针对性。

5.2　CPC 检索策略

5.2.1　CPC 分类体系简介

联合专利分类体系（Cooperative Patent Classification，CPC）是欧洲专利局（EPO）和美国专利商标局（USPTO）合作开发形成的一套分类体系。CPC 分类体系融合了欧洲、美国原有专利分类体系的优势，是以欧洲 ECLA 分类体系为基础，融入美国 USPC 分类体系的分类实践，并且保持与 IPC 分类体系在分类标准和层级结构设置上一致的结构，由 EPO 和 USPTO 共同管理和维护。

在 USPTO 和 EPO 联合实现和推进 CPC 的基础上，CPC 分类号将被赋予美国专利数据、欧洲专利数据以及 PCT 最低文献量（例如法国、德国和英国）。EPO 和 USPTO 都将继续对其专利文献进行 IPC 分类，同时 CPC 会被全球超过 45 个专利局使用。值得注意的是，美国在进行 CPC 分类的同时进行 USPC 分类至 2015 年，但是 EPO 于 2013 年 1 月起停止使用 ECLA，并开始使用 CPC。过去的分类数据通过 ECLA 映射成 CPC 以实现新旧专利数据在新分类系统中的无缝使用。从 2013 年 4 月 1 日开始，EPO 仅对 CPC 进行修订，在被修订的领域，ECLA 分类号将不再可靠。

CPC 分类体系结合了两个专利局最好的分类实践经验，具有以下几方面的优点。

（1）分类细。

CPC 分类的细致程度达到前所未有的水平。目前，CPC 包括约 25 万个分类号，相比之下，IPC 只有 7 万个分类号，ECLA 有 16 万个分类号，USPC 有 15 万个分类号。通过对 IPC 的细分，CPC 每个分类条目所涉及的技术主题更为具体，从而有效提高了专利文献的检索效率。

以 F21V 3/00 为例，其 IPC 分类号如下：

F21V 3/00　灯罩；反光罩；防护玻璃罩（折射性质的入 F21V 5/00；反射性质的入 F21V 7/00；以冷却装置为特征的入 F21V 29/506）

F21V 3/02　　　·以形状为特点的

F21V 3/04　　　·以材料为特点的；以表面处理或表面涂层为特点的

下面是上述 IPC 分类号对应的 CPC 分类号，可以看出 CPC 分类号对 IPC 分类号进行了更进一步的细分。

F21V 3/00　灯罩；反光罩；防护玻璃罩（折射性质的入 F21V 5/00；反射性质的入 F21V 7/00；以冷却的布置为特征的入 F21V 29/506）

F21V 3/02　　　·以形状为特点的

F21V 3/023　　　··{中式灯笼；气球}

F21V 3/026　　　···{可充气的}

F21V 3/04　　　·以材料为特点的；以表面处理或表面涂层为特点的

F21V 3/0409　　　··{以材料为特点的}

F21V 3/0418	···｛材料是玻璃的｝
F21V 3/0427	····｛散光材料，例如半透明玻璃｝
F21V 3/0436	···｛材料是塑料的｝
F21V 3/0445	····｛散光材料，例如半透明塑料｝
F21V 3/0454	···｛由气泡或水泡组成的，例如泡沫材料｝
F21V 3/0463	···｛由荧光材料或储光材料组成的｝
F21V 3/0472	··｛涂层｝
F21V 3/0481	···｛具有荧光材料或储光材料的｝
F21V 3/049	··｛用于扩散光的图案或结构表面，例如磨砂表面｝

（2）更新快、容易推广。

为了改善系统和反映技术内容的变化，CPC分类表每月都由欧洲、美国两个专利局进行修订和更新，并对先前的专利文献重新分类。修订非常柔性，用户对于了解一些技术发展迅速的领域，CPC具有很强的实用性。

CPC兼容IPC，保持了IPC的等级、类名、可扩展等属性。由于大多数国家都在使用IPC，因此CPC比较容易推广就很容易理解了。

（3）扩展性好。

CPC可以进一步扩展，比如为容纳日本的FI分类号保留了空间。例如，IPC分类号B23K 26/00在FI和CPC中都被细分，FI中B23K 26/38之下的细分主要是对B23K 26/38（通过切割或穿孔）切割这一技术主题进行的细分，CPC中B23K 26/38之下的细分主要是对B23K 26/38（通过切割或穿孔）穿孔这一技术主题进行的细分，两种分类的细分不存在交集。

（4）为便于检索提供了释义。

释义明确地解释了CPC框架的分类规则，清晰地显示出在每个领域专利文献是如何分类的，从而能够使检索者进一步明确分类号下所包含的内容，提高检索效率。

（5）有望成为国际标准。

CPC中包含了欧洲专利局和美国专利商标局最好的分类实践做法，有助于实现专利分类体系在国际范围内的协调统一。采用CPC不仅可以实现更有效的现有技术检索，也将通过共享减少不必要的重复工作，从而提高工作效率。可以预见，具有IPC与ECLA双重优点的CPC将会被更多人使用，从而有望将CPC打造成一个国际标准。

5.2.2　CPC 分类检索技巧

基于 CPC 分类体系的特点和优势，下文对使用 CPC 检索专利文献的方法进行梳理，主要有以下四种：一是查找 CPC 分类表获取分类号进行检索；二是经过检索追踪到较为准确的细分的 CPC 分类号进行检索；三是使用多个 CPC 分类号相"与"的方式进行检索；四是使用体现附加信息的 CPC 2000 系列分类号进行检索。

5.2.2.1　查找 CPC 分类表获取分类号进行检索

相较于 IPC 分类体系，CPC 具有分类条目更细、更新迅速等特点，对于很多细分的技术领域往往存在 CPC 分类号，能够适应技术发展的需要，并且分类号下的专利文献数量大小适当，可有效确定目标范围，便于筛选和浏览。因此，在面对某些待检索的专利文献时，如果能够找到准确的 CPC 分类号，可以尝试使用 CPC 分类号进行检索，以提高检索的效率。

【案例 5-6】

案情简介

该方案涉及一种光学通信系统。现有技术中，光学通信中可通过相移键控、偏振多路复用等方式提高数据传输速率，但具有一定的局限性。为解决这一问题，本发明采用多模光纤，对不同模式的光信号进行多路复用，进一步提升光学通信系统的传输速率，结构如图 5-10 所示。

主要技术方案如下。

一种设备，其包含：

光学传输器，其包含一组光学波导和第一、第二及第三光学调制器；且

其中所述组的所述光学波导的输出端形成横向输出阵列，所述横向输出阵列用于响应于所述阵列经定位以光学面向多模式光纤的一端，将所述组的所述光学波导端耦合到所述多模式光纤；且

其中所述第一光学调制器光学连接到所述组的所述光学波导中的第一者，且所述第二及第三光学调制器中的每一个调制器光学连接到所述组的所述光学波导中的第二者及第三者；且

其中所述组光学波导经配置以在所述光学调制器与所述多模式光纤中的光学传播模式之间提供秩 3 或 3 以上的耦合矩阵。

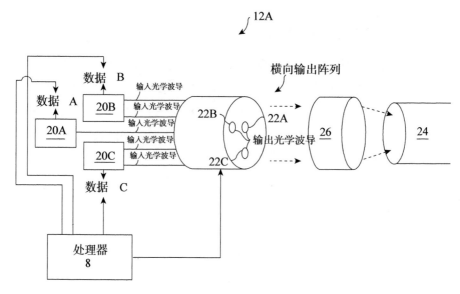

图 5-10 案例 5-6 结构图

基本构思及检索要素分析

（1）基本构思。

一种光纤通信系统，通过多模复用的方式传输光信号。

（2）检索要素分析与提炼。

确定检索要素 1：光纤通信系统；

确定检索要素 2：多模复用。

检索过程

查找 CPC 分类表，尝试寻找合适的 CPC 分类号。小类 H04B 的类名为"通信技术中的传输"，附注中提到"本小类包括载有信息的信号的传输，其传输与信息的特性无关，并且包括监控和测试设备以及噪声和干扰的抑制和限制"，显然与该方案的技术领域吻合。大组 H04B 10/00 包括"利用无线电波以外的电磁波，例如红外线、可见光或紫外线或利用微粒辐射，例如量子通信的传输系统"，涉及光通信，它的一点组 H04B 10/25 包括"针对光纤传输的装置"，二点组 H04B 10/2581 包括"多模传输"。显然，H04B 10/2581 表示在使用多模传输的光纤进行光传输通信，与该方案的发明构思特别相关，不仅能够从技术领域上限定在光纤传输上，还能够体现出发明构思中的"多模传输"。

使用分类号尝试性检索：

序号　　　　命中数量　　　　检索式

1　　　　884　　　　　　CPC 分类号 =（H04B10/2581）

命中文献 884 篇，命中文献量较大，不可浏览。

然后通过分类号结合关键词进行进一步限定：

2　　　　283　　　　　　1 and 关键词 =（multiplex+）

经过浏览，发现文献 US2010/0329671A1 与该方案十分相关，而且通过追踪其审查过程，进一步得到两篇相关文献：US7327914B1，"Coherent Optical MIMO（COMIMO）"，均公开了该方案的发明构思。

小结

CPC 对很多领域的 IPC 进行了大量的增补、细分和调整，如果存在较为准确的 CPC 分类号，可直接使用 CPC 分类号进行检索，了解该分类号下的文献量情况，如果文献较少即可直接进行浏览，如果文献量较大，可结合关键词进一步限定，进而获得检索结果。

【案例 5-7】

案情简介

该申请所要解决的技术问题是：在 PWM 控制器壳体与金属引脚注塑成型过程中，如何减少引脚定位夹持数量、简化引脚安装、提高精度、降低工艺难度。为了解决这一技术问题，采用的技术手段是：在金属引脚嵌入注塑模具之前，先将各个金属引脚通过连接块整体化连接为一个金属件，然后再在金属件外周注塑壳体。

主要技术方案如下：

一种 PWM 控制器壳体与金属引脚的注塑成型方法，其特征在于，包括以下步骤：

（1）将多个成型后需要分离的金属引脚进行整体化设计，通过多个连接块相互连接冲压成型为一个整体金属件；

（2）将冲压成型的整体金属件定位放入成型 PWM 控制器壳体的模具中，注塑成型；

（3）将连接各金属引脚的多个连接块去除，实现各金属引脚的分离。

基本构思及检索要素分析

（1）基本构思。

一种 PWM 控制器壳体与金属引脚的注塑成型方法，将各个金属引脚进行整体化设计，再在金属件外周注塑壳体。

（2）检索要素分析与提炼。

确定检索要素1：PWM控制器壳体与金属引脚的注塑成型；

确定检索要素2：金属引脚一体成型。

检索过程

该方案技术领域明确，属于含有嵌件的制品的注塑成型，且有对应的IPC分类号：B29C 45/14"插入预成型件或层的注塑成型，例如在插入件周围注射成型或用于涂覆制品"；技术方案简单，发明点明确，可以提取到发明点关键词为"整体、一体、一体化"等。

在中文数据库中采用上述IPC分类号和关键词相结合检索，检索过程及结果如下：

序号	命中数量	检索式
1	3884	IPC分类号＝（B29C45/14）
2	738598	关键词＝（整体 or 一体）
3	1207	1 and 2

可见，技术领域限定过于宽泛，没有限定在控制器壳体与金属引脚的具体范围内，因此文献量较大，但IPC分类表中B29C 45/14并没有细分，因此为了缩小范围只能进一步结合关键词进行降噪，检索过程及结果如下：

4	710990	关键词＝（壳）
5	641495	关键词＝（金属）
6	111	3 and 4 and 5

浏览可获得对比文件CN1116155A，其公开了一种树脂部件与金属构件的一体成型方法，公开了该方案的发明构思。

可见，由于IPC分类号的分类比较宽泛，因此采用上述常规检索思路，在关键词的提取上需花费较大的精力和时间，检索效率不高。

根据IPC分类号B29C 45/14在CPC分类表中查询到细分的分类号B29C 45/14639"为获得绝缘效果而插入预成型件的注塑成型，例如电子元件"，由于该方案的预成型件为金属引脚，而后注塑成型的壳体为绝缘件，且制品为一种电子元件，因此，这一细分更贴近于本申请的应用领域，采用该CPC分类号与涉及发明点的关键词"integral+"相结合进行检索，检索过程及结果如下：

序号	命中数量	检索式
1	2332	CPC分类号＝（B29C45/14639）

| 2 | 617451 | integral+ |
| 3 | 139 | 1 and 2 |

浏览可获得对比文件 US5820244A，是使用 IPC 结合关键词的传统检索方式得到的对比文件 CN1116155A 的美国同族专利。

小结

从上面的检索过程可以看出，CPC 分类体系与相应的 IPC 分类相比更加细化，在关键词提取困难的案例中体现出了较高的检索效率。虽然采用传统的检索方法也能够获得对比文件，但检索效率明显低于采用 CPC 分类号的检索效率。

5.2.2.2　经过检索追踪到较为准确的细分的 CPC 分类号进行检索

对于待检索的技术方案，在检索的过程中需要留意相关的专利文献是否具有较为准确的 CPC 分类号，进而可以尝试使用该分类号进行检索。与仅通过关键词检索相比，通过追踪到较为准确的细分的 CPC 分类号进行检索往往能够更加高效。

【案例 5-8】

案情简介

该方案涉及一种线束，具体是同轴电缆。现有技术中，由于导电路径将电力供应到驱动系统，所以导电路径变粗，当将金属管用作线束的覆盖部件时，由于两个粗导电路径在并排布置的同时容纳在该覆盖部件中，所以覆盖部件的直径变大，如果覆盖部件的直径增大，那么当线束布设在汽车底板下部时，线束与地面之间的距离变小，因此，线束可能被破坏等。本发明提供一种能够减小覆盖部件的直径的线束。

主要技术方案如下。

一种线束，包括：

同轴导线，该同轴导线包括同轴对准的多个高压路径；

覆盖部件，该覆盖部件容纳所述同轴导线；以及

端子，该端子连接到所述高压路径中的一个高压路径，该高压路径中的一个高压路径布置在所述高压路径中的另一个高压路径的外侧，并且该端子包括与所述同轴导线同轴的管状部。

其中，所述端子包括：作为所述管状部的连接管状部（92）；压接管状部（94），该压接管状部通过压接将所述高压路径（18、20）中的所述一个高压路径（20）连接到所述连接管状部（92）；外侧连接端子（91），该外侧连接

端子（91）与所述连接管状部（92）一体化。相关附图如图5-11所示。

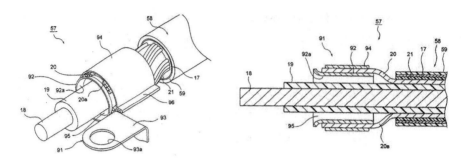

图5-11　案例5-8的相关附图

基本构思及检索要素分析

（1）基本构思。

一种同轴电缆，将同轴电缆的外侧导线电连接到外部设备上。

（2）检索要素分析与提炼。

确定检索要素1：同轴电缆；

确定检索要素2：将同轴电缆的外侧导线电连接到外部设备上。

检索过程

查找CPC分类表，尝试寻找合适的CPC分类号。通过关键词"同轴电缆"查找到与该方案技术主题相关的CPC分类号H01B 9/04 "同轴电缆"，该分类号下无细分，利用该分类号及关键词在中文库、外文库中检索均未能检索到合适的对比文件。

接下来，尝试使用关键词进行检索。

序号	命中数量	检索式
1	236	关键词＝（（wire or cable）and connection and（crimp+or clamp+or compress+）and （tube or tubular or tubal））

得到相关专利文献JP2009214631A，公开了关于线缆的连接结构，虽然不能够评述本申请的创造性，但它给出了一个针对同轴电缆的连接端子的比较准确的IPC分类号H01R 9/05 "与多芯电缆的多个导体相接触的连接器；用于同轴电缆的"。同时进一步查阅该分类号下CPC细分情况，发现更加准确的CPC分类号H01R 9/0518 "借助压接或压接套环对外导体的连接"，其涉及同轴电缆中导线的连接器和压接工艺，相比本申请给出的涉及同轴电缆（与

电缆自身结构有关）的分类号 H01B 9/04 更准确。

接下来，使用追踪到的 CPC 分类号进一步进行检索。

序号	命中数量	检索式
1	1446	CPC 分类号 =（H01R9/0518）
2	1609	CPC 分类号 =（H01R9/05）
3	1519317	关键词 =（tube or tubular or tubal）
4	1321014	关键词 =（outer and inner）
5	1845800	关键词 =（crimp+or clamp+or compress+）
6	97	1 and 3 and 4
7	43	2 and 3 and 4 and 5

然而通过上述检索式 6 并未检索到对比文件，反而通过上述检索式 7 检索到与本申请结构相同的连接端子即 US3142721A，其公开的连接端子所起的作用和本申请的连接端子相同，都是将同轴电缆的外侧导线电连接到外部设备上，因此公开了该方案的发明构思。

对上述对比文件进行分析，其公开日为 1964 年 7 月 28 日，年代较早，虽然说 CPC 分类员已给大部分文献添加了 CPC 分类号，但对于早期文献并不会给出更加细致的分类号，因此采用准确的分类号检索不到。

小结

在检索的过程中对相关文献的 CPC 分类号进行追踪，寻找与本申请密切相关的细分的 CPC 分类号，利用准确分类号结合准确的关键词在外文库中进行检索。但是，若没有检索到对比文件，可进一步针对上位的分类号进行补充检索，避免由于早期文献分类号不准（分类号往往是上位的）而导致漏检。

【案例 5-9】

案情简介

一种 OLED（有机发光二极管）器件封装结构，其特征在于，所述封装结构包括：衬底基板，位于所述衬底基板上的 OLED 器件，覆盖所述 OLED 器件的第一钝化层。其中，所述第一钝化层上远离所述 OLED 器件的一面包括至少一个减薄区，所述减薄区的厚度小于所述第一钝化层的厚度；所述封装结构还包括覆盖所述第一钝化层的第二钝化层；所述第二钝化层上远离所述 OLED 器件的一面包括至少一个减薄区，所述减薄区的厚度小于所述第二钝化层的厚度；所述第一钝化层和所述第二钝化层之间还包括缓冲层，所述缓冲层靠近所述 OLED 器件的一面包括至少一个加厚区，用于与所述第一钝化层的减薄区贴合。

现有的 OLED 薄膜封装主要采用钝化层和缓冲层叠层的结构,钝化层一般采用无机材料,如 SiNx;缓冲层常采用有机或偏有机类材料。因整体薄膜封装厚度为微米级,且无机膜厚时应力较大,在弯折时易发生断裂,水氧气会透过这个断裂处老化 OLED 器件,使得柔性 OLED 器件封装部分的耐弯折性能变差。本申请通过特有的封装结构,使得整个封装结构在弯折时第一钝化层不会因为本身的应力较大而产生断裂,保证了柔性 OLED 的耐弯折性。

基本构思及检索要素分析

(1)基本构思。

一种 OLED 器件封装结构,第一钝化层上远离 OLED 器件的一面包括至少一个减薄区。

(2)检索要素分析与提炼。

确定检索要素 1:OLED 器件封装结构;

确定检索要素 2:第一钝化层上远离 OLED 器件的一面包括至少一个减薄区。

检索过程

该方案的检索要素包括密封(包括钝化、阻挡等)、多层、厚度(包括薄)。

该方案是针对密封层的改进,IPC 分类号 H01L 51/52 "专门适用于光发射的,如有机发光二极管(OLED)或聚合物发光器件(PLED)器件的零部件"下文件数量庞大,需要增加检索要素:密封(seal 等)、多层(multi+等)、减薄(thinner 等)。检索过程如下:

序号	命中数量	检索式
1	18372	IPC 分类号 =(H01L51/52)
2	5293351	关键词 =(seal or passivat+ or encapsulant or block or absorb)
3	80765	关键词 =(thinner)
4	4423852	关键词 =(multi+)
5	212	1 and 2 and 3 and 4

检索结果中包含了很多电极具有减薄层或者单层密封结构的文件,这是由于密封层是 OLED 中的通用部件,在文件中通常会对密封层有常规式的描述,该关键词并不能真正地反映发明点。同时 thinner 和 multi+ 是非常通用的

词汇，可能会被用于描述电极或功能层的特征，作为关键词使用时将带来大量的干扰文献。但是通过浏览相关文献 US2018076417A1，获取到关于密封的细分的五点组 H01L 51/5256 "具有重复多层结构的"，该分类号覆盖了检索要素密封和多层。在此基础上结合关键词 thinner 进行检索。

序号	命中数量	检索式
1	620	CPC 分类号 =（H01L51/5256）
2	80765	关键词 =（thinner）
3	8	1 and 2

通过浏览，发现 US2014254112A1 和 EP2341759A2 均公开了该方案的发明构思。值得注意的是，以关键词的方式检索不能得到这两篇文件，因为在这两篇文件中，并没有使用上述关键词来表示密封层，US2014254112A1 中使用了无机层和有机层的描述方式，EP2341759A2 中采用了 barrier 的描述。

小结

当以器件的某个部件作为关键词（如密封、电极等）使用时，实际所起到的限定作用并不明显。而 CPC 分类号可以将浏览范围比较精确地定位于发明点，避免了在特定领域文件中常见的常规、通用的描述可能带来的噪声。

5.2.2.3　使用多个 CPC 分类号相"与"的方式进行检索

CPC 通常会对发明进行多重分类，以显示其具备的多个发明特征，CPC 分类号会在多个位置与这些发明特征对应。因此，可通过利用 CPC 的多重分类特点，采用与所检索技术方案相关的多个分类号进行相"与"运算，极大地缩小检索范围，有效提升检索效率。

【案例 5-10】

案情简介

该方案涉及半导体制造与处理领域，具体为一种晶圆刻蚀后的清洗方法。现有工艺中，在形成金属互连线或者插塞之前，需先对晶圆上的低 k 或者超低 k 介质层进行干法刻蚀，形成用于填充金属互连线或者插塞的通孔；再利用单个晶圆清洗方法进行清洗，去除干法刻蚀形成通孔过程中残留于低 k 或者超低 k 介质层上表面以及通孔侧壁上的聚合物；然而低 k 或者超低 k 介质层表面为疏水性，清洗溶液难以浸润其表面，附着于低 k 或者超低 k 介质层表面的聚合物和污染物难以随清洗溶液一起脱离低 k 或者超低 k 介质层表面。该方案提供了一种在不损害低 k 或者超低 k 介质层的前提下，采用使低 k 或者超低 k 介质层表面由疏水性转化为亲水性的方法解决现有效果不明显、良率低的问题。

主要技术方案如下。

一种晶圆刻蚀后的清洗方法，其特征在于，包括：

提供晶圆；

在晶圆上形成介质层，并于介质层中形成贯穿其厚度的通孔，介质层为疏水性；

进行氨气等离子体处理，使介质层的上表面以及通孔的侧壁由疏水性转化为亲水性；

再进行清洗工艺。

该方案发明点在于采用氨气等离子体使得低 k 或超低 k 介质层的表面由疏水性变为亲水性，以便于清洗液对其侧壁的聚合物和污染物进行去除。

基本构思及检索要素分析

（1）基本构思。

一种晶圆刻蚀后的清洗方法，采用氨气等离子体使得低 k 或超低 k 介质层的表面由疏水性变为亲水性。

（2）检索要素分析与提炼。

确定检索要素 1：晶圆刻蚀后的清洗方法；

确定检索要素 2：采用氨气等离子体使得低 k 或超低 k 介质层的表面由疏水性变为亲水性。

检索过程

该方案涉及在互连工艺过程中的清洗，首先针对 IPC 分类表进行查找，获取到涉及互连工艺的 IPC 分类号 H01L 21/768 以及涉及半导体通用处理工艺的 IPC 分类号 H01L 21/02。尝试从互连器件结构领域以及通用处理工艺中的清洗工艺领域对 CPC 分类号进行查找，对于互连器件结构领域，对应的是 H01L21/768；对于清洗工艺，主要对应于 H01L 21/02041 及其下位小组。具体的 CPC 分类号如下：

［H01L 21/768］ ‥‥利用互连在器件中的分离元件间传输电流｛包含导体和电介质｝

［H01L 21/76801］ ‥‥‥｛按电介质体的形成和后处理进行区分的，例如，平滑｝

［H01L 21/76802］ ‥‥‥‥｛通过在电介质材料中形成开口｝

［H01L 21/76814］ ‥‥‥‥‥｛后处理或处理后，比如清洗或移除导体

下的氧化物的}

〔H01L 21/76822〕····{介电层材料的改性,比如逐步的后处理与提高层的稳定性、密度等}

〔H01L 21/76826〕····{通过层与空气、液体或等离子体接触的}

〔H01L 21/02041〕··{清洗}

〔H01L 21/02057〕··{器件制造过程中的清洗}

〔H01L 21/0206〕···{在制作绝缘材料之中、之前或之后的}

〔H01L 21/02063〕····{在制作通孔或接触孔工艺中}

其中 H01L 21/76814、H01L 21/76826 和 H01L 21/02063 是准确反映该方案主题的 CPC 分类号。此外,考虑到该方案中所提取的检索要素中,"疏水、亲水"这一要素的关键词相对较易准确表达,除了上述 CPC 分类号的检索思路以外,还可以考虑同时辅以"疏水、亲水"的关键词表达"hydrophilic, hydrophilia, hydrophobic"结合 CPC 分类号进行检索。

序号	命中数量	检索式
1	3467	CPC 分类号 =(H01L21/76814)
2	2720	CPC 分类号 =(H01L21/02063)
3	275233	关键词 =(hydroph+)
4	57	1 and 2 and 3

浏览发现对比文件 1:US2001/0004066A1,其公开了通过在晶圆 W 上形成绝缘层 2,并在绝缘层 2 中形成贯穿其厚度的接触孔 4,且所述绝缘层及其侧壁是疏水性的;对疏水性的表面和侧面进行氧气处理,以使绝缘层 2 的上表面以及接触孔 4 的侧壁由疏水性转变为亲水性;进行液体清洗工艺,以获得较好的对晶圆刻蚀后的清洗效果。可见利用 CPC 多重分类的特点,通过两个分类号相"与"可以准确定位到现有技术。

而上述文件没有公开采用氨气等离子体进行处理以使通孔侧壁由疏水性变为亲水性,继续调整进行检索:采用介质层形成开口后由等离子体进行改性处理的分类号 H01L 21/76826 与检索要素"氨气"的英文表达"NH_3, ammonia"以及"疏水、亲水"的英文表达"hydrophilic, hydrophilia, hydrophobic"相"与"进行检索。

5	2703	CPC 分类号 =(H01L21/76826)
6	275233	关键词 =(hydroph+)
7	144581	关键词 =(NH3)or 关键词 =(ammonia)

| 8 | 33 | 5 and 6 and 7 |

进行浏览发现对比文件 2：US2008/0032472A1，其公开了为了改善低 k 介质层 20 与溶液接触的能力，采用氨气等离子体处理对低 k 介质层 20 进行等离子体处理的工艺，该 NH_3 等离子体处理可使低 k 电介质层由疏水性转变为亲水性，可与对比文件 1 结合评述该方案的创造性。

小结

在 IPC 分类号没有进一步细分的情况下，可以率先在 CPC 分类中查阅是否存在最相关的 CPC 分类号。进一步，考虑到 CPC 分类号通常会对发明进行多重分类，而根据 CPC 多重分类的特点，通过 CPC 分类号相"与"，从不同角度对发明进行表达，可提高检索准确性，快速精准定位到对比文件。

【案例 5-11】

案情简介

该案涉及无线通信领域，发明点为在端接过程中维持移动终端与网络节点的连接。端接过程在移动终端从 4G 网络电路回退到 3G/2G 网络时出现。

主要技术方案如下。

一种控制移动无线通信网络的移动终端设备与网络节点设备之间的移动端接过程的方法，所述方法包括步骤：在所述移动端接过程期间，从终端设备向网络节点设备发送"连接维持"请求；试图维持与所述网络节点设备的连接，其中在位置更新过程期间提供所述"连接维持"请求，所述"连接维持"请求包括 follow-on-request，用于指示应该维持而不释放与网络节点设备的连接。

基本构思及检索要素分析

（1）基本构思。

一种控制端接过程的方法，维持无线通信网络的移动终端设备与网络节点设备之间的移动端接过程。

（2）检索要素分析与提炼。

确定检索要素 1：控制端接过程；

确定检索要素 2：无线通信网络的移动终端设备与网络节点设备之间的移动端接。

检索过程

该方案的发明点为在端接过程中维持移动终端与网络节点的连接。遵循 CPC 依赖发明点的分类原则，终端与网络的连接维持是在选择 CPC 分类号时不可或缺的考虑因素。在 IPC 与 CPC 分类表中，均有涉及连接控制的分类号 H04W 76/04，然而在 CPC 中的该分类号中新增了五个下位两点组。其中，H04W 76/045 为"维持已建立的连接"，与该方案的发明点最为契合，故将该方案分入该分类号。此外，在该方案中，端接过程在移动终端从 4G 网络电路回退到 3G/2G 网络时出现，对应该内容的分类号可确定为 H04W 88/06"终端在多个网络中进行操作，如多模终端"。

确定分类号后，使用 CPC 分类号进行检索。

1　224　CPC 分类号＝（H04W76/045 and H04W88/06）

文献量适量，直接浏览获取文献 US2002086670A1，该文献公开了"连接维持"和"端接过程"，经过比对后确定该文献公开了该方案的发明构思。可以看出，上述对比文件是仅仅通过对分类号的限定获得的，并没有使用关键词。

小结

IPC 分类较为宽泛，通常无法准确选取，对分类号的限定反而容易造成文献量巨大或者文献的漏检。CPC 分类使得精确定位发明点所属领域成为可能，该方案能够迅速地获得对比文件的原因在于 CPC 完整精细的分类体系和利于检索的分类原则，通过 CPC 分类号相"与"即可获得目标文献，检索的效率得到大幅提高。

5.2.2.4　使用体现附加信息的 CPC 2000 系列分类号进行检索

CPC 分类体系中不仅包含分类号—主干类号，而且还新增了引得码 2000 系列分类号，对附加信息进行了细分，共 8 万多个。某些专利在申请的过程中为了规避现有专利或者起到更大的保护目的，会出现间接性的描述，比如瓶子会称为圆柱形容器等，所以体现专利应用方面内容的附加信息对检索是有一定意义的。而 CPC 2000 系列分类号在发明的附加信息方面进行了大量的补充和细化，为检索提供了更多的路径。

【案例 5-12】

案情简介

该方案涉及一种自动换料系统，其存在的技术问题是：在换料过程中主机需要停机等待新料，新料从开卷机经过输送料道被输送到主机的位置也需要足够的时间，且工作周期内也需要多次更换料卷，使得整个主机的正常工作时间短，整个生产效率低下。该方案为了解决上述技术问题，设置了两组送料结构，并使两组送料结构对应于一个主机，两组送料结构中的一组送料结构向主机进行送料的同时，另一组送料结构完成上下料并进入待送料状态，两组送料结构相互切换完成对主机的连续供料，以此提高生产效率。涉及的自动换料系统用于轮胎成型机上。

主要技术方案如下。

一种自动换料系统，其特征在于：包括两组送料结构，两组所述送料结构对应于一个主机，两组所述送料结构中的一组送料结构向主机进行送料的同时，另一组送料结构完成上下料并进入待送料状态，两组送料结构相互切换完成对主机的连续供料。如图5-12所示。

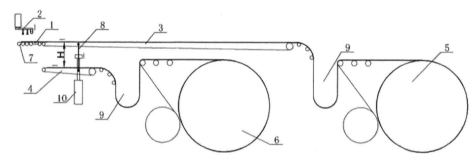

图 5-12 案例 5-12 结构图

基本构思及检索要素分析

（1）基本构思。

一种自动换料系统，设置了两组送料结构，并使两组送料结构对应于一个主机，两组送料结构中的一组送料结构向主机进行送料的同时，另一组送料结构完成上下料并进入待送料状态，两组送料结构相互切换完成对主机的连续供料。

（2）检索要素分析与提炼。

确定检索要素1：自动换料系统；

确定检索要素2：设置了两组送料结构相互切换以实现连续供料。

检索过程

首先，查找IPC分类表，获取到 B65H 19/00 "更换条材辊"，以及其一点组 B65H 19/10 "在展开机构或与展开操作有关的更换条材辊"。

该方案是一种自动换料系统，其发明点就在于设置了两组送料结构相互切换以实现连续供料。作为检索要素的关键词可以表达为"替换、切换、连续、不间断"。

尝试使用 IPC 分类号结合关键词进行检索。

在中文库中检索：

序号	命中数量	检索式
1	436	IPC 分类号＝（B65H19/10）
2	157	IPC 分类号＝（B65H19/00）

浏览 IPC 分类号 B65H 19/00 和 B65H 19/10 下的专利文献，未找到相关文献。

3	2885400	关键词＝（替换 or 连续 or 不间断）
4	4994	IPC 分类号＝（B65H19/+）
5	2122	3 and 4

通过对分类号上位扩展后结合关键词限定并不能获得可读的文献量，同时又不能提取出更多的关键词。

接下来，尝试在外文库中检索：

1	5355	IPC 分类号＝（B65H19/10）
2	5985173	关键词＝（replac+ or alternat+ or exchang+ or continu+）
3	1161	1 and 2
4	8243524	关键词＝（mov+ or slid+）
5	536	3 and 4
6	2546208	关键词＝（cylinder?）
7	119	3 and 6
8	35934	IPC 分类号＝（B65H19/+）
9	3305	8 and 2 and 4
10	993	8 and 2 and 6
11	589	8 and 2 and 4 and 6

仍未检索到相关对比文件。

由于分类号已扩展至最上位组，关键词不好提取和扩展，此时回头仔细阅读该方案，发现提到其涉及的自动换料系统用于轮胎成型机上，即给出了应用领域。而针对 CPC 的分类体系可知，B65H 小类下存在 CPC 2000 系列分类号，且专门针对应用领域进行分类：小组 B65H 2801/00 包括"应用领域"，以及其一点组 B65H 2801/93 包括"轮胎"。

因此，通过该技术领域的 CPC 2000 系列分类号 B65H 2801/93 进行检索：

| 12 | 513 | CPC 分类号 =（B65H2801/93） |

进而获得对比文件 GB2090234A，公开了该方案的发明构思。

小结

CPC 2000 系列分类号对附加信息进行了大量的细分，而且每个分类号下的文献量较为适量。当对从发明信息的角度查找的 IPC 分类号进行检索，噪声大、文献数多时，可进一步关注方案是否具有特定的应用领域，尝试在 CPC 分类表中寻找相关的 CPC 2000 系列分类号，从而可以快速高效地检索到对比文件。

【案例 5-13】

案情简介

该案涉及一种 TF380 型 ABS 复合塑料，现有技术中，由于丙烯腈和苯乙烯均可为 ABS 提供硬度这一性质，且丙烯腈和苯乙烯占 ABS 的 70%~95%，因此，导致 ABS 的硬度较高，采用 ABS 的复合塑料的硬度也较高，当采用该复合塑料用于注塑 3C 产品外壳或白色家电外壳，尤其是大件产品外壳如电脑机箱、电视机框、电视背壳和空调外壳时，制得的大件产品外壳存在料花、气纹和翘曲等缺陷。此外，ABS 复合塑料还存在生产周期长和生产成本高的问题。为了解决上述问题，本发明提供一种兼具较好的流动性和成型性能的 TF380 型 ABS 复合塑料及其制备方法和应用，采用该制备方法制得的 ABS 复合塑料具有生产周期短和生产成本低的优点，将该 ABS 复合塑料应用于制备 3C 产品外壳和白色家电外壳，制得的 3C 产品外壳和白色家电外壳表面光滑。

主要技术方案如下。

一种 TF380 型 ABS 复合塑料，其特征在于，主要由以下百分比的原料制成：

小分子的丙烯腈 – 苯乙烯共聚物	35%~50%
大分子的丙烯腈 – 苯乙烯共聚物	20%~30%
丙烯腈 – 丁二烯 – 苯乙烯共聚物	20%~30%
内润滑剂	0.5%~1.5%
外润滑剂	1%~3%
抗氧剂	0.1%~0.5%
耐热剂	0.1%~0.5%

所述小分子的丙烯腈 – 苯乙烯共聚物为熔体流动速率大于或等于 65g/10min 的丙烯腈 – 苯乙烯共聚物；所述大分子的丙烯腈 – 苯乙烯共聚物为

熔体流动速率小于或等于 20g/10min 的丙烯腈 – 苯乙烯共聚物；所述内润滑剂为用于提高所述 ABS 复合塑料内部的流动性的润滑剂；所述外润滑剂为用于提高所述 ABS 复合塑料表面的流动性的润滑剂。

基本构思及检索要素分析

（1）基本构思。

一种 TF380 型 ABS 复合塑料，在 ABS 树脂（丙烯腈 / 丁二烯 / 苯乙烯树脂）中加入了不同分子的 AS 树脂（丙烯腈 / 苯乙烯树脂）。

（2）检索要素分析与提炼。

确定检索要素 1：TF380 型 ABS 复合塑料；

确定检索要素 2：在 ABS 树脂（丙烯腈 / 丁二烯 / 苯乙烯树脂）中加入了不同分子的 AS 树脂（丙烯腈 / 苯乙烯树脂）。

检索过程

通过在中文库和英文库中进行常规检索发现，由于该方案发明点在于在 ABS 树脂（丙烯腈 / 丁二烯 / 苯乙烯树脂）中加入了不同分子的 AS 树脂（丙烯腈 / 苯乙烯树脂），而由于两种树脂均含有丙烯腈和苯乙烯单体，给检索带来了很大的噪声。当采用关键词及分类号的双重限定后，依然没有可读的文献量。而当采用 IPC 分类号检索时，文献也过多，且通过技术效果限定后依然没有好用的对比文件。

由于 CPC 中含有 2000 系列新增分类号，C08L 2205/025 代表含有同一C08L 等级结构的两种或更多种的聚合物，不同之处仅在于诸如密度、共聚单体的含量、分子量、分子结构这样的参数；C08L 2205/03 代表含有三种或更多种聚合物的混合物。此时在含有 AS 分类号基础上与 C08L 2205/025、C08L 2205/03 相 "与" 情况下可以有效表示含有不同 AS 树脂的情况。

序号	命中数量	检索式
1	1581	CPC 分类号 =（C08L33/20 or C08L25/12）and CPC 分类号 =（C08L55/02）

（其中 CPC 分类号 C08L33/20 or C08L25/12 表示丙烯腈 - 苯乙烯共聚物，C08L55/02 表示丙烯腈 - 丁二烯 - 苯乙烯共聚物）

序号	命中数量	检索式
2	14880	CPC 分类号 =（C08L2205/025）
3	106	1 AND 2
4	18542	CPC 分类号 =（C08L2205/03）
5	43	3 AND 4

浏览发现相关文献 KR2003-0079055A，可评述该方案的创造性。

小结

当从发明信息的角度进行检索，噪声大、文献量大时，可查找并使用新增的 CPC 2000 系列分类号，通过 CPC 主干分类和 2000 系列分类相"与"的方式，准确表达发明构思（例如对于多种聚合物共存或不同参数限定的相同聚合物存在的情况），可快速检索到更有效的对比文件。

5.3　FI/F-term 检索策略

作为日本特许厅的内部分类系统，FI/F-term 以其独有的特色在世界专利分类体系中占有重要地位。尤其是在 IPC 分类体系的 B 部、G 部和 H 部的众多领域中，利用 FI/F-term 分类号检索体现出较好的优势。目前，FI 分类号已发展至 20 多万个细分项目，F-term 分类大约有 34 万个细分项目。可以说，FI/F-term 分类系统是世界上分类最细最全面的系统。下面详细介绍 FI/F-term 分类检索。

5.3.1　FI/F-term 分类体系介绍

为了弥补 IPC 分类不够详细，方便归类文献和检索方便，日本特许厅建立了 FI/F-term 专利分类体系。

FI 分类系统是在 IPC 基础上的继续细分类，在某些技术领域对 IPC 分类进行了扩展。日本特许厅在采用国际专利分类体系的同时也采用了国内 FI 分类体系，FI 是词组 File Index 的缩写，它表示日本特许厅使用的一种国内分类体系。从 1996 年 7 月以来，在日本的专利文献出版物上除记载国际专利分类号以外，还记载了以 FI 表示的国内分类号。

F-term 系统则是日本特许厅另外创建的用于计算机的一种分类体系。F-term 是词组 File Forming Term 的缩写。F-term 的含义是构成专利信息的技术术语和表示其相应的技术术语的符号组成的修正系统。建立 F-term 这个系统的出发点是由于专利审查中涉及的专利文献量日益增加，而且随着近年来技术迅速发展的趋势，技术复杂程度增加，各种技术相互融合，出现了形形色色的产品。在涉及专利的审查工作中，需要通过计算机对现有技术进行快速检索。《国际专利分类表（IPC）》侧重于对单一的技术主题进行分类，而且其技术分类比较粗糙。因此,在专利审查中,检索现有技术时,如果仅仅采用国际专利分类体系(IPC),需要检索成百上千篇文献,对于近年发展较快的领域,检索的文献量又增加不少。

F-term 从技术的多个侧面对由一定范围内 FI 组成的某一个主题进行进一步细分,从各种不同的角度例如按照发明目的、用途、构造、性能、材料、控制手段等方面对某一技术主题进行多角度细分。F-term 是专为计算机检索而设立的技术术语索引,从技术的多个侧面进行细分,其标引主要是基于对权利要求的拆解来进行的,但同时也会根据说明书中的内容以及附图的内容进行分类。F-term 分类的目的是,在专利审查过程中,使需要检索的反映现有技术的文献量减少到 100 以内。

在实际分类中,一篇日本专利通常会同时以 FI 和 F-term 两种分类进行标引。使用 FI 和 F-term 分类,可对专利文献进行细分,这样更加方便检索工作。在检索过程中,如果使用 FI 和 F-term 分类,可快速、准确地对日本文献进行检索。在实际检索中,可以将 FI 和 F-term 单独用于检索,也可以组配起来用于检索。

5.3.2 FI/F-term 分类体系的结构

5.3.2.1 FI 分类体系的结构

FI 在 IPC 的基础上进行了细分,根据其结构的不同,大致可以分成以下 4 种情况。

(1)与 IPC 完全相同。

FI 分类号与 IPC 结构相同,含义也相同,例如 B60K 1/04。

(2)IPC+ 细分号。

在 IPC 小组下的细分类,称为细分号,由 3 位数组成,并且细分类的等级表示沿用 IPC 分类表中的分级方式。例如 H01L 1/06,102。

(3)IPC+ 文档细分号。

将 IPC 的某些小组细分或对细分号的再次细分类号称为"文档细分号",文档细分号用 A~Z 的英文字母表示(为了避免歧义,字母"I"和"O"除外),其中,"Z"表示"其他",即字母"Z"表示杂项分类。

例如,B60K 1/04&A 及 B60K 1/04&Z。

另外,细分号和文档号可以同时存在,例如 A01D 34/24,105&A。

(4)IPC+ 方面分类号。

从技术主题的不同技术特征，在 IPC 小组下以不同角度继续细分号，称为"方面分类号"，方面分类号由 3 个大写的英文字母和表示等级的圆点构成，例如 C09K 11/54，CPB。

5.3.2.2　F-term 分类体系的结构

F-term 分类号由 5 位字符主题码（Theme code）+2 位字母观点符（viewpoint）+2 位数字位符（Figure）构成。其中 5 位字符主题码表征技术领域，2 位字母观点符表征发明的材料、方法、结构等，最后的 2 位数字位符是对观点符表征的技术特征的进一步细化，数字位符由 00~99 的数字组成。

5.3.3　FI/F-term 分类检索技巧

FI/F-term 可以用于在 JPO 下属的工业产权数字图书馆（Industria Property Digital Library，IPDL）上检索日本专利文献。IPDL 提供日文、英文两种检索界面，可免费检索从 1985 年以来所有日本发明专利、实用新型专利、外观设计专利、商标等的电子文献。

另外，FI/F-term 还可以用于在日本特许厅网上专利检索（英文版）系统（https：//www.j-platpat.inpit.go.jp）上检索日本文献。该系统不仅能检索 FI/F-term 分类号，还能用发明名称、摘要、IPC、申请人 / 专利权人等进行检索，如图 5-13 所示。

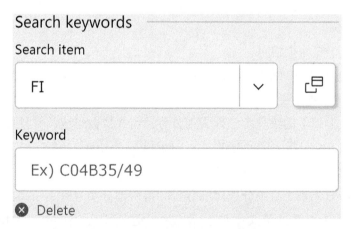

图 5-13　日本特许厅网上专利检索系统检索界面

FI/F-term 分类号是日本特有的分类体系，只有日本的专利文献才会给出 FI/F-term 分类号。因此一般只有待检索主题所在领域是日本发展较好的领域时，才优先考虑使用 FI/F-term 分类号进行检索。比如暖通领域、光学部件、电感领域、电梯领域以及平面研磨领域等。下面通过几种 FI/F-term 分类常见的使用方式进行介绍。

5.3.3.1　仅用 FI/F-term 分类号进行检索

（1）仅利用一个 FI 分类号进行检索。

在某些细分领域，FI/F-term 分类号能非常准确地表达发明构思，当该 FI/F-term 分类号下的文献可浏览时，可以仅用一个 FI/F-term 分类号进行检索。

【案例 5-14】一种药丸瓶

案情简介

一种药丸瓶，包括瓶体 1、瓶塞 2 和瓶盖 3，所述瓶体 1 上端延伸有瓶口 6，所述瓶口 6 上设有瓶塞 2，所述瓶塞 2 为 T 形，且瓶塞 2 的下端为圆环形，所述瓶塞 2 的下端插入瓶口内，且瓶塞 2 下端与瓶口为过盈配合，所述瓶盖 3 设于瓶塞 2 上端，且通过螺纹与瓶口固定。其特征在于：所述瓶口 6 内固定有密封板 5；所述密封板 5 上开有多个漏孔 4；所述漏孔 4 的直径大于瓶体内药丸的直径；所述瓶塞的上端开有多个出孔 7；所述出孔 7 的直径大于瓶体内药丸的直径，且小于漏孔的直径；所述出孔 7 与漏孔 4 的排布相互错开。其结构如图 5-14 所示。

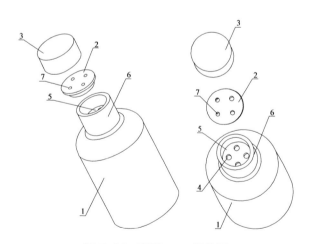

图 5-14　案例 5-14 结构图

该案是一种用于装药丸的瓶子，通常的敞口药丸瓶在倾倒药丸时容易洒落，且容易倒出过多，需要放回药瓶，造成了对瓶体内药丸的污染，该案为了解决上述问题，在瓶口设置了带漏孔的密封板，对药丸起到了一定的缓冲作用，使得药丸顺着漏孔漏出瓶体，再加上瓶塞上的出孔比漏孔小，就使得药丸有序地由瓶塞上的出孔倒出，并且通过漏孔和出孔的交错设置使得即使用力倾倒，药丸也不会倒出太多，同时避免了回倒药丸对瓶体内药丸的污染，同时这种瓶塞与密封板的缓冲结构也便于实现定量取药。

基本构思及检索要素分析

从该案所属技术领域中提取第一个检索要素药丸瓶，其 IPC 分类号为 B65D 83/04，其表示用于分环形、圆盘形或球形或类似的小物件，如药片或药丸；将其关键词表达为药丸、瓶、lid、cap、cover 等。从该案对现有技术改进的角度确定该案的第二个检索要素为带漏孔的瓶塞，将关键词表达为孔、通道、塞、hole、aperture、plug 等。从该案对现有技术改进的角度确定该案的第三个检索要素为漏孔与瓶塞漏孔交错的密封板，将其关键词表达为交错、错开等。

检索过程

首先采用分类号加关键词进行检索，该案给出的分类号比较准确，属于容器领域，用于颗粒状物质的分配，但是准确的分类号下文献量较大，检索的难点在于如何选取关键词来合理地缩小适于阅读的文献量。

在国家知识产权局专利检索系统（http：//www.pss-system.cnipa.gov.cn）中通过技术构思"孔 and（交错 or 错开）"进行全要素检索，但是没有检索到合适的文件。

考虑到利用 IPC 分类号加关键词进行检索的方式难以有效缩小文献量，而根据对相关领域的了解，日本在容器领域的分类细分较多，通过查找相关 FI 分类表，获得分类号 B65D 47/06&R，其表示利用多个孔来振出粉体；以及 B65D 47/20&F，其表示用倒转的方式定量取出环形、圆形或类似物。可见这两个 FI 分类号均能反映本案的发明构思。在日本特许厅网上专利检索（英文版）（http：//www.j-platpat.inpit.go.jp）中利用专利／实用新型检索平台表格检索框中选中 FI 选项，输入上述 FI 分类号进行检索，其检索过程如图 5-15 所示。

最后通过上述检索式 1，按文件编号排序第 42 篇即获取对比文件 JP 特开 2003-165585A，如图 5-16 所示。其公开了第一多孔板 5A 的孔 9 和第二多孔板 5B 上的孔 14 的排布相互错开。对比文件相关附图如图 5-17 所示。

小结

从上面检索实例可以看出，利用准确的 FI 分类号检索日本文献时，检索结果相对准确，降低了无关文献的数量，从而提高了检索的准确性和效率。

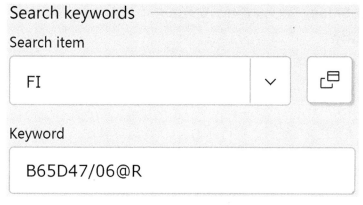

图 5-15 案例 5-14 检索过程

| 42 | JP,2003-165585,A | JP,2001-363959 |

图 5-16 案例 5-14 检索结果

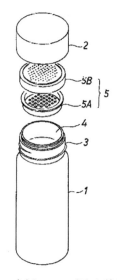

图 5-17 案例 5-14 对比文件相关附图

（2）仅利用一个 F-term 分类号进行检索。

在某些细分领域，F-term 分类号能非常准确地表达发明构思，当该 F-term 分类号下的文献可浏览时，可以仅用一个 F-term 分类号进行检索。

【案例 5-15】一种光学部件的安装结构

案情简介

一种光学部件的安装结构，所述安装结构包括：弹性板，所述弹性板向基台的平面部按压光学部件；安装部 71b，所述安装部设置于所述基台上，所述弹性板安装于所述安装部上。所述弹性板还包括：按压部 81a，所述按压部弹性地抵接于所述光学部件；保持部 81d，所述保持部支承所述按压部的一端，并且弹性地夹持所述基台的安装部；板侧定位部，所述板侧定位部与设置于所述安装部上的基台侧定位部卡合，并被形成于所述保持部上。其结构如图 5-18 所示。

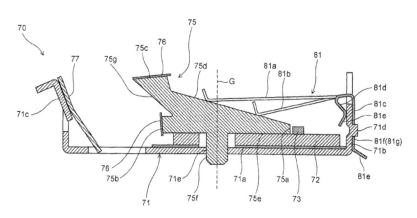

图 5-18   案例 5-15 结构图

该案背景技术中提到，现有的光学部件例如反射镜（剖面是矩形状的横向长的光学部件），其安装结构是通过板簧按压来安装，需要在板簧和箱体上设置嵌入螺钉的孔，因此导致部件大型化；另外，需要有用于螺钉装卸的工具，因此存在安装光学部件的操作变得复杂这样的不良情况。

基本构思及检索要素分析

该案基本构思在于按压部弹性地抵接于光学部件，保持部弹性地夹持安装部，板侧定位部与设置于所述安装部上的基台侧定位部卡合。

根据该案要保护的主题提取第一个检索要素"光学元件的安装"，其分类号为 G02B 7/00，表示光学元件的安装、调整装置或不漏光连接。根据本案发明点，确定该案的另一个检索要素"弹性板"。

该案给出的 IPC 分类号为：G02B 7/00，其分类号定义：光学元件的安装、调整装置或不漏光连接。结合该案为日本申请人来华申请，且日本在光学部件领域技术相对发达，如果能够直接找到反射镜的安装结构的 F-term 细分进行优先检索，该分类下的文献均是用于反射镜安装结构，与该申请最为相关且能够减小文献量，提高检索效能。

检索过程

考虑到该案为日本申请人来华申请，且日本在光学部件领域技术相对发达，因此先确定反射镜的安装结构的 F-term 分类号，然后进行检索。

通过 IPC 分类号查找对应的 F-term 分类号，最终确定出体现本案发明点的 F-term 分类号：2H109/DA32，用于反射镜的弹性保持部件，为优先级最高的分类号进行检索。

在日本特许厅网上专利检索（英文版）系统进行检索，选取 F-term 项输入 2H109/DA32 直接进行检索。检索过程及结果如图 5-19 所示。

在上述检索式的第 12 篇中即获得了对比文件 JP 特开 2009-276395A，该对比文件公开了弹性的按压结构，与该案结构类似。对比文件相关附图如图 5-20 所示。

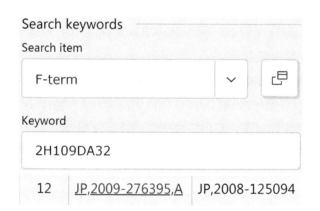

图 5-19　案例 5-15 检索过程及结果

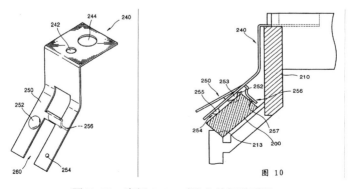

图 5-20　案例 5-15 对比文件相关附图

【案例 5-16】一种可调电感器

案情简介

一种可调电感器，包括三个平行布置的电感线圈 L1、L2 和 L3；电感线圈 L2 位于电感线圈 L1 和 L3 之间；且电感线圈 L1 和 L2 的耦合方向相同，电感线圈 L2 与 L3 的耦合方向相反；可调电感器还包括用于驱动电感线圈 L2 做直线运动的驱动机构；通过驱动电感线圈 L2 在电感线圈 L1 与 L3 之间移动以改变电感器整体的电感。

由于无线充电是基于谐振耦合，利用磁场振动传输电能，因此需要让无线充电系统时刻处于谐振状态。现有技术中，一般会采用两种方法：利用晶闸管控制电抗器（TCR）和正交磁芯可调电感这两种装置来补偿电感。利用 TCR 的缺点在于：无线充电由于负载接收谐振频率不同，电能传输频率变化较大，TCR 工作于变频无功补偿，控制复杂，成本较高并且会产生大量谐波，影响无线充电效率。利用正交磁芯可调电抗器的缺点在于：正交磁芯可调电抗器的控制电流较大，发热量大，并且可调电感量小。

基本构思及检索要素分析

该案基本构思在于设计一种控制简单，发热量小的可调电感，将该电感用作无谐波的电抗补偿装置。

根据该案主题提取第一个检索要素"可调电感器"，根据发明点确定第二个检索要素为"移动的线圈"，而该案给出的分类号 H01F 29/12 表示有可移动的线圈、绕组或其部件，其已能准确表达该案发明点。

检索过程

利用给出的 IPC 分类号进行检索，文献量较大，而该案关键词不易提取，考虑到该案所属领域在日本较为发达，通过查找分类表获得准确 F-term 分类号 5E070/GG01，在日本特许厅网上专利检索（英文版）系统进行检索，选取 F-term 项输入 5E070/GG01。其检索过程及结果如图 5-21 所示。

从检索式的第 22 篇检索结果即可得到对比文件 JP 特开 07-320942A，其公开了该案的大部分特征。

小结

从上面检索实例可以看出，利用准确的 F-term 分类号检索日本文献时，检索结果相对准确，降低了无关文献的数量，从而提高了检索的准确性和效率。

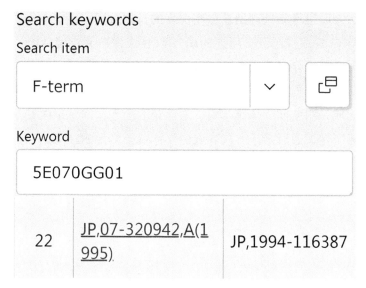

图 5-21　案例 5-16 检索过程及结果

（3）利用多个 F-term 分类号进行检索。

　　F-term 分类号是按照发明目的、用途、构造、技能、材料、控制手段等方面对某一主题进行多角度细分。因此一篇日本专利文献，往往会给出多个 F-term 分类号。在检索过程中，当一个 F-term 分类号下的文献量较多不可浏览时，可以用表达其他角度的 F-term 分类号进行联合检索。

【案例 5-17】一种 360 度全景立体摄像机

案情简介

　　一种 360 度全景立体摄像机，至少包括支架以及外壳，所述的外壳由其中心处固定在支架的顶部，所述的外壳呈棱柱状，其侧棱至少设有四根，棱柱的侧面均为向内凹陷的圆柱曲面或弯折面。所述外壳由其中心处划分为至少四个大小相同的单元模块，每一侧面均与一个单元模块相对应，每一个单元模块中均包含有两个镜头，所述的两个镜头安装于该单元模块所对应的侧面上，且每个镜头的朝向均与该镜头所位于的侧壁的表面相垂直；所述的外壳中心处设有 GPS 模块，用于获取摄像机中心的三维空间坐标和每个镜头中心的三维空间坐标，GPS 模块的相位天线与外壳上顶面的中心重合；外壳的侧壁上设置有 USB 数据接口和外接电源接口，还设置有用于放置数据存储卡的卡槽，外壳的下底板上安装有电源开关和摄像速度调节器以及声音采集模块，外壳的内部还设有中央控制与图形处理器、电池以及音频处理器，所述声音采集模块用于采集与视频数据同步的音频数据，声音采集模块与音频处理器连接，并通过音频处理器获得高保真的音频数据；每个镜头均具有各自独立的面阵 CCD 成像单元，所述的面阵 CCD 成像单元由镜片组、CCD 影像感测器和影像数据存储单元组成，上述镜头均通过面阵 CCD 成像单元与中央控制和图形处理器连接；所述的单元模块中的一个镜头与相邻模块中的一个镜头共同构成一组空间立体镜头对，从而获取物方空间范围内具有部分重叠区域的视频影像，通过上述方式获取的立体视频影像的视场之和大于或等于360 度。其结构如图 5-22 所示。

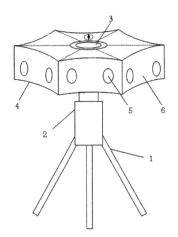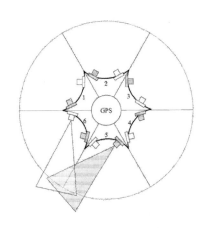

图 5-22　案例 5-17 结构图

由上可知，该案涉及相机系统的结构（多组双目摄像机 / 全景系统 / 镜头设置 / 表面框架设置）、拍摄方法（每组摄像头中的一个与相邻模块组中的一个组成立体摄像头对，而非每组摄像头内部进行组合）、周边功能设置（USB/GPS/ 存储卡槽 / 声音采集器）及相应的连接方式。

基本构思与检索要素分析

该案基本构思在于通过多组相机的合作实现 360 度立体摄影。从技术主题确定第一个检索要素为"相机系统"，其 IPC 分类号为 H04N 5/225，其表示相机系统结构。从对现有技术改进角度确定第二个检索要素为"立体摄影"。

检索过程

考虑到相机领域是日本发展较为领先的领域，针对该领域会从各个角度给出 F-term 分类号。因此通过查找 F-term 分类表，快速锁定 5C122，其表示相机系统，通过查看 5C122 中的各分类号，发现下列分类号与该案关系密切：

5C122/EA67/FT（摄影棚设备 / 多相机的控制）；

5C122/FA03/FT（摄影棚设备 / 大视野摄影 / 全景摄影）；

5C122/FA04/FT（摄影棚设备 / 立体摄影）。

上述第二个分类号和第三个分类号分别表征了立体 / 全景摄影，在此基础上，进一步通过第一个分类号来限定使用多相机，在日本特许厅网上专利检索（英文版）系统进行检索，其检索过程及结果如图 5-23 所示。

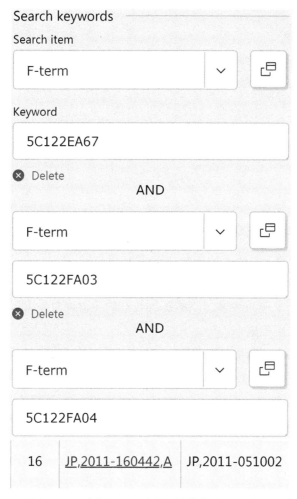

图 5-23　案例 5-17 对比文件检索过程及结果

在上述检索式 39 篇检索结果的第 16 篇即获得了对比文件 JP 特开 2011-160442A。其通过设置多组摄像头对组成摄像系统，用于拍摄 3D 全景图像，且同样在两组相邻摄像头对中各取一个组成立体摄像头对进行拍摄，并且外壳

设置方式 /GPS/ 陀螺仪等其他特征也大多得到了公开。对比文件相关附图如图 5-24 所示。

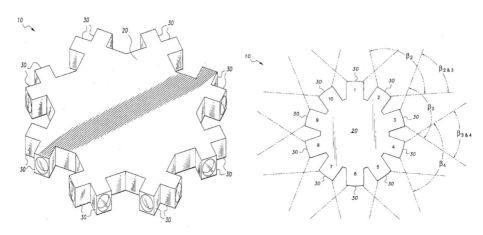

图 5-24　案例 5-17 对比文件相关附图

小结

从上面检索实例可以看出，当使用一个 F-term 分类号难以获取对比文件时，可利用多个准确的 F-term 分类号检索，这样检索准确且检索文献少。

5.3.3.2　利用 F-term 分类号 + 关键词进行检索

在某些细分领域，F-term 分类号虽然能非常准确地表达发明构思，但该 F-term 分类号下文献量较多，当能提炼较准确关键词时，可以利用 F-term 分类号和关键词共同检索。

【案例 5-18】一种空气净化器

案情简介

该案涉及一种空气净化器，包括金属丝组件，所述金属丝组件包括金属丝支架 10，所述金属丝支架 10 的一侧设置有与高压电极相连接的导电片 20，所述导电片 20 上具有与金属丝 30 相连接的第一连接结构；所述金属丝支架 10 上与所述导电片 20 相对的一侧设置与所述金属丝 30 相连接的第二连接结构，多条所述金属丝 30 通过第一连接结构和第二连接结构固定设置在所述金属丝支架 10 上。其结构如图 5-25 所示。

该案旨在提供一种金属丝组件安装方便且提高其可靠性的空气净化器，以解决一整条金属丝不方便安装且一旦某一处断开就会造成整个金属丝组件功能丧失即可靠性差的问题。

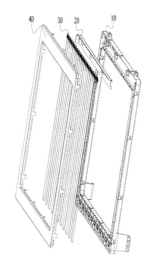

图 5-25　案例 5-18 结构图

检索要素确定与表达

该案实质是要保护高压电极电离除尘的结构及其部件连接的关系，该案给出的分类号 F24F 5/00，其分类号定义：不包含在 F24F 1/00 或 F24F 3/00 组中的空气调节系统或设备。通过理解发明可知，该 IPC 分类号不能准确表达该案的发明构思。

该案要保护的是空气净化，因此提取第一个检索要素"空气净化"，该案是通过高压电极这个手段来实现空气净化，因此提取第二个检索要素"高压电极"，并对该检索要素扩展至"静电分离""静电除尘"等；此外，该案另一改进是防止金属丝断裂导致的可靠性差问题，因此确定第三个检索要素为"防止金属丝断裂"。

检索过程

通过"静电分离"进行分类号查询，获取 B03C 3/38，其表示"静电分离，粒子充电或电离场所，例如，使用放电，放射性辐射，火焰（电极结构入 B03C 3/40；电离气体入 H05H）"。根据上述分类号的指引，找到 B03C 3/40，其表示"电极结构"，该分类号已能较准确表达本申请的结构。利用该分类号进行 F-term 分类号查询，获得 F-term 分类号"4D054：静电分离"，在其下位组中查询得到分类号"4D054/AA11：静电分离用于空气净化"，该 FT 分类号的含义与该案的原理及用途完全吻合。

在日本特许厅网上专利检索（英文版）系统进行检索，首先选取 F-term 项输入 4D054/AA11 进行检索，结果文献量过大，无法阅读。进一步选取摘要项输入 wire 以及 break，进行相"与"检索，检索结果仍然无法阅读。进一步将主题限制在空气净化器领域进行检索。检索过程及结果如图 5-26 所示。

在上述检索式的第 2 篇检索结果即获得对比文件 JP 特开 2008-049253A。该对比文件公开了该案权利要求所有的技术特征，其结构如图 5-27 所示。

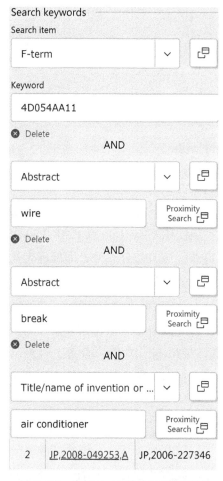

图 5-26　案例 5-18 检索过程及结果

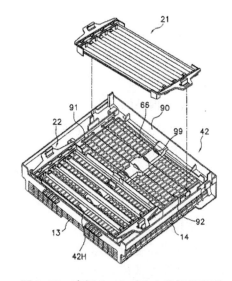

图 5-27　案例 5-18 对比文件相关附图

小结

从上面检索实例可以看出，当使用一个最准 F-term 分类号检索获取的文献量太大时，可扩展其他要素的关键词进一步降低文献量，从而提高检索效率。

5.3.3.3　利用 F-term 分类号 +FI 分类号进行检索

在某些细分领域，F-term 分类号虽然能非常准确地表达发明构思，但该

F-term 分类号下文献量较多，当能提炼较准确关键词时，可以利用 F-term 分类号和 FI 分类号共同检索。

【案例 5-19】一种多层住宅楼道安全电梯

案情简介

一种多层住宅楼道安全电梯，包括：载人装置 1、悬挂机构 2、牵引驱动装置 3、控制系统 4、螺旋式轨道 5、牵引绳 6 和导引轮 7，所述螺旋式轨道 5 固定在多层住宅楼道台阶板的下面，所述载人装置 1 通过悬挂机构 2 吊装在螺旋式轨道 5 上并由牵引绳 6 牵引；所述牵引绳 6 由固定在楼道台阶板下面的导引轮 7 支撑并由牵引驱动装置 3 驱动；所述控制系统 4 用来控制牵引驱动装置 3 的运行。其结构如图 5-28 所示。

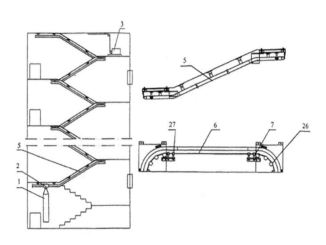

图 5-28 案例 5-19 结构图

该案旨在提供一种能满足多层住宅中"老、弱、病、残、孕"群体以梯代步的愿望且运行成本低的多层住宅楼道安全电梯。

基本构思与检索要素分析

该案基本构思在于通过能够沿设置在楼梯下方轨道移动的悬挂式载具来提升电梯运行的方便性与安全性。

从技术主题确定第一个检索要素为"悬吊式电梯"，其 IPC 分类号为 B66B 9/08，其表示"与楼梯配合的电梯，如用于输送病残人员"。从对现有技术改进的角度确定第二个检索要素为"悬挂式轨道"及第三个检索要素为"轿厢"。

从给出的 IPC 分类号来看，其已经较为准确，但该分类号下文献量大，考虑到日本安全领域较为发达，因此通过查阅分类表，得到能够反映该技术主题关联的 FI 分类号 B66B 9/08&E 和 F-term 分类号 3F301/DB05、3F301/DB11。其中 FI 分类号 B66B 9/08&E 表示与楼梯配合的悬吊式电梯，如用于输送病残人员。F-term 分类号 3F301/DB05 表示导轨安装在楼梯间天花板上（注：单轨式悬吊升降装置），F-term 分类号 3F301/DB11 则表示搬运装置的结构。

检索要素及表达如表 5-3 所示。

表 5-3　案例 5-19 检索要素及表达

检索要素	检索要素 1	检索要素 2	检索要素 3
	悬吊式电梯	悬挂式轨道	轿厢
表达	B66B 9/08&E（FI）	3F301/DB05（F-term）	3F301/DB11（F-term）
	悬挂，悬吊；hang，suspend；悬垂	轨道，导轨；rail，guide；レール	轿厢；car，cage，cab；搬器

检索过程

在日本特许厅网上专利检索（英文版）系统进行检索，其检索过程及结果如图 5-29 所示。

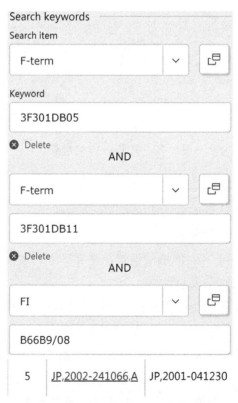

图 5-29　案例 5-19 检索过程及结果

在上述检索式的 39 篇检索结果中的第 5 篇即获得了对比文件 JP 特开 2002-241066A。

小结

从上面检索实例可以看出，当仅使用 F-term 分类号难以获取对比文件时，可利用 F-term 分类号及 FI 分类号联合检索，检索准确且检索文献少，从而提高检索效率。

5.3.3.4 利用 F-term 分类号 +IPC 分类号进行检索

在某些专利中，其对现有技术改进的点有多个，其中一些改进点可以用 F-term 分类号表达，另一些改进点可以用 IPC 分类号表达，此时即可用 F-term 分类号联合 IPC 分类号检索的策略进行检索。下面通过案例 5-20 来说明。

【案例 5-20】一种易于冷冲成型的软质封装复合材料

案情简介

一种易于冷冲成型的软质封装复合材料，其中，所述软质封装复合材料为多层铝塑层压复合体结构，其包括热塑树脂薄膜层、铝箔金属芯层、耐热或印刷薄膜层；所述铝箔金属芯层位于所述热塑树脂薄膜层和所述耐热或印刷薄膜层之间；所述热塑树脂薄膜层为至少包括两层树脂层的多层共挤层，所述多层共挤层至少包括表层热封层和与所述铝箔金属芯层相复合的热熔胶树脂层；所述热封层表面具有复合过程中通过加热辊压成型形成的细微凸凹纹路，所述细微凸凹纹路的凸凹深度为 0.5~25μm。

现有技术中为了使封装材料具有较好的拉伸成型性和满足包装生产线的操作性，会在复合薄膜材料表层涂布具有润滑作用的物质，减少薄膜表面与模具之间的摩擦，使之易于脱模，但是在一些对洁净度、密封性有较高要求的电子部件或医药品中，这种内面涂饰有润滑剂的封装材料无法适用，润滑剂也会对高品质医药品、电池或电容器内的电解液造成污染。

针对上述技术问题，该案提供了一种易于冷冲成型的软质封装材料，其包括热塑树脂薄膜层、铝箔金属芯层、耐热或印刷薄膜层，同时进一步限定了热封面具有复合过程中通过加热辊压成型形成的细微凸凹纹路，并对其凸凹深度进行了进一步限定，这种软质封装材料可用于锂电池中。

基本构思及检索要素分析

该案主要发明构思是在热封层表面设置细微凹凸纹路，在不使用润滑剂的条件下降低了复合材料表面摩擦系数，避免复合材料表面和模具因紧贴而形成"黏结"问题，使得材料在冷冲成型过程中易于脱模。其中，"热封面具有细微凹凸纹路"这一技术特征就是该申请中最能体现发明构思的技术特征。因此从该案所属技术领域确定第一个检索要素为"封装材料"，其 IPC 分类号为 B32B 3/28，表示以包含变形薄板的薄层为特征的封装材料。从该案对现有技术改进的角度确定第二个检索要素为"细微凹凸纹路"，将其关键词表达为"凹凸""纹路"等。

检索过程

首先，使用"凹、凸、纹路、纹理"等表达技术手段的关键词和该案给出的 IPC 分类号 B32B 3/28 进行检索，噪声较大，文献的相关性也不高。基于该案发明构思所预期达到的"不使用润滑剂的条件下降低复合材料表面摩擦系数"的技术效果，进一步考虑对技术效果进行相应的扩展。

对于热封面表面纹路的处理主要涉及对材料表面光滑度的设置，该案分类号 B32B 3/28 虽然也体现了对于薄层形貌的要求，但并没有明确是对薄层的表面性能进行调节。而 F-term 分类号在 4F100（层状体）下有对应于表面光滑度设置的细分（JK14-JK15），如图 5-30 所示，相比 IPC 而言可以更好地表达该案核心的技术手段。

JK14	JK15	JK16
. Surface characteristics	.. Smoothness	.. Friction

图 5-30　案例 5-20 涉及的 F-term 分类号图

然后，利用上述的分类号对"在热封层表面设置细微凹凸纹路"进行表达，考虑到封装材料中起主要阻隔性能的部分是铝箔层，使用铝箔层对应的 F-term 分类号（4F100/AB01）分别与上述的三个分类号相"与"进行检索。

检索过程得到的文献量仍较大，考虑到说明书中记载的软质封装复合材料主要应用于电池包装材料中，而电池包装材料有相应的 IPC 分类号 H01M 2/02，接着用 IPC 分类号对技术领域进行限定。

分别利用上述 F-term 分类号及 IPC 分类号相"与"进行检索。其检索过程及结果如图 5-31 所示。

通过上述检索式，在 33 篇检索结果的第 27 篇即能得到对比文件 JP 特开 2006-318685A，其公开了一种电池用包装材料，公开了该案中主要技术特征，

图 5-31　案例 5-20 检索过程及结果

特别是公开了其在热熔胶层表面通过表面具有不规则纹路的辊设置一定的粗糙度［表面粗糙度（Ra）为 60~1000nm 的表面］以改善润滑性能，说明书也明确记载上述电池用包装材料在不使用润滑剂的情况下即具有较好的润滑性，这一发明构思与该案非常接近。

小结

从上面检索实例可以看出，当仅使用 F-term 分类号难以获取对比文件时，可利用 F-term 分类号及 IPC 分类号联合检索，检索准确且检索文献少，从而提高检索效率。

第6章 申请人/发明人追踪检索

专利检索的基本策略包括简单检索、块检索（又分为并列式块检索和渐进式块检索）和追踪检索。简单检索是通过分类号或关键词对检索的主题进行比较粗略的试探性检索，这种检索策略具有快速高效的特点，常用于了解技术方案的现有技术状况，查找合适的分类号以及初步查找相关文件等。块检索是将检索主题分为若干个有意义的检索概念，然后针对每一个检索概念创建一个独立的块，最后通过对块及其组合的检索实现对整个检索主题的检索。追踪检索是指从一个比较相关的文件出发，利用文件之间的某些线索，检索其他相关文件。追踪检索包括发明人追踪、申请人追踪和引用文件/被引用文件追踪。追踪检索可以在检索刚开始时，对待检索的技术方案的发明人、申请人进行追踪，也可以在检索过程中，对检索到的重要的相关文件采取上述追踪检索。申请人/发明人追踪检索可以单独使用，也可以联合使用。

6.1 申请人/发明人追踪检索基本介绍

申请人、发明人通常是一项技术方案完成的单位和研发的技术人员。而技术方案的申请人、发明人信息是能够利用的最直接检索信息，很大程度上可以给出有用的检索信息，因为基于不同原因，申请人或发明人很可能会在之前以其他形式将技术方案相关内容公开，从而破坏该技术方案的新颖性或创造性。同时还可以通过直接追踪申请人、发明人，深入挖掘该申请人的技术信息、竞争对手、合作对象等相关信息，从而获得有效的中间信息，以便后续检索。另外，通过对申请人/发明人追踪检索，有利于更好地了解技术方案以及相关现有技术的发展脉络，还可以了解申请人和发明人的习惯性的技术表述方式，以便更加深入地了解技术方案的实质，为检索提供支撑。因此，申请人、发明人是重要的检索要素。申请人/发明人追踪检索常用的数据库有专利数据库，以及非专利库（CNKI、万方、Web of Science 和百度等）。

　　根据申请人、发明人不同特点采取不同的追踪策略，例如按照类型来看，对于高校的申请（高校、科研院所的技术成果通常会以文章发表形式予以披露，其侧重研究型），以申请人或发明人作为检索要素，首先在搜索引擎中获得发明人的个人学术履历，然后选择中文或英文期刊数据库，以主要发明人为检索要素，追踪相关文献；再在专利库中追踪检索申请人和发明人之前的专利申请。如果没有获得合适对比文件，可以继续其他检索方式。对于研究所申请，如中国科学院下属研究所的申请，其网站主页上都有"科研成果"一栏，其中包含了其研究所发表的科技论文、专利、专著以及会议论文，并设有查询入口；可以通过论文题目、论文作者、发表年度等入口查询其发表的期刊论文；通过申请号、发明人、专利名称以及申请日期等入口查询专利；通过会议名称和作者查询会议论文；通过著作名称、主编、编著人员、出版社和出版时间查询专著。对于大型公司的申请，首先检索专利数据库，再检索非专利数据库，可以根据案例具体情况进行调整；在检索过程中首先检索技术方案涉及的申请人和发明人，以理解其技术方案的改进点，很可能通过追踪即可获得破坏技术方案的新颖性或创造性文件；另外，检索与其有竞争关系的公司，然后再辅以技术特征检索，也可获得较好的检索效果。而在检索竞争对手时，应注意国外企业的名称在不同数据库中可能存在不一致的情形，实际检索中还应注意公司别名扩展。

　　下面结合实际案例来阐述申请人 / 发明人追踪检索。

6.2　专利数据库申请人 / 发明人追踪检索

　　中国专利检索及分析数据库有两个不同的发明人 / 申请人追踪入口。一是常规检索的申请（专利权）人和发明人入口，如图 6-1 所示。二是高级检索的申请（专利权）人和发明人入口，如图 6-2 所示。

　　如前所述，虽然两者入口不一致，但在专利检索及分析网站中，选择申请（专利权）人字段进行检索，系统自动在申请人字段中进行检索，该字段根据输入的关键词自动推荐申请量较高的相关申请人信息；选择发明人字段进行检索，系统自动在发明人字段中进行检索，该字段根据输入的关键词自动推荐申请量较高的相关发明人信息。

　　另外，专利检索及分析数据库热门工具中还存在申请人别名查询。申请

图 6-1　常规检索的申请（专利权）人和发明人入口

图 6-2　高级检索的申请（专利权）人和发明人入口

（专利权）人别名查询主要用于浏览申请（专利权）人的相关别名信息，同时可以检索与此申请（专利权）人相关的文献信息。面对不熟悉的申请人时，可以利用申请人别名查询工具，有效扩展，从而获得更全面的申请人信息，以用于后续追踪检索。

　　具体地，通过点击"热门工具"下面的【申请人别名查询】按钮进入"申请人别名查询"页面，如图 6-3 所示。

图 6-3 申请人别名查询界面

在此以"华为"为例，演示具体查询功能的应用。在输入框中输入申请人"华为"，然后点击"查询"按钮，如图 6-4 所示。

图 6-4 申请人别名检索查询结果界面

在执行查询之后，结果以列表的方式进行展现。在浏览结果的过程中，可以通过双击选择申请（专利权）人名称的方式选择名称加入检索列表中。以"深圳华为通信技术有限公司"为例演示检索功能的应用。首先，双击结果列表中的"深圳华为通信技术有限公司"，系统自动将其加入"已选别名列表"中。再点击执行操作即可。如图 6-5 所示。

图 6-5 演示检索功能

下面结合一个实际案例，就在专利库中进行追踪检索进行简单演示。

【案例 6-1】一种制备环己基苯的催化剂

申请人：中国石油化工股份有限公司，中国石油化工股份有限公司上海石油化工研究院

发明人：韩亚梅；刘仲能；王德举；钱斌；刘师前

案情简介

一种制备环己基苯的催化剂，包括载体和以重量百分比如下活性组分：

（1）0.5%~20% 的 Pd；

（2）1%~5% 的镧系元素中的至少一种；

其中所述的载体为氢型沸石分子筛。

待检索技术方案主要是针对现有技术中苯加氢烷基化制备环己基苯中，副产物环己烷的收率高和主产物环己基苯的收率低的问题，提供了一种 Pd 和镧系元素的新型复合催化剂，其中，同时采用了 Pd 和镧系元素为活性组分，降低了副产物环己烷的收率，在镧系元素同时包括 La 和 Nd 的情况下，还显著提高了目标产物 CHB 的收率。

检索过程

该申请人为中国石油化工股份有限公司，考虑到该公司的特殊性，一般其研究具有延续性，且其研究成果多数以专利形式公开，因此，优先对申请人进行追踪。

在中国专利检索及分析数据库中进行检索，主要从分类号和关键词角度进行表达。具体检索式"申请人＝中国石油化工 and 环己基苯"即可获得有效对比文件 CN105233861A，可以评述该技术方案的新颖性。

6.3　非专利数据库申请人／发明人追踪检索

在不同数据库中进行发明人追踪，由于数据库的各自标引和数据库特点，会导致在不同数据库中发明人追踪时有不同的追踪策略和注意事项。例如，在中国知网（CNKI）中进行追踪时，应注意知网中关于发明人存在不同的检索字段和入口，具体如作者检索、作者发文检索，以及导师检索入口等。有时在不同的检索入口会获得不同的检索结果，因此，在实际检索时应注意进行多入口尝试。对于 Web of Science 追踪时，其也存在不同的检索入口，也存在不同的追踪策略。例如，通过作者＋关键词、作者＋地址进行追踪。不同

的检索策略获得的检索效率不同。另外，由于不同数据库收录文献范围的不同，也会导致选择不同数据库会获得不同的追踪结果，因此，在实际检索中，应针对不同数据库进行多次尝试，以免产生漏检。

6.3.1　中国知网申请人 / 发明人追踪

CNKI 数据库追踪检索的入口主要有以下几个。

（1）一框式检索中的作者入口。

选择字段作者以及输入检索词，直接检索即可，如图 6-6 所示。

图 6-6　一框式检索中的作者入口

（2）高级检索中的作者发文检索。

作者发表文章检索用于检索某作者的发表文献，检索界面简单，只要输入相应作者姓名、单位即可，如图 6-7 所示。

图 6-7　高级检索中的作者发文检索

（3）博硕士下面的作者、导师、第一导师入口。

选择字段"作者"以及输入检索词，直接检索即可，如图 6-8 所示。

下面结合具体案例就知网中发明人追踪进行说明。

【案例 6-2】一种羧基化杯芳烃修饰的磁性沸石材料的制备方法

申请人：吉林大学

发明人：贾琼；周绍岩；宋乃忠；马玖彤；吕学举；郑海娇；王荟琪；江丹丹；武明雪；周玉凤

图 6-8　博硕士栏检索下的作者、导师、第一导师入口

案情简介

一种羧基化杯芳烃修饰的磁性沸石材料的制备方法，采用如下技术步骤。

（1）以介孔硅胶、硝酸铁为反应单体，按质量比例 5.0~6.0 ：4.0~5.0 在乙醇溶液中混合搅拌均匀，并于 35~60℃下烘干至粉末状；加入 2~5 毫升乙二醇作为还原剂后，将粉末置于管式炉中，在氮气保护下，230~300℃反应 6 小时，原位还原法生成四氧化三铁、二氧化硅深棕色粉末；以氢氧化钠作为碱源，四丙基氢氧化铵作为结构导向剂，偏铝酸钠作为反应单体，水作为反应介质，将深棕色粉末、碱源、结构导向剂、反应单体、反应介质按照质量比例为 4.0~6.0 ：0.05~0.20 ：3.5~5.0 ：0.05~0.20 ：16~20 混合搅拌均匀，注入反应釜中，于 160~200℃温度下反应 20~30 小时，冷却后制得磁性沸石。

（2）以乙醇作为反应介质，去离子水作为水解引发剂，3- 氨丙基三乙氧基硅烷作为硅烷化试剂，在磁性沸石、反应介质、水解引发剂、硅烷化试剂质量比例为 0.3~0.8 ：7.0~10.0 ：6.0~7.0 ：1.0~ 3.0 情况下使磁性沸石硅烷化。

（3）将羧基化杯芳烃在 1-（3- 二甲氨基丙基）-3- 乙基碳二亚胺盐酸盐、N- 羟基琥珀酰亚胺作为活化试剂的环境下，羧基化杯芳烃、磁性沸石、1-（3- 二甲氨基丙基）-3- 乙基碳二亚胺盐酸盐、N- 羟基琥珀酰亚胺质量比例为 0.5~2.0 ：0.5~2.0 ：5~20 ：5~10，45~60℃温度下反应 1~2 小时，制得羧基化杯芳烃改性的磁性沸石吸附材料。

检索过程

在中国知网中，以检索项"作者发文检索"作为检索入口：作者输入周绍岩，作者单位输入吉林大学，检索发现获得 4 篇文献，其中第 3 篇文献——《杯芳烃衍生物功能化磁性沸石富集奶粉及果汁中的抗氧化剂》，周绍岩等，来源于《第二届全国色谱学术报告会及仪器展览会议论文集》(第三分册），此文即可作为有效对比文件。检索界面如图6-9所示。

图6-9 CNKI中发明人追踪检索界面

检索分析

考虑到该申请的申请人单位为高等院校，研究者通常会首选发表在期刊或会议论文中，因此，在检索策略的选择上，优先考虑对发明人/申请人进行追踪检索。

通常情况下，对于高校申请，排位在第一、第二位和最后一位的发明人是追踪的重点，因为一般排位第一、第二位的是最关键参与人员，贡献度大，而最后一位一般是课题组的组长或通信作者，一般即是导师，当然，部分专利申请则是导师排在发明人第一位。因此，通常我们会根据该顺序特点进行依次追踪以便提高检索效率。但针对该专利申请，若直接采用第一发明人贾琼+作者单位吉林大学进行检索，只有4篇文献，并无上述文献，若省略作者单位进行检索，发现文献量过大，有433篇，而采用第二发明人进行检索，共4篇文献，其中一篇即可作为有效对比文件，检索效率高。因此，对于具有多位发明人的专利申请进行发明人追踪检索时，应注意追踪的先后顺序，以便获得更好的检索效率，同时也需兼顾追踪的全面性，不能因为发明人众多就有选择性地进行追踪，这样也容易因为追踪的不全面导致遗漏可用对比文件。

同时，应注意在中国知网数据库采用作者发文入口检索时，在作者单位后续的检索框包括"精确"和"模糊"，选择不同模式会导致检索结果有差异，通常情况下建议选择模糊，若采用精确模式，获得的检索文献量较少，容易造成漏检。例如，结合此案，当采用精确模式时，输入周绍岩、吉林大学，则只获得 1 篇检索结果。

【案例 6-3】一种攀爬机器车

申请人：浙江大学

发明人：黎鑫

案情简介

一种攀爬机器车，包括车体，车体前后端安装设置有车轮，车体面向墙面的端面与一吸附机构连接固定，所述的吸附机构包括有本体，其特征在于：所述的本体为中空圆筒，所述的中空圆筒的上方设置有一盖板，所述的盖板的上端面与车体连接固定，所述的盖板的下端面与中空圆筒的上端面封闭连接；所述的中空圆筒的内壁面上设置有切向喷嘴；所述的中空圆筒的下端面与墙面之间留有间隙，所述的间隙形成中空圆筒下端面外缘与墙面之间的第一排气流道，所述的第一排气流道连通中空圆筒的内部与外周环境。

检索过程

首先对申请人和发明人在中国知网数据库中进行追踪，若直接在作者入口输入黎鑫，作者单位输入浙江大学，检索获得 6 篇文献，具体参见图6-10，通过浏览并未获得有效对比文件。之后，通过百度搜索"黎鑫 浙江大学"，发现黎鑫为浙江大学博士生导师，主要研究机械电子技术、流体力学及传动、弹性材料等，2004~2013 年在日本留学，2013 年 6 月回校任职。而该申请的申请日是 2014 年 1 月 29 日。经过百度检索，知晓黎鑫为博士生导师，利用中国知网的特殊字段，在硕博士论文的那一栏中选择导师，检索获得 2 篇日期在本申请的申请日之后的硕士论文，通过查阅论文《具有切向喷嘴结构的气旋流发生器的关键参数的研究》的参考文献得到一篇日本期刊论文，参见图6-11。该篇论文公开了技术方案的大部分特征，可评述技术方案的创造性。

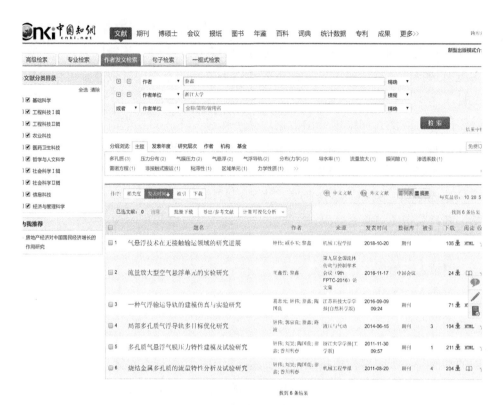

图 6-10 作者发文检索入口的检索结果

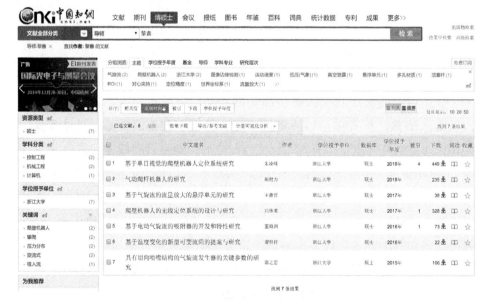

图 6-11 导师检索入口的检索结果

检索分析

对发明人 / 申请人进行追踪检索时，应将发明人的个人信息进行充分挖掘，提高对信息分析的敏感性，合理利用数据库中的特殊字段，可以提高检索效率。

结合该申请，若在中国知网中采用作者发文检索，以作者"黎鑫"和作者单位"浙江大学"进行检索，仅获得 6 篇文献，但均不包括上述 2 篇文献。即在对申请人 / 发明人进行追踪时，还需要格外注意不同数据库、检索方式的调整，例如中国知网，作者检索入口有多个，不同的入口检索结果存在差异，不同的检索方式会导致获得不同的检索结果，例如高校申请，很多发明人前期可能是博士、硕士，后期又成为学校导师，甚至会有学校的变更，而在不同阶段均会发表文章，会导致其发表的文章的学校地址存在差异，或者发表文章的作者地位有所变化，从而导致在数据库中的收录形式存在不同，因此，在进行申请人 / 发明人追踪时，应注重对发明人学术经历的调查，同时注意多个检索入口的尝试，从而避免可用对比文件的遗漏。

6.3.2　Web of Science 数据库申请人 / 发明人追踪

Web of Science 数据库中的追踪检索的入口主要有以下几个。

（1）Web of Science 的作者检索入口，如图 6–12 所示。

作者检索用于检索某作者的发表文献，检索界面简单，但要注意对作者姓名的形式进行多种表达。

图 6–12　Web of Science 的作者检索入口界面

（2）Web of Science 核心合集的作者检索入口，如图 6-13 所示。

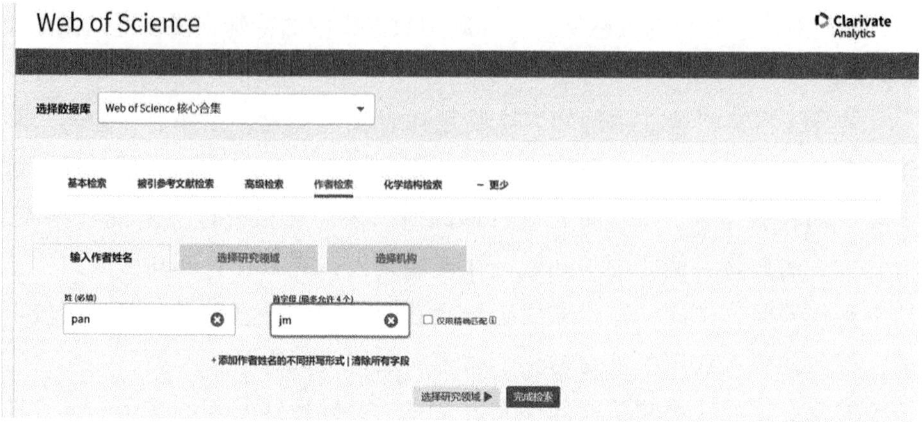

图 6-13　Web of Science 核心合集的作者检索入口界面

下面结合实际案例阐述 Web of Science 数据库申请人 / 发明人追踪检索。

【案例 6-4】一种硼酸功能化多孔吸附剂

申请人：江苏大学

发明人：朱恒佳；潘建明；刘金鑫；顾润兴；黄伟；姚俊彤

案情简介

一种硼酸功能化多孔吸附剂，其特征在于，所述吸附剂具有联通的开孔结构，且该硼酸功能化多孔吸附剂的制备方法按照如下步骤进行。

（1）硼酸功能化的介孔纳米粒子（BA-MSNs）的制备。

将十六烷基三甲基溴化铵、氢氧化钠溶解在去离子水中加热搅拌，然后逐滴滴入硅酸四乙酯和 APBA-GPTES 溶液，持续搅拌一段时间后，离心分离并将沉淀用乙醇洗涤；将获得的产物真空干燥得到硼酸功能化的介孔纳米粒子。

（2）多孔聚甲基丙烯酸缩水甘油酯树脂（PGM-Pickering）的制备。

首先，将甲基丙烯酸缩水甘油酯、二乙烯基苯、甲苯、偶氮二异丁腈以及 BA-MSNs 混合后，加入圆底烧瓶中并且超声分散形成连续相；随后将含有乳化剂 Hypermer 2296 的去离子水溶液逐滴加入，并且在搅拌下形成 W/O 型 Pickering 高内相乳液，乳液聚合反应后，将产物用丙酮通过索氏提取洗涤除去未反应单体，最后真空干燥。

（3）含有 B-N 配位化合物的硼酸功能化多孔吸附剂（PGM-Pickering-

BN）的制备。

　　将 1,6- 己二胺和 3- 氨基苯硼酸溶解在四氢呋喃中，在搅拌条件下加热以形成 B-N 配位化合物；后将 PGM-Pickering 加入并搅拌混匀，冷凝回流反应后，将产物用乙醇洗涤，真空干燥得到最终产物 PGM-Pickering-BN。

　　检索过程

　　该案为典型的高校申请，优选对申请人和发明人进行追踪，具体选择 Web of Science 数据库中核心合集下的 "作者检索 BETA" 作为入口：输入 pan jm（潘建明），结合地址（江苏大学，Jiangsu University）检索发现，可以获得 267 篇文献，鉴于文献量较大，因此考虑加入提取的关键词（硼酸 boronic acid）进行进一步限定，获得 11 篇文献，其中第 7 篇文献——Wulff-type boronic acids suspended hierarchical porous polymeric monolith for the specific capture of cis-diol-containing flavone under neutral condition，Jianming Pan et al.，Chemical Engineering Journal，第 317 卷，第 317~330 页即可作为有效对比文件，几乎公开了上述技术方案的全部内容。图 6-14 给出了部分检索过程示例。

　　检索分析

　　对于高校申请，发明人通常有发表文章的需求，即发表文章是其技术内容公开的常规形式之一。文章发表主要有中文和英文两种形式，因此，通常对高校申请的案件进行发明人、申请人追踪时，在中文和外文数据库均会进行相关追踪检索。结合此案例，在外文数据库进行追踪检索时，外文数据库关于作者的英文表达形式有多种，如 Pan jm，Pan jianming，JM Pan，Jianming Pan 等，因此，采用作者检索进行追踪时，由于作者姓名表达的繁杂性，在实际检索中很容易造成文献的遗漏。而 Web of Science 数据库中的核心合集下的 "作者检索" 入口则可以较好地规避该问题。在该检索入口中，具有作者甄别功能，不用考虑作者姓名的多种英文表达方式，具体参见图 6-14。在日常检索中，可以根据实际需求，有意识地利用数据库的特有检索字段或入口，以便简化检索，提高检索效率。同时，采用作者入口进行检索时，若获取的文献量适宜，则可以直接进行浏览筛选，若文献量过大，同时可以结合有效关键词进行进一步限定，以便提升检索效率。

| Basic Search | Author Search ^{BETA} | Cited Reference Search | Advanced Search | Structure Search |

Name Search   Web of Science ResearcherID or ORCID Search

Search for an author to see their author record. An author record is a set of Web of Science Core Collection documents likely authored by the same person. You can claim and verify your author record from your author record page.

Last name
pan

First name and middle initial(s)
JM

Find

+ Include alternative name

Web of Science

Clarivate
Analytics

检索   工具 ▾   检索和跟踪 ▾   检索历史   标记结果列表

检索结果: 267
(源于订阅范围)

👤 返回如下的作者记录
Pan, Jianming

对于: 作者: Pan, Jianming ...更多内容

精炼检索结果

在如下结果集内检索... 🔍

过滤结果依据:

排序方式: 日期 ↓F   被引频次   使用次数   相关性   更多 ▾   ◄ 1 / 27 ►

☐ 选择页面   ⬆ 导出...   添加到标记结果列表   ▦ 分析检索结果
                                                                            ▥ 创建引文报告

☐ 1. Highly sensitive colorimetric detection of arsenite based on reassembly-induced oxidase-mimicking activity inhibition of dithiothreitol-capped Pd nanozyme
作者: Xu, Xuechao; Wang, Linjie; Zou, Xiaobo; 等.
SENSORS AND ACTUATORS B-CHEMICAL 卷: 298 文献号: 126876 出版年: NOV 1 2019
Ⓢ·ꜰ·ˣ   出版商处的全文   查看摘要 ▾

被引频次: 0
(来自 Web of Science 的核心合集)

使用次数 ﹀

☐ 2. Highly sensitive and specific colorimetric detection of phosphate by using Zr (IV) to synergistically suppress the peroxidase-mimicking activity of hydrophilic Fe3O4 nanocubes

被引频次: 0
(来自 Web of Science 的核心合集)

检索结果: 11
(采自 Web of Science 核心合集)

您的检索: 以下项目的论文组: Pan, Jianming
精炼依据: 主题: (boronic acid)
时间跨度: 所有年份. 索引: IC, SCI-EXPANDED, CCR-EXPANDED, CPCI-S.
...更多内容

精炼检索结果

在如下结果集内检索... 🔍

出版年 ▲
☐ 2019 (4)
☐ 2018 (1)
☐ 2017 (4)

排序方式: 日期 ↓F   被引频次   使用次数   更多 ▾   ◄ 1 / 2 ►

☐ 选择页面   ⬆ 导出...   添加到标记结果列表   ▦ 分析检索结果
                                                                            ▥ 创建引文报告

☐ 1. A novel label-free hypochlorite amperometric sensor based on target-induced oxidation of benzeneboronic acid pinacol ester
作者: Guo, Danzhao; Wu, Shuwen; Xu, Xuechao; 等.
CHEMICAL ENGINEERING JOURNAL 卷: 373 页: 1-7 出版年: OCT 1 2019
Ⓢ·ꜰ·ˣ   出版商处的全文   查看摘要 ▾

被引频次: 0
(来自 Web of Science 的核心合集)

使用次数 ﹀

☐ 2. Rational design and fabrication of surface molecularly imprinted polymers based on multi-boronic acid sites for selective capture glycoproteins
作者: He, Peiyan; Zhu, Hengjia; Ma, Yue; 等.
CHEMICAL ENGINEERING JOURNAL 卷: 367 页: 55-63 出版年: JUL 1 2019
Ⓢ·ꜰ·ˣ   出版商处的全文   查看摘要 ▾

被引频次: 3
(来自 Web of Science 的核心合集)

使用次数 ﹀

TECHNOLOGY (3)
☐ JILIN NORMAL UNIVERSITY (2)
☐ STANFORD UNIVERSITY (2)
☐ YANCHENG ENTRY EXIT INSPECT QUARANTINE BUR (2)

更多选项/分类...
                                    精炼

基金资助机构 ▾

作者 ▾

来源出版物名称 ▾

查看全部选项

要获得更多精炼选项, 请使用
分析检索结果

作者: Liu, Shucheng; Liu, Jinxin; Pan, Jianming; 等.
ACS APPLIED MATERIALS & INTERFACES 卷: 9 期: 38 页: 33191-33202 出版年: SEP 27 2017
Ⓢ·ꜰ·ˣ   查看摘要 ▾

使用次数 ﹀

☐ 7. Wulff-type boronic acids suspended hierarchical porous polymeric monolith for the specific capture of cis-diol-containing flavone under neutral condition
作者: Pan, Jianming; Liu, Jinxin; Ma, Yue; 等.
CHEMICAL ENGINEERING JOURNAL 卷: 317 页: 317-330 出版年: JUN 1 2017
Ⓢ·ꜰ·ˣ   出版商处的全文   查看摘要 ▾

被引频次: 20
(来自 Web of Science 的核心合集)

使用次数 ﹀

☐ 8. Fe3O4@PVIM@Zn(II) magnetic microspheres for luteolin recognition via combined reflux-precipitation polymerization and metal-ion affinity strategy
作者: Jia, Qiang; Peng, Yinxian; Pan, Jianming; 等.
NEW JOURNAL OF CHEMISTRY 卷: 41 期: 9 页: 3308-3319 出版年: MAY 7 2017
Ⓢ·ꜰ·ˣ   出版商处的全文   查看摘要 ▾

被引频次: 9
(来自 Web of Science 的核心合集)

使用次数 ﹀

☐ 9. Experimental investigation of a natural flavonoid adsorption on macroporous polymers with intrinsic cis-diol moieties recognition function: Static and dynamic methods

被引频次: 9
(来自 Web of Science 的核心合集)

图 6-14   部分检索过程示例

6.3.3 百度数据库申请人/发明人追踪

百度数据库包括百度网页、百度学术，两者均可以进行发明人追踪。但上述两个入口由于收录文献范围不同，导致检索结果存在较大差异。

【案例 6-5】一种切割器试验台

申请人：甘肃农业大学

发明人：孙伟；吴建民；王蒂；张俊莲；李涛；康璟；刘全威；张华；石林榕；冯斌；曹永宏

案情简介

一种切割器试验台主要包括分禾器（1）、拨禾轮（2）、挡板（3）、带轮驱动轴（4）、轴承座（5）、带轮（6）、带（7）、减速器（8）、机架（9）、联轴器（10）、电动机（11）、变频器（12）、链条（13）、地轮（14）、链轮（15）、曲柄滑块机构（16）、切割器总成（17）、钢轨（18）、禾苗（19）等零部件组成的机械系统；其特征是：该装置可以通过调节变频器的输入系统的功率大小来改变切割器的往复直线运动的速度和整机前进速度，从而达到可以通过测量切割器的振动、冲击、切割谷物的力学特性等参数来测试切割器的各项性能的目的。

检索过程

在中国知网对申请人/发明人进行追踪，并未获得有效对比文件。同时发现除了曹永宏之外的发明人均是吴建民的硕士学生，而曹永宏并无相关文章发表。选择在百度学术中进行追踪，输入"曹永宏＋切割器"，并无检索获得有效对比文件，如图 6-15 所示。

再转入百度网页中对其进行检索，输入"曹永宏＋切割器"进行检索，检索获得一篇文献：《切割器性能试验台的研制》，曹永宏，甘肃农业大学本科毕业论文，百度文库。该篇文献可以评述技术方案的新颖性。

【案例 6-6】一种明胶/粉煤灰复合吸附材料

申请人：甘肃农业大学

发明人：穆畅道；徐永斌；葛黎明；周颖

案情简介

一种明胶/粉煤灰复合吸附材料，其特征在于以明胶为基材，以氨基化改性的粉煤灰为吸附粒子填充剂，通过双醛多糖交联改性制备，其具体制备方法如下：

图 6-15　百度学术检索结果展示

（1）取 1 份在 110~180℃下干燥 3~5 小时的粉煤灰，加入 30~60 份有机溶剂后高速搅拌 5~10 分钟，室温下逐滴加入 0.5~3 份的 γ – 氨丙基三乙氧基硅烷，然后将混合物在 60~90℃下反应 5~10 小时，减压抽滤，之后将滤饼在 100~120℃下烘干并使用球磨机在 200~600r/min 研磨 10~30 分钟，制备得到氨基化改性的粉煤灰；

（2）将明胶溶于去离子水中，得到浓度为 1%~10% 的明胶溶液，之后在高速搅拌下加入占明胶干重 1%~20% 的氨基化改性的粉煤灰，40℃条件下搅拌 1~2 小时，然后加入占明胶干重 1%~10% 的交联剂，继续在 40℃条件下搅拌 0.5~2 小时，然后将混合液倒入模具中在室温下静置 1~3 小时，最后冷冻干燥得到明胶 / 粉煤灰复合吸附材料。

检索过程

在中国知网对发明人进行追踪，并未获得有效对比文件。参见图 6-16。

采用百度学术进行发明人追踪，均未获得相关有效对比文件。后续选择在百度中输入发明人"穆畅道"，获得有效文献：《氨基蒙脱土改性明胶基生物纳米复合材料的研究》，葛黎明等，中国科技论文在线，第 1~8 页。该篇文献可以评述技术方案的创造性。

检索分析

对于高校申请追踪申请人 / 发明人时，若在中国知网、万方数据库检索

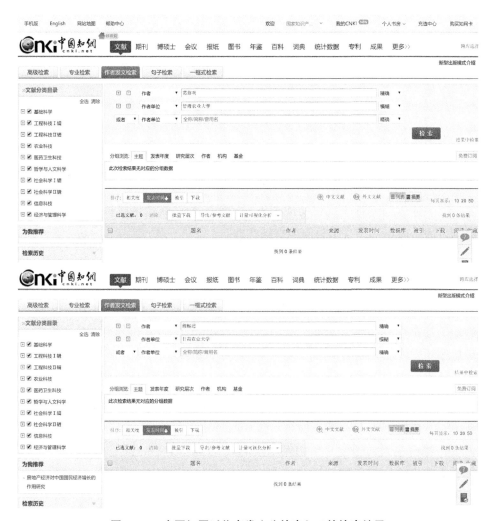

图 6-16　中国知网以作者发文为检索入口的检索结果

未获得有效对比文件，还应该注意在百度或其他数据库中进行检索，因为中国知网、万方主要收录的是硕博论文和中文文献，而高校申请中也存在大量的毕业设计文献，这些并未收录在上述数据库中，因此，应注意根据实际情形选择合适的数据库进行检索，以免造成可用对比文件的遗漏。如发明人为国内学者，建议优先选择百度搜索引擎进行检索，若是发明人为国外学者，建议优先选择 Google 搜索引擎。例如案例 6-6，通过百度搜索可以检索到未被中国知网等收录的文章。

6.3.4 Google 学术申请人 / 发明人追踪

【案例 6-6】一种自学习的涉及多语言数据处理分类方法

申请人：中国科学院计算技术研究所

发明人：程学旗；林政；张瑾；谭松波；徐学可

案情简介

一种自学习的涉及多语言数据处理分类方法，其特征在于，包括如下步骤：

（1）通过第一种子词中文或者外文"很"抽取候选情感词，然后进行停用词过滤，停用词表从语料库中自动获取；

（2）通过第二种子词"好"和第三种子词"差"或者外文"好""差"对情感词和情感文本同时进行支持或反对聚类；

（3）通过半监督学习构建情感分类器，先从步骤（2）聚类的结果中挑选确信的样本训练初始分类器，然后融合文本的情感得分和分类器的后验概率来挑选新样本加入训练集。

检索过程

首先在中文期刊中对申请人、发明人进行追踪检索，未找到在先发表的文献，于是转入外文数据库检索，在 Google 中进行检索，发现检索文献结果太多，噪声很大，因此，采用发明人的邮箱 linzheng@ict.ac.cn 来检索，结果只有 4 篇文章，第 1 篇即是对比文件，破坏技术方案的新颖性，检索结果参见图 6-17。

检索分析

在对发明人进行追踪时，由于部分发明人发表文献量很大，为了快速命中文献，也可以尝试采用发明人邮箱地址进行追踪，可能会取得意想不到的技术效果。

【案例 6-7】一种可整合及优化交通工具路线的云端伺服服务系统

申请人：微星科技股份有限公司

发明人：黄金辉

案情简介

一种可整合及优化交通工具路线的云端伺服服务系统，其特征在于，包括：

一总云端伺服中心，其具有至少一个第一服务器，该第一服务器可经由

Language-independent sentiment classification using three common words

Z Lin, S Tan, X Cheng - Proceedings of the 20th ACM international …, 2011 - dl.acm.org

Page 1. Language-independent Sentiment Classification Using Three Common Words Zheng Lin Institute of Computing Technology, Chinese Academy of Sciences Beijing, China 100080 +86-13718850926 linzheng@ict.ac.cn …

☆　被引用次数：10　相关文章　≫

Towards jointly extracting aspects and aspect-specific sentiment knowledge

X Xu, S Tan, Y Liu, X Cheng, Z Lin - Proceedings of the 21st ACM …, 2012 - dl.acm.org

… 1. Institute of Computing Technology, Chinese Academy of Sciences, Beijing, China 2. Graduate School of Chinese Academy of Sciences, Beijing, China {xuxueke, tansongbo}@software.ict.ac.cn, {cxq, liuyue, linzheng }@ict.ac.cn …

☆　被引用次数：21　相关文章　≫

Find me opinion sources in blogosphere: a unified framework for opinionated blog feed retrieval　　　　　　　　　[PDF] 15

X Xu, S Tan, Y Liu, X Cheng, Z Lin, J Guo - Proceedings of the fifth ACM …, 2012 - dl.acm.org

… Zheng Lin1,2, Jiafeng Guo1 1. Institute of Computing Technology, Chinese Academy of Sciences, Beijing, China 2. Graduate School of Chinese Academy of Sciences, Beijing, China {xuxueke, tansongbo}@software.ict.ac.cn, {cxq, liuyue, guojiafeng, linzheng }@ict.ac.cn …

☆　被引用次数：7　相关文章　≫

[HTML] Cross-language opinion lexicon extraction using mutual-reinforcement label propagation　　　　　　　　　[HTML] p

Z Lin, S Tan, Y Liu, X Cheng, X Xu - PloS one, 2013 - journals.plos.org

… Open Access. Peer-reviewed. Research Article. Cross-Language Opinion Lexicon Extraction Using Mutual-Reinforcement Label Propagation. Zheng Lin , * E-mail: linzheng@ict.ac.cn. Affiliation Institute of Computing Technology, Chinese Academy of Sciences, Beijing, China …

☆　被引用次数：3　相关文章　≫

图 6-17　Google 英文数据库检索结果

一因特网连接至一交通载具营运公司的一售票／交通载具派遣服务器，该售票／交通载具派遣服务器可记载乘客的个人资料及／或交通载具派遣资料；

　　至少一地区云端伺服中心，经由该因特网耦接至该总云端伺服中心，其具有至少一第二服务器，以及至少一区域云端服务器，置于一交通载具上，可经由该因特网耦接至该地区云端伺服中心及该总云端伺服中心，其上进一步具有一卡片阅读机及一路由器，这一卡片阅读机可经由该因特网预载储存售票／交通载具派遣服务器上的乘客个人资料，该交通载具上进一步具有：

　　一管理集线器，可经由该因特网耦接至该区域云端服务器；

　　一随选视频服务器，耦接至该管理集线器，可根据用户的选择播放一视讯节目，以及至少一显示器，置于一座椅上且耦接至该管理集线器及该随选视频服务器，可供播放该视讯节目及显示从该卡片阅读机下载该乘客的个人资料。

检索过程

通过查看该申请的案件信息，注意到该申请的申请人信息修改过一次，从微捷科技股份有限公司变为微星科技股份有限公司，微星（MSI）是一个比较出名的笔记本电脑生产厂商，但是不太了解车载娱乐设施相关的产品，所以先在百度中查询了一下微星和车载系统，发现它们确实有一个车载产品系统，名称叫作 Funtoro，但是还没有进入国内市场，信息较少。

转入 Google 中搜索 MSI 和相关产品，发现了他们在欧洲已经有成熟的车载系统产品，官网中公布了很多信息和本申请一致，但是已无法查询到可靠的公布时间。继续在 Google 中搜索 Funtoro，在一个第三方的 PPT 分享网站 SlideShare 上发现了一份技术宣讲文档，里面公开了很多本申请的技术特征，而且该网站有明确的发布日期，在本案之前。即可以采用此文档进行评述。

6.4　总结

虽然随着我国专利知识的普及，申请人对发明专利制度的了解逐步加深，我国科研工作者对知识产权保护的重视程度有所提高，近几年来大部分申请人都更加注重对科研成果在发表文章前先进行专利申请，这样就可避免发生自己在先发表文章直接公开专利申请的内容，从而导致专利权的丧失。但这并不意味着申请人/发明人追踪检索就失去了意义，只不过现有阶段的申请人/发明人追踪检索，通常是从常用的、简单的检索方法开始，即直接对申请人、发明人信息进行检索，经过阅读上述获得的检索结果，提取有用的中间信息，来丰富检索信息和拓宽检索思路。若简单追踪未获得合适结果时，应积极挖掘申请人/发明人的相关信息，如地址、导师、合作对象、研发经历以及个人主页等，或者与这些申请人/发明人具有某种共性的文献或信息，例如相同单位、相同课题组、相同行业、竞争对手等信息，以便拓宽检索路径。

另外，在非专利库对申请人/发明人进行追踪检索时，不同的数据库和搜索引擎获得的检索结果存在差异。例如，对申请人、发明人的学术背景不了解时，为了对其进行简单了解，可以选用搜索引擎进行简单检索，而目前搜索引擎主要有百度和谷歌，谷歌的相关度排序更优，百度的中文索引量更大。因此，针对国内信息，或者说目标文献极大可能是中文文献的话，优选使用百度检索，而对于其他国家或全球信息，或者说目标文献极大可能是外文文献时，优选谷歌。另外，采用数据库进行申请人、发明人追踪时，若在中文数据库追踪时，优选中国知网；在英文数据库追踪时，优选 Web of Science 数据库。但在上述数据库中未检索获得有效对比文件时，还需要用其他数据库进行补充检索。

第7章　要素拓展检索

实际检索中，在确定基本检索要素后，还涉及检索要素的表达，通常采用扩展关键词或分类号的方式进行表达，但是实际扩展中往往由于扩展的准确性较差，容易引入较多的噪声，从而给准确检索增加了难度。本章从要素拓展的角度，介绍几种要素拓展的方式及使用技巧，为高效、准确地检索，提供一定的参考。

7.1　涉及技术效果的检索

7.1.1　技术效果概述

发明有显著的进步，是指发明与现有技术相比能够产生有益的技术效果。而在专利审查中，不仅需要考虑发明的技术方案本身，还要考虑发明所属技术领域、所解决的技术问题和产生的技术效果，将发明作为一个整体看待。虽然发明的保护范围以其权利要求的内容为准，发明的创造性审查也是针对权利要求所要求保护的技术方案，但是发明专利申请的创造性审查始终围绕其说明书中所记载的技术问题和技术效果这一创造性判断标准。

在创造性判断过程中，考虑发明的技术效果有利于正确评价发明的创造性。而专利文献的说明书通常要求包括发明名称、技术领域、背景技术、发明内容、附图说明和具体实施方式。其中，发明内容部分明确要求应当写明要解决的技术问题、技术方案、有益效果。而有益效果则是指由构成发明的技术方案直接带来的，或由所述技术方案必然产生的技术效果，是对现有技术进行改进并解决了现有技术的缺陷后所能带来的好处。可见，技术效果是实施技术方案的结果，能从整体上体现技术方案的基本构思。在检索前深入剖析权利要求所要求保护的技术方案中的技术特征与发明内容中记载的技术效果之间的联系，也有利于整体理解发明构思。

7.1.2　技术效果检索技巧

检索的主要目的在于找出与申请的主题密切相关的现有技术中的对比文件。其中，现有技术包括专利文献和非专利文献。检索要求主要针对申请的权利要求书所限定的技术方案进行，并考虑说明书和附图的内容，在此基础上确定反映技术方案的检索要素。检索要素要求是能够体现技术方案的基本构思的可检索的要素。因此，检索中除了需要考虑权利要求中能反映技术方案的检索要素，同时需要考虑说明书内容中能反映技术方案的检索要素。技术效果虽然往往都不会记载在权利要求书中而是记载在说明书中，但它能够从整体上体现技术方案的基本构思，因此它是确定检索要素时需要考虑的，是满足检索要求的一个重要因素。

从技术效果入手进行检索，能大幅提高检索效率。如果仅从区别技术特征出发去检索，可能能够检索到很多包含该区别技术特征的文献，但该区别技术特征在这些文献中所解决的技术问题或达到的技术效果不一定与申请专利中的相同。检索中必须进一步核实，只有确认相同后才能做出具有结合启示的判断。从检索结果筛选的角度来看，此时首先需要从大量的检索结果中筛选出包含该区别技术特征的检索结果，然后从这些包含该区别技术特征的检索结果中二次筛选出达到相同技术效果的检索结果，筛选工作量和难度明显较大，容易漏检。通过"技术效果"检索到的结果，由于已经限定了相同的技术效果，因此只需要筛选出包含该区别技术特征的结果即可，筛选的工作量和难度明显降低，能提高检索的效率。

7.1.3　技术效果检索实例

根据上述对技术效果的分析可知，可采用技术效果进行检索的情形主要包括技术效果体现发明点和技术效果未体现发明点两类。

7.1.3.1　技术效果体现发明点

发明点的确定来自两个方面。一个是申请人声称的，另一个是本领域技术人员在确定了最接近的现有技术以及与最接近的现有技术的区别技术特征后重新确定的。体现这两类发明点的技术特征所带来的技术效果都是检索中可能用到的。因此技术效果体现发明点主要包括技术效果在说明书中有明确记载、技术效果在说明书中没有明确记载的情形。

（1）技术效果在说明书中有明确记载。

要从技术效果直接入手进行检索，首先得有明确的技术效果的记载。对于专利文献而言，技术效果一般记载在发明内容和具体实施例中。

【案例 7-1】一种高速公路风能发电装置

案情简介

一种高速公路风能发电装置，包括风能发电装置的风轮组件，发电机组件，电控组件和电能计量组件，所述的风能发电装置的风轮组件、发电机组件和电控组件是安装在高速公路的护栏上的。

该案针对能源紧缺问题，提供一种应用于高速公路护栏上的风能发电装置，能充分利用高速公路的有效空间，同时能合理利用可再生能源。

基本构思及检索要素分析

该案基本构思在于将风能发电装置中的风轮组件、发电机组件和电控组件安装在高速公路护栏上。

因此，从技术主题及对现有技术改进的角度确定两个基本检索要素"风能发电"及"护栏"，针对第一个检索要素"风能发电"，其 IPC 分类号主要为 F03D 9/00，关键词主要有风能、风力、发电等；针对第二个检索要素，关键词主要有公路、护栏、栅栏等。该案给出的两个 IPC 分类号为 F03D 9/00 及 H02J 7/00。

检索过程

首先利用第一个检索要素的分类号及第二个检索要素的关键词相"与"检索，考虑到检索结果较多，不太适合全部浏览，因此进一步考虑用风力发电装置的结构特征如风轮、叶轮、电控等词进行限定。

IPC=F03D 9/00 and 关键词 =（公路 s（护栏 or 栅栏））and 关键词 =（（风轮 or 叶轮）and 电控）

由上述检索式得到一篇比较相关的 A 类文献 CN201092932Y，其公开了该技术方案中的大部分特征，但是没有公开"电能计量组件"。

再次考虑该案的发明目的，说明书中明确记载了"解决高速公路服务区内再生电能的供给问题，为电动汽车补充能量提供了保障"，可见该案已明确记载了技术效果，即保障电动汽车能量补充。因此，可将检索重点放在技术效果上，总结出"充电""供电""提供能量"等类似关键词。

IPC=F03D 9/00 and 关键词 =（公路 s（护栏 or 栅栏））and 关键词 =（充电 or 供电 or 提供能量）

由上述检索式获得公开了该申请技术方案全部特征的文献 CN101680421A，其同族专利 WO2008079369 A2 构成了对比文件。

【案例 7-2】一种水平轴风力发动机

案情简介

一种水平轴风力发动机，其包括多个均匀的基于对数螺旋形的承载元件的径向转子，该承载元件均匀地分布在圆形平面中，其中转子的轴刚性固定在水平轴的轮毂中，每个径向转子沿着两个端平面装备有相同的对称排放喷嘴，以便当径向转子绕水平轴旋转时，能够在空间内恒定再定位的过程中使风流与径向转子的结构之间稳定地相互作用。

基本构思及检索要素分析

该案基本构思在于将每个径向转子沿着两个端平面装置设置相同的对称排放喷嘴，从而使能在各式各样风速下高效地把动能转变成机械能。

从技术主题确定第一个检索要素"水平轴风力发动机"，其相应的分类号为 F03D 1/00；从对现有技术改进的角度确定第二个检索要素"径向转子"、第三个检索要素"螺旋"以及第四个检索要素"对称排放喷嘴"。检索要素表达如表 7-1 所示。

表 7-1　案例 7-2 检索要素表达

检索要素表达形式		水平轴风力发动机	径向转子	螺旋	对称排放喷嘴
分类号	IPC	F03D 1/00	F03D 1/02, 1/06		F03D 1/04
关键词	中文	水平，风	径向，转子	螺旋	对称，喷嘴，导风
	英文	wind	rotor，radial	helix	symmetr+，nozzle，guid+

检索过程

利用上述检索要素的相关表达进行常规检索，未能检索到有效对比文件。考虑该案要解决的技术问题和能达到的技术效果，说明书中明确记载了该案要达到的技术效果是"能在各式各样风速下高效地把动能转变成机械能"，也就是说，所述的风力发动机可以适应较宽的风速范围，提高对风能的利用率。因此，在检索时，从技术方案能够达到的技术效果出发，根据该技术效果扩展关键词至高、低、大范围、各种、各样等，将上述关键词与风速、速度通过同在算符进行如下表达，并构造如下检索式：

IPC=F03D 1/00 and 关键词＝（（高 or 低 or 大范围 or 各种 or 各样）s（风

速 or 速度 or 风力))and 关键词 = 螺旋

通过上述检索式检索到一篇可以评述全部权利要求新颖性的对比文件 CN1846056A，其公开了一种风力发电装置，从低风速区到高风速区均能够高效率发电。

小结

从上面检索实例可以看出，当体现发明的技术效果有明确记载时，可利用技术效果进行检索，检索准确且检索文献少，从而提高检索效率。

（2）技术效果在说明书中没有明确记载。

技术效果一般需要记载在发明内容和具体实例中，但申请人或者代理师在撰写专利申请时，通常由于某种客观原因导致说明书不能详尽记载方案所能达到的技术效果。对此，检索时通常需要基于对方案本身的理解，重新梳理方案中拟要解决的技术问题及所能达到的技术效果，再进行检索。

【案例 7-3】一种图像处理方法

案情简介

一种图像处理方法，包括图像曝光调整处理方法，该图像曝光调整处理方法包括如下步骤：

①在视频数据的曝光测算区域获取视频数据的亮度平均值；

②亮度平均值与模式亮度平均值进行比较，如亮度平均值小于模式亮度平均值，那么增加曝光参数，并执行步骤③；如亮度平均值大于模式亮度平均值，那么减少曝光参数，并执行步骤③；如亮度平均值与模式亮度平均值相同，那么不更改曝光参数；

③将更改后的曝光参数传输至图像传感器。

该图像处理方法还包括图像色彩拉升方法，该图像色彩拉升方法与曝光调整处理方法在同一帧内完成。在图像色彩拉升方法中包括如下步骤：

①统计图像的各个像素点值的范围，判断整幅图像的亮暗分布情况；

②根据整幅图像的亮暗分布情况选择图像色彩拉升的比例。

基本构思及检索要素分析

该案的发明点在于图像曝光调整处理方法，通过将亮度平均值与模式亮度平均值进行比较，来确定是否改变曝光参数，从而大大提升曝光响应的速度，加快摄像机曝光速度。

该案要求保护的技术主题为图像处理方法，因此确定该案的第一个检索要素为"图像处理方法"，扩展分类号为 H04N，扩展关键词为图像、视频等。该案是图像曝光调整处理，因此确定第二个检索要素为"曝光调整"，扩展关键词为"曝光""暴光"等。该案所采用的技术手段是将亮度平均值与模式亮度平均值进行比较，因此确定第三个检索要素为"亮度"，将其关键词扩展为"亮度""灰度""平均值""阈值"等。

检索过程

首先在中国专利检索系统中构建如下检索式进行检索，找到多篇（CN101193211A、CN101247480A 等）公开了通过亮度平均值来进行曝光调整处理的专利文献，但并未公开图像色彩拉升相关特征。

摘要 = ((视频 or 图像)and 曝光 and (亮度 3d 平均值))

考虑到通过亮度来调节曝光参数的自动曝光技术比较多，而论文会写得比较多，公开的细节也会更多，重点检索非专利中的论文，在 CNKI 的博硕士栏中利用主题"曝光"+ 全文"亮度平均值"进行检索，得到 40 条结果，检索到对比文件 1（《高性能数码相机自动曝光算法研究与实现》，梁佳毅，中国优秀硕士学位论文全文数据库，工程科技 Ⅱ 辑，第 3 期，第 C028–59 页，2009 年 3 月 15 日)，但是仍然没有公开图像色彩拉升具体方法的文献（见图 7–1)。

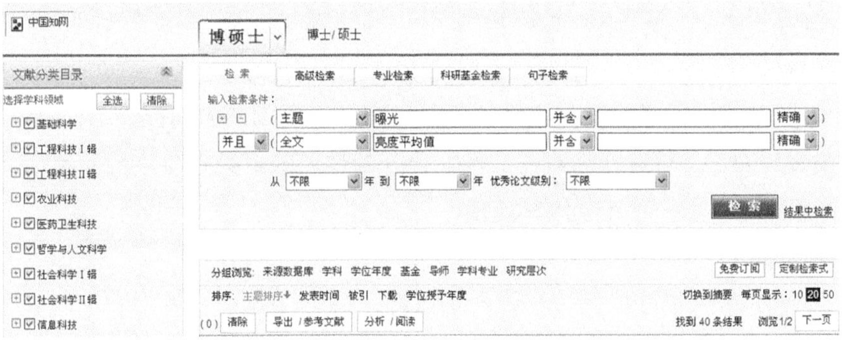

图 7–1 在 CNKI 博硕士栏检索

重新理解该案，图像色彩拉升方法与图像曝光调整处理方法实际是两个独立方法，只是都在同一帧中完成，为了理解图像色彩拉升技术，针对图像色彩拉升进行检索，构建如下检索式：

关键词 = ((颜色 or 色彩)s 拉升)

在 17 条数据中没有找到合适对比文件，直接利用"色彩拉升"检索到的文献量很少，并且内容不是很相关，说明该关键词并不准确，需要进行调整。

对于色彩拉升方法，说明书中对该方法解决的问题描述："现有技术中的高清摄像系统对宽动态（HDR/WDR）的要求越来越高，而目前性价比很好的传感器本身并不具备支持宽动态的能力，所以用户通常会提高获取图像的帧率，比如原先为30Hz，现在用户将帧率提升到60Hz，采用过曝和欠曝来操作两次，然后将两幅图像融合，以达到30Hz的宽动态图像。在静止的摄像目标下，此方案可行，但是如果监控目标在移动，而且移动的速度超过了60Hz的响应速度，那么这种采取两帧融合的宽动态方法将会得到有严重拖影的图像，大大地影响了视频监控质量。为了解决图像拖影严重的问题，本发明的图像处理方法还包括图像色彩拉升方法，该图像色彩拉升方法与曝光调整处理方法在同一帧内完成。"

因此，利用百度对宽动态（HDR/WDR，High-Dynamic Range）进行检索，发现对于宽动态（HDR/WDR）的处理是有色彩映射的过程，但实际是处理了拖影问题后为了适应显示器的调整，而该方法并不是说明书中说的解决图像拖影严重。通过网络资源检索充分理解本发明，站位本领域技术人员，重新确定了该案要解决的技术问题是色彩映射。

基于重新确定的技术问题来调整关键词，利用准确的关键词"色彩映射"来进行检索，考虑到这一步骤，构建如下检索式：

关键词＝（（（颜色 or 色彩）s 映射）and（宽动态 or 高动态 or HDR）and（拖影 or 重影））

通过上述检索式检索到文件"多曝光高动态范围图像捕捉"，其同族文件US2011211732A1可以作为对比文件，公开的色调映射处理与该案一致。

【案例7-4】一种滚动汽车座椅

案情简介

一种滚动汽车座椅，包括：汽车座椅，该汽车座椅具有带有上端和下端的靠背部分以及从所述靠背部分下端向前延伸的座椅部分，所述靠背部分和座椅部分被配置为接收处于乘坐状态的婴儿，其中所述靠背部分包括后表面；手柄组件，该手柄组件操作性地连接到所述靠背部分上，并且没有延伸到高于所述靠背部分上端的缩回构件与延伸到高于所述靠背部分上端的展开构型之间是选择性地可移动的；具有一对间隔开的轮子组件，这些轮子操作性地连接到所述靠背部分上，并且在与所述靠背部分后表面相邻的撤回构型与从所述靠背部分后表面移位的展开构型之间是选择性地可移动的；还包括安装构件，该安装构件可枢转地连接至该汽车座椅的靠背部分上并且操作性地连接至相应轮子上，这样该安装构件的枢转运动使得该轮子在撤回与展开构型之间移动；以及缩回构件，该缩回构件穿过该安装构件伸出和缩回并且进入该手柄组件的通道中。其结构如图 7-2 所示。

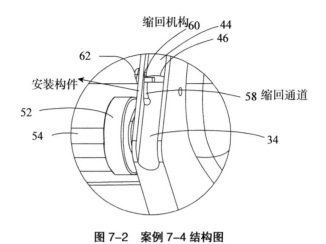

缩回机构60　44
46
62
安装构件
58 缩回通道
52
54
34

图 7-2　案例 7-4 结构图

在某个年龄和 / 或重量以下的儿童需要乘坐在被适当地定位或被绑在车辆座椅上的专用汽车座椅中。但现有的汽车座椅已经变得非常庞大和笨重，在车辆之间搬运或移动是很难或很笨拙的。因此，该方案提供了一种带有辊子或轮子的便于搬运或移到车外或远离车辆的汽车座椅的装置，进一步提供了一种带有延长手柄的汽车座椅，当轮子展开时通过该手柄来拉动或推动汽车座椅，以节省体力。另外，当滚轮完全收回后，能节省空间。

基本构思及检索要素分析

该案的发明构思在于通过设置手柄和缩回构件并通过手柄拉动轮子实现汽车座椅的移动。

从该案发明主题确定第一个检索要素"滚动的汽车座椅"，涉及该技术主题的分类号主要是 B60N 2/32，将其关键词扩展至"座椅""椅"等；将滚动关键词扩展为"滚轮""万向轮""定向轮"等。从该方案对现有技术改进的角度提取第二个检索要素"缩回构件"，在功能上将其关键词扩展至"收缩""缩回""收回"等，在结构上将其表达为"销""槽""通道"等。

检索过程

虽然该案给出的分类号 B60N 2/32/ic 与该案较为贴合，但是其下的文献量较少，未能找到有效对比文件。而分类号"B60N 2/+/ic"车辆座椅下的文献量又太多，给出的文献与"缩回机构"相关性不大。

通过对该案工作原理进行进一步解读，滚轮依靠手柄的拉动来实现缩回，而该案在滚轮完全收回后能达到的另一个技术效果是节省空间，因此考虑将滚轮工作形态进行扩展，将滚轮完全收回后的状态扩展至关键词"隐藏"。

最后，利用滚轮的工作形态的表达"（滚轮 or 万向轮 or 定向轮）s 隐藏"以及缩回构件在结构上的表达"（槽 or 通道）and 销"进行相"与"检索。

关键词 =（（滚轮 or 万向轮 or 定向轮）s 隐藏）and 关键词 =（（槽 or 通道）and 销）

通过上述检索式最终获取对比文件 CN2364727Y，其公开了可收回的滚轮以达到节省空间的技术效果。

小结

从上面检索实例可以看出，当体现发明的技术效果没有明确记载时，需要重新理解该发明，提炼出隐藏在说明书中体现技术效果的关键词进行检索，从而提高检索效率。

7.1.3.2   技术效果未体现发明点

在检索实践中，最常采用的检索策略是利用分类号和从技术方案中提取的关键词及其扩展词结合进行的检索。其中，分类号一般用于限定检索的大范围；关键词则用于限定检索的具体技术方案，一般采用体现发明点的关键词。但对于某些案件，采用准确的分类号及准确的关键词进行检索后，文献量仍然很大，无法进一步阅读；另外，某些关键词，其同义、近义、上位、下位等各种表达众多，对该关键词扩展后涵盖的范围会非常大，检索时也会引入很大的噪声，此时，如果采用技术效果进行检索，可有效减少检索结果数量，从而提升检索效率。

【案例 7-5】一种 M 相二氧化钒的制备方法

案情简介

一种 M 相二氧化钒的制备方法，包括前驱体制备和水热晶化两个步骤，其特征在于，所制备的前驱体不经分离直接进行水热晶化，其中，前驱体的制备方法选自以下任一种：（1）将可溶性钒盐溶于水中，加入还原剂，反应结束后，加热蒸出溶剂，然后加入水，超声分散，得到前驱体分散液；（2）将可溶性钒盐与配位剂一同加入水中，溶解形成配位前驱体。

M 相二氧化钒具有金属 - 绝缘体转变特性，当温度升高到相变温度时，VO_2 将从低温单斜相转变为高温四方相，并且这个相变是可逆的。相变前后，在红外光区，其光学性质发生很大变化，即从红外线透过转变为红外线阻隔。

因此，随着环境温度的改变，由于二氧化钒的薄膜可以对太阳光中的红外线进行调控，故其在智能窗上有很大的用处。

而现有 M 相二氧化钒（VO_2）水热制备体系中，如五氧化二钒（V_2O_5）和草酸体系或以尿素作为沉淀剂的均匀沉淀法（专利 CN103880080A）等，都有气体生成，因此，反应体系的浓度不能太高，否则很难实现大规模工业生产。专利 CN102616849B 中公开了一种液相法直接合成 M 相二氧化钒纳米颗粒的方法，是将五氧化二钒和偏钒酸盐中的一种或两种的混合物倒入蒸馏水中制成悬浊液，然后滴加还原剂，恒温反应得到前体物质，再进行水热处理得到产物。该专利是在酸性条件下进行水热反应，从其 XRD 结果可以判断出所得产品的粒径较大，并不符合纳米产品的小粒径要求，并且，在酸性条件下前驱体非常容易溶解，很难获得目标产品。

由于该案采用的合成方法是水热法，产物在密闭、高温高压环境中结晶，因此，制备的产物具有好的纯的物相、好的结晶、好的分散性粒径分布均匀。制备的样品可以直接超声分散于水中，可以制备成一定浓度的 VO_2 溶胶。该案的水热晶化过程没有气体生成，因此，水热处理的前驱体的固含量可以很高，适合工业化规模生产，可以直接降低生产成本和提高生产效率，以满足实际应用的需求。该案制备的前驱体没有通过洗涤分离，而是直接把溶剂蒸干或者直接把含前驱体的反应液转移到反应釜进行水热晶化，可以减少洗涤中产生的大量的含钒废水，同时避免钒源的损失，而且可以在水热阶段保持前驱体制备过程的反应环境，使整个晶化反应保持在适度碱性环境中进行，这可以制备粒径更小、分布更加均匀的纳米 M 相二氧化钒；并且这种环境制备的纳米二氧化钒可以直接分散在碱性水溶液中，即具有较高的分散性和稳定性。说明书实施例部分进一步记载了得到产物的尺寸在 20nm 左右。

基本构思及检索要素分析

该案的基本构思在于直接把溶剂蒸干或者直接把含前驱体的反应液转移到反应釜进行水热晶化，以使整个晶化反应保持在适度碱性环境中进行，这样可以制备粒径更小、分布更加均匀的纳米 M 相二氧化钒。

从技术主题及对现有技术改进的角度确定检索要素为钒盐、还原剂、水热。将钒盐表达为二氧化钒、VO_2，将还原剂表达为联氨、水合肼、N_2H_4、抗坏血酸、维生素 C、维 C 等，将水热表达为水热和晶化。将上述检索要素在专利库中进行检索，未能检索到合适的对比文件。如图 7-3 所示。

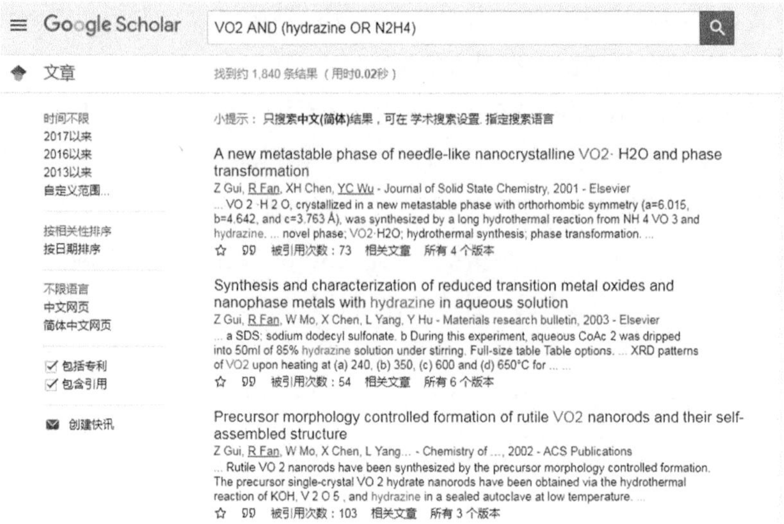

图 7-3　在 Google Scholar 中利用二氧化钒和还原剂联氨进行检索

检索过程

考虑到纳米领域特点，专利数据库文件较少，非专利数据库文件较多，因此，在专利数据库中没有找到对比文件后，直接到非专利数据库进行检索。在谷歌中利用二氧化钒和还原剂联氨进行检索，得到的结果为 1840 篇，噪声较大，对比文件的筛选较困难，分析原因在于：该案的技术方案仅含有钒源和还原剂，不含有其他物质，检索过程中不可避免会导致噪声很大；此外，加入还原剂后不进行前驱体的过滤处理，而是直接蒸发溶剂进行水热处理，该案的发明构思难以用关键词进行表达，也造成了检索过程中的噪声很大。

考虑是 M 相的二氧化钒，因此，再对检索式进行调整（见图 7-4）。

检索结果仍然很大，且浏览文献发现，文献中要么记载还含有其他物质进行反应，要么记载前驱体需要洗涤分离处理，都不能作为该申请的对比文件。

重新梳理该案，发现最终制备得到的 M 相二氧化钒，尺寸非常小，在 20nm 左右，具有很好的分散性，能够形成稳定的溶胶，在碱性环境中能够直接分散。基于对本领域的了解，粒径尺寸小、分散性高、能够在碱性环境下使用，是二氧化钒纳米材料作为光热致变色玻璃膜需要的性能，因为二氧化钒材料对红外光具有很好的感应性，而日常玻璃受到可见光的照射，所以一般而言，二氧化钒不会单独作为薄膜贴在玻璃上，会选择与对可见光波长感应的其他材料复合杂化形成复合膜。该案的二氧化钒具有上述好的效果，虽

图 7-4 调整检索式后的 Google Scholar 检索结果

然发明构思不能用关键词进行精准表达，但可以考虑用该案达到的技术效果进行检索（见图 7-5）。

加入了复合膜和光热致变色关键词，很快将文献缩小到 50 篇，且第 4 篇就是用于评价该申请创造性的文献（见图 7-6）。

【案例 7-6】一种封闭式压缩机阀门装置

案情简介

一种封闭式压缩机阀门装置，密封容器的上方设有排气管，其内上部固定有驱动电机，其内下部固定有气缸，气缸处设置有一吸入口出管道连通至

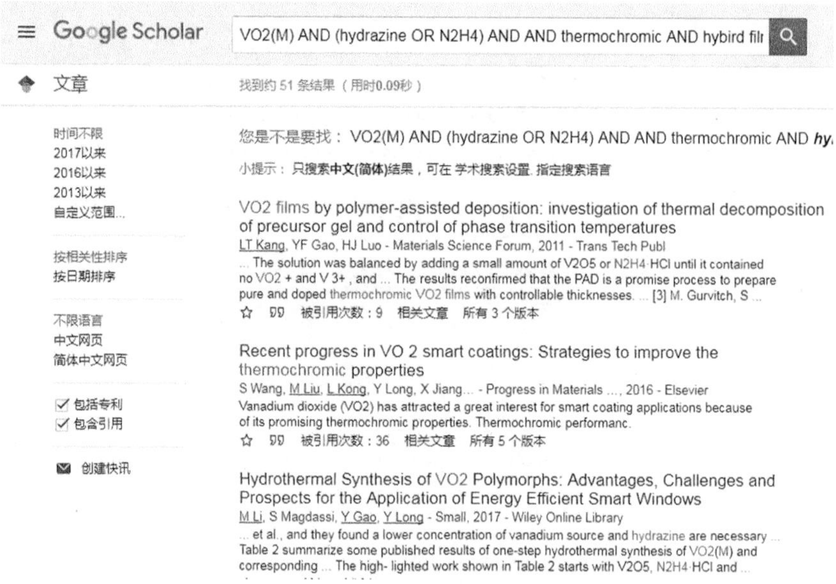

≡ Google Scholar ｜ VO2(M) AND (hydrazine OR N2H4) AND AND thermochromic AND hybird fil 🔍

♦ 文章

找到约 51 条结果（用时0.09秒）

时间不限
2017以来
2016以来
2013以来
自定义范围...

按相关性排序
按日期排序

不限语言
中文网页
简体中文网页

☑ 包括专利
☑ 包含引用

✉ 创建快讯

您是不是要找：VO2(M) AND (hydrazine OR N2H4) AND AND thermochromic AND *hy...*

小提示：只搜索中文(简体)结果，可在 学术搜索设置 指定搜索语言

VO2 films by polymer-assisted deposition: investigation of thermal decomposition of precursor gel and control of phase transition temperatures
LT Kang, YF Gao, HJ Luo - Materials Science Forum, 2011 - Trans Tech Publ
... The solution was balanced by adding a small amount of V2O5 or N2H4·HCl until it contained no VO2 + and V 3+ , and ... The results reconfirmed that the PAD is a promise process to prepare pure and doped thermochromic VO2 films with controllable thicknesses. ... [3] M. Gurvitch, S ...
☆ 〃 被引用次数：9 相关文章 所有 3 个版本

Recent progress in VO 2 smart coatings: Strategies to improve the thermochromic properties
S Wang, M Liu, L Kong, Y Long, X Jiang ... - Progress in Materials ..., 2016 - Elsevier
Vanadium dioxide (VO2) has attracted a great interest for smart coating applications because of its promising thermochromic properties. Thermochromic performanc.
☆ 〃 被引用次数：36 相关文章 所有 5 个版本

Hydrothermal Synthesis of VO2 Polymorphs: Advantages, Challenges and Prospects for the Application of Energy Efficient Smart Windows
M Li, S Magdassi, Y Gao, Y Long - Small, 2017 - Wiley Online Library
... et al., and they found a lower concentration of vanadium source and hydrazine are necessary ... Table 2 summarize some published results of one-step hydrothermal synthesis of VO2(M) and corresponding ... The high- lighted work shown in Table 2 starts with V2O5, N2H4·HCl and ...

图 7-5　结合技术效果调整检索式检索

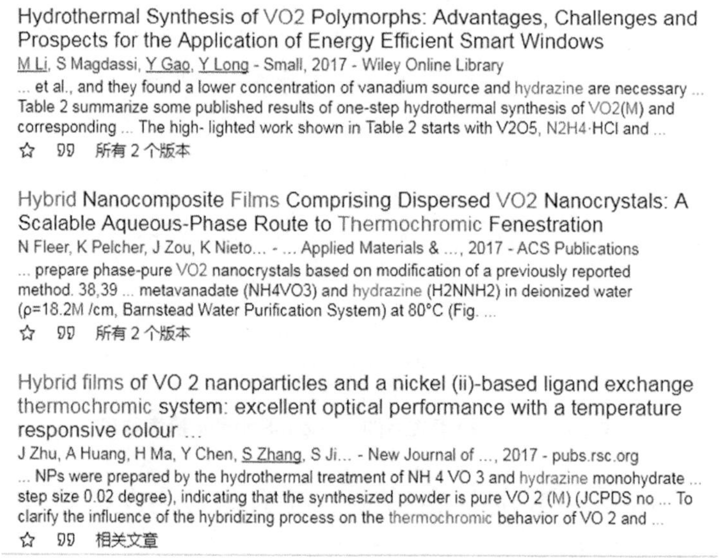

Hydrothermal Synthesis of VO2 Polymorphs: Advantages, Challenges and Prospects for the Application of Energy Efficient Smart Windows
M Li, S Magdassi, Y Gao, Y Long - Small, 2017 - Wiley Online Library
... et al., and they found a lower concentration of vanadium source and hydrazine are necessary ... Table 2 summarize some published results of one-step hydrothermal synthesis of VO2(M) and corresponding ... The high- lighted work shown in Table 2 starts with V2O5, N2H4·HCl and ...
☆ 〃 所有 2 个版本

Hybrid Nanocomposite Films Comprising Dispersed VO2 Nanocrystals: A Scalable Aqueous-Phase Route to Thermochromic Fenestration
N Fleer, K Pelcher, J Zou, K Nieto... - ... Applied Materials & ..., 2017 - ACS Publications
... prepare phase-pure VO2 nanocrystals based on modification of a previously reported method. 38,39 ... metavanadate (NH4VO3) and hydrazine (H2NNH2) in deionized water (ρ=18.2M /cm, Barnstead Water Purification System) at 80°C (Fig. ...
☆ 〃 所有 2 个版本

Hybrid films of VO 2 nanoparticles and a nickel (ii)-based ligand exchange thermochromic system: excellent optical performance with a temperature responsive colour ...
J Zhu, A Huang, H Ma, Y Chen, S Zhang, S Ji... - New Journal of ..., 2017 - pubs.rsc.org
... NPs were prepared by the hydrothermal treatment of NH 4 VO 3 and hydrazine monohydrate ... step size 0.02 degree), indicating that the synthesized powder is pure VO 2 (M) (JCPDS no ... To clarify the influence of the hybridizing process on the thermochromic behavior of VO 2 and ...
☆ 〃 相关文章

图 7-6　案例 7-5 最终检索结果（部分）

贮液罐；驱动电机的主轴下端设置有偏心轴，偏心轴外设置有滚动活塞；在气缸与主轴滚动活塞的上、下部分分别设置有上轴承和下轴承，上轴承上设置有一排气孔并设置有消音器，主轴在其指定部位设置有一开关板。

基本构思及检索要素分析

该案要求保护一种回转式压缩机阀门装置，根据保护主题，确定第一

个检索要素为"回转式压缩机",将其分类号表达为 F04C 29/06,其表示压缩机阀装置;将其关键词表达为"压缩机""compressor"等。该案涉及防止阀门运动时发出冲击噪声的封闭式回转式压缩机阀门装置。其所要解决的技术问题是现有技术中,排出制冷气时,因阀门的开启和关闭而使垫片和上轴承之间产生冲击噪声,而且排气机构的体积也影响到压缩机的压缩效率的提高。因此根据方案改进点确定第二个检索要素为"阀",将其关键词扩展为"阀""valve"等;第三个检索要素为"轴",将其关键词扩展为"轴""shaft?"。

检索过程

利用上述检索要素进行检索,首先利用第一个检索要素分类号及第二个检索要素的中文关键词进行检索,在中文数据库中未能找到对比文件。考虑到回转压缩机相关技术在日本和韩国具有一定优势,因此考虑检索外文文献。利用三个检索要素的关键词,构建如下检索式在中国检索系统中进行检索:

摘要 =(compressor and valve and shaft and rotat+)and 公开国家 / 地区 / 组织 =(JP OR KR)

检索结果仍然有 1112 篇,无法进一步阅读(见图 7-7)。

图 7-7　利用检索要素关键词的检索结果

考虑到其所要解决的技术问题是降低噪声,因此加入技术效果的词 noise 进行进一步限定。

摘要 =(compressor and valve and shaft and rotat+)and 公开国家 / 地区 / 组

织 =（JP OR KR）and 关键词 =noise

从 1112 篇文献中得到了 110 篇相关文献，从而检索到有效对比文件 KR2001-0081324A，其公开了该案的发明构思。

小结

从上述检索实例可知，当采用准确分类号及关键词进行检索的文献量很大时，可以采用技术效果进行检索，可有效降低检索结果数量，从而提升检索效率。

7.2　涉及应用场景的检索

专利检索过程中针对领域检索是非常重要的，根据《专利审查指南 2010》的规定，发明专利或者实用新型专利的技术领域应当是要求保护的发明或者实用新型技术方案所属或者直接应用的具体技术领域，而不是上位的或者相邻的技术领域，也不是发明或者实用新型本身。但是有时技术领域对于某一技术方案来说范围较大，不便于直接体现专利方案的基本构思，此时就需要结合技术场景进行检索，更有助于提高检索效能。例如对于与泄漏测试相关的某一技术方案，泄漏测试是该技术所属的技术领域，而该测试的对象就属于直接应用场景，由于泄漏测试的对象可以是航天器、工业产品，也可以是生活中的箱包、电池等，检索的范围较大，此时结合与该方案相关的应用场景进行检索，可以预期检索到的目标文献与待检索的技术方案的应用场景相同，那么其公开待检索的技术方案、技术特征的可能性会更大，此时可以大大减少检索噪声，提高检索效能。

下面结合几个实际案例来阐述常见的应用场景的检索，以及相应的检索注意事项。

针对专利的某一方案进行检索时，该方案不能直接体现应用场景，此时针对该方案的手段进行检索，检索效率较低。通常说明书中会对该方案进行详细说明，此时就会记载该方案的应用场景，结合说明书中记载的场景进行检索，可以提高检索效率。

【案例 7-7】一种遥控方法

案情简介

一种方法，包括：

提供遥控单元来允许用户在离电子设备某一距离时将控制信号发送至所述电子设备；以及通过所述遥控单元检测所述用户的生物统计特征。

该方案要解决的技术问题：目前，许多家庭拥有个人录像机和有线电视机顶盒之类的消费电子设备。其他逐渐变得流行或者预期将被引入以供消费者使用的设备包括所谓的"媒体中心"，该类设备以集中的方式允许用户控制各种信息和娱乐源或先进的数字电视。与所有消费设备相关的一个设计问题是有关设备使用的简易性和方便性。在两个或更多用户共享使用电子设备的家庭中，各个用户的需求和愿望可能彼此不同，甚至可能发生冲突。这样便导致了尚未得到良好解决的设计方面的挑战。

该方案为了解决上述问题，采用了在向共享电子设备发生控制信号时，通过遥控单元检测用户的生物统计特征，以此来判断是谁在控制电子设备，从而控制共享电子设备作出相应响应的方法。

确定及表达检索要素

检索之前首先要确定检索要素，根据前面给出的确定检索要素的方法，根据待检索的技术方案，可以确定待检索的要素为：遥控单元和检测用于生物统计特征，之后进行关键词扩展和表达，遥控可以表达为远程控制、远程监控等，检测用于生物统计特征可以表达为生物特征，更具体为指纹、声音、瞳孔等。

构建检索式

采用上述的关键词构建检索式并进行检索。

检索式 1：（遥控 or 远程控制 or 远程监控）and 生物特征

检索式如图 7-8 所示。

（遥控 or 远程控制 or 远程监控）and 生物特征　　　　检索

图 7-8　检索式 1

检索结果如图 7-9 所示。

	申请号	申请日	公开(公告)号	公开(公告)日	发明名称	申请(专利权)人	操作
	CN201910436838.8	2019.05.24	CN110110707A	2019.08.09	人工智能CNN、LSTM...	苏州闪驰数控系统集...	
	CN201910391581.9	2019.05.10	CN110260480A	2019.09.20	室内新风控制方法、控...	珠海格力电器股份有...	
	CN201910249369.9	2019.03.29	CN110174024A	2019.08.27	便携式武器的安全控制...	宋九宏;	
	CN201910060375.X	2019.01.22	CN109623843A	2019.04.16	基于云计算智能决策算...	重庆众兄共创科技有...	
	CN201910052445.7	2019.01.21	CN109760631A	2019.05.17	一种基于生物识别的汽...	王晓莉;	
	CN201920093077.6	2019.01.18	CN209312116U	2019.08.27	一种自供电智能门锁、...	深圳市唯联联科技有...	

图 7-9　检索式 1 的检索结果

检索式 2：（遥控 or 远程控制 or 远程监控）and（指纹 or 声音 or 瞳孔）
检索式如图 7-10 所示。

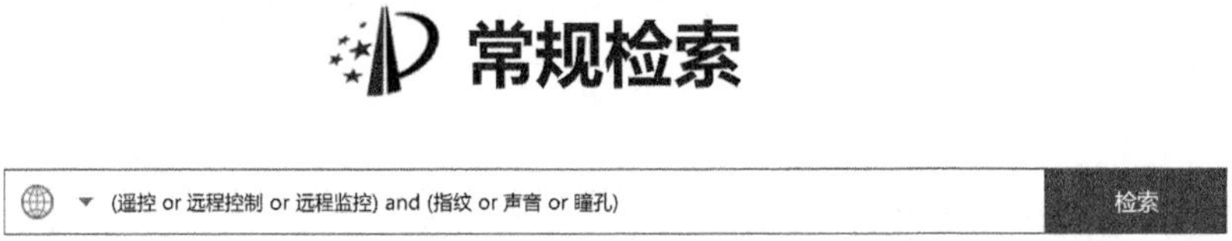

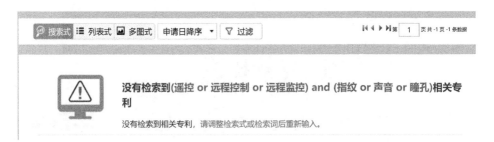

图 7-10　检索式 2

检索结果如图 7-11 所示。

图 7-11　检索式 2 的检索结果

检索结果分析

从上述检索过程可以看出直接采用生物特征这一关键词进行检索，检索结果数量较大，因此筛选难度较大，不易筛选出目标文献；而采用生物特征的下位概念进行检索，没有相关的检索结果，说明上述两种检索式均不是最优检索，需要调整检索策略。

检索策略调整

经过分析可以发现，该待检索方案中遥控单元、电子设备、生物特征等关键词都是相关领域常用的关键词，仅采用上述关键词进行检索，无法准确地体现方案的构思，因此，需要考虑从其他角度进行检索。

经过阅读待检索文献可以发现，具体实施方式部分记载了该方案的应用场景为电视，通过将用户生物特征统计数据传输至数字电视以向数字电视指明用户身份，从而使数字电视能够根据该用户的身份作出正确的响应。那么可以考虑在检索过程中加入应用场景进行检索可以缩小检索范围和检索数据量，便于高效检索，具体检索式 3 为："电视 and 生物特征"，检索式和检索结果如图 7–12、图 7–13 所示。

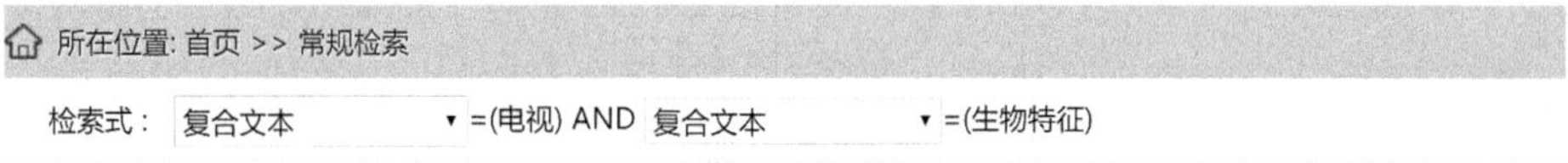

图 7–12　检索式 3

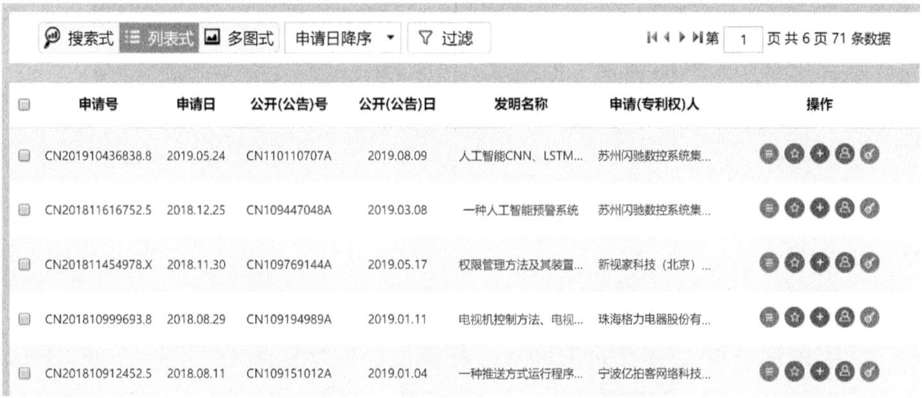

图 7–13　检索式 3 的检索结果

从上述结果可以看出直接采用应用场景电视进行检索，数据量减少了一半，并且查看对比文件的发明名称，包括有电视控制方法、基于生物特征识别的电视互动方法等，仅从发明名称可以确定这些对比文件与待检索的技术方案高度相关，说明增加应用场景类的关键词能够有效地划定目标文献的区域，快速获取相关文献。

具体检索结果例如专利 CN109194989A 公开了一种电视机控制方法、电视机遥控器和电视机，其中摘要部分明确公开了采集用户的生物特征信息，根据生物用户特征信息，确定用户观看权限信息，将观看信息发送给电视机，以使电视机根据权限控制用户可观看的电视节目。专利 CN106848419A 公开了一种基于生物特征识别的电视互动方法，其中摘要部分明确公开了通过人脸识别或语音识别获取用户的生物特征信息，将获取的生物特征信息与媒体数据库中存储的明星进行匹配，将匹配度最高的明星的相关视频进行播放，直观地给用户展示智能电视携带的独特功能，提升智能电视和用户的互动效果。可见增加应用场景类的关键词可以提高检索效能。

小结

对于电子设备自动控制或者通信领域相关的发明，为了获得较大的保护范围，其技术方案一般不会写具体的应用场景，且方案本身也是由第一控制单元、第二控制单元，或者电子设备、终端、第一通信模块、第二通信模块这种功能模块进行描述，在检索这类型的案件时，由于控制单元、通信模块这类关键词并不能体现具体的检索要素，并且在检索时噪声较大，因此，需要加入应用场景以降低噪声，提高检索效能。

通常，专利会在技术方案中明确记载应用场景，但是对该场景进行检索时文献量较少，可能是由于该场景本身相关的文献较少，此时需要对场景进行扩展，寻找相关应用场景。

【案例 7-8】一种基于音频分析的乘务员呼唤应答检测方法

案情简介

一种基于音频分析的乘务员呼唤应答检测方法，其特征在于，该方法包括如下步骤：

（1）根据 LKJ 运行记录文件，获取需要乘务员进行呼唤应答的时间点；

（2）根据步骤（1）中的时间点，对乘务员行车录音文件中各时间点对应的设定时长的音频信号流进行语音信号处理，判断各时间点对应的音频信号流中是否包含语音信号；

（3）若某时间点对应的音频信号流不包含语音信号，则表明乘务员在该时间点未进行呼唤应答，给出报警提示。

根据《铁路机车操作规则》中附件 7《机车乘务员确认呼唤（应答）标

准》的规定，一次乘务作业全过程必须认真执行确认（呼唤）应答制度，在关键项点发生时，需要对关键项点进行相应的呼唤应答。为了检查乘务员是否作业规范，需判断乘务员在关键项点是否进行了相应的呼唤。目前这些工作都是由地面分析人员进行抽查的，费时费力。

由于存在上述问题，发明人发明了一种基于音频分析的乘务员呼唤应答检测方法，需要根据 LKJ 运行记录文件，获取需要乘务员进行呼唤应答的时间点，即关键项点，根据时间点对乘务员的操作进行录音，获取该时间点内的语音信号，如果不存在语音信号，则说明乘务员在关键项点内未进行呼唤应答，操作不规范，因此给出报警提示。

该方法为自动检测乘务员呼唤应答的方法，只需要通过软件就可以自动实现乘务员呼唤应答的检测，大大降低了乘务员呼唤应答的检测难度，提高了检测效率，减轻了检查人员的工作量，并且可以对 LKJ 运行记录文件中的所有关键项点进行乘务员呼唤应答检测，检测较为全面。

确定及表达检索要素

由于该待检索的方案涉及具体时间点内的语音信号检测，从而判断应答是否准确，结合待检索的方案中采取的核心技术手段确定及表达检索要素为：语音检测、时间、对比等。

构建检索式

检索式 1：IPC=（G10L）AND 说明书 =（录音）AND 说明书 =（检测 or 监测）AND 说明书 =（对比）

检索结果如图 7-14 所示。

☐	申请号	申请日	公开(公告)号	公开(公告)日	发明名称	申请(专利权)人	操作
☐	CN201910562371.1	2019.06.26	CN110246490A	2019.09.17	语音关键词检测方法及…	合肥讯飞数码科技有…	
☐	CN201910537349.1	2019.06.20	CN110379445A	2019.10.25	基于情绪分析的业务处…	深圳壹账通智能科技…	
☐	CN201910521871.0	2019.06.17	CN110211604A	2019.09.06	一种用于语音变形检测…	广东技术师范大学;	
☐	CN201910522398.8	2019.06.17	CN110351443A	2019.10.18	智能外呼处理方法、装…	深圳壹账通智能科技…	
☐	CN201910502095.X	2019.06.11	CN110225202A	2019.09.10	音频流的处理方法、装…	深圳市锐尔觅移动通…	
☐	CN201910492794.0	2019.06.06	CN110136697A	2019.08.16	一种基于多进程线程并…	深圳市数字星河科技…	

搜索式　列表式　多图式　申请日降序　过滤　第 2 页共71页708条数据

图 7-14　检索式 1 的检索结果

检索结果分析

从检索结果的发明名称来看，常规检索的结果与待检索的方案相关度较低，说明采用这种检索方式无法准确命中相关文献，且检索结果数量较大，说明检索噪声大，不便于阅读筛选。因此，需要调整检索策略。

检索策略调整

常规检索中采用的分类号和关键词只能体现技术方案本身的一些特征，但是分类号和关键词本身能够应用的场合较多，因此导致检索结果数量较多且不集中，无法准确聚焦对比文件。

结合待检索方案本身来看，由于该方案是为了规范乘务员在特定时间内的操作，对于常规的录音之后进行音频检测的对比文件来说，不会涉及特定时间点，因此，为了检索带有时间点的录音检测的对比文件，需要考虑何种场合需要采集特定时间的音频信息进行检测，明确该方案可应用的场景或许会有助于高效能地检索。

在确定应用场景时，由于待检索的方案涉及铁路列车乘务员的操作规范，那么相应地，在飞机操作中也会涉及相应的操作，因此，采用飞行、飞机这类应用场景的关键词进行检索，检索式如图 7-15 所示。

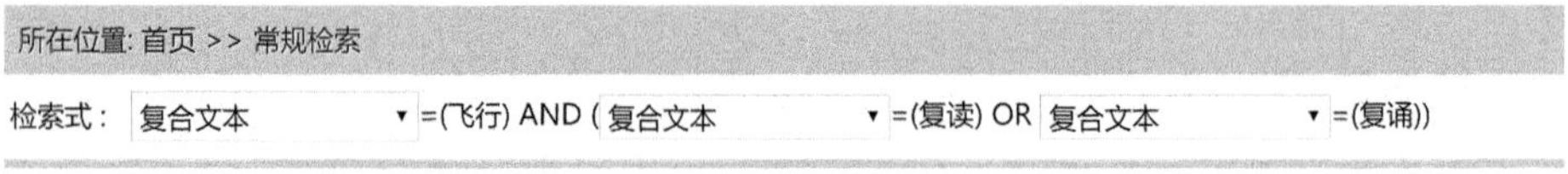
所在位置: 首页 >> 常规检索
检索式：复合文本 =(飞行) AND (复合文本 =(复读) OR 复合文本 =(复诵))

图 7-15　检索式 2

检索结果如图 7-16 所示。

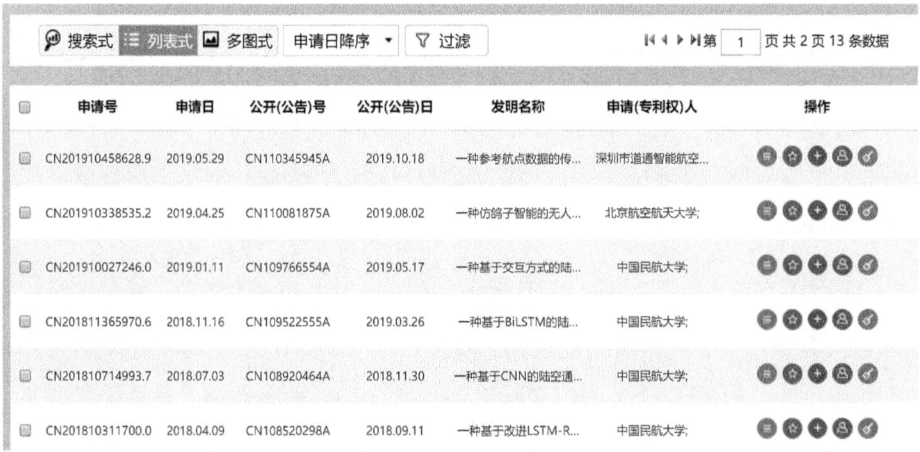
搜索式
列表式
多图式
申请日降序
过滤
第 1 页 共 2 页 13 条数据

申请号	申请日	公开(公告)号	公开(公告)日	发明名称	申请(专利权)人	操作
CN201910458628.9	2019.05.29	CN110345945A	2019.10.18	一种参考航点数据的传...	深圳市道通智能航空...	
CN201910338535.2	2019.04.25	CN110081875A	2019.08.02	一种仿鸽子智能的无人...	北京航空航天大学;	
CN201910027246.0	2019.01.11	CN109766554A	2019.05.17	一种基于交互方式的陆...	中国民航大学;	
CN201811365970.6	2018.11.16	CN109522555A	2019.03.26	一种基于BiLSTM的陆...	中国民航大学;	
CN201810714993.7	2018.07.03	CN108920464A	2018.11.30	一种基于CNN的陆空通...	中国民航大学;	
CN201810311700.0	2018.04.09	CN108520298A	2018.09.11	一种基于改进LSTM-R...	中国民航大学;	

图 7-16　检索式 2 的检索结果

　　结合检索结果整体来看，均涉及飞机操作指挥系统，与待检索的方案属于相近的技术领域，其中的一篇文献即可作为目标文献。专利 CN104766497A 中公开了一种降低和检测复诵和复听错误的飞行器系统及方法，具体公开了：步骤 110：从发射站接收与特定事务相关的入站语音通信，例如，在通过无线电的入站语音通信中，ATCO 可以声明"（呼号），航向 1000°"；步骤 115：将入站语音通信转录成文本；步骤 125：接收来自接收站的与特定事务有关的出站语音通信，飞行员可以在通过无线电的出站语音通信中通过按下即按即说（PTT）开关并复诵来确认对飞行员动作的请求，"呼号。航向 1000°。照办"；步骤 130：将出站语音通信转录成文本；步骤 135：将出站语音通信的转录文本显示到发射站，以帮助发射站"复听"，如果对复诵的入站语音回复没有在复诵之后的预定的时间间隔内发射，则可以输出超时提醒；步骤 140：比较入站语音通信的文本与出站语音通信的文本，并且确定对飞行员动作的请求与复诵之间是否存在实质性的差异；步骤 150：确定步骤 140 和 145 确实存在复诵错误的文本与出站通信的文本之间的实质性的差异情况下，输出差异提醒；差异提醒可以是视觉提醒，听觉提醒，或者两者。根据上述公开的内容可以看出，专利 CN104766497A 已经公开了将飞行员的语音信号转换成文本，对其操作规范进行检测的方案，与待检索的方案相似。可见，采用场景类的关键词进行检索有助于提高检索效率。

　　小结

　　对于待检索的方案，如果其方案本身与技术领域、应用场景相关，那么在检索时尽量加入应用场景类的关键词进行检索，在该应用场景下未检索到目标文献时，可根据待检索方案及其技术问题来扩展应用场景，例如案例 7-8 中列车乘务员和飞机飞行员的操作规范存在一定的相似性，那么可以将其应用领域扩展至飞行器指挥的领域，从而避免纯关键词检索带来的噪声大的问题，提高检索效能。

　　另外，对于一些技术较为先进的技术领域，某一技术的发展通常与一特定的应用场景相关，针对某一特定场景而发展出的特定技术方案，此时就需要了解相关的应用场景进行检索。

　　【案例 7-9】一种图像获取系统

　　案情简介

　　一种图像获取系统，其特征在于，包括：眼镜及处理装置，其中，所述眼镜设置有：传感器，与所述传感器相连的无线通信模块；

所述传感器用于采集用户看到的画面在用户的瞳孔所成的图像，并将所述采集到的图像通过无线通信模块发送至所述处理装置；

所述处理装置接收所述无线通信模块发送的所述采集到的图像，并将所述采集到的图像进行还原处理，并将经过还原处理的图像进行显示。

目前，当记者要对一些新闻热点或非法工厂等进行暗访时，需要通过手持录像装置进行录像。通常通过手持录像装置拍摄的画面，由于在拍摄过程中视角晃动造成画面不清晰，不能准确捕捉到主要信息点，并且，在播放给观众时，由于画质不清晰，就会使得观众对该段录像的信服度有一定程度的降低。该方案为了解决上述问题，采用传感器对看到画面后在用户的瞳孔所成的图像进行采集处理并显示，避免了录像装置晃动的问题。

确定及表达检索要素

由于待检索的方案涉及一种图像获取系统，其采用的关键技术手段为对瞳孔进行成像，因此，确定检索要素为采集、瞳孔、成像。

构建检索式

检索式 1：ZY=（采集）S ZY=（瞳孔）S ZY=（成像）

检索结果如图 7-17 所示。

	申请号	申请日	公开(公告)号	公开(公告)日	发明名称	申请(专利权)人	操作
☐	CN201910471543.4	2019.05.31	CN110236482A	2019.09.17	一体化眼脑部视觉功能…	中国科学院苏州生物…	
☐	CN201811198616.9	2018.10.15	CN109471527A	2019.03.15	基于视觉跟踪技术的特…	上海理工大学;	
☐	CN201811105705.4	2018.09.21	CN109259723A	2019.01.25	新型RAPD检测仪	中国科学院苏州生物…	
☐	CN201811105714.3	2018.09.21	CN109480768A	2019.03.19	高精度RAPD检测系统	中国科学院苏州生物…	
☐	CN201821547897.X	2018.09.21	CN209301110U	2019.08.27	新型RAPD检测仪	中国科学院苏州生物…	
☐	CN201810934623.4	2018.08.16	CN109034108A	2018.12.18	一种视线估计的方法、…	北京七鑫易维信息技…	

图 7-17　检索式 1 的检索结果

检索结果分析

对上述检索结果进行分析，发现文献多涉及技术：采集眼睛成像以判断用户目光注视方向从而实现智能控制，或是，采集眼睛成像分析生物特性如血管之类以判断是否有眼部疾病，而并未发现该方案采集眼睛内部成像并进行放大的技术。或者从人体眼睛成像的视觉原理，即人眼看到物体的视觉原理出发，进行扩展关键词"视网膜、眼底、眼睛"，并加上人眼视网膜成像实质是反转的影像来进行限定，然而也未有类似技术。

检索策略调整

重新分析该待检索方案，该方案的背景技术部分记载了"当记者要对一些新闻热点或非法工厂等进行暗访时"，那么，该技术在隐蔽拍摄中会取得比较好的技术效果，可以看出该方案所采用的技术手段跟其应用环境是密切关联的。

于是，基于学习科普的目的在搜索引擎中进行相关技术检索，在关键词的选择上，考虑到互联网中信息多而繁杂，尽量选择较为专业的技术术语会事半功倍，于是对于"采集用户眼底成像"这一层含义，选择关键词：视网膜成像、瞳孔成像；同时，根据上述分析，该方案的基本构思是跟其应用环境（隐蔽拍摄）是紧密相连的，于是，进一步采用应用环境限定，并对"隐蔽拍摄"这一层含义进行了关键词扩展：暗访、侦察、侦查。通过检索，发现一篇新闻报道（见图 7-18），命中关键词为：视网膜成像、侦察。

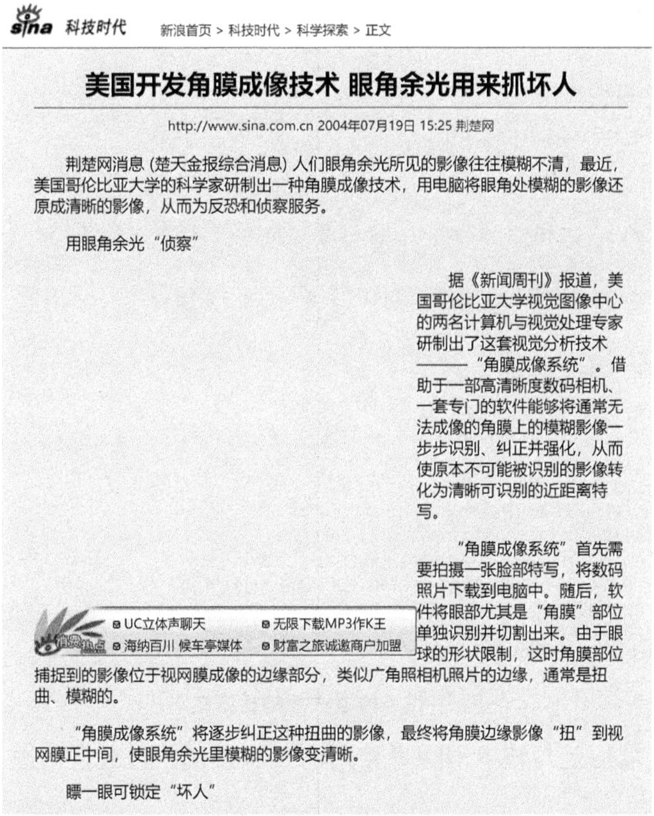

科技时代　新浪首页 > 科技时代 > 科学探索 > 正文

美国开发角膜成像技术 眼角余光用来抓坏人

http://www.sina.com.cn 2004年07月19日 15:25 荆楚网

荆楚网消息 (楚天金报综合消息) 人们眼角余光所见的影像往往模糊不清，最近，美国哥伦比亚大学的科学家研制出一种角膜成像技术，用电脑将眼角处模糊的影像还原成清晰的影像，从而为反恐和侦察服务。

用眼角余光"侦察"

据《新闻周刊》报道，美国哥伦比亚大学视觉图像中心的两名计算机与视觉处理专家研制出了这套视觉分析技术——"角膜成像系统"。借助于一部高清晰度数码相机、一套专门的软件能够将通常无法成像的角膜上的模糊影像一步步识别、纠正并强化，从而使原本不可能被识别的影像转化为清晰可识别的近距离特写。

"角膜成像系统"首先需要拍摄一张脸部特写，将数码照片下载到电脑中。随后，软件将眼部尤其是"角膜"部位单独识别并切割出来。由于眼球的形状限制，这时角膜部位捕捉到的影像位于视网膜成像的边缘部分，类似广角照相机照片的边缘，通常是扭曲、模糊的。

- ● UC立体声聊天　● 无限下载MP3作K王
- ● 海纳百川 候车亭车媒体　● 财富之旅诚邀商户加盟

"角膜成像系统"将逐步纠正这种扭曲的影像，最终将角膜边缘影像"扭"到视网膜正中间，使眼角余光里模糊的影像变清晰。

瞟一眼可锁定"坏人"

图 7-18　新闻报道

进一步分析，由于该结果为新闻，其对于技术手段缺乏清楚描述，因此，进一步对该新闻中提到的研发团队哥伦比亚大学进行追踪检索，该团队在多个会议或多个期刊均可能发表文章，考虑到 Web of Science 为收录期刊和会议论文较为全面的引文数据库，同时，其可以进行机构的模糊匹配，于是，决定选择 Web of Science 数据库，以技术手段和研发团队作为检索入口进行检索，采用主题关键词和机构进行限定，检索式如下：

序号	命中数量	检察式
1	9	TS=（eye and view* and cornea）AND OO=Columbia

命中结果如图 7-19 所示。

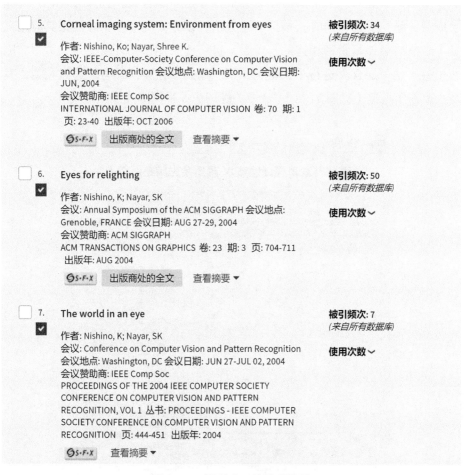

图 7-19　检索式 1 的检索结果

图中三篇均是与该申请构思相同的现有技术，且对技术进行了相应的描述。

小结

在处理基本构思较为新颖、前沿的技术时，不能被技术效果外表所蒙蔽，充分理解该方案的由来，明确问题产生的原因，结合应用场景的关键词，在互联网搜索引擎中进行检索，很可能会获得意想不到的结果。

7.3　涉及领域转用的检索

某些技术领域的技术方案，常常涉及一个大的系统或者装置内的某一个功能部件的改进，对于申请人而言，由于局限于该技术方案所属的技术领域，往往在查询现有技术的情况下，更注重从应用领域的技术角度来进行检索，这时候有可能造成检索的不全面，就需要申请人能够从该功能部件出发，了解现有技术中存在的功能性分类所处的位置，并基于该功能分类的检索能够"拔出萝卜带出泥"地发现其他领域的现有技术情况，基于是否构成简单的领域转用，来指导专利申请保护。下面将通过一个案例来进行介绍。

【案例 7-10】

案情简介

现有技术当中，燃烧器的引射管的内壁是光滑的，虽然引射系数较高，但燃气和空气的混合难以较好地提升。尽管如申请号为 201510153089.X 的引射管，其在引射管内壁设置了间隔的凸起，能够加强燃气和空气的混合，但无法提高引射系数；此外，还有一些采用在引射管结构的渐扩段的内壁设置螺旋结构，但只能增加混合系数，无法增加引射系数。

基本构思及检索要素分析

针对上述问题，申请人提出采用在引射管结构的渐缩段的内壁设置螺旋结构的改进思路，达到一种提供增加引射能力，同时提高气体混合程度的引射管结构的有益效果。

具体方案的结构如图 7-20 所示：一种燃烧器引射管结构，包括引射管主体，引射管主体的一端为进气口端 11，引射管主体由进气口端向中间口径逐渐缩小而形成收缩段 13，收缩段末端口径最小处为喉口 20，引射管主体在位于进气口端和喉口之间的内侧壁面上形成有相对壁面凹陷或凸出的螺旋结构 15。

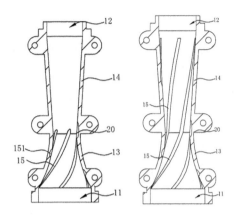

图 7-20　技术方案结构图

　　显然基于申请人所属的燃烧器的技术领域，能够轻易地确定该申请的技术主题是一种涉及以结构改进为特征的燃烧器引射器，能够获得应该检索的分类号为：F23D 14/64···有喷射器的〔4〕；F23D 14/62··混合装置；混合管〔4〕；F23D 14/46·零部件；F23D 14/00 燃烧气体燃料的燃烧器，例如加压以液态贮存的气体燃料〔4〕；F23D 燃烧器。上述分类号可以作为检索要素 1，并结合螺旋结构的关键词扩展表达或者结合技术问题、技术效果关键词扩展表达作为检索要素 2。

　　检索过程

　　将上述两个检索要素进行逻辑"与"检索，期望筛选出如下的目标文献：不仅在引射管内壁设置螺旋结构，而且设置的位置为"引射管主体在位于进气口端和喉口之间"。然而通过上述常规检索，并未检索到相关的现有技术。

　　此时考虑该案涉及的改进实质上是燃烧器的引射结构即引射器，引射器也称作喷射器，为此，通过在专利分类表中获得喷射器的功能分类——F04F 5/00 喷射泵，基于该分类号和技术效果的关键词进行了如下检索：F04F 5/00 的分类号与技术效果的关键词 1："引射系数 or 引射比 or 喷射系数 or 喷射比"，关键词 2："提高 or 增强 or 增加"，进行逻辑"与"检索，则在国家知识产权局专利检索与分析系统中，不到 100 篇专利文献的浏览范围内查询到了现有技术 CN204327601U，参照图 7-21 进一步结合说明书描述，可知该专利完全公开了该案基本构思的结构特征：引射结构入口端的渐缩段 6 位置处有螺旋结构 12。

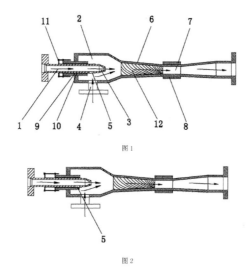

图 7-21　现有技术

现有技术与该申请要解决的技术问题、达到的技术效果均相同，并在说明书中有明示，但进一步分析，该现有技术涉及的领域是一种新型蒸汽喷射器，应用在热泵蒸发、海水淡化、造纸、石油、热电等以蒸汽为动力的工业中，可见两者的技术领域完全不同，该申请与该现有技术构成领域上的简单转用，而现有技术的技术领域并不为燃烧器领域的技术人员所熟知，很容易遗漏该现有技术，从而造成盲目申请。

小结

基于上述检索过程，可知领域转用的检索，并非一开始就能够发现与本技术方案相关的其他领域的相关分类号来进行检索，这对于检索人员来说也存在一定的难度，对于有可能与现有技术构成领域转用的技术方案，在检索时，应当提炼出潜在转用领域的共性功能性领域，具体到该案为引射器，以此"牵桥搭线"，扩展分类号，能够较为容易地"拔出萝卜带出泥"地获得领域转用的现有技术，进而能够全面了解现有技术，利于专利申请和保护。

第8章　涉及特定特征的检索

实际检索中，在确定基本检索要素后，还涉及检索要素的表达，当检索要素中涉及的特征属于特定类型特征时，采用常规方式进行扩展和表达往往存在一定困难，难以有效地检出相关文件。本章主要针对功能性特征、组分特征、参数特征、公式特征四类特定特征的检索，介绍其特定的策略和检索技巧。

8.1　涉及功能性特征的检索

8.1.1　功能性特征的介绍

功能性特征，通常表示在描述特定结构或方法在其内部和外部联系和关系过程中，表现出来的特性和能力的技术特征。技术方案中的功能性特征的常见情形包括以步骤（方法类方案）或产品部件（产品类方案）在方案中所起的作用、功能或产生的效果来对方案进行描述的特征。《专利审查指南2010》第二部分第二章第3.2.1节规定，对于权利要求中包含的功能性限定的技术特征，应当理解为覆盖了所有能够实现其功能的实施方式。

通常，包含功能性特征的技术方案可以分为包含单纯的功能性特征的方案和包含与结构或方法相关联的功能性特征的方案。单纯的功能性特征的方案一般指除了功能性特征本身外没有相应的结构或方法的特征；包含与结构或方法相关联的功能性特征的方案一般指包括结构或方法的特征，并且还包括与上述结构或方法表现出的功能或效果相应的功能性特征的方案。对于单纯的功能性特征，由于其方案没有以方法步骤、结构组成等具体技术手段进行描述，通常存在限定宽泛或模糊的问题。

8.1.2　功能性特征的检索策略

当技术方案包含功能性特征时，可以先尝试使用表达功能性特征的分类号或关键词进行检索，但由于功能性特征的表达相对宽泛或模糊，如果仅使用表达功能本身的关键词或分类号进行检索，则可能存在需浏览的文献量大的问题，在此情形下，可以进一步选择实现该功能的可能的具体技术手段作为关键词或分类号的表达来检索。

【案例 8-1】

案情简介

背景技术：该方案涉及监护辅助系统，现有的针对行动不便的病人的监护辅助系统主要包括：监护系统，其通过语音和视频的综合监控，获取使用者的精神和健康状况以及当前事件和当前状态，当有紧急情况时触发报警，辅助康复系统：脑电采集系统提取病人想象各肢体动作时的脑电信号，控制点刺激模块，在电刺激下使用户实现肢体肌肉活动。但监护辅助系统只能实现单一的监护功能，感知病人的周边环境、精神状态和情绪等，功能有限且属于被动监护；而辅助康复系统由于人的思维活动复杂，容易被其他非动作执行思维干扰，方案可行性差。

要解决的技术问题：提高监护辅助系统的识别准确率。

技术方案：提供一种监护辅助系统，包括手势采集模块，用于采集用户输入的手势信号，采集用户的手势特征并转化为手势信号，手势采集模块可以由接触式的手势识别传感器构成，也可以由非接触式的手势识别传感器构成；脑电采集模块，用于采集用户输入的脑电信号；环境感知模块，用于采集应用环境信息；神经判决模块，用于根据脑电采集模块当前采集的脑电信号判断手势采集模块当前采集的手势信号是否为用户的主观手势；还用于在判断出手势信号为用户的主观手势之后，根据环境感知模块采集的应用环境信息判断上述手势信号是否为逻辑异常手势；应用处理模块，用于当神经判决模块判断出上述手势信号为主观非异常时，执行手势信号对应的监护应用指令。

基本构思及检索要素分析

该方案的基本构思可以概括为：通过手势采集模块和脑电采集模块分别采集用户输入的手势信号和脑电波信号；神经判断模块可以结合脑电信号判断手势信号是否为用户的主观手势，并可以通过当前环境信息判断手势信号是否为逻辑异常手势，如果判断结果为主观非异常，则执行模块执行手势对应的指令。

根据该方案的基本构思和核心改进点，可以确定该方案的检索要素包括：

检索要素 1：利用脑电信号判断手势命令是否为用户的真实意图；

检索要素 2：通过环境信息判断手势命令是否合理。

检索过程

分析该方案可知，其构思在于分两步来判断用户手势命令的可靠性，先利用脑电信号判断手势命令是否为用户的真实意图；进而通过环境信息判断手势命令是否合理。对于检索要素 1，已经检索到对比文件 1，其公开了根据脑电波判断用户是否存在误操作。现在需要检索是否存在公开了检索要素 2 的现有技术。进一步分析，其通过"用于采集应用环境信息""能够利用环境信息实现对用户手势的逻辑是否异常进行判断"的功能来描述该子方案，而在实施方案细节上进行了举例说明，例如，当前方存在阶梯时（即根据当前环境信息），可判断用户指挥轮椅前进的手势为逻辑异常手势。即当前方案并没有给出如何获取环境信息并如何利用环境信息。

对于上述功能性特征的检索，若仅使用功能性的关键词进行检索，例如"环境""判断""异常"，则可能出现两方面的问题：第一，功能性的关键词往往含义比较模糊或宽泛，检索结果会引入很多和该方案构思相关度不高的噪声文献；第二，一些现有技术文献中可能并未对某一具体实现手段的功能进行概括性描述，因此可能遗漏这类现有技术文献。因此，在检索时除了使用功能性的关键词进行检索外，还需要尝试使用能实现该功能的具体技术手段对应的关键词进行检索。

通过上文分析可知，首先，该方案一个重要的应用场景就是具有自动控制功能的轮椅；进一步地，其判断用户手势是否逻辑异常的一种常用情形即为判断手势是否和轮椅运行线路上的障碍物产生冲突；更进一步地，在判断和障碍物的距离、相对障碍物的运动速度、视线是否清晰等情况时，多采用红外传感器、超声传感器、光电传感器等来实现。在上述基础上，可以得到具体实现上述功能的具体手段的关键词："障碍""坡""距离""速度""角度""红外""超声""光电"等。

序号	命中数量	检索式
1	19391	IPC=（A61G5/04）
2	14907	SMS=((光电 OR 红外 OR 超声)S 传感) AND （障碍 OR 坡）

| 3 | 72 | 1 AND 2 |

通过上述检索式，较快的获得对比文件2（CN101190158A）：一种智能轮椅，车体侧部布置有多传感器测距机构，车体上布有摄像头作为视觉传感器；车身下部四周设置有防碰撞机构和防跌落机构，多传感器测距机构由若干个声呐测距传感器和红外测距传感器组成；用户可通过操纵杆控制轮椅运动，嵌入式智能控制系统在接受操纵杆操纵信号的同时还需要结合测距机构、防碰撞机构和防跌落机构的信息，从而决定智能轮椅的最终运动。对比文件3（CN1830413A）：一种嵌入式智能轮椅控制系统，使用8个超声传感器作为环境探测器，其在轮椅本体上分布，发送超声波，数字信号处理器通过多路模拟开关，由事件管理器中的PWM单元向外发送40KHz的方波，驱动8路超声发射电路中的2路产生超声波；信息融合，结合当前操纵杆的指令信息和前面处理过的环境信息。两篇对比文件均公开了根据环境信息来调整校正用户指令信息。

小结

当技术方案中包含了功能性特征时，除了使用描述该功能性特征的分类号或关键词进行检索外，还可以适当扩展实现该功能的具体技术手段，使用描述具体技术手段的分类号或关键词进行检索。

【案例 8-2】

案情简介

背景技术：该方案涉及放大器电路结构，在具有信号生成和输出的电子设备中，为了保证输出信号功率的准确度，通常会利用 ALC（自动电平控制）技术。信号功率一般用 dBm 为单位。在 ALC 环路中采用检波二极管作为检波器，检波器输出的检波电压与以 dBm 为单位的功率不成线性关系。为了得到最佳的软硬件补偿效果，提高功率准确度和线性度指标，通常要先对检波电压进行对数放大，从而使经过对数放大以后的检波电压与功率（以 dBm 为单位）呈线性关系，然后进行软硬件补偿。二极管检波特性有两种工作方式：在小功率电平时，检波二极管工作在"平方律区域"，输出电压正比于输入电压的平方，即正比于输入功率（以 mW 为单位）；在大功率电平时，检波二极管工作在"线性区域"，输出电压正比于输入电压，即正比于输入功率的平方根。

对于传统单斜率对数放大器电路，如图 8-1 所示，Iin 与输入电压 Vin 呈线性关系，三极管 Q1 的 be 结电压 Vbe1 与 Iin 成对数关系，三极管 Q2 的 be 结电压 Vbe2 与 Io 成对数关系，Vout=Vbe2-Vbe1。可以求出 Vout 与 Vin 的关系：Vout=−VTln（Vin/Io/Rin）。式中 VT 为温度电压当量，在常温 300K 时，VT ≈ 26mV。根据差分电路的原理，利用特性相同的两个三极管进行补偿，消去三极管发射结反向饱和电流 Is 对运算关系的影响。当检波二极管工作在不同特性区域时，传统的单斜率放大器无法实现对数放大后的输出电压与输入信号功率的比例关系保持一致的特性。

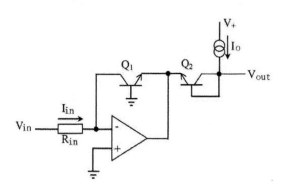

图 8-1　案例 8-2 现有技术对数放大电路

要解决的技术问题：使得放大电路输出电压与检波器输出电压成正比，提高输出功率的准确度和线性度。

技术方案：对数放大器电路结构包括运算放大器和两组三极管对，所述的两组三极管对分别接入所述的运算放大器的反馈回路和输出回路，所述的运算放大器的输入电压为检波器的输出电压，第一恒流源电流和第二恒流源电流分别接入所述的两组三极管对，使检波器工作在平方律区域和线性区域时，对数放大器电路结构的输出电压均与从检波器的输出电压的信号功率成正比。

如图所示，图 8-1 为现有技术中对数放大电路，图 8-2 为该方案改进后的对数放大电路。其能够实现当检波器工作在平方律区域和线性区域时，检

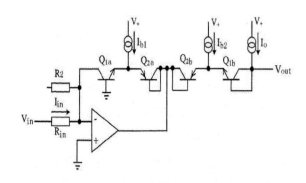

图 8-2　案例 8-2 改进后对数放大电路

波器输出经过改进后的对数放大电路后的输出电压与检波器输出电压信号的功率成正比。

基本构思及检索要素分析

该案的基本构思可以概括为：通过在对数放大器中增加一组三极管对和两个恒流源来使对数放大器电路结构的输出电压均与从检波器的输出电压的信号功率成正比。

根据该方案的基本构思和核心改进点，可以确定该方案的检索要素包括：

检索要素 1：对数放大电路；

检索要素 2：增加一组三极管对和恒流源，使放大器输出电压正比于输入信号功率。

检索过程

分析该方案，其技术方案里仅概括了通过本发明改进的对数放大电路所能实现的功能："使检波器工作在平方律区域和线性区域时，对数放大器电路结构的输出电压均与从检波器的输出电压的信号功率成正比"，但并未限定如何实现这一功能。

对于上述功能性特征的检索，仅使用功能性的关键词进行检索，结果如下：

序号	命中数量	检索式
1	1087	说明书 =（检波 S 平方）
2	42474	说明书 =（电压 S 正比）
3	2553	说明书 = 对数放大
4	4	1 AND 2 AND 3

得到的检索结果非常少，其原因可能为现有技术文献中可能并未对该功能进行文字描述，或文字描述的方式不同。

进一步分析该方案中改进的对数放大电路的电路图，可以明确，该方案实质上是通过在运算放大器的反馈回路和输出部分分别接入一对三极管，每对三极管中的一个作为二极管使用，并利用两个恒流源提供发射极电流的一部分来实现在检波器工作在大功率和小功率区时，对数放大器的输出电压和输入电压（即检波器的输出电压）成正比。因此可以确定，上述能实现"使检波器工作在平方律区域和线性区域时，对数放大器电路结构的输出电压均与从检波器的输出电压的信号功率成正比"这一功能的电路结构是该方案技术构思的重点。

通过和该方案提供的现有技术中的对数放大电路对比，可以分析得到，现有技术的对数放大电路中在运算放大器反馈回路接入一个三极管，并利用一个用作二极管的三极管接入运算放大器输出作为温度补偿；相对于现有技术，该方案对数放大电路的核心改进点在于提供了两对三极管，并由恒流源提供部分发射极电流。因此，可选择使用描述电路结构的关键词来表达"使检波器工作在平方律区域和线性区域时，对数放大器电路结构的输出电压均与从检波器的输出电压的信号功率成正比"这一功能。

选择关键词"两 S（对管 OR 管对）"表达"在运算放大器的反馈回路和输出部分分别接入一对三极管"，关键词"恒流 OR（电流 S（恒定 OR 不变））"表达"利用两个恒流源提供发射极电流的一部分"，并结合技术领域"对数放大"在专利文献库中检索：

序号	命中数量	检索式
1	2553	说明书 = 对数放大
2	53929	说明书 =（两 S（对管 OR 管对））
3	237873	说明书 =（恒流 OR（电流 S（恒定 OR 不变）））
4	9	1 AND 2 AND 3

在 9 篇检索结果中获得 1 篇对比文件，公开了该方案的对数放大器结构：对数转换的目的是对检波器的输出电压进行转换，使转换后的电压与输入射频功率（以 dBm 为单位）呈线性关系。在这里所用的对数放大电路为双斜对数放大电路，主要由运算放大器和两个对管及其外围电路组成。图 8-3 为基于多维数模混合电路和多路反馈补偿校准法中对数放大补偿部分的原理框图，

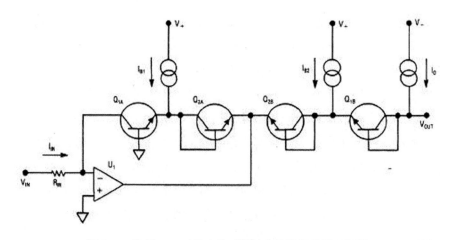

图 8-3　案例 8-2 对比文件对数放大补偿部分原理框图

其中，Vin 检波器输出电压，恒流源 IB1 和 IB2 近似相等，……，Q1B 与 Q2B 作为二极管使用，且电流恒定不变，管压降是恒定不变的，因此不论小功率还是大功率，检波电压经对数放大后的输出电压始终与功率（以 dBm 为单位）成正比。

小结

对于通过改进具体的产品结构（如机械结构、电路结构、电子元件结构等）来实现某一特定功能的技术方案，当仅使用功能性特征表达检索要素时，可能无法检索到合适的对比文件，或者由于功能性表述过于宽泛，导致检索结果过多，不易浏览。可以尝试使用表达具体产品结构中的关键部件或关键连接关系的关键词或分类号进行检索，或者进一步结合表达功能性特征的关键词或分类号一起检索。

8.1.3 总结

对于包含功能性特征的方案，其往往涵盖了能够在发明的整体方案中合理实现该功能的所有技术手段，可用的检索策略包括：第一，直接检索功能性特征本身对应的分类号和关键词，该策略简单直接，但缺点在于检索结果往往数量大、噪声多，并且可能遗漏未在方案中对其手段所实现的功能进行描述的文献；第二，扩展能实现该功能的各种具体实现手段，提取能表达这些具体实现手段的分类号和关键词作为检索要素的表达，该策略相对更容易准确命中对比文件，但需要检索人员能够充分了解有哪些具体技术手段能够实现某特定功能。

8.2 涉及组分特征的检索

8.2.1 组分特征的介绍

组分指混合物（包括溶液）中的各个成分。在化学和材料领域中，组分是组合物的基本组成单元，而组合物是产品最主要的表现形式，其在产品发明中占据着重要的地位。而组合物通常指由至少两种不同的组分（可以是无机物、也可以是有机物；可以是简单化合物，也可以是结构复杂的高分子化合物）按一定比例组合而成的具有特定性质和用途的物质或材料。组合物通常涉及多个领域，例如农药、橡胶、塑料、涂料、肥料、陶瓷、水泥、药物、化妆品、洗涤剂、中药、食品、催化剂等。

比如一种洗涤剂领域组合物技术方案如下：一种环保型电子材料清洁剂，其特征在于：包括以下重量份的原料组成：全氟烷基乙氧基醚醇 60~80 份；助溶剂 25~55 份；渗透剂 5~15 份；pH 调节剂 2~10 份；添加剂 4~8 份；余量为去离子水。

一种塑料领域的技术方案如下：一种聚丙烯改性材料，其中，由以下重量份的原料组成：聚丙烯 100 份，氢氧化镁 60 份，聚烯烃弹性体 10 份。

从组合物的定义来看，组合物的构成要素一般包括两部分：组合物的组分和组合物的含量。通常情况下，组合物采用组分和 / 或含量来表征，即组合物由何种化学物质以何种比例组合而成。《专利审查指南 2010》第二部分第十章第 4.2.2 节规定，如果发明的实质或者改进只在于组分本身，其技术问题的解决仅取决于组分的选择，而组分的含量是本领域的技术人员根据现有技术或者通过简单实验就能够确定的，则可以只限定组分；但如果发明的实质或者改进既在组分上，又与含量有关，其技术问题的解决不仅取决于组分的选择，而且取决于该组分特定含量的确定，且必须同时限定组分和含量。而对于发展较为成熟的传统领域，该领域的含量范围一般变化不大，因此，组合物的关键点更多地在于组分的搭配。

组合物中各组分是物理混合的，也就是其一般是不发生化学反应的，但是其组分也可以在特定的条件下发生化学反应以解决特定的技术问题，比如农药组合物一般由活性组分与辅料简单混合而成，而双组分黏合剂则是由两个分开包装、混合后可发生固化反应的组分所组成的组合物。

除了上述组分和含量外，随着科学技术的发展，组合物的表征手段也不断地丰富，采用制备方法、各种物理化学参数来表征的组合物也较为常见。但是不管组合物如何表征，对于该领域的技术人员而言，其实质还是要分析所述限定对组合物产品的影响。比如以下组合物技术方案：一种富硒甜菇娘果果味豆奶，其特征是采用如下重量份制备而成的：大豆 450~500 份，富硒甜菇娘 90~100 份，奶粉 20~30 份，蔗糖 15~25 份，柠檬酸 8~10 份，果胶 2~3 份。该组合物采用方法来限定，但是其实质还是在于组分和原料。

一般而言，组合物中组分大多数是由现有技术中已知的化学物质组合而成的，因为一般组分是新的物质，很多时候其会以单一新物质进行保护。因此，涉及组分的组合物发明目的通常不在于提供一种全新的物质或材料，而在于将现有技术中具有已知性能的化学物质进行搭配以提供具有特定性能的产品，例如，一种具有除草性的农药组合物、一种具有高效杀菌的清洁组合物等。其特定性能往往通过组分的搭配将已知性能进行提升，或者通过将组分进行组合搭配产生新的性能。

8.2.2 组分特征的检索策略

理解需要检索的技术方案是前提。即检索时，需要理解待检索技术方案解决的技术问题是什么；其解决技术问题的构思是什么；实现该构思的关键技术手段是什么；该技术方案可以产生何种技术效果。具体到组合物技术方案而言，需要结合组合物的特点制定相应的检索策略。

8.2.2.1 组分检索步骤

（1）理解发明是前提。

基于组合物特点可知，组合物技术方案重点在于组分的搭配，即在检索前，理解发明的时候需要弄清楚组合物中各个组分的作用、技术方案的创新点与哪个或者哪些组分的组合有关，据此预期可影响其新颖性或创造性的对比文件应当包括哪个或者哪些组分。因此，组合物技术方案理解需要找出解决其要解决的技术问题的关键组分或组合物。

（2）制定检索策略，构建检索式。

理解技术方案后，需要从技术方案的关键技术构思中提取检索要素并对其进行表达。而组合物的特点也决定了其检索要素是组分还是组分的组合。因此，其检索要素的表达也就是组分的不同的扩展表达。而组分的表达一般有两种方式，即分类号和关键词。因此，对于组合物组分的表达，可以用分类号和关键词表达。

由前述组合物特点可知，组合物中组分一般是现有技术已知的物质或材料，因此，其一般为具体的物质，因此，组分表达时往往关键词的表达更为精准。比如组合物中包括环戊二烯，采用关键词"环戊二烯"就已经明确表明了该组分的结构。而经查询可以得到环戊二烯的 IPC 和 CPC 分类号为 C07C 13/12，其表示的含义为带环戊烯环的环烃且该环烃中除去六元芳环外的环的环烃。可见，相对于关键词的表达，IPC 或 CPC 分类号涉及的是一大类物质，除了包括环戊二烯外，其还包括其他很多物质（比如环戊烯烃或者包含环戊烯环的其他物料）。因此，组合物中组分检索要素的表达一般是以关键词表达为主。

当分类号的含义比较准确表达出组合物技术主题时，组合物检索也可以采用分类号表达并进行检索。而且，从分类号的含义来看，分类号一般不会表达某一个具体物质，但是会表示某一类物质，因此，当组合物中组分不是具体物质，而是涉及某一类物质，而分类号又能比较准确表达出该类物质的结构时，建议采用分类号进行表达并检索。由于分类号是由专业人士根据一定确定的规则进行标引的，当分类号可以比较贴合表达组合物的主题或者关键组分时，相对于关键词检索，采用分类号检索可以实现快速、高效的效果，起到事半功倍的效果。

8.2.2.2 组合物的具体检索示例

（1）采用关键词进行检索。

组合物是由组分按照一定的搭配规则组成的，因此，组合物的检索主要是对组分的检索。而各组分通常以关键词的形式表达，因此采用关键词进行检索是组合物最基本的检索方式。而对于组分的检索，需要厘清待检索组合物技术方案中涉及组分的功能以及解决技术问题的关键组分，并对其进行表达，依次进行全要素或部分要素的检索。

【案例 8-3】一种通信设备清洗剂

案情简介

一种通信设备清洗剂，其特征在于，由以下重量份的材料组成：正溴丙烷主溶剂 70~75 份；正己烷：15~20 份；稳定剂 3~8 份；抑制剂 2~4 份。

该待检索技术方案涉及的主题是清洗剂，其是针对市面上以含有氯氟烃成分的有机溶剂为主原料与溶剂油按一定比例配比而成的通用的清洗剂存在 ODP 值、GWP 值很高、对大气臭氧层影响非常大的技术问题提出的。其以正溴丙烷为主溶剂，它有很强的溶解油脂的能力，ODP 值在 0.002 和 0.027 之间，对大气无污染，并且与其他溶剂混合后清洗效果更佳，所述正己烷能增强清洗效果，所述抑制剂能避免溶剂分解变色，养护罐中的活性炭吸附异味，变色硅胶吸附水分。因此，其解决技术问题的关键技术手段是采用正溴丙烷为主溶剂，正己烷为配伍的溶剂，二者达到清洗的效果。而稳定剂和抑制剂不是其解决技术问题的关键手段，其起着各自公知的作用。

基本构思及检索要素分析

①基本构思。

以正溴丙烷为主溶剂，正己烷为配伍溶剂的清洗剂，其可以达到较好的清洗效果。

②检索要素分析。

检索要素的确定：通过上述技术方案基本构思的分析可知，其检索要素为：清洗剂；正溴丙烷；正己烷。

检索要素的表达：清洗剂在本领域可以表达为洗涤剂；正溴丙烷在本领域可以为溴丙烷；正己烷可为己烷。

检索过程

根据上述基本构思的分析可知，影响待检索技术方案的单篇文献应当与其属于相同技术领域即清洗剂领域，同时含有体现关键技术手段的组分"正溴丙烷"和"正己烷"。

检索过程一般遵循着先"检准"再"检全"的原则，即采用最准确的检索要素表达方式进行全要素检索，然后再采用检索要素的其他表达方式进行全要素或部分要素的检索。

通过对上述方案的理解，发明的主题是"清洗剂"，关键技术手段为组分"正溴丙烷"和"正己烷"。其中，本领域"正溴丙烷"和"正己烷"表达方式还可以是"溴丙烷"和"己烷"，因此，采用上述精准表达方式"正溴丙烷"和"正己烷"如未获得相关对比文件，还可以将其扩展到"溴丙烷"和"己烷"。

CNKI 是化学领域经常会去检索的中文数据库，其几乎涵盖了化学领域常用的中文数据库。因此，在 CNKI 数据库的检索中，优选是在标题或者主题中进行检索，当未获得合适对比文件时，可以进一步在全文库中进行检索。

CNKI：清洗剂 / 全文 and 正溴丙烷 / 全文 and 正己烷 / 全文

在 CNKI 中采用上述检索式可获得有效的对比文件（《绿色高精密电子设备带电清洗剂》，钱慧娟，中国优秀硕士学位论文全文数据库工程科技 I 辑，第 2 期，第 21~28 页，2007 年 8 月 15 日）。

该对比文件公开了与上述技术方案相同的技术领域（清洗剂领域），并公开了所述清洗剂由正溴丙烷、正己烷和无水乙醇分别按 80%、10% 和 10% 配比组成。可见，该对比文件公开了待检索技术方案的基本构思。

经上述技术方案分析，稳定剂或抑制剂是待检索技术方案的非关键技术手段，原则上，不应当考虑将其作为检索要素，因为用其检索会过滤掉有效对比文件。而当采用上述全要素检索结果仍然较多时，可以采用稳定剂或抑制剂进行"and"运算以缩减检索结果。而对于稳定剂或抑制剂的表达方式，可以直接采用"稳定剂"或"抑制剂"的表达，也可以采用待检索技术方案中其对应的物质来表达，例如稳定剂为乙醇，抑制剂为双癸二醚脂。在 CNKI 中采用如下检索式可以在较少对比文件数中得到上述对比文件：

清洗剂 / 全文 and 正溴丙烷 / 全文 and 正己烷 / 全文 and 乙醇 / 全文（采用稳定剂物质乙醇进行"and"运算）

小结

①组合物检索一般采用关键词进行检索，构建检索式一般为：主题 + 解决技术问题的关键组分（可能是一种组分也可能是多种）。

②组合物检索中一般遵循"检准"到"检全"的检索思路，即采用检索要素最精准的表达方式进行检索，在未获取相关对比文件后，再采用检索要素的其他表达方式进行全要素或者部分要素的组合检索。

③组合物中非关键组分，用其进行"and"运算可以达到缩减检索结果的目的，但是同时也可能排除掉可能有效的对比文件。因此，在组合物检索时，需要根据情况适时考虑非关键组分的检索。

④ CNKI 数据库是化学领域重要的中文数据库，其包括较多的中文资源，其往往是化学领域必检数据库。检索时，一般先从"标题"入口检索，然后再从"主题"入口检索，再从"全文"入口进行检索。

（2）采用分类号进行检索。

在化学领域，分类号一般主要是采用 IPC 分类号和 CPC 分类号。由于分类号表达的是一类物质，而很少涉及具体组分的表达，因此，针对具体组分的组合物，采用分类号检索较少。但是，分类号如能体现待检索技术方案主题或者关键组分，采用分类号检索往往可以高效地获得理想的检索结果。

【案例 8–4】一种 TF380 型 ABS 复合塑料

案情简介

一种 TF380 型 ABS 复合塑料，其特征在于，主要由以下重量百分比的原料制成：

小分子量的丙烯腈 – 苯乙烯共聚物	35%~50%
大分子量的丙烯腈 – 苯乙烯共聚物	20%~30%
丙烯腈 – 丁二烯 – 苯乙烯共聚物	20%~30%
内润滑剂	0.5%~1.5%
外润滑剂	1%~3%
抗氧剂	0.1%~0.5%
耐热剂	0.1%~0.5%

所述小分子量的丙烯腈 – 苯乙烯共聚物为熔体流动速率大于或等于 65g/10min 的丙烯腈 – 苯乙烯共聚物；

所述大分子量的丙烯腈 – 苯乙烯共聚物为熔体流动速率小于或等于 20g/10min 的丙烯腈 – 苯乙烯共聚物；

所述内润滑剂为用于提高所述 ABS 复合塑料内部的流动性的润滑剂；

所述外润滑剂为用于提高所述 ABS 复合塑料表面的流动性的润滑剂。

该待检索技术方案涉及 TF380 型 ABS 复合塑料，其是一种强度高、韧性好、易于加工成型的热塑型高分子材料，其是丙烯腈、1,3– 丁二烯、苯乙烯三种单体的接枝共聚物。由于丙烯腈和苯乙烯均可为 ABS 提供硬度这一性质，采用 ABS 的复合塑料的硬度也较高，当采用该复合塑料用于注塑 3C 产品外壳或白色家电外壳，尤其是大件产品外壳如电脑机箱、电视机框、电视背壳和空调外壳时，制得的大件产品外壳存在料花、气纹和翘曲等缺陷，此外，ABS 复合塑料还存在生产周期长和生产成本高的问题。针对上述技术问题，待检技术方案提供一种兼具较好的流动性和成型性能的 TF380 型 ABS 复合塑料及其制备方法和应用，采用该制备方法制得的 ABS 复合塑料具有生产周期短和生产成本低的优点，将该 ABS 复合塑料应用于制备 3C 产品外壳和白色家电外壳，制得的 3C 产品外壳和白色家电外壳表面光滑。

基本构思及检索要素分析

①基本构思。

采用具有特定组分丙烯腈 – 苯乙烯共聚物和丙烯腈 – 丁二烯 – 苯乙烯共聚物制备 ABS 复合塑料解决大件产品外壳存在料花、气纹和翘曲以及 ABS 复合塑料生产周期长和生产成本高的技术问题。

②检索要素分析。

根据上述基本构思的分析，可以确定其基本检索要素为：塑料（体现主题）；丙烯腈 – 乙烯共聚物（关键组分）；丙烯腈 – 丁二烯 – 苯乙烯共聚物（关键组分）。

虽然待检索技术方案中涉及具体的参数，但是由于具体参数在化学领域不容易表达，很多时候其不作为检索要素，仅仅是在筛选对比文件的时候作为一种筛选手段。

根据技术方案的主题"ABS 塑料"可以将其主题采用分类号进行表达，比如表达为 C08L 55/02（ABS 聚合物）。

关键组分"丙烯腈 – 苯乙烯共聚物"是由丙烯腈和苯乙烯共聚而成，因此，其可以通过聚合的单体表达，比如"丙烯腈""苯乙烯"和"共聚或聚合"。同理，"丙烯腈 – 丁二烯 – 苯乙烯共聚物"可以表达为"丙烯腈""丁二烯""苯乙烯"和"共聚或聚合"。上述聚合物也可以采用相应的分类号 C08L 33/20（丙烯腈的均聚物或共聚物）、C08L 25/12（苯乙烯与不饱和腈的共聚物）进行表达。

进一步核实，上述特定参数的聚合物是存在相应的分类号表达的。CPC 中含有 2000 系列新增分类号，C08L 2205/025 代表含有同一 C08L 等级结构的两种或更多种的聚合物，不同之处仅在于诸如密度、共聚单体的含量、分子量、分子结构这样的参数；C08L 2205/03 代表含有三种或更多种聚合物的混合物。

检索过程

采用常见的关键词表达进行检索，可以采用如下检索式：

关键词 =（塑料 and 丙烯腈 and 苯乙烯 and 丁二烯 and（聚合 or 共聚））

采用上述检索式未获取合适的对比文件。同理，采用上述关键词对应的英文表达进行相同的检索式，也未获取合适对比文件。

由于上述分类号可以比较准确体现所述检索要素的准确含义，因此，采用分类号进行检索，具体检索过程如下：

CPC 分类号 =（（C08L33/20/CPC or C08L25/12/CPC）and C08L55/02/CPC and C08L2205/025/CPC and C08L2205/03/CPC）

其中 C08L33/20/CPC OR C08L25/12/CPC 表示丙烯腈 – 苯乙烯共聚物；C08L55/02/CPC 表示丙烯腈 – 丁二烯 – 苯乙烯共聚物。

获取有效对比文件：KR2003-0079055A，KR2003-0035481A。

小结

与其他领域相比，由于分类号不能准确表示待检技术方案的主题、关键技术手段，因此，分类号在化学领域检索往往使用频率相对较低。但是，如分类号可以较为准确体现待检索技术方案所属的技术主题、体现待检索技术方案的关键技术手段时，在化学领域（比如组合物领域）采用分类号检索时往往可以实现高效检索的目的。

分类号是由专业分类人员按照一定的分类规则进行分类的，因此，采用分类号检索往往可以起到较好的检索效果。而且随着分类体系的不断完善，分类号往往能较为精准的体现关键词不容易表达的检索要素，比如上述技术方案中 CPC 分类号中 2000 系列可以体现参数限定的组分。

8.2.3　总结

　　组分是用来表征组合物的基本单元，从宏观来看，组分的检索实质上是组合物的检索。组分的检索关键在于理解各个组分在解决技术问题的技术方案中的作用，分清组分的主次作用，构建不同层次的检索式。

　　组分通常是以具体物质来表现的，因此，其通常具有确定明确的名称，因此，关键词通常能较为准确地表达组分的含义。因此，在把握各组分作用的前提下，组分的检索通常是基于关键词进行逻辑运算实现检索目的的。

　　对于组分不是具体物质，而是一类物质的情况，当分类号可以很好地体现组分含义或者体现组分所涉及的技术主题时，可以采用分类号进行检索，通常会起到事半功倍的效果。

8.3　涉及参数限定的检索

8.3.1　参数限定特征的介绍

　　《专利审查指南 2010》指出，产品权利要求通常应当用产品的结构特征描述，特殊情况下，当产品权利要求中的一个或多个技术特征无法用结构特征予以清楚地表征时，允许借助物理或化学参数表征。使用参数表征时，所使用的参数必须是所属技术领域的技术人员根据说明书的教导或通过所属技术领域的惯用手段可以清楚而可靠地加以确定的。因此，采用参数特征来限定一项权利，要求所要请求保护的技术方案在各个技术领域都是十分常见的。同时，关于参数限定对于产品权利要求的影响，可以参见《专利审查指南 2010》（以下简称《指南》）第二部分第三章 3.2.5 中指出：对于包含性能、参数特征的产品权利要求，应当考虑权利要求中的性能、参数特征是否隐含了要求保护的产品具有某种特定的结构和 / 或组成。如果该性能、参数隐含了要求保护的产品具有区别于对比文件产品的结构和 / 或组成，则该权利要求具备《专利法》22.2 规定的新颖性；相反则可推定要求保护的产品与对比文件产品相同，因此申请的权利要求具备新颖性。《指南》第二部分第十章关于化学领域发明专利申请审查的若干规定 5.3 中也有关于用物理化学参数表征的化学产品的新颖性的规定：如果无法依据所记载的参数对由该参数表征的产品与对比文件公开的产品进行比较，从而不能确定采用该参数表征的产品与对比文件产品的区别，则推定用该参数表征的产品权利要求不具备新颖性。

参数包括：一类是表征产品宏观或微观结构的参数，即结构参数，例如比表面积、孔径、孔容、孔径分布等，一类则是表征产品性能或效果的参数，即性能参数，例如转化率、选择性、吸附性能等，另外一类是表征产品的个性化参数，如组分含量、制备方法或工艺的操作参数等，如果这些制备步骤为常规的制备步骤，工艺操作参数属于常规的数值范围，与技术方案所要解决的技术问题没有密切关系，即不是发明构思所在，则不作为检索要素。而如果其制备步骤或工艺操作参数为发明构思所在，即关键步骤或关键参数，则要作为检索要素进行表达和检索。参数具体体现为数值形式，在实际检索中存在难以表达、不好表达的问题，例如数值范围因其中间数值如何体现很难表达。加之，现有很多数据库对于数值检索的支持硬件不够完善，导致检索上存在较大难度。因此，涉及参数限定的检索通常是一较大的检索难点。

在涉及参数限定的产品检索时，首先，应该判定参数为何种参数，判断其是否具有真正的限定作用，是否需要作为检索要素，如物质的性能参数通常是其本身所固有的基本属性，在物质构成相同的情况下，其某些性能参数应当被认为是一致的。因此，对于性能参数的限定，一般并不将性能参数作为检索要素进行检索；而结构参数则通常会作为检索要素进行检索。其次，与常规检索方法类似，选择合理的表达方式表达检索要素，进行全要素或部分要素检索。不过，若采用常规检索未获得有效对比文件时，分析技术方案和检索结果，及时调整检索策略是参数限定检索的关键。常见的参数限定的检索策略有三种，下文分别进行介绍。

8.3.2　参数限定特征的检索策略

8.3.2.1　直接采用参数特征进行检索

虽然如前所述，因为参数基本涉及数值，在实际检索中，数值在表达上通常存在较大难度，但不可否认，在支持检索数值的数据库中检索时，如果直接采用数值参数进行检索，仍然是一种高效的检索方式。下面结合实际案例进行简要阐述。

【案例 8-5】一种高耐疲劳性 PC/PBT 合金组合物

案情简介

一种高耐疲劳性 PC/PBT 合金组合物，其合金组合物包含如下重量份的各组分：

超高分子量 PC 树脂 40~80 份，PBT 树脂 10~50 份，增韧剂 2~10 份，抗氧剂 0.1~1 份，润滑剂 0.1~1 份。其中，所述的超高分子量 PC 树脂的数均相对分子量为 32000~38000g/mol。

该技术方案主要针对现有技术中 PC/PBT 合金耐疲劳性不足的问题，提供了一种高耐疲劳性 PC/PBT 合金组合物的方案，具体是通过选择采用了一种超高分子量 PC 树脂，由于其分子链更长，更长的分子链会形成更多的分子链缠结点，增强分子链抵抗外力破坏的能力，从而提供了更高的耐疲性能。

基本构思及检索要素分析

（1）基本构思。

一种高耐疲劳性 PC/PBT 合金组合物，限定其中超高分子量 PC 树脂的数均相对分子量为 32000~38000g/mol，从而获得高的耐疲劳性。

（2）检索要素分析。

基于上述基本构思分析，确定检索要素如下：

检索要素 1：PBT 树脂；

检索要素 2：PC 树脂；

检索要素 3：分子量。

检索过程

在中国专利检索及分析数据库中，输入以下检索式进行检索：

关键词 =（（PC or 聚碳酸酯）S（分子量 or Mw）S 万）and（Pet or PBT or 聚对苯二甲酸）

共获得 23 篇文献，经浏览筛选获得 2 篇可用的对比文件，分别如下：

（1）CN102424720A（公开了所述聚碳酸酯树脂是分子量为 2~4 万的双酚 A 型聚碳酸酯树脂）；

（2）CN1748981A（公开了所述 PC 的分子量为 3~5 万）。

小结

涉及参数限定的检索，如果参数特征容易表达时，可以直接通过表达参数进行检索，一定程度上可以大大提高检索效率。但实际检索中，应注意对参数表达进行合理扩展，综合运用多种表达进行检索。结合上述技术方案，参数特征涉及"分子量"，除了正常表达数值之外，还应注意分子量的常用其他表达方式，如分子量为多少"万"，否则，上述2篇有效对比文件无法通过直接检索具体数值获得。

【案例8-6】一种强度增加的口服型医药用吸附剂

案情简介

一种口服型医药用吸附剂，其由多孔性活性炭组成，其中，多孔性活性炭的气孔直径为7.5~15000nm的气孔容积为大于等于0.03mL/g且小于0.08mL/g，气孔直径20~15000nm的气孔容积为大于等于0.01mL/g且小于0.03mL/g。

该待检技术方案主要针对现有技术中仅将重点放在增加选择吸附率或者增加吲哚吸附力，而没有既可以增加选择吸附率又可以增加吲哚吸附力的方法。因此，该方案通过控制活性炭的上述结构参数特征，从而提供一种均满足选择吸附率及吲哚吸附力的最新口服型医药用吸附剂。

基本构思及检索要素分析

该技术方案也是一个典型的"组成＋结构参数"限定的产品，限定了产品的气孔容积、气孔直径等结构参数，且强调了结构参数的作用。因此，确定检索要素为：吸附剂 活性炭 结构参数（孔容积 孔直径）。实际检索时，首先，选择在中国专利检索及分析数据库中进行检索，主要从分类号和关键词角度进行表达。具体检索式如下：

序号	命中数量	检索式
1	29	ic=b01j20 and 孔容积 and 孔直径
2	53	关键词＝（活性炭 or 活性碳）and 孔容积 and 孔直径

经浏览，筛选获得有效对比文件CN 1615908A，公开了一种口服给药用吸附剂，并具体公开了参见说明书摘要、比较例3以及表1（见图8-4）：比较例3中采用球形的酚树脂作为碳源，制备了一种表面改性的球形活性炭，其细孔直径7.5~15000nm的细孔容积为0.04mL/g，细孔直径20~15000nm的细孔容积为0.02mL/g。可以评述上述技术方案的新颖性。

另外，检索到该对比文件后，发现该文献给出了一个更准的分类号：A61K 33/44表示"医学或兽医学；卫生学；医用、牙科用或梳妆用的配制品（专门适用于将药品制成特殊的物理或服用形式的装置或方法A61J3/00；空气除臭，消毒或灭菌，或者绷带、敷料、吸收垫或外科用品的化学方面，或

表1

实施例号	样品名	细孔容积(mL/g)		总酸性基团 (meq/g)	总碱性基团 (meq/g)	β-氨基异丁酸残量 (mg/dL)	比表面积 (m²/g)	平均粒子径 (nm)
		细孔直径 7.5-15000nm	细孔直径 20-15000nm					
实施例1	离子交换树脂	0.42	0.25	0.65	0.59	3.9	1250	0.35
实施例2	离子交换树脂	0.45	0.27	0.65	0.58	3.6	1350	0.35
实施例3	沥青	0.64	0.54	0.58	0.55	3.9	1510	0.35
实施例4	沥青	0.40	0.21	0.56	0.57	4.0	1490	0.35
实施例5	沥青	0.27	0.12	0.57	0.54	4.5	1373	0.35
实施例6	交联乙烯基树脂	0.41	0.22	0.57	0.56	3.9	1500	0.31
比较例1	沥青	0.23	0.13	0.56	0.55	6.5	1520	0.35
比较例2	离子交换树脂	0.41	0.27	0.17	0.60	7.9	1330	0.35
比较例3	酚树脂	0.04	0.02	0.67	0.72	4.8	1609	0.28
比较例4	酚树脂	0.06	0.03	0.56	0.57	5.1	1515	0.41

图8-4　对比文件相关附表

材料的使用入 A61L；肥皂组合物入 C11D）；含无机有效成分的医用配制品〔2〕；元素碳，例如炭、炭黑〔2〕。"

若采用该分类号进行检索，检索式如下：

IC=A61K33/44 and 孔容积 and 孔直径

通过筛选发现第1篇专利申请 CN107148273A（口服给药用吸附剂，以及肾病治疗剂和肝病治疗剂）即为有效对比文件。

小结

经过分析，上述检索式已经命中了该对比文件，但是容易漏筛，主要是因为该对比文件的活性炭结构参数出现在表格中，因此，对于包含多个参数的产品技术方案，一定要注意筛选和浏览。

因为在现有检索数据库中直接采用数值检索很容易产生漏检。因此，对于结构参数限定的产品，在实际检索时，一定要注意多调整，多表达，对数据库的选择也很重要，只有多次调整和多次检索才不容易造成漏检。同时，应该注意很多数据库中对于图和表中的内容并不会做标引，例如 CNKI 数据库、专利全文数据库等，因此，在利用相关数据库进行检索时，图和表中的有关结构参数信息很容易被遗漏，因此，可以采用表征方法的关键词来替代表征结构，这样有利于补充进来此部分信息。

8.3.2.2 采用检索制备方法进行检索

直接采用参数特征检索，并未获得公开该参数特征的有效对比文件，针对该情况，虽然现有技术并没有记载或公开该技术方案中用于表征产品的相关参数特征，然而其采用制备方法与本技术方案相同或极为相似（如原料相同和 / 或工艺步骤相近）。同时基于对于技术方案的理解，可以确定上述某些参数特征的获得对应于物质特定的制备方法和工艺。因此如前所述，若能检索获得相同或极为相近的制备方法和工艺的对比文件，则基于该文献可以有理由推定两者具有相同的参数特征。虽然对比文件中没有提及申请用于表征产品的参数，但通过符合逻辑的推理可以得出待检技术方案不具备新颖性或创造性的结论。

【案例 8-7】一种催化丙烷脱氢反应的催化剂及其制备方法和丙烷脱氢制丙烯的方法

案情简介

一种催化剂载体，所述载体为空心球状介孔材料，该介孔材料的平均孔径为 5~15nm，比表面积为 100~500m^2/g，孔体积为 0.5~1.5mL/g；

所述载体采用以下方式进行制备：

（1）在溶液条件下，将模板剂与三甲基戊烷和四甲氧基硅烷进行混合接触以得到溶液 A，所述模板剂为三嵌段共聚物聚乙二醇 – 聚丙三醇 – 聚乙二醇；

（2）将所述溶液 A 依次进行晶化和过滤，得到空心球状介孔材料原粉；

（3）将所述鸡蛋壳状介孔材料原粉进行脱模板剂处理，得到所述空心球状介孔材料。

该待检技术方案主要针对现有技术中的丙烷脱氢催化剂通常以 Pt 为主要金属活性组分，以 γ-Al$_2$O$_3$ 为载体，该催化剂具有活性组分分散差、催化活性及稳定性较差的缺陷。为了克服现有技术中介孔结构不稳定，进一步导致丙烷转化率和丙烯选择性不高的缺陷，具体是通过采用平均孔径为 5~15nm，比表面积为 100~500m^2/g，孔体积为 0.5~1.5mL/g 的空心球状介孔材料作为载体，并在其上负载各种能够用于催化丙烷脱氢制丙烯的催化剂的金属活性组分而获得的催化剂时，能够获得良好的丙烷转化率以及丙烯选择性。本发明的发明人猜测，金属活性组分在所述空心球状介孔材料的分散性能够更好，从而间接地导致了应用该催化剂的反应的有益效果。

基本构思及检索要素分析

（1）基本构思。

本技术方案涉及一种催化丙烷脱氢反应的催化剂载体，且强调了利用大孔、比表面积较大、孔体积较大的空心球状介孔材料作为载体，与金属活性组分一起形成催化剂，上述空心球状介孔材料有利于金属活性组分在载体表面的良好分散，进而可以保证制备的丙烷脱氢催化剂性能优良。

（2）要素分析与提炼。

基于上述分析，确定如下检索要素：

检索要素 1：空心球；

检索要素 2：介孔；

检索要素 3：结构参数。

检索过程

实际检索时，首先选择在中国专利检索及分析数据库中进行检索，主要针对载体结构进行检索，并未获得有效对比文件。转入非专利库进行检索，也未获得有效对比文件，因此，如前所述检索策略，对于结构参数的表达扩展到其制备方法。通过对制备方法的分析，可以确定该技术方案之所以可以制备得到特定结构的载体，主要是由于采用了特定的原料和模板剂控制得到的，因此，基于此，针对制备方法提取了新的检索要素：介孔、氧化硅、三甲基戊烷（2,2,4-trimethylpentane）、四甲氧基硅烷（Tetramethoxysilane）、聚乙二醇 – 聚丙三醇 – 聚乙二醇（P123），在 Google 学术中，采用关键词 mesoporous、silica、Tetramethoxysilane trimethylpentane–P123 进行检索，具体如图 8-5 所示。

从而在第 1 页第 2 个条目即可获得对比文件：Liu J, Li C, Yang Q, et al. Morphological and structural evolution of mesoporous silicas in a mild buffer solution and lysozyme adsorption［J］. Langmuir, 2007, 23（13）: 7255–7262。该对比文件公开了空心球介孔二氧化硅的比表面积为 327/417m^2/g，孔体积为 0.93、0.98mL/g，平均孔径为 9.3/11.5nm，均落入该技术方案数值范围内。上述文献破坏了该技术方案的创造性。

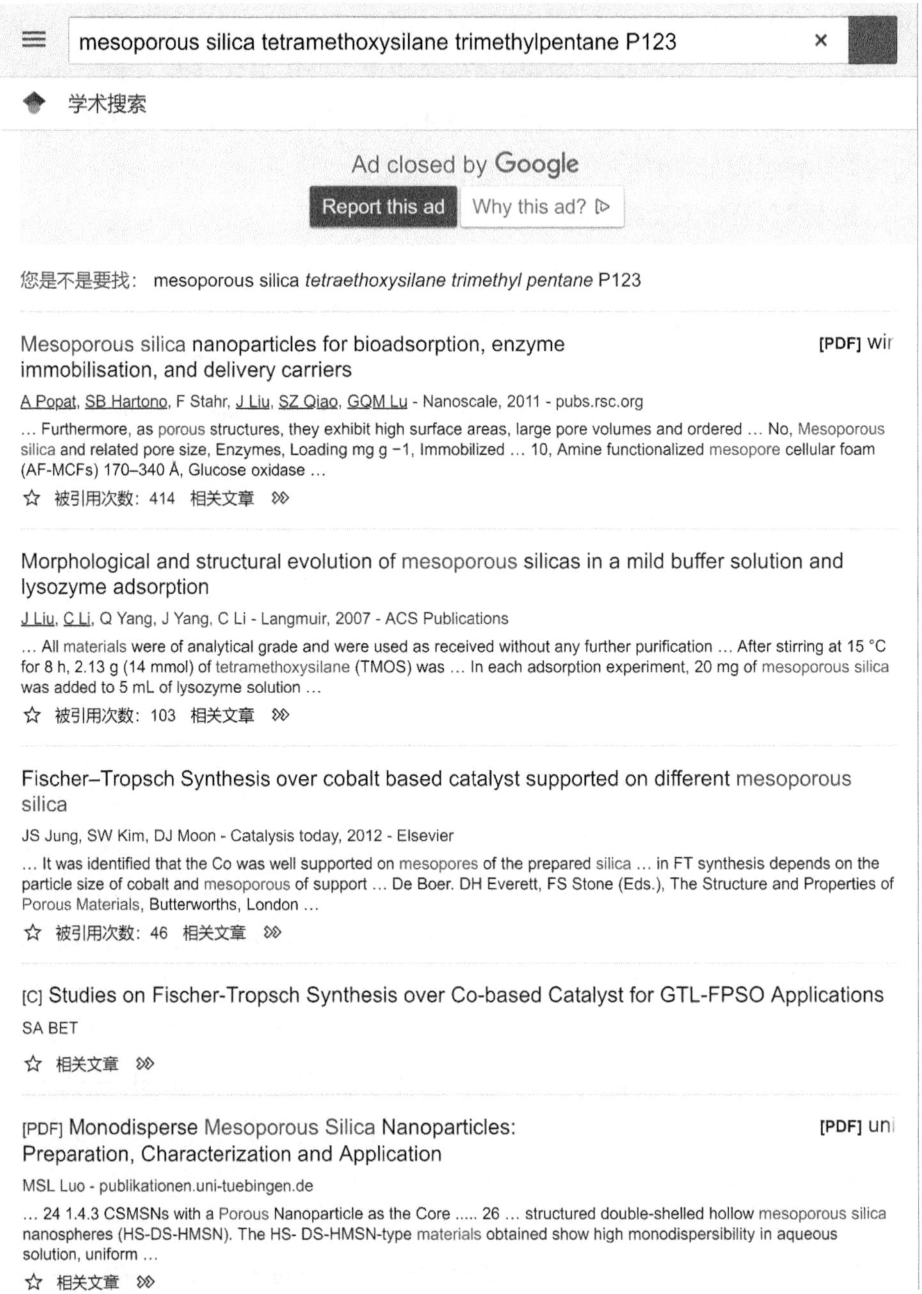

您是不是要找： mesoporous silica *tetraethoxysilane trimethyl pentane* P123

Mesoporous silica nanoparticles for bioadsorption, enzyme immobilisation, and delivery carriers
[PDF] wir

A Popat, SB Hartono, F Stahr, J Liu, SZ Qiao, GQM Lu - Nanoscale, 2011 - pubs.rsc.org

… Furthermore, as porous structures, they exhibit high surface areas, large pore volumes and ordered … No, Mesoporous silica and related pore size, Enzymes, Loading mg g −1, Immobilized … 10, Amine functionalized mesopore cellular foam (AF-MCFs) 170–340 Å, Glucose oxidase …

☆ 被引用次数：414 相关文章 ≫

Morphological and structural evolution of mesoporous silicas in a mild buffer solution and lysozyme adsorption

J Liu, C Li, Q Yang, J Yang, C Li - Langmuir, 2007 - ACS Publications

… All materials were of analytical grade and were used as received without any further purification … After stirring at 15 °C for 8 h, 2.13 g (14 mmol) of tetramethoxysilane (TMOS) was … In each adsorption experiment, 20 mg of mesoporous silica was added to 5 mL of lysozyme solution …

☆ 被引用次数：103 相关文章 ≫

Fischer–Tropsch Synthesis over cobalt based catalyst supported on different mesoporous silica

JS Jung, SW Kim, DJ Moon - Catalysis today, 2012 - Elsevier

… It was identified that the Co was well supported on mesopores of the prepared silica … in FT synthesis depends on the particle size of cobalt and mesoporous of support … De Boer. DH Everett, FS Stone (Eds.), The Structure and Properties of Porous Materials, Butterworths, London …

☆ 被引用次数：46 相关文章 ≫

[C] Studies on Fischer-Tropsch Synthesis over Co-based Catalyst for GTL-FPSO Applications
SA BET

☆ 相关文章 ≫

[PDF] Monodisperse Mesoporous Silica Nanoparticles: Preparation, Characterization and Application
[PDF] uni

MSL Luo - publikationen.uni-tuebingen.de

… 24 1.4.3 CSMSNs with a Porous Nanoparticle as the Core ..... 26 … structured double-shelled hollow mesoporous silica nanospheres (HS-DS-HMSN). The HS- DS-HMSN-type materials obtained show high monodispersibility in aqueous solution, uniform …

☆ 相关文章 ≫

图 8-5 检索界面

8.3.2.3 通过采用检索材料组成进行检索

通过仔细理解技术方案，找参数特征与材料组成的对应关系，因为有些情况下，检索获得相同的材料组成，一般可以认为参数特征就随之被公开了，例如，物质的分子量与材料组成是对应的；因此，检索策略选取上可以选择具体的材料作为检索要素来进行检索，从而可以绕开直接检索参数特征带来的诸多困难，在较少的文献量中命中检索结果，大大提高检索效率。一旦分析出参数特征与材料组成的关系，后续的检索就转变为了常规的组成检索策略，在此不再举例说明。

8.3.3　总结

对于参数限定的检索，检索的难点主要在于参数的关键词表达比较多样，通常会涉及数值，而在目前检索数据库中，数值是一个比较难检索的要素，尽管部分数据库也支持数值检索，例如在搜索引擎中，将输入的两个数字用两个英文句号隔开，即可检索这两个数值之间的数值，例如：温度 180..500。因此，依据现有手段直接采用这些数值检索容易造成目标文献遗漏，因此，在针对包含参数的技术方案进行检索时，一般需要对参数的关键词在表达上进行充分扩展。

此外，涉及参数限定的检索，如果参数无法直接表达时，应深入理解参数所代表的真正含义，将其转化为可检索的要素，再进行检索。同时应注意合理预期参数可能存在的位置，在具体选择数据库字段时应注意对文献全部内容的检索。但选择全文检索时可能会存在较大的噪声，若噪声较大，可再结合分类号等其他去噪手段进行进一步限制。

8.4　涉及公式的检索

8.4.1　公式特征的介绍

在机械及电学领域中，有很多细分领域涉及算法的应用或对算法的改进，而在涉及算法的应用或对算法的改进的发明申请的权利要求中，往往会记载一些数学公式，而由于数学公式的表达和自然语言不同，现有的数据库多数不支持图形或组合数学符号的检索，因此对于数学公式的检索存在较大的困难。

数学公式检索和常规的关键词检索相比，其困难点在于：第一，数学公式采用的是数学符号的组合而不是自然语言进行表达，而现有的数据库资源基本都不支持组合数学符号的检索；第二，文献中的数学公式多以图片的形式存在，即使当前已有些数据库支持对上传的图片进行相似度匹配，但同一含义的数学公式多具有不同的表达形式，图片的匹配无法检索到含义相同但撰写形式不同的数学公式。

8.4.2　公式特征的检索策略

基于以上对困难点的分析，我们可以了解到，直接对数学公式本身进行检索在多数情况下并不是有效的检索方式，而如果能将数学公式中少部分的数学符号或符号组合的表达转化成自然语言的表达，我们就可以使用常规的关键词检索来间接检索数学公式。

8.4.2.1　直接使用公式名称、公式中参数的名称进行检索

数学公式的数学表达本身难以检索，但对于现有技术中具有明确含义或目的的公式，多数情况下申请文件中会给出该公式的名称或者公式中要求取的因变量和已知自变量的物理含义。这种情况下，可以优先尝试使用公式名称或者公式中参数的名称进行检索。

【案例 8-8】一种区域火灾风险估计方法

案情简介

一种区域火灾风险估计方法，该方法包括：

调用区域火灾风险估计模型；

根据原始数据计算出至少一个危险性因子和至少一个易损性因子；

基于所述至少一个危险性因子计算火灾危险性指数；

……

其中，所述基于所述至少一个危险性因子计算火灾危险性指数包括：

根据如下公式依据植被指数计算相对绿度：

$RG = (NDVI\text{-}NDVI\text{min}) / (NDVI\text{max}\text{-}NDVI\text{min}) \times 100\%$（公式一）

其中，RG 为相对绿度，$NDVI\text{min}$ 为历年最小归一化植被指数，$NDVI$ 为归一化植被指数，$NDVI\text{max}$ 为历年最大归一化植被指数；

根据如下公式依据相对绿度和植被指数计算活可燃物湿度：

$LR = RG \times (0.35 + 0.5 \times NDVI\text{max})$（公式二）

其中，LR 为活可燃物湿度，RG 为相对绿度，$NDVI\text{max}$ 为历年最大归一化植被指数；

……

基本构思及检索要素分析

该案基本构思在于通过计算相对绿度及计算活可燃物湿度来估计区域火灾风险。

从技术主题确定第一个检索要素"区域火灾风险估计",从对现有技术改进角度确定第二个检索要素"相对绿度计算"及第三个检索要素"活可燃物湿度计算"。

检索过程

计算相对绿度、计算活可燃物湿度在本案中是两个公式。前期检索到的对比文件已经公开了根据危险性因子计算火灾危险性指数这一构思;但是仅公开了"活可燃物湿度由可燃物水分含量(NDWI)计算出的相对绿度得到",并未直接给出计算公式,因此后续的检索重点在于检索两个数学公式。

对于第一个公式,已经明确给出了其中参数对应的名称:相对绿度、归一化植被指数。因此直接使用对应的英文名称 RG、NDVI、relative greenness、normalized difference vegetation index 在科学引文索引(Web of Science)中检索,得到该公式为本领域的常规计算方法,已被多篇文献公开,例如:"RGI=(ND0–NDmn)/(NDmx–NDmn)×100;where ND0=observed NDVI value,NDmn=minimum NDVI value,NDmx=maximum NDVI value""RG=(ND0–NDmn)/(NDmx–NDmn)×100;where ND0= highest observed NDVI value for the 1 week composite period,NDmn= historical minimum NDVI value for a given pixel,NDmx= historical maximum NDVI value for a given pixel""GREENNESSi=(NDVIi–NDVImin)/(NDVImax–NDVImin)"。

【案例 8–9】一种基于 ATSM 的分布式驱动电动汽车横向稳定性控制方法

案情简介

一种基于 ATSM 的分布式驱动电动汽车横向稳定性控制方法,包括如下步骤:

S1:建立 3 自由度非线性整车模型作为参考模型;

S2:在分布式驱动电动汽车横向稳定性分层式控制系统的框架下,基于 TSM 控制算法设计控制系统的上层控制器;

S3:设计所述步骤 S2 中 TSM 控制增益的自适应律;

S4:构造 Lyapunov 函数,对所设计控制方法进行稳定性分析。

其中 S1 建立的 3 自由度非线性整车模型为:

$$\begin{cases} \dot{\gamma} = \dfrac{a^2 k_1 + b^2 k_2}{I_z v_x} \gamma + \dfrac{a k_1 - b k_2}{I_z} \beta - \dfrac{a k_1}{I_z} \delta \\[2ex] \dot{\beta} = (\dfrac{a k_1 - b k_2}{m v_x^2} - 1) \gamma + \dfrac{k_1 + k_2}{m v_x} \beta - \dfrac{k_1}{m v_x} \delta \\[2ex] \dot{v}_x = \gamma \beta v_x + a_x \end{cases}$$

式中，γ 为理想横摆角速度，rad/s；β 为理想质心侧偏角，rad；v_x 为理想纵向车速，m/s；m 为整车质量，kg；a、b 分别表示前、后轴轴距，m；k_1、k_2 分别为前后轴等效侧偏刚度；δ（$\delta=\delta$sw/i，δsw 为方向盘转角，i 为转向系统传动比）为前轮转角，rad；a_x 量测纵向加速度；

S2 的具体过程为：

S2.1，建立分布式驱动电动汽车横摆动力学方程，即：

$$I_z \dot{\gamma} = M_z + \frac{B}{2}(F_{yfl} - F_{yfr})\sin\delta + a(F_{yfl} + F_{yfr})\cos\delta - b(F_{yrl} + F_{yrr}) + d$$

式中，M_z 为直接横摆力矩，即控制力矩，N·m；I_z 为车辆横摆惯量，kg·m²；F 表示轮胎力，N，由 dugoff 轮胎模型给出，下标 x、y 分别表示轮胎纵向及横向；fl、fr、rl、rr 分别表示左前轮、右前轮、左后轮及右后轮；a、b 分别表示前、后轴轴距，m；δ（$\delta=\delta$sw/i，δsw 为方向盘转角，i 为转向系统传动比）为前轮转角，rad；B 为前、后轮轮距，m；d 为模型不确定性及干扰造成的集总扰动，N·m；

其中，$|d| < D$，D 为正常数；

S2.2，基于所述 S2.1，采用 TSM 控制算法设计控制系统上层控制器：

定义滑模变量：

$$s = \gamma - \gamma_d + \frac{1}{2}(\beta - \beta_d)$$

上层控制器输出为：

$u=u_1+u_2$

其中：

$$\begin{cases} u_t = -\alpha[\operatorname{sgn}(s) + \frac{1}{2}\operatorname{sgn}(s)] \\[2ex] u_2 = -(\dfrac{B}{2}(F_{yfl} - F_{yfr})\sin\delta + a(F_{yfl} + F_{yfr})\cos\delta - b(F_{yrl} + F_{yrr}) + \\[1ex] \qquad I_z[c(\beta - \beta_d) - \dot{\gamma}_d]) \end{cases}$$

式中，γ、γ_d 分别为横摆角速度实际值及基于 3 自由度非线性整车参考模型的理想值，rad/s；β、β_d 分别为质心侧偏角实际值及基于 3 自由度非线性整车参考模型的理想值，rad；α 为螺旋滑模控制增益；u_1 为建模补偿前馈输出，u_2 为 ATSM 控制输出；

所述 S3 的具体过程为：

螺旋滑模控制增益自适应律设计如下：

$$\begin{cases} \alpha = \omega\sqrt{\dfrac{\theta}{2}}\,\mathrm{sgn}[E(s,s)-\mu]\,; \alpha > \alpha_t \\ \lambda\,; \qquad\qquad\qquad\qquad\quad \alpha \leqslant \alpha_t \end{cases}$$

稳定性条件：

$$\begin{cases} \alpha > 2D \\ 0 < \beta < \min(\dfrac{2\sqrt{2\alpha}}{3}(\dfrac{\alpha}{2}-D)\,,2\alpha^{\frac{3}{2}}) \end{cases}$$

式中，$E(y_1,y_2)=e^{k(s^2+s^2)}$，$k$、$\omega$、$\theta$、$\mu$、$\lambda$ 及 αt 均为正常数。

基本构思及检索要素分析

该案基本构思在于通过控制增益的自适应律对 3 自由度非线性整车模型进行稳定性分析。

该案涉及的是电动汽车横向稳定控制方法，因此首先确定电动汽车横向稳定控制方法为检索要素 1，将该检索要素 1 的关键词表达为电动汽车、横向、稳定等，因该检索要素 1 具有较多的技术特征，因此在检索过程中可以视情况构建检式。该案的核心思想是通过对三自由度整车模型进行螺旋滑模控制增益自适应设计的方法来实现汽车横向稳定控制方法，因此步骤 S1 中 3 自由度的整车模型以及 S3 中控制增益的自适应律设计是其核心特征。因此确定 3 自由度的整车模型为检索要素 2，将该检索要素 2 的关键词表达为 3 自由度、整车模型、汽车模型、车辆模型等，同理在实际检索中，将该要素进行适当表达；确定控制增益自适应律设计为检索要素 3，将该检索要素 3 的关键词表达为控制增益、自适应律。

检索过程

利用这三个检索要素的全要素在检索系统中进行检索，未能得到 X 文献。因此接下来采用部分要素检索的方式进行检索。

首先，在 Patentics 系统中利用 rdi/ 申请号以及关键词"横向""稳定"逻辑与的方式进行检索，检索得到第一篇对比文献 CN106218633A，其公开了与该案例大致的构思，即通过在构建好的整车模型上进行横向稳定的分层控制来实现电动汽车的横向稳定控制。但其用到的整车模型以及控制增益的自适应律设计与本案不同，其仅能作为能够评述本案创造性的 Y 文献，需寻找其他 Y 文献来结合评述本案创造性。

然后针对 3 自由度整车模型进行检索，在检索系统中构建检索式：

3 自由度 s（整车模型 or 汽车模型 or 车辆模型）

得到第二篇文献 CN104182991A，其公开了 3 自由度的整车模型，与本案完全一致。

最后针对控制增益自适应律设计进行检索，在检索系统中构建检索式：

控制增益 s 自适应律

得到第三篇文献 CN104932259A，其公开了控制增益自适应律设计方法，与本案基本一致。

利用这三篇文献的结合，评述了该案的创造性。

小结

在案件已经给出了公式的名称或公式中重要参数的名称时，应首先尝试直接使用上述名称进行快速检索。其中需要注意的是，在多数情况下，公式或参数的名称是从英文翻译而来，因此，可能存在多种中文表达方式，除优先检索英文名称外，还应通过检索读秀、中国知网（CNKI）、百度等非专利资源合理扩展常见的中文表达。直接使用公式名称、公式中参数的名称进行检索的适用情形：对于绝大多数含义清楚、公开充分的数学公式的检索，通常优先尝试此方法。

8.4.2.2　利用公式对应算法的原理进行检索

由于不同作者推导方式的不同或者关注点的不同，有些情况下同一算法最后呈现出来的公式表达会有很大不同，这就需要检索者不仅仅关注于检索公式本身，而应当在充分理解了发明构思基础上，对算法原理而非公式的表现形式进行检索。

【案例 8-10】一种光伏方阵固定支架的规划布置方法

案情简介

一种光伏方阵固定支架的规划布置方法，包括如下操作：

（1）采集光伏安装区域的地理信息和光伏板的数据信息；

（2）对采集的数据进行分析计算，得出光伏方阵的安装间距；

（3）按照步骤（2）的分析计算结果规划布置光伏固定支架。

采用如下方法对采集的数据进行分析计算：

前、后方阵等高的情形：

方阵间距：$D = L \times \cos\beta + d$

其中：$d = L \times \sin\beta / \tan\alpha s$，$r = H \div \tan\alpha$，$H = L \times \sin\beta$；

前排方阵比后排方阵高的情形：

方阵间距：$D = L \times \cos\beta + d$

其中：$d = (L \times \sin\beta + h) / \tan\alpha s$，$r = (L \times \sin\beta + h) \div \tan\alpha$；

前排方阵比后排方阵低的情形：

方阵间距：$D = L \times \cos\beta + d$

其中：$d = (L \times \sin\beta - h) / \tan\alpha s$，$r = (L \times \sin\beta - h) \div \tan\alpha$；

上述公式中：$\tan\alpha s = \tan\alpha \times \mathrm{sqrt}(1 + \tan 2\gamma s)$

若光伏方阵方位角 $\gamma \neq 0$ 时，则上述公式中 γs 应用如下公式中的 $\gamma' s$ 代替：$\gamma' s = \gamma s - \gamma$；

上述公式中：α 为太阳高度角，β 为方阵倾角，αs 为太阳高度角向西的投影角，L 为光伏板斜面长度，h 为前后排光伏方阵高差绝对值，γ 为阵列方位角，γs 为太阳方位角。

基本构思及检索要素分析

该案的发明构思是在光伏阵列前后太阳能板置于倾斜的平面上，即前后排高度不一样时，准确计算光伏阵列前后排之间应当留出多少间隔。

从对现有技术改进的角度确定检索要素为"方阵间距"。

检索过程

从上述内容来看，其是使用数学公式来限定应该如何进行计算，但进一步参考说明书中记载的内容，发现这些数学公式实质上是基于平面几何＋立体几何图形的计算推导过程（如图 8–6、图 8–7 所示），而基于几何图形的计

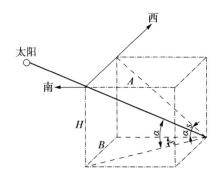

图 8–6　案例 8–10 太阳方位角与高
度角的关系

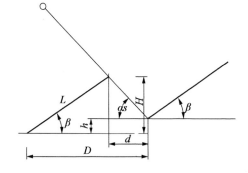

图 8–7　案例 8–10 前后排方阵不等高的分
析示意

算推导方式多种多样，最后的表达形式可能有很大差别。因此，检索时不应当拘泥于公式本身，而应该重点检索算法的原理：当光伏阵列太阳能板位于倾斜的平面上时，利用太阳高度角、太阳能板倾斜角、方位角等参数计算光伏阵列间的布置间距。

在 CNKI 中检索 SU = ' 光伏 '*（' 方阵 '+' 阵列 '）*' 间距 ' and FT =' 高度角 '*' 方位角 '*（' 屋面 '+' 坡面 '）得到对比文件 "坡地光伏电站光伏方阵间距设计"，其中公开了水平场地、南向坡面和东向坡面上光伏阵列间距的计算模型（如图 8-8、图 8-9 所示）。

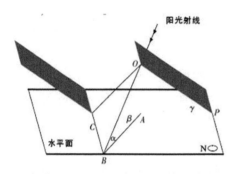

图 8-8　水平场地上光伏阵列间距计算模型　　图 8-9　南向坡面上光伏阵列间距计算模型

其中，图 8-9 南向坡面上光伏阵列间距计算模型已经完整地公开了本案的发明构思，但其公开的计算公式从形式上看，和本案权利要求相差甚远：$AB=OA\cot\alpha=l\sin\gamma\cot\alpha$；$AC''=AB''\cos\beta$；$C'C''=B'B''=（AB-AB''）\tan\alpha$；$PC''=PA+AC''=C'C''\cot\theta$；$ds=PC''=l（\sin\gamma\cos\beta+\cos\gamma\tan\alpha）/（\tan\alpha+\cos\beta\tan\theta）$。实质上，经过数学变形即可推导出和本案权利要求记载的公式完全相同的数学公式。

小结

公式的检索并非一定拘泥于对公式本身表达方式的检索，当判断权利要求要求保护的数学公式可能存在多种变形的表达时，应该注重对算法原理的理解，从申请文件中记载的算法的原理、应用场景、解决的问题等多个角度去提炼检索要素。利用算法原理检索的适用情形：数学公式本身存在多样化的表达形式，但算法原理本身容易理解。

8.4.2.3　通过引申数学公式或其参数的含义进行检索

公式的数学表达方式往往存在多样化的问题，此时，应尽可能充分理解其代表的物理含义，从其表达的实质中提炼或扩展出有助于表达检索要素的关键词。

【案例 8-11】一种光伏方阵固定支架的规划布置方法

案情简介

一种测定林分蓄积变异分布的技术方法，根据林分条件选择合适的断面积系数 Fg，进行机械布点，并用 GPS 定位每一个布设点，然后按每点断面积系数观测并记录，求算林分蓄积量 V，并确定不同间隔点位的方差大小，进而得出林分蓄积的变异分布函数。首先，根据林分平均直径大小、疏密度、通视条件及林木分布状况等因素选择合适的断面积系数 Fg，其中，我们常选的 Fg 有 0.5、1.0、2.0 和 4.0 四种，分别代表幼龄林、中龄林、成熟林和过熟林；其次，按照规律选择相应林分，进行机械布点，并用 GPS 定位每一个布设点，要求布设点位间隔 d=30~50m（d 为整数），布设点数大于等于 36 个，并尽可能超过 200 个点；再次，在每一个布设点上，按每点 Fg 进行林木观测，记录每公顷林木株数 Ni（i=1，2，3，…，n）；最后，利用数学模型 $V=f \times Fg \times \Sigma i=1 nNi$（$H'$+3），其中，$V$ 为林分蓄积量，f 为相应计数木径阶的形高值，Fg 为断面积系数，Ni（i=1，2，3，…，n）为每公顷林木株数，H'（$H'=f$（Ni））为林分林木平均高，求得林分蓄积量 V。

基本构思及检索要素分析

该案基本构思在于通过林分蓄积量及不同间隔点位的方差大小来计算林分蓄积变异分布函数。

从对现有技术改进角度确定检索要素为"林分蓄积量"。

检索过程

对于公式 $V=f \times Fg \times \Sigma i=1 nNi$（$H'$+3），在说明书中没有给出公式的名称，只能根据其包含的参数的含义（林分蓄积量 V、形高 f、断面积系数 Fg 等）来进行检索，但利用上述方法检索到的相似的公式均只含 H'，而不含 H'+3 的表达，并且申请人也没有在说明书中对该数学模型使用 H'+3 代替 H' 的原因进行解释或说明。此时，通过检索到的相似的公式结合本案说明书理解公式 $V=f \times Fg \times \Sigma i=1 nNi$（$H'$+3），由于 H' 的含义为林分林木平均高，而林木高度通常是以米为单位的，因此，若要求上述公式具有明确的物理含义，则 H'+3 中 H' 的量纲应当与未知含义的"3"的量纲相同，进而可以推测系数"3"应该是一个有量纲的数，单位为米。在此基础上，推测如果上述公式是一个现有的数学模型，包含该公式的文献中文字部分可能存在对 H'+3 含义的文字解释。因此，使用（'林分蓄积 '+'蓄积量 '）×'断面积 ' ×'3 米 ' 在 CNKI 和读秀中进行检索，检索到三篇文献：《森林调查规划试用教材》（湖北省林业学校 1977）、《林木蓄积量测算技术中的干形控制问题》（林业科学 1964）和《不进行每木检尺确定林分蓄积量的方法》（林业实用技术 1963），均公开了上述公式。

小结

在对公式的检索过程中，当遇到一些数学公式或参数的含义未知或不好用文字表达时，应充分检索背景技术，理解该公式的含义，从中提炼或扩展出有助于表达要检索的公式的关键要素。通过引申数学公式或其参数的含义进行检索的适用情形：仅从本申请的记载难以确定数学公式的实质含义，而经初步检索的同领域现有技术中存在较多相似的方案或数学公式。

8.4.2.4 利用数学公式中的某些特殊标记进行检索

在对含有数学公式的权利要求进行检索时，通常是从发明构思整体出发去构造基本检索要素，但由于数学公式表达的特殊性，需要去逐篇阅读文献，查看文献中是否包含相同或相似的公式，相对来说，效率偏低。但有些情况下，公式中存在一些特定的符号或标记，利用这些符号或标记检索，有时可以快速获得公式的出处。

【案例 8-12】一种虚拟资产不平衡交易数据的采样方法

案情简介

一种虚拟资产不平衡交易数据的采样方法，包括以下步骤：

将虚拟资产交易中的异常交易数据定义为少数类，对少数类样本采用改进的 SMOTE 方法进行过采样，从而增加其样本数量；

......

其中改进的 SMOTE 方法为：

（1）选取少数类中的一个样本 x_i（$i = 1, \cdots, N$），计算 x_i 到样本集中其它样本的距离，得到 k 个最近邻样本点；

（2）根据采样倍数 R/N，随机从 k 个最近邻样本点中选取 R/N 个样本，记为 y_j，$j = 1, \cdots, R/N$；

（3）在 x_i 与 y_j 之间构造新的少数类样本 x_i'：$x_i' = x_i + \text{random}(0, 1) \times (y_j - x_i) \times \text{Weight}[\text{isMinority}(y_j)]$；其中，$\text{random}(0, 1)$ 表示产生一个 0~1 的随机数。$\text{Weight}[\ ]$ 为二维权重向量，对近邻中的少数类和多数类样本赋予不同的权重。$\text{isMinority}(\ )$ 用于判断 y_j 是否是少数类；

......

基本构思及检索要素分析

该案基本构思在于对少数类样本采用改进的 SMOTE 方法进行过采用从而增加样本量。

从对现有技术改进的角度，确定检索要素为"改进的 SMOTE 方法"。

检索过程

在检索对 SMOTE 算法的改进时，使用常规表达的关键词 smote，改进，improv+，过采样，over sampling、权重、权值、weight+ 等进行专利全文库和非专利全文库的检索，检索到很多不同的改进方法，但均未公开采用公式 $x_i' = x_i + \text{random}(0, 1) \times (y_j - x_i) \times \text{Weight}[\text{isMinority}(y_j)]$ 来构造新的少数类样本。并且，根据该案权利要求的记载，关键词也没有很多扩展的方式。这时，注意到权利要求的公式中使用了一个并非本领域通用的函数表达方式 isMinority（），申请人有可能是直接转用的现有技术中的公式表达。据此，使用 smote*isMinority 两个关键词检索，检索得到的文献即完整公开了该申请中记载的改进的 SMOTE 算法以及其中的公式。

另外，详细查看该篇文献发现，其实该篇文献为第一发明人在先发表的论文，但在追踪检索阶段并没有获得该篇文献。分析其原因，发现本案第一发明人的姓名缩写为"H Li"，在检索时会产生大量的噪声，使用 Hu Li*smote*sampling*imbalance 进行检索，结果排序中前数页中均没有上述可用的对比文件，因此，在发明人姓名缩写的英文区分度不高的情况下，即使是同一发明人，通过常规追踪的方法也非常容易遗漏对比文件或需要花费大量时间阅读每一篇可能的文献，而优先尝试用公式中的一些特定符号或标记检索可以达到事半功倍的效果。

【案例 8-13】一种无创产前基因检测分析软件

案情简介

一种无创产前基因检测分析软件，包括数据质控模块、数据比对模块、无创产前分析模块、数据统计模块和报告生成模块。其特征在于，各模块依次连接传输数据，其中无创产前分析模块包括 GC 矫正模块；所述 GC 矫正模块使用公式为：$\text{RC GC} = \text{RCraw} \times F$，其中 $F = M/P$。

基本构思及检索要素分析

该案基本构思在于通过非介入式的方式检测产前胎儿的染色体是否存在异常。

从对现有技术改进角度确定检索要素"GC 矫正模块"。

检索过程

该案的目的在于通过非介入式的方式检测产前胎儿的染色体是否存在异常，其中采用的手段之一就是对碱基 G 和碱基 C 的矫正，并据此进一步生成评分（Z 值）。该案属于个人申请，经阅读说明书全文，可以预期其对现有技术作出贡献的关键点并不在于发明或改进了 GC 矫正的算法。但在使用公式名称（GC、矫正、校正等）或说明书记载的公式中参数的含义（片段、bin、矫正前、校正前、相关系数等）的常规公式检索方法检索后，没有发现公开了类似公式的文献。此时注意到，根据中文表达习惯，国内作者在撰写论文时，很少会使用 raw（表达原始的、未经处理的）这样的词表达"矫正前"的数据，但该单词却是英文中最常用的表达处理前数据的方式，据此推测该公式可能直接拷贝自英文文献的原文。因而，在 Web of Science 中直接将公式的下角标 raw 作为一个关键词进行检索：RC*raw*prenatal*z-score，获得可用对比文件，其公开了和该案中公式完全相同的计算公式，并且同样用于非介入式检测产前胎儿的染色体是否存在异常。

小结

在许多申请中，发明点并不在于发明人独创了某种算法，权利要求中记载的公式也很有可能是直接搬用的现有技术，甚至直接拷贝现有技术的原文，这种情况下关注公式本身的一些特殊符号或标记，巧用这些特殊符号或标记进行检索，往往能够快速的检索到相关度极高的现有技术。利用数学公式中的某些特殊标记进行检索的适用情形：数学公式本身除了常用的数学符号外，还存在较为特殊的符号（例如，具有特定含义的上下角标），此时可以尝试直接对该特殊符号进行检索。

8.4.2.5　基于"源头参数、目标参数、核心操作"三要素的检索策略

在一些情况下，技术方案中不仅仅涉及一个数学公式，而是若干个公式构成了一个完整的技术方案，上述提取构思的方案可能不再适合，此时则可以考虑本节所提出的基于"源头参数、目标参数、核心操作"三要素的检索策略。以下通过一个实例进行说明。

【案例 8-14】一种基于分层的云服务组合失效的恢复系统和方法

案情简介

一种基于云服务组合失效的恢复方法：在候选服务中选择相应的替代服务，当候选服务不止一个时，需要对这一组候选服务进行排名选取名词最高的服务来替代原来的服务，其中候选服务 a 对候选服务 b 的优先是通

过计算所有的 QoS 属性得来的，服务 a 对 b 的优先值 π 是通过如下方法计算的：

$$\pi(a, b) = \sum_{i=1}^{n} P_i(a, b)\omega_i$$

假设服务有 i 个需要考虑的 QoS 属性，其中 P_i 是 QoS 的优先函数，ω_i 是该属性的权重，由这个函数每个服务 a 都可以得到它自身对于其他候选服务的优先值，利用优先值公式算出服务 a 对于其他候选服务的正要值（φ^+）和负要值（φ^-）：

$$\varphi^+(a) = \sum_{TS} \pi(a, x)$$
$$\varphi^-(a) = \sum_{TS} \pi(a, x)$$

其中 TS 代表候选服务集合，最后由正负要值的差值算出一个服务 a 在整个候选服务集中的排名 $\phi(a)$：

$$\phi(a) = \varphi^+(a) - \varphi^-(a)$$

具体的服务选择 需要遵从以下原则：首先选择排名值最大的候选服务，如果排名值存在相等的情况，选择最便宜的服务，如果仍然存在相等的情况，就从相等的服务中随机选取一个候选服务。

上述技术方案涉及多个公式，多公式申请通常由一系列相互关联的公式构成一个完整的技术方案，而这些公式变成了一个个难以割裂的"技术特征"，使得在检索时难以找到切入点；如果直接采用所有与发明点有关联的技术特征进行限定，则会造成很低的结果命中率；再者，很多公式无法直接转换成可检索的要素，如何表达这些公式本身就是一个难题，加之不同文件的撰写思路和方式也不同，对于同一参数物理量的定义和表达也有区别，这些都为多公式申请的检索带来了挑战。

然而，通过分析发现，在一个完整的技术方案中，一系列的数学公式实际上是基于几个"源头参数"进行一环扣一环的数学运算得出期望结果的细分过程。针对此类申请，基于技术问题出发，围绕主要发明构思，淡化伴随着运算过程中产生的各种新参数，可以提炼出与发明构思相关的三点要素：（1）源头参数；（2）目标参数；（3）核心操作。

所谓"源头参数"，是指在一系列公式中初始存在，并非由其他参数运算、转换而来的参数，源头参数的物理意义普遍较为公知，因此，可以通过对物理意义的扩展来体现源头参数；所谓"目标参数"，则指将源头参数经过一系列运算后期望得到的参数，其既可以通过参数的物理意义体现，也可以从技术问题的角度体现；"核心操作"是指对源头参数进行的一系列运算操作中能够体现发明构思的最关键的操作。

对此，可以类比很多复杂的通信系统，其都可以归结为将输入信号经过系统函数的处理后得到最终的输出信号的过程，而为了整体把握该系统，只需要关注该系统的输入信号（对应于源头参数）、要得到怎样的输出信号（对应于目标参数）以及它使用了怎样的系统函数（对应于核心操作）。因此，在多公式申请中，只需把握住上述的"三点要素"，即可梳理出该申请的发明构思，提炼出体现发明构思的检索要素。

而为了准确地获取此类申请的检索三要素，勾勒出对应于该技术方案的"公式流程图"，从而直观、清晰而又科学地呈现发明的本质。

检索过程

针对该技术方案画出如图 8-10 所示的公式流程图，可见，为了解决上述技术问题，该权利要求的技术方案中，根据优先函数和权重得出自身对于其他候选服务的优先值，对每个服务与其他服务的优先值算法累加得出其对于所有其他候选的正要值和负要值，利用其差值得出排名值，选取排名值最大的为最优服务。

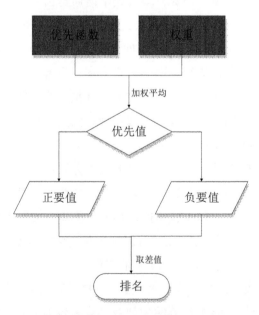

图 8-10　案例 8-14 对应的公式流程图

以上的几个步骤环环相扣构成了该方案，采用常规方式检索则不易提取出检索要素，尝试提取核心关键词："云服务选择""优先值""正要值""负要值""排名值"等扩展进行检索无法得出有效对比文件。而通过对技术方案的梳理画出了公式流程图，如图 8-10 所示，该方案发明构思是对于"源头函数"——"优先函数"和"权重"分别进行相乘、分别累加、取差值以获得一个可以用以排名的值后选择最优解。而体现其发明构思的核心步骤在于其分别累加正要值、负要值以取差值。因此，基于此提取到对应的三要素：（1）源头参数：优先函数，权重；（2）目标参数：排名值；（3）核心步骤：差值。对各要素扩展，如"权重——权值"，"差值——之差，的差，减去，相减"，"排名——排序，升序，降序"等。此外，考虑到该方案与云服务的这一特定服务类型的耦合度并不高，可为减小噪声尝试采用发明人之一的研究发向"Web 服务"或采用其上位概念"服务"，将技术领域限定为 Web 服务选择或服务选择，最终得到对比文件《基于遗传算法的多 QoS 约束和偏好的 Web 服务选择》。

该对比文件中相应特征的表达为：$\prod(X_p, X_q)$ 代表方案 X_p 优于 X_q 的偏好地位，具体计算方式为 $\prod(X_p, X_q) = \sum_{i=1}^{m} \omega_i PF_i(X_p, X_q)$，$\omega_i$ 表示第 i 个目标的权重值，PF_i 表示第 i 个目标上的偏好函数；方案 X_p 优于其他方案的偏好地位用 $\phi^+(X_p)$ 表示，方案 X_p 劣于其他方案或者其他方案优于方案 X_p 的偏好地位用 $\phi^-(X_p)$ 表示，$\phi^+(x_p) = \sum_{\substack{X_q \in X且 \\ X_q \neq X_p}}^{m} \prod(X_p, X_q)$，$\phi^-(x_p) = \sum_{\substack{X_q \in X且 \\ X_q \neq X_p}}^{m} \prod(X_p, X_q)$，Web 服务组合方案的适应度值根据比较优先关系中的偏好地位进行计算，方案 X_i 的适应度值可用 $\phi(x_i)$ 表示，适应度值是 X_i 的比较优先关系优于其他方案的偏好地位 $\phi^+(x_i)$ 和 X_i 的比较优先关系劣于其他方案的偏好地位 $\phi^-(x_i)$ 的差。具体的计算公式如式所示。$\phi(x_i) = \phi^+(x_i) - \phi^-(x_i)$，其中，根据适应度值的大小，通过降序进行排列。

经过对该对比文件分析发现，其中诸多参数以及步骤的表述均与该案不一致，例如该案中"优先值"在对比文件中表述为"偏好地位"，该案中"排名值"在对比文件中表述为"适应度"，且参数选择几乎全不相同。正是因为在检索时避免使用"优先值""正要值""负要值"等中间生成参数才能获得有效对比文件。

小结

对于"源头参数"进行各种变换运算后的中间参数往往没有比较公知的

含义，经常是基于撰写人的理解为其赋予特定含义，这十分不利于检索和扩展，因此排除这些主观干扰因素，把握体现发明构思的"三要素"进行扩展，更容易检索到有效对比文件。

8.4.2.6　追踪技术来源的检索

在很多情况下，待检索技术方案中的数学公式往往并非"原创"，要么是现有技术中直接存在该计算公式，要么是通过现有的公式通过简单的推导得来，这两种情况现有技术都能够直接用来评价待检索技术方案中数学公式的新颖性或创造性；因此在检索的过程中，往往需要"追本溯源"。这个源头包括两个层面的内容，第一个层面是技术的源头在哪里，是现有技术中直接存在该计算公式，还是该计算公式是由现有技术中已有计算公式的简单推导获得；前者是直接源头，是对本案计算公式的直接公开，后者则是间接源头，是对本案计算公式的隐含公开。第二个层面是证据的源头在哪里，是存在于专利文献中，还是存在于非专利文献中。第一个层面涉及检索过程中检索要素表达问题；第二个层面则牵涉到检索过程中数据库的选取问题，以下将以一个实例进行详细说明。

【案例 8-15】一种酒柜玻璃门体智能除露方法

案情简介

一种酒柜玻璃门体智能除露方法，包括以下步骤：

（1）实时采集酒柜外空气的温度 t 和湿度 $Rh1$；

（2）根据以下公式计算出所述酒柜门体产生凝露的临界温度 DP，

$$DP = \frac{243.12 \times H}{17.6 - H} \quad 式中 \quad H = \frac{\log_{10}(Rh1) - 2}{0.4343} + \frac{17.62 \times t}{243.12 + t};$$

（3）实时采集所述酒柜玻璃门体的温度 $t3$，并将 $t3$ 与 DP 的数值大小进行比较，当 DP 大于 $t3$ 时，对酒柜玻璃门体进行加热，当 DP 小于 $t3$ 时，停止前述加热。

基本构思及检索要素分析

该技术方案的实质是：根据空气的温度和湿度，确定出凝露的临界温度，将采集到的门体温度与凝露的临界温度进行比较，若前者小于后者则对门体加热以防止结露，否则则停止加热以防止能量的浪费。

从对现有技术改进的角度确定检索要素为"凝露临界温度"及"玻璃门体温度"。

检索人员基于上述对待检索技术方案的分析，检索到对比文件 1

（KR20080108683A），该技术方案与对比文件 1 公开的内容相比，其主要区别技术特征是：步骤（2）中的产生凝露的临界温度 DP 采用的计算公式是：

$$DP = \frac{243.12 \times H}{17.6 - H}\quad，\text{式中}\quad H = \frac{\log_{10}(Rh1) - 2}{0.4343} + \frac{17.62 \times t}{243.12 + t}$$

检索过程

在大多数期刊文献、工具书、教科书中对露点计算公式的记载数量要远大于对专利文献的记载数量，因而采用非专利文献库进行检索，其效率更高。此外，相较于单篇的期刊文献记载的内容，工具书、教科书记载的内容的量要大得多，因此，先采用期刊文献进行检索比直接在工具书、教科书中的检索更为直接而有效，期刊文献通常公开的内容也能够给在工具书、教科书中进一步检索以明确指引。

首先，针对区别技术特征所涉及的露点计算公式，在中国知网中进行如下检索：

主题词 1：露点温度；

主题词 2：计算公式 or 方程。

主题词 1 与主题词 2 采用逻辑与的方式进行检索，共命中 72 篇；通过浏览检索结果发现，上述文献并未涉及上述技术方案中所记载的露点计算公式，但记载了如下非常类似的露点计算公式：

露点温度计算公式④ $DP = \dfrac{243.12 \times \ln(e'/6.112\ f(p))}{17.6 - \ln(e'/6.112\ f(p))}$（式中 p 为湿空气总压）。

上述的直接检索并没有获得令人满意的结果，此时就要考虑该案的露点计算公式是否是由现有技术中已经存在的计算公式推导获得的。经过分析可知，待检索技术方案中的数学公式实质是将公式④里面所涉及的自变量参数根据饱和水汽压公式① $e_w(t) = 6.112\exp[17.26t/(243.12+t)]$、公式② $e'_w = (p, t) = f(p) \cdot e_w(t)$，以及相对湿度公式③ $Rh1 = 100 \cdot e'/e'_w(p, t)$，均利用空气温度 t 和相对湿度 $Rh1$ 这两个自变量参数进行表示，即可得到区别技术特征所示的露点温度计算公式；并且利用空气温度 t 和相对湿度 $Rh1$ 对公式④所涉及的自变量参数进行替换，其中仅涉及对数运算知识，推导过程简单。此外，公式③是著名的道尔顿分压定律，是基础理论公式，公式②也是基础理论公式，这两个公式都被教科书所记载，并且不同的教科书记载的形式均相同。而饱和水汽压公式①则是一个大量试验的总结性公式，对于试验性的公式，不同的科研人员基于对计算精度或计算速度的不同要求，即使依据的是完全相同的试验结果，也会拟合出不同的计算公式。因此，要想能检索到区别技术特征所示的露点计算公式，最重要的是检索到该案说明书中所示的饱和水汽压公式①，这是区别技术特征的核心技术源头，而对于其余公式的检索已显得不那么重要了。

然后，对区别技术特征所涉及的露点计算公式在中国知网 CNKI 中进行如下检索：

主题词 1：饱和水汽压；

主题词 2：计算公式。

主题词 1 与主题词 2 采用逻辑与的方式进行检索，共命中 26 篇。其中，在首篇文献（《饱和水汽压计算公式的比较研究》，罗丽等，气象水文海洋仪器，第 4 卷第 11 期，2003 年）中公开了饱和水汽压公式Ⓐ：$e_w(t)$ 6.112epx $[17.62t / (24.3+t)]$。通过比较公式Ⓐ与本申请的饱和水汽压公式①发现，除了括号中的一个常数不同外，其余均相同。

虽然在"饱和水汽压计算公式的比较研究"的期刊文献中公开的饱和水汽压公式Ⓐ与本申请中的饱和水汽压公式①不完全一致，但其还公开了本申请说明书中的公式②，且明确说明公式Ⓐ、公式②来源于其参考文献：WMO 1996 年第五版的《气象仪器和观测方法指南》。可见，证据源头极其有望在这本图书中获得。

最终，通过对《气象仪器和观测方法指南》一书内容进行阅读发现，在第 102 页不仅公开了上述饱和水汽压公式①，还公开本公式②③④，而且表达形式也完全一致，因此可以认为本领域的普通技术人员并不需要经过创造性的劳动，通过对现有技术的简单推导即可获得待检索技术方案中的数学公式。

小结

通过上述检索实例，针对公式的检索，可以追踪其技术来源，先确定其为原创公式还是现有公式的演进，然后进行检索，可以提高检索效率。

第9章 利用同在或邻近算符的检索

同在、邻近算符也称为位置算符。文献记录中词语的相对次序或位置不同，所表达的意思可能不同，而同样一个检索表达式中词语的相对次序不同，其表达的检索意图也不一样。

布尔逻辑运算符有时难以表达某些检索课题确切的提问要求。字段限制检索虽能使检索结果在一定程度上进一步满足提问要求，但无法对检索词之间的相对位置进行限制。本章将介绍同在算符、邻近算符的概念和使用注意事项，并分别针对同在算符、邻近算符适用场景和不适用的场景分别进行分析，最后结合实际的案例，探讨在检索实践中同在算符、邻近算符的具体使用技巧。

9.1　同在算符和邻近算符简介

同在、邻近算符检索是用一些特定的算符来表达检索词与检索词之间的临近或位置关系，并且可以不依赖主题词表而直接使用自由词进行检索的技术方法。

9.1.1　同在算符

同在算符要求检索式在满足 AND 算符条件的同时，还有更详细的范围要求。

F：两个操作数同时存在于同一个字段中。

P：两个操作数同时存在于同一个段落中。

S：两个操作数同时存在于同一个句子中。

9.1.2　非同在算符

与同在算符相似，非同在算符在满足 NOT 算符条件的同时进行范围的约束。

NOTF：两个操作数不同时存在于同一个字段中。

NOTP：两个操作数不同时存在于同一个段落中。

NOTS：两个操作数不同时存在于同一个句子中。

上述由非同在算符连接的两个操作数从内容上来说比 AND 算符更为紧密一些，用 P（L）或 S 算符进行限定时，一般说来检索结果更准确一些。NOTF、NOTP 和 NOTS 一般很少使用。

9.1.3　邻近算符

邻近算符在处理时要求两个操作数存在于同一个句子中，还需要计算两个操作数在这个句子中所处的位置和它们之间的距离。

[[=]n]W：两个操作数按顺序出现在同一个句子中。若"="存在，则它们之间需要正好间隔 n 个词；若"="不存在，则它们之间至多可以间隔 n 个词。n 的取值范围为自然数，默认值是 0。

如：NIGHT 1W TRAIN 可以匹配 NIGHT INTRAIN 和 NIGHT TRAIN，而 NIGHT =1W TRAIN 只能匹配 NIGHT INTRAIN。

[[=]n]D：与上面的意义相同，只是对操作数出现的顺序没有要求。

邻近算符较 AND 算符更为精确一些，常用于较为精确的限定。

9.1.4　同在算符和邻近算符使用时的注意事项

9.1.4.1　同在算符 S、P 的区分

字段中存放的内容可分成"段落"（paragraph），每个段落中有几个"句子"（sentence）。

同在算符"S"和"P"都是用于表示两个检索项之间同在的位置关系，二者的区别在于："S"算符表示两检索项在同一句子中，而"P"算符表示两检索项在同一段落中。

由于段落的范围比较大，因此在关键词检索时，使用同在算符"P"产生的结果会很多。相对于"P"而言，同在算符"S"的限定就更为精确了。当明确检索要素之间的关系是直接关联的、必然存在的时候，优先使用"S"算符。

9.1.4.2　邻近算符 W、D 的区分

邻近算符"W"和"D"都是用于表示两个检索项之间邻近的位置关系，二者的区别在于：使用"W"算符时对检索项之间的先后顺序有要求，即两

个检索项之间词序不能变化；使用"D"算符时对检索项之间的先后顺序没有要求，即两个检索项之间词序可以变化。

由于"W"算符对于词序的要求，因此其更适合表达固定搭配的组合词。例如，当检索移动终端时，由于在中文的语言习惯中"移动"在先而"终端"在后。因此采用检索式：

检索式 1　移动 2w 终端

除了可以检索到"移动终端"外，还可以检索到包含"移动通信终端""移动电话终端""移动无线终端""移动手持终端"等多种表达方式的检索结果。

由于"D"算符对于词序没有要求，适合于表达动宾结构、修饰结构等。例如，用"数据 d 接收"同时表达"数据接收"和"接收数据"两种表达方式，用"速率 w 门限"同时表达"速率门限"和"门限速率"两种表达方式。

9.1.4.3　邻近算符之间的字数间隔的选择

"nW"、"=nW"、"nD"和"=nD"均用于表示两个检索项之间间隔若干个字，当有"="存在时，则它们之间只能间隔 n 个字，"="号不存在时则它们之间可以间隔 0~n 个字。在使用邻近算符时，应注意选择适当的间隔字数以准确限定检索要素之间的相互关系。

在采用"nW"和"nD"算符进行检索时，n 的取值越大检索的结果就会越多。例如，当检索对基站进行选择的技术方案时，使用下列检索式：

序号	命中数量	检索式
1	140	基站 D 选择
2	335	基站 2D 选择
3	402	基站 D 选择
4	468	基站 4D 选择
5	552	基站 5D 选择

由于中文语法的灵活性，"基站"和"选择"之间所间隔的字符数是难以确定的。在检索时，间隔字数越少检索结果越精确，但是这样会遗漏很多相关文献。

虽然由于系统的改进，邻近算符没有间隔字数的限制，但是在使用邻近算符时并非间隔的字数越多越好。因为间隔字数较多时，会带来很大的噪声。此时最好避免使用邻近算符，而是使用同在算符"S"，将两个检索要素限定在同一句中，以更好地表达检索项之间直接的关系。

9.2　同在算符和邻近算符适用的场合

同在、邻近算符是通过对检索词之间相互靠近的紧密程度进行位置限定，来限制检索结果的算符。在很多情况下，使用同在、邻近算符都能够合理缩小检索范围，提高查准率。

但是，也并非在所有的情况下都适合使用同在、邻近算符。本节将重点介绍同在算符和邻近算符的适用场合，即在什么样的情况下适合采用同在算符和邻近算符进行检索。通过对案例的研究，我们将同在算符和邻近算符的适用场合基本归纳为三种，下面将通过案例对这三种情况进行介绍。

9.2.1　使用同在算符和邻近算符在专利全文中检索

在检索中，经常会遇到要检索比较细节的特征，而摘要、关键词中可能无法体现这些特征，专利全文给我们提供了一个很好的检索对象。但是由于专利全文内容丰富，文字众多，使用的"AND"运算符就不太适合，因为这个算符有个特点，只要"AND"两边的检索词同时在整篇文献中出现，而不论其相互关系如何，如一个在权利要求中，另一个可能在说明书中，或者一个在说明书篇头，另一个在说明书篇尾出现，该篇文献都会被命中而作为结果输出，这就可能会引起误匹配而给检索结果带来很大的噪声，从而给检索增添了不必要的工作量，浪费宝贵时间。而同在算符和邻近算符可以弥补AND算符在检索中的缺陷，为我们的检索带来很大的便利。以下将通过一个实际案例进行说明。

【案例 9-1】

案情简介

待检索的技术方案：

一种装置，包括：助听器，其包括接收器；

可拆卸地连接到助听器和接收器的接收管；

布置在所述接收器的开口周围的漏斗，其被配置为引导所述接收管进入所述开口；

置于所述接收管内的耳垢收集器，所述耳垢收集器包括微孔膜。

基本构思及检索要素分析

包括一个漏斗形用于收集耳垢的接收管助听器。

检索过程

检索要素表达：助听器、接收器、接收管、漏斗、管内、耳垢收集器

该案例中需要针对 n 个特征的位置关系进行检索，属于比较细节的特征，摘要中、关键词中描述这个特征不太准确，另一方面摘要、关键词中内容较少，容易造成漏检。由此想到在专利全文中进行检索。

序号　　　检索式

1　　　　（耳垢 or 耳屎 or 耵聍 ）AND（ 管 S（ 内 OR 中 ）S 网 ）

仅仅使用一条检索式，就能检索到内容上可以用于评价新创性的对比文件 CN101507292A，但该对比文件公开时间不可用，因此需要进一步地尝试其他的检索式：

2　　　　（锥形 or 漏斗 ）s 接收器

3　　　　1 AND 2

4　　　　助听

5　　　　IPC 分类号 =（"H04R25/00" ）

6　　　　4 OR 5

7　　　　6 AND 2　可以检索到 CN1176731A

8　　　　（锥形 or 漏斗 ）4D 接收器

9　　　　8 AND 6　也可以检索到 CN1176731A

10　　　　（耳垢 or 耳屎 or 耵聍 ）AND（ 管 and（ 内 or 中 ）and 网 ）

也能检索到上述对比文件 CN1176731A。

小结

该案例需要限定接收管与耳垢收集器（网）的位置关系、漏斗与接收器的位置关系，从上数检索过程可以看出在全文检索中，采用同在算符和邻近算符可以更准确地限定两者之间的位置关系，减少噪声，准确地找到对比文件，布尔算符 AND 则会引入比较多的噪声，邻近算符会造成一定程度上的漏检。也可以根据实际情况选择同在算符 P、S。

如果使用同在算符限定，其结果很少，则可以考虑布尔算符；如果使用同在算符限定结果过多，也可考虑使用邻近算符来限定。

9.2.2　检索结果中噪声非常大的情况

在专利文献的中文检索过程中，经常会出现选取的关键词存在多种含义、关键词之间用布尔算符进行组合无法准确表达检索意图等情况。在这些情况

下，由于关联的面过大，必然会增加检索"噪声"，即检索到许多与本技术方案主题完全不相关的文献，令检索结果的准确性大打折扣。在这种情况下，本领域技术人员结合对技术方案的理解，采用同在算符和邻近算符对关键词进行限定，常常能够取得较好的效果。

【案例 9-2】

案情简介

待检索的技术方案：

一种在无线网络中实现移动台安全更新升级的方法，包括步骤：

无线网络侧的安全服务器根据移动台发送的安全相关信息报告确定该移动台的安全更新信息，并将其发送给所述移动台；

所述移动台中的安全代理 SCA 将安全更新信息中与操作系统或 / 和应用软件相关的信息发送给所述操作系统或 / 和应用软件，由其依据该信息进行相应的更新或 / 和升级。

基本构思及检索要素分析

手机的更新升级

检索过程

检索要素表达："手机""移动台""更新""升级"

在本案例中，在关键词"手机""移动台""更新""升级"之间用布尔算符组合进行检索，其检索结果有很大的噪声。

序号	检索式
1	手机 or 移动台 or 移动终端 or 手机终端
2	更新 or 升级
3	IPC 分类号 =（"H04L12/24"）or IPC 分类号 =（"H04L29/06"）or IPC 分类号 =（"H04L7/32"）or IPC 分类号 =（"G06F9/445"）
4	1 and 2
5	3 and 4

检索式 5 的检索结果达到 152 个，虽然在这些结果中可以找到可以影响本技术方案新创性的文献 CN1763713A，但噪声非常大，绝大部分都是与该技术方案主题完全不相关的文献，例如文献 CN1343953A（一种全新的联机手写汉字识别方法和手写输入方法）："本发明涉及一种全新的联机手写汉字识别方法和手写输入方法。特点是将输入汉字的笔划转换成数字，内置数字码表，用数字对数字码表的检索取代用未知字比对整字的复杂过程，更新了汉

字识别必须建立在匹配基础上的传统观念。打破了手写输入无法提高速度的偏见。它具备以下优点：（1）识别率可提高到100％；（2）书写笔画可省略25%~40％；（3）不用内置复杂的整字识别软件，内存空间占得少。该方法可广泛应用于电脑、记事本、手机等各种微型电子产品上。"

在上述检索过程中，使用分类号对检索式5的检索结果进行进一步限制，虽然找到了合适的对比文件CN1763713A，但其中的噪声非常大，绝大多数为不相关文献。

考虑到又没有其他合适的关键词进行进一步限制，因此可以尝试使用邻近算符对检索结果进行限制。

进一步的检索过程：

6　1 s 2

7　1 p 2

8　（1 4d 2）and 3

检到 X 类文献 CN1763713A。

该案例需要限定接收管与耳垢收集器（网）的位置关系、漏斗与接收器的位置关系，从上述检索过程可以看出在全文检索中，采用同在算符和邻近算符可以更准确地限定两者之间的位置关系，减少噪声，准确地找到对比文件，布尔算符 AND 则会引入比较多的噪声，邻近算符会造成一定程度上的漏检。也可以根据实际情况选择同在算符 P、S。

如果使用同在算符限定，其结果很少，则可以考虑布尔算符；如果使用同在算符限定结果过多，也可考虑使用邻近算符来限定。

小结

通过同在算符限定后，发现检索结果大大减小，而且结果中的噪声也被有效地过滤掉了，使用起来更方便，实用性更强。通过使用同在算符和邻近算符，在检索式 8 中不仅可以找到对比文件 CN1763713A，而且这种检索方式对检索结果作了进一步的限制，并且检索结果大部分与本技术方案主题关联性比较强。

9.2.3　与技术方案相关的检索结果很多，没有其他方法可进一步限定的情况

在检索过程中，当使用关键词进行检索时，常常会出现检索结果很多，又都和技术方案主题具有一定的相关性，难以进一步限定的情况。因为检索

结果都与主题相关，所以采取分类号进行二次检索效果并不明显。在这种情况下，通过对关键词之间联系紧密程度的分析，使用合适的同在算符和邻近算符对检索结果进一步限定，往往能够得到更少、更准确的结果，有效提高查准率。

【案例 9-3】

案情简介

待检索的技术方案：

一种移动终端，包括：第一相机镜头模块；第二相机镜头模块；印刷电路板，介于所述第一相机镜头模块和第二相机镜头模块之间，并电连接到所述第一相机镜头模块和第二相机镜头模块，用于将通过所述第一相机镜头模块和第二相机镜头模块捕获的一个或多个图像信号施加到所述移动终端的机身。

基本构思及检索要素分析

拥有第一、第二相机镜头的手机

检索过程

在该案例中，检索要素为"移动终端"和"第一、第二相机镜头模块"。使用布尔运算符进行检索，得到的结果非常多。

序号	检索式
1	两个 or 二个 or 第二 or 一对 or 多个
2	相机 or 镜头 or 摄像 or 照相 or 拍摄 or 拍照
3	（（行动 or 手提 or 移动 or 便携 or 通信 or 无线 or 蜂窝 or 无绳）and（终端 or 电话））or 手机

在检索式 3 中，扩展关键词"两个""镜头"和"手机"进行块检索，得到 996 个结果，并且大部分都是与具摄像功能的移动终端相关的文献，而分类号与关键词表达的检索要素重合，没有合适的方法对检索结果进行进一步限定。考虑到该技术方案的两个检索要素使用关键词进行表达时，虽然具有多种表示形式，但关键词之间的相对位置关系比较明确，因此考虑使用邻近算符进行检索。

进一步检索过程：

4	（两个 or 二个 or 第二 or 一对 or 多个 or 双 or 2个 or 第2）w（相机 or 镜头 or 摄像 or 照相 or 拍摄 or 拍照）
5	（（（行动 or 手提 or 移动 or 便携 or 通信 or 无线 or 蜂窝

or 无绳）3w（终端 or 电话 or 设备 or 装置））or 手机）

6　　　　4 and 5

根据积累的知识，"移动"与"终端"之间相隔的字数一般为 2~3 个，如"移动通信终端""移动便携式终端"等，因此采用 3w 可以有效限定检索结果；"两个"与"镜头"之间一般直接相连，前后顺序一般也不会互换，因此采用 w 限定即可。在该案例中，通过在检索式 1 和 2 中采用邻近算符进行检索，对检索结果进行了有效的过滤，得到数量较为合适的检索结果，并从中找到有效的对比文件。

小结

可以得出如下两点结论：关键词之间的相对位置关系比较明确时，合理采用邻近算符表达检索要素，有利于提高检索效率。

组合词表达形式不唯一，可以采用邻近算符来统一各种表达形式，从而简化检索式，并且使覆盖的形式更全面。

9.3　不宜使用同在算符和邻近算符的情况

每种算符都不是绝对好用的，在不同的情况中使用不同的算符达到的效果也是不同的。只有合理使用算符才能达到事半功倍的效果。同在算符和邻近算符也一样。以下将对不宜使用同在算符和邻近算符的情况进行简单的介绍。

根据目前的研究情况来看，大致将不宜使用同在算符和邻近算符的情况分为两种：（1）仅采用"与"检索结果已经很少的情况；（2）关键词关联性不大，如果采用同在算符和邻近算符可能出现漏检的情况。

9.3.1　仅采用布尔算符检索结果已经很少的情况

我们使用比较多的布尔算符是"与"和"或"。而为了达到较大的限定目的，通常使用更多的是"与"。对于采用布尔算符检索结果已经很少的情况，我们很容易理解。因为由于"与"算符就是对"BI"（仅举例说明之用）中同时出现相应两个或三个词的所有相关文献的提取，那么当使用布尔算符中的"与"算符产生的结果已经很少时，相应地，在"BI"字段中使用对几个字"nD"、"nW"、一句话"S"和一段话"P"进行限定的检索结果必然更少。这样根本无须使用同在算符和邻近算符了。

9.3.2 关键词关联性差异较大，采用同在算符和邻近算符可能出现漏检的情况

如果根据对关键词的分析可知，待检索的技术方案各个检索要素之间的关联性不是很强，其相互之间的联系可能出现在一个段落中，而不大可能出现在同一个句子中，这样当使用同在算符 S 时，漏检的风险显然被放大了。从检索结果的对比可以看出，盲目使用同在算符和邻近算符有时候不一定是最合适的方式，还可能增大漏检的风险。因此，先对关键词的特点进行分析，从而正确使用同在算符和邻近算符是很有必要的。

9.4 同在算符、邻近算符检索策略

本章的上述内容介绍了同在算符和邻近算符的适用场合，也就是解决了"什么时候适合使用同在算符和邻近算符"的问题，在此基础上，本章的后续内容将重点解决"如何更好地使用同在算符和邻近算符"的问题。在本章的后续内容中，将介绍一些同在算符和邻近算符的使用技巧。

9.4.1 基于基本构思的提炼进行检索

在很多技术方案中，往往结构或者步骤比较复杂，但其核心的发明构思往往可以用比较简单语言来进行概括，这正是检索目标对比文件的关键。上述情况就需要检索人员对待检索的目标技术方案有一个"深入浅出"的加工，即首先对待检索的目标技术方案进行一个较为深入的分析，抽取出其核心的发明构思，再根据具体情况进行检索。以下以一个具体的案例进行说明。

【案例 9-4】

案情简介

待检索的技术方案：

一种盐酸丙帕他莫氨化后母液中丙酮和二乙胺的回收方法，所述方法包括如下反应步骤：

（1）取氨化反应后蒸出的母液，投入反应釜，将釜内温度降至 0~5℃；

（2）缓慢通入氯化氢气体，调节母液 pH 为 4.5~5；

（3）升温至25~30℃，用接收设备具有冷凝效果的回收装置减压浓缩回收丙酮，得到浓缩剩余物；

（4）将釜内浓缩剩余物温度控制在25~30℃，加入pH调节剂使pH值维持在11；

（5）升温至55~60℃，采用常压蒸馏装置进行蒸馏，回收二乙胺；向收集的二乙胺中加入干燥剂，室温搅拌1.5~2.5h；

（6）升温至55~60℃，常压蒸馏，回收二乙胺。

基本构思及检索要素分析

该案涉及废液中两种物质即丙酮和二乙胺的提纯，其给出的四个分类号分别涉及这两种物质及其提纯方法。然后，从具体技术方案涉及的技术手段，可以选择酸化、蒸馏 / 精馏等关键词，采用上述关键词和分类号在摘要数据库中进行检索，仅检索到两类文献：（1）未涉及具体提纯的文献；（2）提纯手段相差较大的文献。即本案采用常规检索思路进行检索不能获取合适的对比文件。

根据该技术方案的分析，待检索的技术方案仅仅将常规的分析手段进行结合，但是其采用多种手段进行结合，比如酸化或者精馏。而对于本领域普通的技术人员而言，往往只采用精馏就能进行分析提纯，于是对本发明需要分离提纯的两种物质的基本物理性质进行检索，发现该案提纯的物质丙酮沸点为56.5℃，二乙胺的沸点为55℃，二者沸点非常接近。根据本领域普通技术知识，采用该案精馏很难将二者进行分离。于是进一步核实精馏前一步加酸的作用，通过检索发现胺加入酸会转变为盐（如无该核实，一般只会认为加酸是为了除去废液中的碱性物质），而盐的沸点与胺是存在较大的差距的。通过分析该案发明构思为什么能解决所述技术问题，进一步分析技术方案中各个技术手段之间的关系，可以确定本发明真正的发明构思在于：对于沸点接近的物质丙酮（56.5℃）和二乙胺（55℃），该案通过向所述体系中加入酸，将所述的二乙胺转化为沸点较大的盐，进而拉大待分离的物质的沸点，通过普通精馏即可实现丙酮和相应二乙胺的盐分离，而所述的盐通过加入碱中和酸进而得到所述二乙胺，由于体系中与之沸点接近的丙酮已经被提取出来，因此，通过常规精馏即可分离得到二乙胺，也就是说发现其发明构思关键点在于加入酸将胺转化为盐，然后通过精馏将沸点接近的难分离的两种物质实现分离。因此，通过该基本构思可以提取其检索关键词：酸、胺、盐、精馏、沸点、接近、难、分离。

检索过程

上述检索要素均体现细节，因此，选择在全文库中检索，构建的检索式如下：

检索式 1：（酸 s 胺 s 盐）and（沸点 s 接近 s 难 s 分离）and 精馏

即可检索到目标对比文献 CN1644523A。

小结

该案例技术方案涉及的特征比较细节，如果将所有的特征均放入检索式，即使是在专利全文中检索，结果数也非常少。因此第一步需要站位本领域技术人员对待检索的技术方案的发明构思进行提取；第二步，根据所提取的发明构思确定检索关键词，再基于邻近算符、同在算符构建合理的检索式。

9.4.2　基于检索要素间的关联关系进行检索

我们知道，只有当两个（或多个）检索要素的关联性比较强的时候，才适合采用邻近算符来进行表达。那么这种关联性具体来讲可以分为哪些类型呢？通过对这种关联性进行更细化的分析和归纳，有助于检索人员更好的确定是否适合使用邻近算符来进行检索。通过研究和分析，我们认为，邻近算符的这种关联性基本上可以分为以下三类：动宾关系、修饰关系和组合词关系，下面我们将对这三种关系一一进行介绍。

9.4.2.1　动宾关系

顾名思义，动宾关系的含义就是检索要素之间的关系是动词与其宾语的关系，由于动词与其宾语之间的关系往往比较紧密，因此比较适合采用邻近算符来进行表达。这时既能准确地表达检索要素，漏检的可能性也相对较小。

【案例 9-5】

案情简介

待检索的技术方案：一种在无线网络中实现移动台安全更新升级的方法，其特征在于，包括步骤：无线网络侧的安全服务器根据移动台发送的安全相关信息报告确定该移动台的安全更新信息，并将其发送给所述移动台；所述移动台中的安全代理 SCA 将安全更新信息中与操作系统或 / 和应用软件相关的信息发送给所述操作系统或 / 和应用软件，由其依据该信息进行相应的更新或 / 和升级。

经过对技术方案的分析，确定了如下几个关键词检索要素：软件、操作系统、移动台、更新、升级。

基本构思及检索要素分析

移动台的软件安全升级，确定检索要素为"移动终端""软件""升级"。

检索过程

将"移动终端""软件""升级"这三个检索要素简单地"与"起来所得到的检索结果有 182 篇，检索式如下：

1	手机 or 移动台 or 移动终端
2	操作系统 or 软件
3	更新 or 升级
4	1 and 2 and 3

这个数量对于一般的检索人员而言，浏览起来是比较耗时的，而且其中的噪声也比较大，所以我们可以考虑采用同在算符和邻近算符来减少检索结果。

进一步检索过程：

5	1 and（2 2d 3）
6	1 s 2 s 3

小结

对检索结果进行分析我们发现，这里采用了"（更新 or 升级）2d（操作系统 or 软件）"的命令来进行表达，采用"2d"是考虑到目标文献的表述方式可能会是"对软件进行升级"，因此间隔了两个字符。对于本技术方案，甚至还可以采用三个检索要素同在一句话的检索命令。但是要注意的是，在中文检索中这种动宾关系最好采用 D 算符，而不要用 W 算符，因为"升级软件"也可以表达为"对软件进行升级"的形式，即两个要素的前后关系一般是不确定的。

9.4.2.2 修饰关系

修饰关系的两个检索要素中，被修饰的检索要素一般是名词，而起修饰作用的检索要素可以有多种类型，如形容词、数量词、副词、名词等。

【案例 9-6】

案情简介

待检索的技术方案：一种手机防盗系统，至少包含：一磁性物质位于该手机的外侧；以及一霍尔元件位于该手机内部，其中当该霍尔元件位于该磁性物质的磁性范围内时会输出第一电压，而当该霍尔元件离开该磁性物质的磁性范围时会输出第二电压；上述的第二电压会触发该手机发出警报。

基本构思及检索要素分析

通过对技术方案分析，该技术方案的基本构思为霍尔元件的防盗手机，我们确定如下几个关键词作为检索要素：防盗、手机、霍尔元件。

检索过程

这里如果对防盗和手机进行简单的"与"操作，如下：

1 　　　防盗 or 报警

2 　　　手机 or 钱包 or 范围 or 距离

3 　　　霍尔 or 磁性 or 磁场 or 磁体 or 电压

4 　　　1 and 2 and 3

检索式 4 的检索结果非常之多，达到了 900 余篇，而且通过阅读其中的文献发现，产生的噪声非常大，大部分文献都不是描述防盗手机的。所以我们可以考虑采用同在算符和邻近算符来减少检索结果。

进一步检索过程：

5 　　　防盗 2d（手机 or 钱包）

6 　　　5 and 3

小结

针对此案，我们这里采用了"防盗 2d（手机 or 钱包）"的检索命令，其中防盗直接用来修饰手机或钱包，采用"2d"是考虑到目标文献可能会出现"防盗的手机""手机的防盗""手机是防盗的""手机具备防盗功能"等多种表现形式，两个关键词的先后顺序是不确定的，另外中间也可能相隔 0~2 个字符。

【案例 9-7】

案情简介

待检索的技术方案：一种移动终端，包括：第一相机镜头模块；第二相机镜头模块；印刷电路板，介于所述第一相机镜头模块和第二相机镜头模块之间，并电连接到所述第一相机镜头模块和第二相机镜头模块，用于将通过所述第一相机镜头模块和第二相机镜头模块捕获的一个或多个图像信号施加到所述移动终端的机身。

基本构思及检索要素分析

通过对技术方案的分析，该技术方案的基本构思为拥有第一、第二相机模块的手机。我们确定了如下几个关键词作为检索要素：移动终端，第一、第二相机镜头模块。

检索过程

该方案主要想表达的是"具备两个摄像头的手机",其中"两个"与"摄像头"之间就是一种数量上的修饰关系。从以下检索结果可以看出,如果仅仅采用"与"算符,即使结合了分类号,得到的检索结果也非常多,噪声非常多。

1　　/IC H04M1 OR H04Q7/32 OR H04B1/38

2　　两个 OR 二个 OR 第二 OR 一对 OR 多个

3　　相机 OR 镜头 OR 摄像 OR 照相 OR 拍摄 OR 拍照

4　　1 AND 2 AND 3

检索式 4 的结果数达到了 400 多篇,对于一般检索人员而言并不是一个可浏览的结果范围。

5　　/IC H04M1 OR H04Q7/32 OR H04B1/38 OR H04W88/02 OR
　　　H04W88/04 OR H04W88/06

6　　2 AND 3 AND 5

检索式 6 的结果数同样达到了 400 多篇,对于一般检索人员而言并不是一个可浏览的结果范围。在此情况下,可以考虑采用同在算符和邻近算符来减少检索结果。

进一步检索过程:

7　　((行动 OR 手提 OR 移动 OR 便携 OR 通信 OR 无线 OR 蜂窝
　　　OR 无绳)AND(终端 OR 电话 OR 设备 OR 装置))OR 手机

8　　2 AND 3 AND 7

9　　(两个 OR 二个 OR 第二 OR 一对 OR 多个 OR 双 OR 2个 or 第
　　　2)W(相机 OR 镜头 OR 摄像 OR 照相 OR 拍摄 OR 拍照)

10　　5 AND 9

小结

采用了 W 算符来准确表达"两个摄像头"这个检索要素。在这种修饰关系下,由于两个要素的前后关系是确定的,因此采用了 W 算符,而没有采用 D 算符。经过这样的限定以后,检索结果数为 50 余篇。

9.4.2.3 组合词

在中文检索中还经常会碰到一些组合词,这种组合词的表达方式可能有许多种,或者组合词中的某个部分的表达方式并不确定,这时可以采用邻近算符来表达。

【案例 9-8】

案情简介

待检索的技术方案：一种声电隔离器，包括：载波信号源；调制器，所述调制器被连接成接收信息信号和所述载波信号；解调器；和连接在所述调制器与所述解调器之间的电隔离声耦合器，所述电隔离声耦合器只包括一个绝缘解耦堆叠体声波谐振器，所述绝缘解耦堆叠体声波谐振器包括声谐振电绝缘体。

基本构思及检索要素分析

通过对技术方案的分析，该技术方案的基本构思为我们确定了电隔离声耦合器包括一个绝缘解耦堆叠体声波谐振器，进而确定如下几个关键词作为检索要素：声、谐振、耦合。

检索过程

1　　　耦合 and 声 and 谐振

2　　　声波谐振

3　　　耦合 and 声波谐振

4　　　声谐振

5　　　耦合 and（声 1w 谐振）

小结

如果仅仅采用"声波谐振"与"耦合"相与，结果中漏掉了"声谐振"这种表达方式，从检索过程中可以看出以"声谐振"表达的文献数量也不少，与"声波谐振"数量上差不多。因此这里采用"（声 1w 谐振）"的形式，如检索式 5 所示，同时概括了上述两种方式，甚至还包括了"声音谐振"，这样使检索式既简单又没有遗漏掉可能出现的多种表现形式。

9.4.3　渐进式检索策略

在上述案例中，待检索的目标技术方案的核心发明构思可以用一句简单的语言进行概括，但在一些其他的情况下，技术方案的核心发明点有时由若干个核心步骤构成，而且这些核心步骤之间存在比较紧密的关联关系，相关的内容在目标文献中的表达方式非常多，那么上述基于对发明构思概括的策略可能不再适用，在这种情况下，可以尝试采取本小节所提出的"渐进式"的检索策略。以下通过一个案例进行说明。

【案例 9-9】

案情简介

在蜂窝网络，特别是蜂窝异构网络中可能会存在频谱干扰的问题，在异构网络中，具有相对较大覆盖范围的接入节点（又称为宏接入节点），由具有较小覆盖范围（小区大小）的一个或多个更低功率的接入节点补充。后面的低功率接入节点有时称为微微接入节点，它们可以部署在更靠近最终用户的位置，例如部署在街道级上。微微接入节点优选可以位于其中存在大容量需求的遭遇大量数据业务的区域中。然后，微微接入节点可以减少施加在宏接入节点上的负载，从而有助于增加整体吞吐量。通常，微微节点和宏节点至少具有部分重叠的小区。在异构网络中，通常出现微微接入节点与宏接入节点共享相同频段的情形。具体来说，通常采用所谓的频率再使用，其中宏接入节点和微微接入节点共享整个频谱以便使吞吐量最大化。换句话说，可以经由相同频段传送不同信号。由于重叠小区，所以可能出现增加频谱干扰的情形。当 UE 接近小型小区时，信号强度的变化通常很突然，尤其是在 UE 快速移动时。对于连接到宏小区的 UE，这意味着，它可能突然经历来自小型小区的非常大的干扰。在最坏的情况下，干扰强烈使得 UE 无法解码从宏小区发送的控制消息，即可能包含例如切换命令的消息。因此，即使可能期望从宏小区到微微小区的切换，但是仍然可能难以执行切换过程。为解决该技术问题，提出如下的技术方案：

一种用于处理网络和移动终端之间的链路的方法，其中所述网络包括服务于所述终端的第一基站以及第二基站，其中第一基站是宏基站，第二基站是微基站；

确定终端的移动性，即该终端是高速移动还是低速移动的终端；

确定终端的位置；

确定所述第二基站的位置信息；

根据所确定的所述终端和第二基站的位置信息判断移动终端是否即将接近第二基站；

如果终端即将接近第二基站，判断终端是否为高移动性终端，如果是则执行干扰减轻，如果否则执行切换。

基本构思及检索要素分析

该技术方案的基本构思包括步骤：确定终端的移动性；判断终端是否即将接近第二基站；在终端即将接近第二基站的情况下，如果是高移动性终端，执行干扰减轻，如果否，执行切换。可以确定三个检索要素：（1）UE 的速度；（2）靠近；（3）切换、干扰消除。

检索过程

上述步骤构成了一个相互关联的整体技术方案，显然，如果存在可用的目标对比文件，对于这样的一个技术方案，该文件撰写的方式是非常多样的，难以确定这些步骤中关键词的关系究竟是用 AND 连接，还是用 P 连接或者用 S 来连接，基于这样的考虑，对于本技术方案可考虑渐进式的检索策略。

进一步的检索过程：

基本可以确定三个检索要素：（1）UE 的速度；（2）靠近；（3）切换、干扰消除。由于难以预计目标对比文件中的具体表达，采取了如下检索过程：

1   （（UE or MS or terminal）s（speed or velocity））

2   approach???? or clos???

3   handover or（interfer+ 3d（avoid+ or mitiga+））

4   1 and 2 and 3

检索式 4 结果数达到了 7064，结果数太大，考虑 AND 引入太大的噪声，将三个检索式用 P 算符连接。

5   1 p 2 p 3

结果数仍然接近 300 篇，依然无法精读，考虑到检索式 2 和 3 很有可能出现在同一句中，将检索式 2 和 3 用 S 连接。

6   1 p（2 s 3）

检索结果数为 77 篇，对于英文文献而言，结果数还是略多，此时考虑使用准确的词微基站进行进一步限定：

7   6 and（pico or femto or hetnet）

结果数为 31 篇，其中就有能够用于评价新创性的对比文件 WO2010115372 A1，其记载了这样的内容：

服务 BS（例如宏 BS，相当于服务于所述终端的第一基站）可追踪 MS 位置以及从 MS 至目标 BS（如毫微微 BS，相当于第二基站）的距离，以侦测 MS 是否正靠近毫微微小区覆盖（步骤 131C）；当侦测到 MS 正靠近毫微微小区覆盖时，就应用干扰减轻机制（步骤 132）。在干扰减轻机制下，宏 BS 继续在协商资源区服务高速 MS（步骤 132A）。但是，在宏 BS 服务的高速 MS 正靠近毫微微 BS 的小区覆盖时，毫微微 BS 会重新调度自己的附属 MS 不再由协商资源区服务（步骤 132B）。此外，若高速 MS 要求切换至毫微微 BS，宏 BS 在切换目标是毫微微 BS 时不会准许切换请求（步骤 132C）。可知该对比文件明确公开了上述待检索目标技术方案主要步骤。

小结

该案例技术方案涉及的步骤比较多，虽然这些步骤中包含的关键词是比较明确的，但由于步骤的语言表达的多样化，关键词之间的关系难以确定。在这种情况下采取本案检索过程所使用的渐进式检索策略可能会起到比较好的效果。

9.4.4　将技术方案中的上位概念具体化的检索策略

不少专利的申请人或代理人在撰写技术方案的时候，出于一些考虑，倾向于将具体的概念上位化，这样的撰写方式实际上会给检索造成一定的难度。如前所述，邻近算符、同在算符往往会被使用在基于专利全文的检索中，而在专利的说明书特别是实施例中，很多专利的撰写人又往往会使用一些下位的词从而能清楚地对技术方案进行阐述，因此基于这样的情形，检索人员在实际的检索中，往往就需要将待检索的技术方案中撰写比较上位的词具体化，然后再利用邻近算符、同在算符在专利全文中进行检索。以下通过一个实例来说明上述检索策略。

【案例 9-10】

案情简介

在现有技术中，当在智能终端上启动业务应用程序的客户端界面时，呈现登录页面，终端设备用户输入账号、密码等信息之后，向门户服务器（Portal）发送登录请求，由后台服务器进行认证。但现有技术存在如下问题：（1）手机上往往安装多个应用，需要用户记住多套用户名和密码，难以记住；（2）需要手动输入用户名、密码，对于用户而言比较麻烦。因此发明人提出了如下技术方案：

一种业务鉴权方法，其特征在于，包括：在启动智能终端的业务应用时，鉴权客户端根据所述业务应用的标识从鉴权应用模块中查询获取所述业务应用的私密数据，其中，所述鉴权应用模块中存储有所述智能终端中的至少两个业务应用各自的私密数据；所述鉴权客户端根据所述私密数据产生鉴权请求，与所述业务应用的网络侧服务器进行交互以完成所述业务应用的用户鉴权。

鉴权客户端从业务应用的登录页面中识别用户名和密码对应的输入框；

所述鉴权客户端将获取的所述业务应用的私密数据中的用户名和密码分别对应填充至所述输入框中；所述鉴权客户端向所述业务应用的网络侧服务器返回所述登录页面，以使所述网络侧服务器从所述登录页面中提取出所述私密数据完成对所述业务应用的用户鉴权。

基本构思及检索要素分析

技术方案的上述描述相对复杂，通过对技术方案的分析，我们可以以本发明的两个关键点作为该技术方案的基本构思。

（1）手机客户端存储有应用和其对应的私密数据（即登录应用所需的用户名、密码），可以根据应用的标识查询得到对应的私密数据。

（2）识别登录页面的输入框，自动填写用户名和密码。

进而确定基本检索要素：认证、业务标识、对应、私密数据、自动、输入框。

检索过程

检索员首先从中文专利库入手，使用了如下的检索式：

1	认证 or 鉴权
2	（业务 or 应用）and 标识 and（用户名 or 账号）and 密码
3	识别 and 输入框 and 自动 and（填写 or 输入）
4	1 and 2 and 3
5	（业务 or 应用 or app）and 标识 and（用户名 or 账号）and 密码
6	1 and 5 and 3

检索式 6 命中两篇相关的文献：CN101217375A、CN101272237A，这两篇文献公开了本技术方案的关键点 2，即识别登录页面的输入框，自动填写用户名和密码，以 CN101217375A 为例，该文献涉及一种账号及口令的保存及获取方法和装置，公开了以下步骤。

步骤 S102：确定当前资源的识别信息及填写账号和密码的指定位置。

所述资源可以是网站、文件或者软件，对应的识别信息为 URL、文件名称或软件名称。

所述指定位置就是访问所述资源的窗口（可以是输入框的形式或者其他形式）。

步骤 S104：将该账号和口令填写进所述指定位置。

将所述账号和口令自动填写进所述指定位置，由此实现账号和密码的自动输入……

　　从以上检索式可以看出检索员一开始试图检索到同时公开了上述两个关键点的文献，但从检索的结果来看，仅仅检索到公开了关键点 2 的有效文献，涉及关键点 1 的文献还没有找到。

　　因此接下来检索员针对关键点 1 进行重点检索，如下所示：

10	（鉴权 or 认证）2w（消息 or 请求）
11	（业务 or 应用）2w 标识
12	（关联 or 对应）3d（（用户名 or 账号）3d 密码）
13	10 and 11 and 12
14	（鉴权 or 认证）5w（消息 or 请求）
15	（业务 or 应用）5w 标识
16	（关联 or 对应）5d（（用户名 or 账号）5d 密码）
17	14 and 15 and 16
18	（业务 or 应用）s 标识
19	（鉴权 or 认证）s（消息 or 请求）
20	（关联 or 对应）s（（用户名 or 账号）s 密码）
21	18 and 19 and 20

　　上述检索式并没有获得公开了关键点 1 的对比文件，检索员考虑到中文库可能确实无合适对比文件，于是下一步去英文库尝试，检索目标主要还是针对关键点 1。如下所示：

1	authenticat+ or verif+
2	（（service or app+）s identi+）
3	（username? or account? or（user 2d identi+））
4	（authenticat+ or verif+）2w request
5	（associat+ or correspond+）
6	2 and 4
7	2 and 5 and 3
8	6 and 7

　　通过初步的试探，发现检索式 8 检索结果数量太多，达到 10000 余篇，因此还需要进一步地进行限定。

9	（（authenticat+ or verif+）2w request）s identi+ s（service or app+）
10	（（service or app+）s identi+）s（associat+ or correspond+）s（username? or account? or（user 2d identi+））

11　　　　　9 and 10

检索式 11 的结果数还是太多，达到了 500 余篇，仍然超出了浏览范围，于是继续采取渐进式策略进行了进一步限定，如下：

12　　　　　(((service or app+) s identi+) s (associat+ or correspond+) s
　　　　　　　(username? or account? or (user 2d identi+))) L stor+

13　　　　　9 and 12

14　　　　　11 and stor+ and (first w time)

15　　　　　11 and stor+

16　　　　　15 and (first w time)

检索式 16 的结果数达到了可浏览的范围，但经过浏览并没有发现公开了关键点 1 的对比文件，到此为止检索似乎陷入了困境。回头审视技术方案中的"业务标识"这个词似乎有些上位，对于本领域的普通技术人员来说，一般都会使用应用特定的一个参数来对应用进行标识，例如目的 IP、URL 等，因此可以考虑将检索式中业务标识的表达（service or app+）s identi+ 进行替换。

进一步检索过程：

17　　　　　(service or app+) s identi+ s (ip or URL)

18　　　　　11 and 17

检索式 18 的结果数约为 70 篇，属于可浏览的范围，经过筛选，检索员发现了公开了待检索技术方案关键点 1 的对比文件 US2010306833 A1：Autonomous intelligent user identity manager with context recognition capabilities，相关附图如图 9-1 所示。以下是该对比文件的关键公开内容：

客户端获得了网络侧的鉴权请求后，根据鉴权请求中的内容如 IP 地址、服务器地址（相当于业务标识）等信息识别应用并在数据库找到对应的用户名、密码，发送到服务器进行认证。

如果是第一次访问，数据库中可能没有数据，当输入了用户名、密码后，客户端会将业务标识与用户名、密码的对应关系存储下来。

小结

该案例在撰写的时候出于一些特定的原因，将技术方案中的一些关键词采取了上位的表达，这给检索造成了一定的难度。在检索实践中，这是普遍的情况，需要检索人员具备一定的技术素养，在检索过程中可以尝试将一些上位的词进行下位化的表达，往往能起到较好的效果。另外，如果涉及英文专利的检索，由于英文的表达与中文存在一定的差别，例如存在较多的倒装

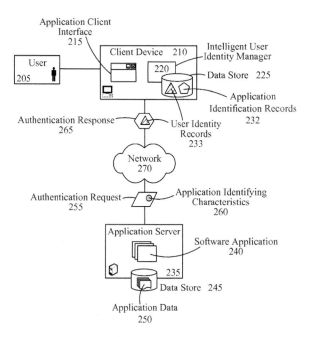

图 9-1 案例 9-10 对比文件相关附图

句式，因此在检索式的构建过程中，需要考虑英文的表达习惯，例如用户标识，在英文的表达中可以是 "user's identifier"，也可以是 "identifier of user"，因此在英文检索式构建的时候使用 D 算符或者 S 算符，例如 user 2d identi+，user s identi+，而避免使用 W 算符。

第 10 章　全文检索

本章涉及专利全文的检索，首先介绍了专利全文的构成以及专利全文的特点，随后分析适用于全文检索的若干场景，最后通过结合实际案例说明在专利全文数据库中检索时常用的检索策略。

10.1　专利全文的构成

专利全文一般来说包含了扉页、权利要求书、说明书等组成部分。有些机构出版的专利说明书还附有检索报告。检索报告是专利审查员通过对专利申请所涉及的发明创造进行现有技术检索，找到可进行专利性对比的文件，向专利申请人及公众展示检索结果的一种文件。附有检索报告的专利文件均为申请公布说明书，即未经审查尚未授予专利权的专利文件。检索报告以表格式报告书的形式出版。

10.1.1　扉页

扉页是揭示每件专利的基本信息的文件部分。扉页揭示的基本专利信息包括：专利申请的时间、申请的号码、申请人或专利权人、发明人、发明创造名称、发明创造简要介绍及主图（机械图、电路图、化学结构式等——如果有的话）、发明所属技术领域分类号、公布或授权的时间、文献号、出版专利文件的国家机构等。

10.1.2　权利要求书

权利要求书是专利文件中限定专利保护范围的文件部分，权利要求书包括独立权利要求和从属权利要求两种。其中，独立权利要求"从整体上反映发明或者实用新型的技术方案，记载解决其技术问题的必要技术特征"；从属权利要求"应当用附加的技术特征，对引用的权利要求作进一步的限定"。应当将权利要求书中记载的技术内容作为一个完整的技术方案看，即将在独立权利要求中记载的全部技术特征所表达的技术方案作为一个整体看，记载在前序部分的技术特征与记载在特征部分的技术特征，二者组合确定专利权的保护范围，前序部分的技术特征与特征部分的技术特征对于限定专利的保护范围具有相同作用。

无论是独立权利要求还是从属权利要求，其保护范围由记载在该权利要求中的所有技术特征予以界定，这些技术特征的总和构成了该项权利要求所要求保护的技术方案。记载在权利要求中的每一个技术特征都对该权利要求的保护范围产生一定的限定作用。也就是说，只要将某一技术特征写入权利要求中，就意味着专利权人所要保护的技术方案中包含该技术特征。因此，如果一项技术方案中重现了一项权利要求中记载的全部技术特征，就表明该技术方案落入了该权利要求的保护范围。如果一项技术方案除了包含某项权利要求的全部技术特征以外，还包含一个或者多个该权利要求中未记载的技术特征，则该技术方案仍落入权利要求的保护范围。上述两种情形，我们在侵权认定中称为"全面覆盖原则"。此外，如果一项技术方案仅包含权利要求记载的部分技术特征，缺少了其中一个或者多个技术特征，则一般认为该技术方案未落入权利要求的保护范围。由此，对专利权的保护范围总结如下：一项权利要求记载的技术特征数目越少，这些技术特征表述所采用的技术术语越上位或越抽象，则该权利要求的保护范围就越大；反之，一项权利要求记载的技术特征数目越多，这些技术特征表述所采用的技术术语越下位或越具体，则其保护范围越小。

10.1.3　说明书

说明书是清楚完整地描述发明创造的技术内容的文件部分，附图则是对说明书文字部分的补充。各国对说明书中发明描述的规定大体相同，但也存在一些细微的区别。

中国、欧洲专利文献说明书部分内容基本一致，包括：技术领域，背景技术，发明内容，附图说明，实施例等，其中：

技术领域：是指要求保护的技术方案所属的技术领域；

背景技术：是指对发明或者实用新型的理解、检索、审查有用的背景技术；有可能的，并引证反映这些背景技术的文件；

发明内容：是指发明或者实用新型所要解决的技术问题以及解决其技术

问题采用的技术方案，并对照现有技术写明发明或者实用新型的有益效果；

此外，说明书还可以配有附图，并且对各幅附图作简略说明；

具体实施方式是指实现发明或者实用新型的优选方式，必要时，举例说明；有附图的，还可以对照附图说明。

美国专利说明书撰写颇具特点，每部分均以小标题引导，一目了然。一般包括：

发明背景（Background of the Invention）：指明本发明所属技术领域、现有技术状况和存在的不足；以及解决问题的方法要达到的目的。

发明大意（Summary of the Invention）：概述本发明内容。

附图简介（Brief Description of the Drawings）：简要说明附图的参看方法。

最佳方案详述（Detailed Description of the Preferred Embodiment）：详细、完整、清晰地对发明内容给以叙述，使任何熟悉该发明所属技术领域的一般工程技术人员阅读后，能制作及使用该发明。发明如有附图，应结合加以说明。这是专利说明书的主要部分，提供了解决技术问题的最佳方案。

10.2 适合在全文数据库中检索的情形

10.2.1 目标技术方案涉及较多技术细节

从上述专利文献的特点可以看出，说明书摘要、权利要求都会涉及发明创造的技术方案的进行概况，因此权利要求书和摘要往往会隐藏很多发明的细节。如果要检索的目标技术方案比较具体，涉及较多的技术细节，如化合物的具体组分、机械结构的具体连接关系、方法中的具体步骤，仅仅在摘要库中往往难以检索到目标对比文献，这种情况下，往往需要在专利全文库中检索。

10.2.2 目标技术方案比较常规或者改进点比较细微

如果要检索的目标技术方案比较常规或者相对于现有技术的改进点比较细微，则往往在摘要库中难以检索到可用的对比文件，这还是与专利文献的特点有关。在摘要库中，说明书摘要、独立权利要求往往都是对发明的主要构思或者所涉及的关键技术手段进行描述，而现有技术中常规的技术手段或者一些次要的细节性改进往往只在说明书实施例中有所体现，因此对于这类技术方案，往往也是需要在专利全文库中进行检索的。

10.2.3　在外文库中进行检索

如果在中文库中没有检索到可用的对比文献，需要在外文库中进行检索时，则需要重点考虑外文全文库，这是因为国外的专利申请人在进行专利文献的撰写时，往往为了获得一个比较大的保护范围，会对原始的技术方案进行非常高度的概括，以至于独立权利要求书和摘要往往难以体现出其技术细节，其真实的容易理解的技术方案仅仅在说明书中记载。在这种情况下，通过检索全文显然获得目标对比文件的可能性更高。

还有另外一种情况，国外申请人有时会将某一个技术领域相关的多个技术方案通过一份申请文件进行提交，而首次提交的摘要和独立权利要求往往只涉及多个技术方案中的某一个，也就是说其他的技术方案可能根本不会记载在摘要和独立权利要求中，在这种情况下，显然只有通过全文库才能检索到目标对比文件。

10.3　专利全文数据库的检索策略

10.3.1　使用下位关键词

专利文献的说明书实施例中记载了若干具体技术实施方案，因此在全文数据库中进行检索时，需要使用下位的关键词，如果检索的目标技术方案仅仅体现出其大致的发明构思，则在检索实践中往往需要对发明构思涉及的关键技术手段进行扩展，使用比较下位的关键词。以下以一个实际案例进行说明。

【案例 10-1】

案情简介

一种关联功能与居室内房间的方法，包括：用多个节点在所述结构中形成网状网络，每个节点具有通信模块；基于飞行时间将所述节点分段配置到房间中；获取房间中至少一个节点的身份，其中，所述身份包括关于驻留在所述节点处的设备的信息；以及使用所述身份以向所述房间分配功能。

基本构思及检索要素分析

该技术方案描述中出现了描述比较上位的词，例如"节点""身份""设备信息""房间功能"，实际上该技术方案应用于智能家居领域，其基本构思涉及以下两方面。

（1）建筑物可能存在多个智能节点，例如电灯、插座、开关等，这些节点处于不同的房间，因此就涉及如何自动地将这些节点按照其归属的房间进行分组以建立其通信连接。具体地，该技术方案基于飞行时间（TOF）技术对节点的房间技术划分。

（2）此外，为了更好地对不同房间进行智能化管理，需要确定房间的功能，也就是房间的类型，例如客厅、卧室等。具体地，该技术方案根据节点的身份信息，例如节点的 ID、类型，来确定房间的类型，例如如果节点的类型为电饭煲，则可以确定该节点所处的房间类型为厨房。因此对于这样的方案，如果用技术方案中的关键词来检索，将很难在全文库中检索到对比文件。

检索过程

检索要素的表达，对于基本构思（1），将"节点"下位化为：传感器、开关、灯、插座、智能家电、智能设备等关键词，构建如下检索式：

1 （传感器 or 开关 or 插座 or 家电 or 电器 or 空调 or 智能设备）s（分配 or 划分 or 归属）s（房间 or 客厅 or 大厅 or 厨房 or 卫生间 or 包间 or 包厢）

2 （TOF or 飞行时间）

3 1 p 2

能够检索到多篇类似的对比文件，例如对比文件 1（CN101138279A）涉及根据建筑物房间布局分组无线照明节点，建筑物内将若干无线可控建筑物服务设备节点分配给适当的开关控制节点的装置，若干服务设备节点至少某些位于建筑物的不同房间中，其包括：收发机，用于建立节点间的无线连接，利用指示两个通讯节点间间距的接收信号强度指示（RSSI）值来确定所选节点的相对空间位置；微处理器，用于基于 RSSI 值指示的服务设备节点的空间分布，将建筑物服务设备节点分为两组或更多组，第一组对应在所述不同房间中的第一个中的服务设备节点，第二组对应在所述不同房间中的第二个中的服务设备节点；一个实例是信号"飞行时间"（ToF）方法，其中，信号通过节点间所用的时间被用于估算节点间的距离。

而对于基本构思（2），对"身份""设备信息""房间的功能"等词进行下位化，构建如下检索式：

1　（（传感器 or 设备）3w（ID or 编号 or 编码 or 类型 or 类别 ））s（房间
3w 类型）

同样能够检索到多篇类似的对比文件，例如对比文件 2（WO2005125155A1）涉及与传感器连接的计算节点的编程方法，公开了以下内容：如果服务器 10 判断计算节点所连接的传感器类型为金属探测传感器，则将房间类型分配为大厅。

小结

从上述检索过程可以看到，在专利全文特别是说明书中进行检索需要使用比较具体的关键词，否则可能难以获得理想的对比文件。

10.3.2　从技术效果、技术问题的角度进行限定

在一些情况下，使用技术方案的技术手段中的关键词比较难表达其发明构思或者可能引入比较大的噪声，可以尝试从技术效果、技术问题的角度进行限定，而专利全文库相比于摘要库，一般情况下都会对其技术方案所解决的技术问题、达到的技术效果有比较详细的描述，因此在这种情况下，使用技术效果、技术问题可能取得比较好的去噪效果，达到事半功倍的效果。以下通过一个实际案例进行说明。

【案例 10-2】

案情简介

待检索的技术方案：无线接入设备和终端获取当前业务的用户面配置参数绑定信息，再根据所获取的用户面配置参数绑定信息，获得对应当前业务的用户面配置参数，并采用所获得的用户面配置参数，建立用户面实体。

基本构思及检索要素分析

该技术方案的基本构思在于，UE 和 eNB 预先将具体业务与对应的用户面配置参数进行绑定并进行存储，业务发起时，eNB 将业务与对应的参数绑定关系发送给 UE，UE 找到对应的参数建立层 2 用户面实体。设计的检索要素包括无线承载、层 2、用户面、配置、参数。

检索过程

该技术方案中涉及的关键词：无线承载、用户面、配置、参数等关键词都是通信领域非常常见的关键词，如果单纯采用这些关键词，在数据库中检索时会产生很大的噪声，所以采取如下检索式：

1　无线承载 or 用户面 or 用户平面 or 数据面 or 数据平面 or PDCP or
RLC or MAC

2 参数 or 配置

3 绑定 or 关联 or 映射 or 对应

4 1 s 2 s 3

　　检索结果大于 5000 篇，上述检索词都是通信领域标准中非常准确的关键词，基本不存在任何进一步扩展的余地，因此从技术方案本身的角度进行检索，找到目标对比文件的难度比较大，需要采取其他的手段进行进一步降噪。

　　虽然目标技术方案本身没有对其解决的技术问题和达到的技术效果进行比较明确的介绍，但对该技术方案进行分析可以发现，在现有技术中，当发起某个业务时，eNB 会将业务对应的层 2 用户面实体所需要的配置参数发给 UE，具体可参见 3GPP 标准 3GPP TS23.401 、TS36.331、TS24.301。如图 10-1 所示。

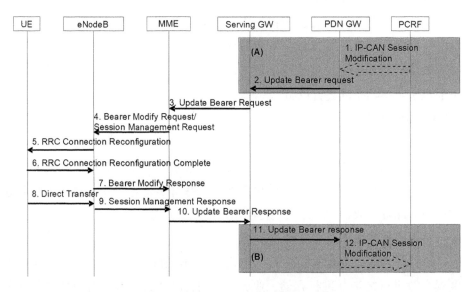

图 10-1　案例 10-2 涉及的背景技术 1

　　其中在步骤 5 的 RRC Connection Reconfiguration 消息中会携带层 2 用户面实体的配置参数，如图 10-2 所示。

```
pdcp-Config                PDCP-Config            OPTIONAL,
rlc-Config                 RLC-Config             OPTIONAL,
logicalChannelIdentity     INTEGER (3..10)        OPTIONAL,
logicalChannelConfig       LogicalChannelConfig   OPTIONAL,
```

图 10-2　案例 10-2 涉及的背景技术 2

也就是说，每次发起业务 eNB 都会向 UE 配置一个层 2 实体的参数，但实际上，由于这些参数与业务的 QoS 要求是相关的，而业务 QoS 基本上是固定的，因此每次 eNB 发给 UE 的参数几乎都是一样的，那么显然就会导致两个问题：浪费了宝贵的空口信令资源，而且增大了业务建立的时延。因此基于上述分析，可以得出目标技术方案实际解决的技术问题和达到的技术效果是节省空口信令开销，降低无线承载建立的时延。

实际上，该技术方案只需要通过"（（降低 or 减少）s 无线承载 s 时延）"这样一个简单的检索式就可以检索到目标对比文件 CN1937828 A，该对比文件中的基站将各种业务对应的无线承载映射参数、无线链路控制器实体参数、媒体接入控制器实体参数通过广播预先发送给 UE，如图 10-3 所示。

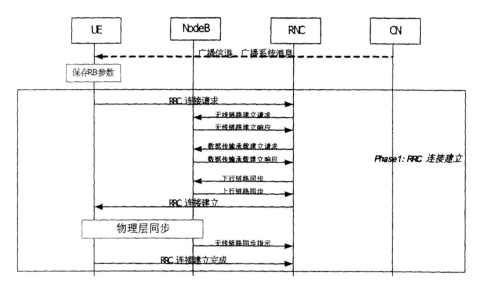

图 10-3 案例 10-2 涉及的对比文件

而在业务建立的时候，基站通过简化的无线承载建立消息告知 UE 当前业务对应的层 2 实体所使用参数的索引，如图 10-4 所示。

可以看出，该对比文件已经完全公开了目标技术方案的发明构思。

小结

如果待检索的技术方案中涉及的检索要素表达都是该领域常见的关键词或分类号，在检索过程中可能噪声较大，此时可以尝试从技术问题或者技术效果的角度进行进一步降噪，可能取得意想不到的效果。

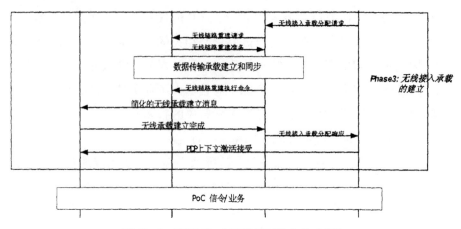

图 10-4 案例 10-2 涉及的对比文件（续）

10.3.3 同在、邻近、通配、词频等算符的合理使用

除了 AND、OR、NOT 等常见算符以外，在专利全文中常用的算符还包括截字符、同在、邻近算符、词频等，如表 10-1 所示。

表 10-1 全文检索中常用的其他算符

截字符	+	代表任意个字符
	#	代表 1 个字符
	?	代表 0~1 个字符
同在和临近、频率算符	nD	代表无序间隔 n 个字符
	nW	代表有序间隔 n 个字符
	S	代表同句
	P	代表同段
	frec	代表出现频率

截字符通常用于在英文库中应对单复数、词根的不同表达形式，但在实际运用中要尽量使用准确的截字符，否则可能引起较大的干扰，例如需要表达单复数，使用"?"的效果要好于"+"，例如，要表达 APP 的复数形式，一般使用 APP？，但如果使用 APP+，则将 apple、apply 等都包含在检索结果内，从而可能引入较大的噪声。

而对于同在、邻近算符的使用，一般来说如果检索目标表达比较明确，则可以使用"邻近程度更近"的算符。例如案例 10-1 "一种关联功能与居室内房间的方法"中，针对发明点（2），基于对目标技术方案的分析，检索目标比较明确，即"基于节点的类型确定房间的类型"，那么"节点""类型""房间"必然在同一个句子中，则可以使用 S 算符。又例如如果需要表达设备标识，则可以使用 W 算符。而如果对于目标对比文件中的表达不是特别确定，则可以采取渐进性策略，例如可以先用 P，如果检索结果比较多，再用 S，如果还比较多，再用 5W、3W 等逐步地缩小范围以免发生漏检。关于邻近算法的案例将在"利用同在或邻近算符的检索"小节中进行具体介绍。

此外，词频算符也是常见的一种用于降噪的手段，一般来说，在全文数据库中，与发明构思密切相关的关键词会多次出现，而且在说明书、权利要求、摘要中均会出现。词频算符适合于关键词比较常规导致检索结果比较多的场景，例如案例 10-2"一种用户面配置参数的处理方法及装置"，无线承载、用户面、配置、参数都是无线通信领域很常规的关键词，使用这些检索词导致检索结果非常多，除了上述从解决的技术问题、达到的技术效果的角度来进行限定的方式外，实际上从这些关键词的词频的角度进行进一步限定，也可以命中目标对比文件。

第 11 章 语义检索

在数以亿计的专利文献数据中，找到自己想要的专利文献数据并不是一件很容易的事，尤其当用户不能根据待检索方案很清楚地表达自己的检索需求时，检索任务会变得更加困难。在现有的专利检索中，用户在专利检索系统中输入"电脑"一词，系统直接通过文字匹配的方式，找到含有"电脑"这个词的专利文献数据。但用户真实检索需求可能是想找"电脑"这个领域下某一技术的专利文献数据，至于是否包含这个词并不重要。这就需要所谓的"智能语义检索"，它需要突破文字匹配的限制，达到语义匹配的效果。

11.1 语义检索概述

语义检索是指输入所需专利技术信息相关的词、语句、段落和篇章以检索相关专利，语义检索本质上其实并非检索，而是排序，如同按申请日、公开日对专利文献进行重新排序一样，语义排序就是按语义相关度对专利文献进行重新排序。但不同的是，申请日、公开日自身带有时间的先后顺序，很容易就可以排序，而语义相关度却没有简单固定的标准去衡量。但有幸的是，随着数学理论和计算机技术的发展，大数据、自然语言处理以及机器学习技术已经发展到了可以支持我们利用数学模型和高运算能力计算机对海量的专利文本进行学习建模，从而将同类语言的专利文本"放入"同一个语义坐标系中进行对比运算，去衡量它们之间的语义相关度。语义这个坐标系不同于申请日、公开日仅有时间这个一维度，它甚至有上百万个维度，每篇专利都与其中的上万个维度相关。

11.2　常用语义检索系统的特点

目前国内常用的语义检索系统有 Patentics 智能检索系统、Incopat 检索系统等。

Patentics 是集专利信息检索、下载、分析与管理为一体的平台系统，其包括服务器端和客户终端，采用 Web 浏览格式、用户安装终端格式及建立局域服务器网络格式呈现专利数据，是全球最先进的动态智能专利数据平台系统。与传统的专利检索方式相比，Patentics 检索系统的最大特点是具有智能语义检索功能，可按照给出的任何中英文文本（包括词语、句子、段落、文章，甚至仅仅是一个专利公开号），即可根据文本内容包含的语义在全球专利数据库中找到与之相关的专利，并按照相关度排序，大大提高了检索的质量和检索效率。Patentics 检索方式也可以跟传统的布尔检索式结合使用，以期获得更精准的检索结果。一方面，已经上线的日本全文（英文）数据和即将上线的韩国全文（英文）数据与美国专利 / 申请、EP 专利、WO 专利（其中 EP、WO 近 1/3 的德 / 法文全文翻译为英文）、中国英文构成世界专利英文库，使一种语言检索多语种专利成为可能。Patentics 英文全文库已经成为世界全文专利库之最（将近 3000 万全文数据量），同时 Patentics 英文全文库构造统一英文数学模型，支持语义检索，支持中、英检索，并将检索结果自动翻译为中文，真正跨越专利检索语言障碍。另一方面，Patentics 智能语义检索的相关度排序，将与检索主题（往往是一个专利号为检索式）最相关的专利文献放在最前位，有效解决海量全文数据量带来的浏览负担问题，真正做到查全与查准。

Incopat 是北京合享新创信息科技有限公司自主研发的，是一个涵盖世界范围海量专利信息的检索系统，含有全球 112 个国家 / 组织 / 地区，超过 1.2 亿件的专利文献，具有专利数据全面可靠、功能专业、检索效率高、用户界面友好等特点；配备了功能强大的辅助查询工具，可实现 IPC、专利权人、同义词、国别代码、号码等字段的扩展检索。用户可以对检索结果进行导出、统计筛选、统计分析、聚类分析和 3D 沙盘分析，对单件专利可进行引证分析。其同样可针对关键词、IPC 分类号等进行检索，同时也具备语义检索功能。

下面以 Patentics 智能检索系统为例，介绍该检索系统下的主要操作命令及使用方法。

11.3 Patentics 智能语义检索基本操作命令

Patentics 中语义检索的基本命令为 R/，其中 R 即是 Rerank 的缩写，也就是重排序的意思。R/ 命令后可以输入文字内容或者专利号码，输入专利号码时，系统会自动提取该篇专利的全文文本进行语义检索。为了满足用户日常新颖性检索需要，Patentics 还提供 RDI/ 命令，后可跟专利号码，含义是检索该专利申请日前公开的最接近专利文献。

Patentics 中除了语义检索命令外，还有许多其他检索命令，下面介绍一些常用的检索字段。

11.3.1 日期检索

常用的日期检索字段主要有申请日、公开日、授权日、优先权日等，其检索命令分别为 APD/、ISD/、GRD/ 和 PRD/，表示获取在某一时间或者时间段的专利，时间格式为 YYYYMMDD、YYYYMM 或者 YYYY，使用方法如 APD/20010101、APD/200101、APD/2001、APD/2001—2010、APD/200101—200109。

11.3.2 关键词检索

常用的关键词检索字段主要有标题、摘要、权利要求、背景技术、用途、说明等，其检索命令分别为 TTL/、ABST/、ACLM/、BKT/、AIM/ 和 SPEC/，分别表示专利标题包含的关键词、专利摘要包含的关键词、专利权利要求中包含的关键词、专利背景技术包含的关键词、专利申请用途包含的关键词及专利说明书描述部分包含的关键词，使用方法如 TTL/ 发动机、AIM/（减震 and 降噪）。

11.3.3 申请人、发明人及代理人检索

申请人的检索命令为 AN/，可进行申请人全部名称或者部分名称的检索，如 AN/ 宝马股份公司、AN/ 宝马。当有多个申请人时，还可以针对第一申请人检索，如 AN1/ 华为；或者对申请人类型进行检索，如 ANTYPE/ 大学、ANTYPE/ 企业等。

发明人的检索命令为 IN/，如 IN/ 李明。当有多个发明人时，还可以针对第一发明人进行检索，如 IN1/ 李明。

代理人或代理所的检索命令为 LREP/，可以用全称也可用简称进行检索，如 LREP/ 北京市柳沈律师事务所或 LREP/ 柳沈。

11.3.4 分类号检索

常用的分类号检索字段主要有国际分类号、美国分类号、联合分类号、日本 FI 分类号、日本 F-term 分类号等。

国际分类号的检索命令为 ICL/ 或者 IPC/，如 ICL/A01G、IPC/F16H3、IPC/B60S5/06，当需要对某一分类号及其所有下级分类进行检索时，可以用 IPC/+ 分类号，如 IPC/+F24F1/20。当某一专利申请给出众多国际分类号，需要对国际主分类号进行检索时，可以用 ICLM/ 或者 IPCM/ 进行检索，当需要对国际副分类号进行检索时，可以用 ICLS/ 或者 IPCS/ 进行检索。

美国分类号的检索命令为 CCL/，如 CCL/700/50，当有多个美国分类号且需对美国主分类号进行检索时，可以用 CCLM/ 进行检索。

联合分类号的检索命令为 CPC/，如 CPC/B60K1/04，当需要对 CPC 发明信息进行检索时，可以用 CPCI/ 进行检索，如 CPCI/B60K1/04；当需要对 CPC 附加信息进行检索时，可以用 CPCA/ 进行检索，如 CPCA/B60K1/04。

日本 FI 分类号的检索命令为 FI/，如 FI/F24F；日本 F-term 分类号的检索命令为 FT/，如 FT/3J027。

11.3.5 地域类检索

常用的地域类检索字段主要有市级地域、详细地址等。

市级地域的检索命令为 NS/，其为标准化地域检索，检索域为精确到市级城市的地址，如 NS/ 南京。

详细地址的检索命令为 AS/，其可检索申请人的详细地址或者邮编，如 AS/ 湖北省武汉市洪山区、AS/430070。

11.3.6 其他检索字段

在机械领域，专利文献通常具有附图，而 Patentics 检索系统也能够针对附图进行检索，附图说明检索命令为 FIG/，其用以检索专利附图说明部分包含的关键词，如 FIG/ 进水管。

11.4 语义检索技巧及适用情形

下面结合实际检索案例来介绍 Patentics 检索系统的使用。

11.4.1 利用 R/ 或者 RDI/ 申请号或者专利公开号进行检索

这种方式只需要输入 R/ 或者 RDI/ 申请号或者专利公开号，操作非常简单。适于初步检索，快速浏览对比文件，能切实提升检索效率。

【案例 11-1】一种有凹槽的齿轮

案情简介

一种有凹槽的齿轮，包括通孔 1、齿轮体 2、齿牙 3 和凹槽部 4，其特征在于，所述通孔 1 在齿轮体 2 内侧；所述齿轮体 2 外侧有齿牙 3，齿轮体 2 还包括齿轮体上部 5 和齿轮体下部 6，齿牙 3 分别在齿轮体的上下部上，所述齿轮体下部 6 直径大于齿轮体上部 5，齿轮体上部 5 和齿轮体下部 6 之间有方型凹槽；所述凹槽部 4 还包括 U 形凹槽 7 和环孔 8，所述 U 形凹槽 7 在所述齿轮体下部 6 的内部，开口方向向下，所述环孔 8 在通孔 1 的下侧。其结构如图 11-1 所示。

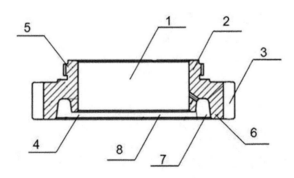

图 11-1　案例 11-1 结构图

检索过程

在 Patentics 检索界面中输入 RDI/ 申请号，如下：

1　　　　　RDI/CN201810064532

检索过程如图 11-2 所示。

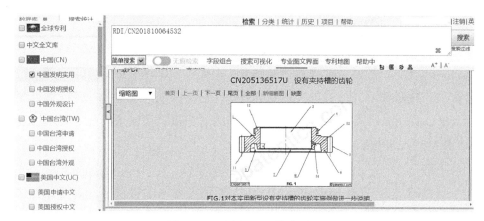

图 11-2 案例 11-1 检索过程

得到对比文件 CN205136517U，公开了待检索案件权利要求的大部分特征，如图 11-3 所示。

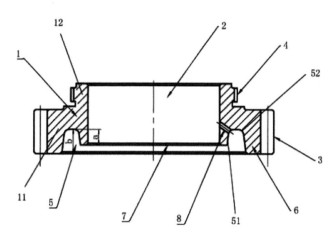

图 11-3 案例 11-1 对比文件相关附图

【案例 11-2】一种单片机在线编程的方法

案情简介

一种单片机在线编程的方法，其特征在于，包括以下步骤：处理器读入要加载的单片机固件程序文件，所述单片机的固件程序文件格式为 BIN 文件；所述处理器通过 SPI 接口将所述单片机固件程序文件的 BIN 文件写到单片机的 FLASH 中。

检索过程

在 Patentics 检索界面中输入 RDI/ 公开号，如下：

1　　　　　RDI/CN104679559

在首页即能得到能评述待检方案新颖性的对比文件 CN102609286A。该对比文件公开了一种基于处理器控制的 FPGA 配置程序远程更新方法，其通过外部通信接口输入并通过处理器写入 SPI 存储器模块的配置程序，配置程序为 .bat 或者 .bin 格式；处理器模块将外部的通信接口传输来的配置程序通过 SPI 接口写入 SPI Flash 中。

小结

直接通过 R/ 或者 RDI/ 进行检索时，不需要输入除申请号或者公开号之外的任何信息。无论是机械领域还是电学领域，均可在检索开始时利用该检索策略进行尝试性检索，从而获取与检索方案相关度较高的对比文件。

11.4.2　利用 R/ 或者 RDI/+ 关键词干预检索

前面介绍了一种尝试性的检索策略，但大部分案件仅通过 R/ 或者 RDI/ 检索难以使对比文件显示在前列，从而影响浏览效率。此时可以通过人工干预对检索结果进行重新排序，人工干预有多种形式，主要加入关键词、分类号等信息进行干预。

当某一类案件表征发明点的关键词较为准确且较容易提取及扩展时，可以利用加入关键词进行干预检索的方式进行检索。通过前述对 Patentics 智能语义检索基本操作命令的介绍可知，关键词检索的方式有多种，如摘要、权利要求、标题的关键词组合检索、全文关键词检索等。

11.4.2.1　利用 R/ 或者 RDI/+ 摘要权利要求标题关键词组合检索

【案例 11-3】一种应用于服务器的方法

案情简介

一种应用于服务器的方法，包括接收第一客户端响应于针对第二客户端触发提示操作而发送的提示请求；响应于所述提示请求，向第二客户端发送提示指令。其中，所述提示指令指示所述第二客户端：响应于接收到所述提示指令，以所述第一客户端的电话号码作为主叫号码触发来电提示，并呈现基于所述主叫号码的未接来电通话记录。

现有技术中有些用户有时需要通过终端设备向另一或另一些用户发出提示，这些提示往往仅需要引起对方的注意即可，例如某用户提醒另一用户约定做某件事的时间已到。而在现有技术中，提示方式是通过现有通话交互或现有信息交互来实现。

该方案主要针对现有技术中利用信息交互来实现信息提示，由于信息提示相对于来电提示来说难以引起被提示用户的注意，这使得被提示用户常常会忽略提示信息，从而无法保证提示的及时性。

基本构思及检索要素分析

该方案发明构思在于，将提醒信息以第一客户端的电话号码作为主叫号码触发来电提示，并在第二客户端呈现基于主叫号码的未接来电通话记录。因此从该案对现有技术改进的角度确定检索要素为"来电提示"。

检索过程

首先在 Patentics 检索界面中输入 RDI/ 公开号进行检索：

1　　　　　RDI/ CN104506741

浏览上述检索式的前 100 篇文献，未能找到对比文件，于是尝试利用上述确定的检索要素进行干预检索，将上述检索要素的关键词表达扩展为"来电提醒""未接来电""未接电话"。检索过程如下：

2　　　　　RDI/ CN104506741 and A/（未接来电 or 未接电话 or 来电提醒）

通过上述检索式，在前 50 篇文献中即可快速获取对比文件 1（CN101115252A），其公开了该案的发明构思。

小结

A/ 是表示标题、摘要或权利要求中含有的关键词，适于检索目标文件标题、摘要或权利要求中出现的关键词。因此利用 A/ 检索的方式能有效提升目标文献的相关度。

11.4.2.2　利用 R/ 或者 RDI/+ 全文关键词组合检索

【案例 11-4】一种数控车床用自动下料机构

案情简介

一种数控车床用自动下料机构，包括卡盘 1、下料座 2 及盖板 3，下料座 2 镶嵌在卡盘 1 的内部，盖板 3 通过螺栓固定安装在下料座 2 的末端，下料座 2 的内部开设有下料通道 5，下料通道 5 内安装有弹簧 7 以及顶杆 6，顶杆 6 一端内凹，另一端穿透下料通道 5 连接产品 9，弹簧 7 一端固定连接盖板 3，另一端固定连接于顶杆 6 的内凹端，通过顶杆 6 与弹簧 7 的压缩配合，实现对产品 9 的自动下料。其结构如图 11-4 所示。

在现有技术中，使用数控车床对轴类进行加工时，由于加工工序简单，而加工数量巨大，操作人员需长时间地重复劳动，不仅增加了操作人员的操作负担，而且生产效率低下，此外，操作时人员的双手经常需要接触卡盘，不仅操作麻烦，而且操作安全性也较低。

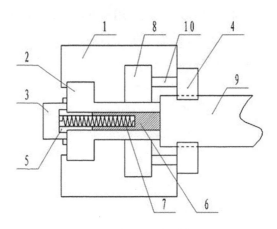

图 11-4　案例 11-4 结构图

　　该案针对现有技术中操作麻烦、操作安全性低的技术问题提供一种数控车床用自动下料机构，能够实现在数控车床加工完成后，自动将产品顶出，自动化程度高，操作方便快捷，节省人力。

基本构思及检索要素分析

　　该案发明构思在于，在下料通道内安装弹簧及顶杆，通过两者的压缩配合实现对产品自动下料以减少工人在使用车床加工时用手接触卡盘的机会并提高自动化程度。因此从该案对现有技术改进的角度确定两个检索要素为"弹簧顶杆压缩配合"及"卡爪夹工件"。

检索过程

　　首先在 Patentics 检索界面中输入 RDI/ 公开号进行检索：

1　　　　　RDI/CN107138743

　　浏览上述检索式的前 100 篇文献，未能找到对比文件，于是尝试利用上述确定的检索要素进行干预检索，将上述检索要素"弹簧顶杆压缩配合"的关键词表达扩展为"弹簧""压缩""弹性"等，将上述检索要素"卡爪夹工件"的关键词表达扩展为"卡爪""夹爪""卡脚"等。利用摘要、权利要求、标题关键词组合检索过程如下：

2　　　　　RDI/CN107138743 AND A/（弹簧 and（夹爪 or 卡爪 or 卡脚））

　　通过上述检索式，在前 100 篇文献中仍然没有找到对比文件，于是将上述关键词采用全文检索的方式进行检索，检索过程如下：

3　　　　　RDI/CN107138743 AND B/（弹簧 and（夹爪 or 卡爪 or 卡脚））

通过上述检索式，在前 100 篇文献中得到了对比文件 CN106271769A，其公开了通过弹簧与活塞杆的压缩配合，并配以卡爪的工作，实现工件智能化加工，节省人工，提升安全性。

小结

B/ 是表示全文中含有的关键词，适于检索目标文件全文中出现的关键词。在尝试 A/ 未检索到对比文件时，可以利用 B/ 检索的方式进行检索。

14.4.2.3 利用 R/ 或者 RDI/+ 分类号干预检索

在某一类案件技术主题与分类员给出的分类号较能匹配，且该分类号下文献量较少的情况下，可以仅利用分类号进行干预检索。

【案例 11-5】一种电动推杆丝杆结构

案情简介

一种电动推杆丝杆结构，包括丝杆螺母管 1、丝杆螺母 2、丝杆头 3 和丝杆 4，所述丝杆螺母管 1 和丝杆螺母 2 为一体注塑成型，丝杆螺母管 1 与丝杆螺母 2 相接处设有凹槽 11，丝杆螺母管 1 插入丝杆螺母 2 的一端设有通孔 12；所述丝杆 4 为金属材质，其外径为 10~14mm；所述丝杆头 3 为聚甲醛材质，丝杆头 3 与丝杆 4 一体注塑成型；所述丝杆螺母 2 为聚甲醛材质，所述丝杆螺母管 1 为金属材质；所述丝杆螺母 2 的外壁上设有凸台 21。结构如图 11-5 所示。

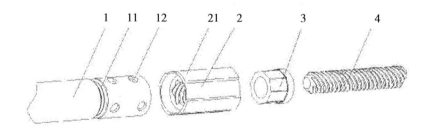

图 11-5 案例 11-5 结构图

该案主要针对现有技术中 SUV 车辆尾门的支撑结构中由于丝杆头和丝杆螺母均为金属材质从而在相互运动时会产生一定程度的机械噪声，提供了一种可以降低运行过程中产生机械噪声的丝杆结构。

基本构思及检索要素分析

该案发明构思在于，采用塑料丝杆螺母与金属丝杆螺母管一体注塑成型从而降低机械噪声以及减少磨损。因此从技术主题角度确定检索要素为"丝杆结构",从该案对现有技术改进的角度确定检索要素为"丝杆头与丝杆一体成型"。

针对丝杆结构,按其结构功能进行分类,分类员给出 F16H 25/20,但是根据说明书中的记载,该电动推杆丝杆结构应用于汽车尾门上,根据对本领域的了解,根据其应用领域,可以给出分类号 E05F 15/622,其表示利用丝杠螺母机构进行门的动力操纵。

检索过程

首先在 Patentics 检索界面中输入 RDI/ 公开号进行检索:

1   RDI/CN201711232106

浏览上述检索式的前 100 篇文献,未能找到对比文件,于是尝试利用分类员给出的分类号进行干预检索,检索过程如下:

2   RDI/CN201711232106 and ICL/f16h25/20

通过上述检索式,在前 100 篇文献中仍然没有找到对比文件,于是利用扩展的应用分类号进行检索,检索过程如下:

3   RDI/CN201711232106 and ICL/e05f15/262

通过上述检索式,在前 10 篇文献中得到了对比文件 CN206309193U,其公开了该案的大部分特征,如图 11-6 所示。

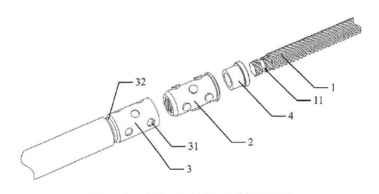

图 11-6 案例 11-5 对比文件相关附图

小结

ICL/ 是指 IPC 分类号检索,适于有准确 IPC 分类的案件,能提高检索效率。

11.4.2.4　利用 R/ 或者 RDI/+ 代理人干预检索

当某一类案件方案较冗长，发明点不突出、部件结构复杂且均为常规结构，常规检索难以扩展关键词且难以减少文献阅读量时，可以考虑用代理人字段进行干预检索。

【案例 11-6】一种管材端面打磨装置

案情简介

一种管材端面打磨装置，使用时管道通过进管口 2 进入壳体 1 中，管道从上下两侧的输送带之间通过，通过两侧的控制螺母 5 转动，能够带动螺纹杆 4 在筒套 3 中滑动，从而通过 U 形支板 6 和水平支板 7 带动轮轴 8 外围的输送带夹紧管道，从而能够输送推动管道，同时通过水平支板 7 在 U 形支板 6 上转动调整打磨角度，这样的设计加工输送稳定，同时可以灵活调整加工角度；支撑弹簧 71 的设计具有减震的效果；使用中启动电机 11 带动轴 12 转动，从而传动轴 12 通过传动皮带 13 带动转轴 9 和打磨轮轴 10 转动，能够对管道端面进行打磨；启动气泵 18 向喷气管 17 中注气并通过喷气管 17 的喷嘴喷出，气流能够吹动碎屑烟尘向右运动，换气扇叶 14 在传动轴 12 的带动下转动，能够将烟尘等吹入除尘筒 15 中过滤并通过出气盖 16 清洁排出，碎屑杂质能够后期集中通过排杂管道 19 排出，这样的设计能够在加工中同步清洁，提高加工精度和加工清洁度。其结构如图 11-7 所示。

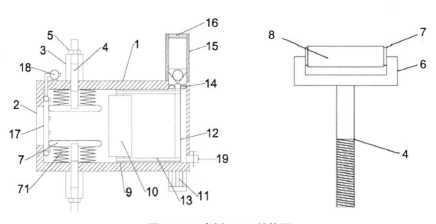

图 11-7　案例 11-6 结构图

该案针对现有技术中在管材进行切割后管道口打磨稳定性、加工性差以及加工中产生的废屑烟尘对环境与人体造成危害的问题，提供了一种管材端面打磨装置。

基本构思及检索要素分析

该案发明构思在于，通过 U 形支板和水平支板带动轮轴外围的输送带夹紧管道以调整打磨角度，并通过换气扇叶将烟尘吹入除尘筒过滤后清洁排出。

检索过程

考虑到该案结构复杂，难以提取有效关键词，于是尝试利用代理机构信息进行干预检索，在 Patentics 检索界面中输入：

1   RDI/CN107900812 and LREP/ 科融知识产权

通过上述检索式，在第 3 篇即可得对比文件 CN106826486A，其结构如图 11-8 所示。

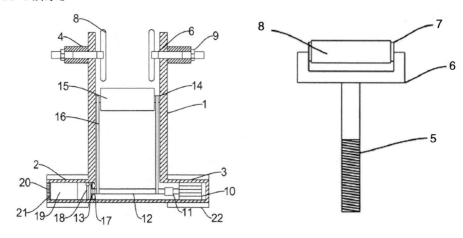

图 11-8　案例 11-6 对比文件相关附图

小结

该对比文件与该案申请人、发明人、主分类号、技术领域均不相同，而且该案与该对比文件相同的关键词仅有"螺母""防滑纹路"及"换气扇叶"，而通过加入代理机构进行干预检索，可快速检索到对比文件。

11.4.2.5　利用 R/ 或者 RDI/+ 本领域重要申请人干预检索

当涉案方案的技术领域有重要申请人时，可以在 Patentics 智能系统中利用该重要申请人进行干预检索，能快速检索到对比文件。

【案例 11-7】一种清洗器

案情简介

一种清洗器，包括：进水组件 100，其下端设置有供水接口 110，供水接口 110 上方设置有进水通道 120，进水通道 120 内设置有活动塞 130，进水通道 120 侧面设置有送水管 140；加压组件 200，其设置连接在送水管 140 上方；喷头组件 300，其连接设置在加压组件 200 一端；进水组件 100 和加压组件 200 外设置有外壳 400，外壳 400 下端设置有把手 410，加压组件 200 下方设置连接有锂电池 420，锂电池 420 安装在把手 410 下方连接的电池盒 430 内，锂电池 420 上方设置有安装在把手 410 内的电池开关 440；活动塞 130 上端设置连接有手动开关 450，手动开关 450 中部设置有铰接杆 460，铰接杆 460 另一端铰接于把手 410 内，手动开关 450 中部设置有开关复位杆 470，开关复位杆 470 上套设有复位弹簧 480，开关复位杆 470 另一端设置与电池开关 440 相接触。其结构如图 11-9 所示。

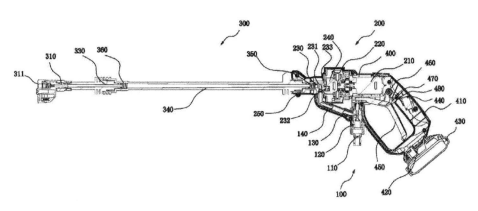

图 11-9　案例 11-7 结构图

该案针对现有汽车清洗速度慢且清洗效果不理想的问题，提供了一种使用方便、清洗速度快、效果好的清洗器。

基本构思及检索要素分析

该案基本构思在于通过手动开关开启电池开关后实现对水的加压操作，从而提高清洗效果。从技术主题确定检索要素为"清洗器"，从对现有技术的改进角度确定检索要素为"加压"。

检索过程

首先在 Patentics 检索界面中输入 R/ 申请号进行检索：

1　　　　R/CN201710717054

浏览上述检索式的前 100 篇文献，未能找到对比文件，考虑到该案清洗器主要应用于汽车清洗领域，在汽车清洗领域有一重要申请人——苏州宝时得电动工具有限公司，检索过程如下：

2　　　　R/CN201710717054 and AN/ 苏州宝时得电动工具有限公司 and

ttl/ 清洗

进一步检索过程如下：

3   RDI/CN201711232106 and ICL/e05f15/262

通过上述检索式，可快速获取抵触申请对比文件 CN206535797U，抵触申请对比文件公开了待检索方案的全部特征，其结构如图 11-10 所示。

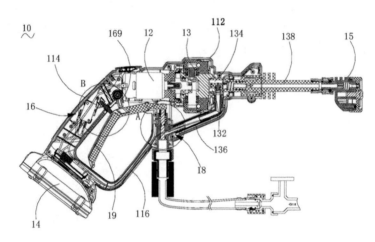

图 11-10 案例 11-7 对比文件相关附图

小结

在清洗器领域，苏州宝时得电动工具有限公司有大量专利申请，为该领域的重要申请人，其技术路线全面，当有其他企业在该领域进行专利申请时，可优先考虑检索该重要申请人下的专利文献。

11.4.2.6 利用 R/ 或者 RDI/+ 地域干预检索

当待检索方案涉及的产业、产品、技术在某地为特色或者发展较好的产业、产品和技术时，可以利用地域干预快速锁定对比文件。

【案例 11-8】一种升降式童车用车轮组件

案情简介

一种升降式童车用车轮组件，其特征在于包括竖向连接杆 1、转动杆 2 和车轮 3，所述竖向连接杆 1 连接在童车之上，所述转动杆 2 连接在所述竖向连接杆 1 之上，所述车轮 3 固定于所述转动杆 2 之上，所述竖向连接杆 1 包括升降片 4 和固定片 5，所述升降片 4 固定在童车之上，所述固定片 5 固定在所述升降片 4 之上，所述升降片 4 上设有滑动槽 6，所述滑动槽 6 的左侧设有升降卡口，所述滑动槽 6 与所述卡口的宽度一致，所述固定片 5 的背面设有两个卡柱，所述卡柱的端部设有挡圈，所述卡柱设于所述滑动槽 6 内部，所述固定片 5 的下部设有一个转动孔 7 和两个固定孔 8，所述转动杆 2 呈 Z 字形，所述转动杆 2 的一侧设有转轴 9，所述转轴 9 设于所述转动孔 7 内部，所述转轴 9 的边上设有安装孔，穿过所述固定孔 8 与所述安装孔设有插销 10，所述转动杆 2 的另一侧设有车轮转动通孔，穿过所述车轮转动通孔设有车轴 11，所述车轮 3 固定于所述车轴 11 的外侧。其结构如图 11–11 所示。

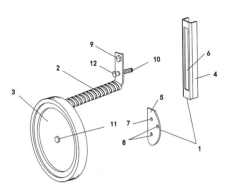

图 11–11　案例 11–8 结构图

该案针对现有童车因车轮固定无法实现车轮的升降和转动的问题，提供了一种车轮组件可升降的童车。

基本构思及检索要素分析

该案基本构思在于通过在升降片上设置滑动槽从而实现车轮的高度调节。从技术主题确定检索要素为"童车车轮"，从对现有技术的改进角度确定检索要素为"升降片上设有滑动槽"。

检索过程

首先在 Patentics 检索界面中输入 RDI/ 公布号进行检索：

1　　　　RDI/CN108177682

在上述检索式的前 100 篇文献中未找到合适对比文件，考虑到待检索案件申请人为平湖市金猴童车有限公司，根据对本领域产业、技术的了解，得知嘉兴地区童车企业众多，产品也众多。因此构建如下检索式进行检索：

2　　　　RDI/CN108177682 and NS/ 嘉兴

在上述检索式中快速得到对比文件 CN202054079U，其公开了该案大部分特征，其结构如图 11–12 所示。

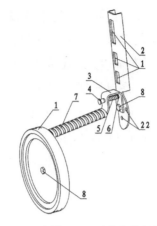

图 11-12　案例 11-8 对比文件相关附图

小结

嘉兴地区有大量企业生产制造童车，因此通过对产业的了解，可快速锁定技术创新集中地区，并以此限定检索条件，快速得到对比文件。

11.4.2.7　利用 R/ 或者 RDI/+ 专利数据库干预检索

为了一定程度上解决外文文献阅读障碍，实现外文文献检索的便利性，Patentics 智能系统推出了外国中文数据库。下面介绍通过外国中文数据库来检索的实例。

【案例 11-9】一种空心滑行车

案情简介

一种空心滑行车，包括车架 11、支撑管 17 和后轮罩 18，所述车架 11 的一端端部与支撑管 17 通过焊接等方式固定连接，所述车架 11 的另一端端部与后轮罩 18 通过焊接等方式固定连接；所述空心轮滑行车还包括空心轮 22，所述空心轮 22 内嵌于后轮罩 18 并且与后轮罩 18 同轴设置；所述空心轮滑行车还包括车座 12，所述车座 12 通过螺栓等方式与车架 11 固定连接。其中支撑管、车架、后轮罩均采用高强度塑料制成，所述空心轮采用耐磨橡胶制成。其结构如图 11-13 所示。

该案针对现有滑行车结构复杂自重较大不利于携带的问题，提出一种能实现轻量化且便于携带使用的滑行车。

基本构思及检索要素分析

该案基本构思在于将滑行车车轮设为空心轮且将支撑管、车架、后轮罩等部件均采用高强度塑料制成以实现轻量化。从技术主题角度确定检索要素为"滑行车"，从对现有技术改进的角度确定检索要素为"空心轮"及"塑料材料"。

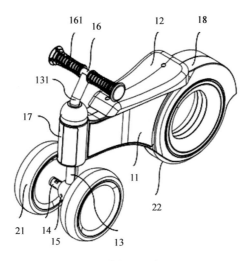

图 11-13　案例 11-9 结构图

检索过程

首先选择中文库，在 Patentics 检索界面中输入 RDI/ 申请号进行检索：

1　　　　　RDI/CN201710549346

在上述检索式的前 100 篇文献中未找到合适对比文件，考虑到 Patentics 智能系统已推出外国中文数据库，选择美国申请中文库和美国授权中文库，利用上述检索式 1 能检索到对比文件。

另外，由于外国中文数据库的可浏览性，也可采用如下检索式进行检索：

2　　　　　RDI/CN201710549346 and DB/us and FMDB/uc

上述检索式即表示在美国英文库检索，然后转入美国中文库浏览，可以提高英文库检索中对比文件浏览效率。

小结

Patentics 检索系统可在美国英文库检索后转入美国中文库浏览，能克服非中文母语的检索障碍，大大提高检索效率。

11.4.2.8　利用 R/ 或者 RDI/+ 附图说明干预检索

针对结构装置方面的案件，其部件结构、空间位置难以表达，且关键词多不好扩展，Patentics 具有语义排序的优势，能够在一定程度上弥补关键词难以表达的缺陷，大大增加结构装置类案件的检索效率。但有时文献量众多且无法提取准确关键词，Patentics 字段"FIG/"通过从图片相关信息中获得相关专利，其效果优于常用的"B/"或"A/"在专利中进行关键词检索，通过图片信息干预使得对比文件位置大幅提前，提高检索效率。

【案例 11-10】一种注塑装置用三角柱体退模装置

案情简介

一种注塑装置用三角柱体退模装置，其特征在于：它包括支撑底座 1 和设于支撑底座 1 内的推动装置；所述支撑底座 1 内壁设有限位斜面轨道 2；所述推动装置包括底座轨道 3、对称设于底座轨道上的三角柱体 4、与底座轨道 3 传动连接的电动升降杆 5、和穿设于电动升降杆 5 上的斜面滑块 6；三角柱体 4 的一侧面与斜面滑块 6 传动适配，另一侧面与限位斜面轨道 2 相适配；所述斜面滑块 6 上设有让位腔，所述让位腔内固定设有推动杆 7，所述电动升降杆 5 带动推动装置整体沿电动升降杆 5 或推动杆 7 向上运动，此时限位斜面轨道 2 给予三角柱体 4 向电动升降杆 5 方向运动的推力，此时对称设置三角柱体 4 沿底座轨道 3 相对运动，在运动过程中三角柱体 4 给予斜面滑块 6 沿电动升降杆 5 向上的一个推力，从而使得推动杆 7 随斜面滑块 6 向上运动。其结构如图 11-14 所示。

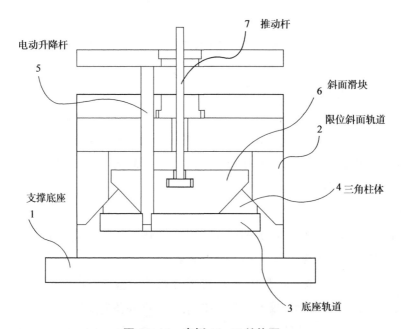

图 11-14 案例 11-10 结构图

该案针对现有退模装置结构设计不合理、与注塑机的配合不紧密的问题，提出了一种结构设计合理的退模装置。

基本构思及检索要素分析

该案基本构思在于通过电动升降杆带动推动装置整体向上运动，从而使推动杆随斜面滑块向上运动完成退模工序，实现与注塑机的紧密配合。从技术主题角度确定检索要素为"退模结构"，从对现有技术改进角度确定检索要素"滑块"。

检索过程

对于结构性的装置权利要求，先采用自动检索，但是没有发现合适的对比文件。先考虑尝试性检索，采用 R/ 公开号语义检索，数据库为中国申请库，检索式为"RDI/ 公开号"：

1　　　　RDI/CN107877797

上述检索式的检索结果的前 20 篇语义相关度较高的文献，虽然主题均是"脱模机构"，但是均与该案的发明构思不相关，未能找到对比文件。

在简单检索未果情况下，考虑人工干预，该案是采用斜面滑块、三角柱体、限位斜面轨道的斜楔作用，将三角柱体的水平运动转化为推动杆的竖向运动，从而实现二次顶出脱模，简而言之，该案就是利用滑块来辅助脱模，因此提取关键词"滑块"。分别通过检索式"R/ 公开号 and A/ 滑块""R/ 公开号 and B/ 滑块"进行尝试检索。

2　　　　RDI/CN107877797 and A/ 滑块

3　　　　RDI/CN107877797 and B/ 滑块

上述两个检索式的前 100 篇中均未发现有效对比文件。考虑滑块是该案关键部件，因此尝试利用"FIG/ 相关词"进行干预，检索式为"R/ 公开号 and FIG/ 滑块"，其中 FIG/ 滑块表示欲取图片信息描述中与"滑块"语义相关的专利。

4　　　　RDI/CN107877797 and FIG/ 滑块

上述检索式检索结果的第 3 篇即为对比文件：CN107186972。

小结

Patentics 提供 3 类检索字段和字符，其中 45 个基础字段、16 个修饰字段和 27 个高级字段，以及通配符、模糊、邻近词语算符和逻辑算符，其中 45 个基础字段主要涉及语义排序、关键词、日期、标题、摘要、权利要求、说明书、附图、申请人、发明人等字段，如 A/（标题 + 摘要 + 权利要求关键词），B/（全文关键词），ACLM/（权利要求关键词），ICL/（IPC 分类号），AIM/（用途），FIG/（图片）。当使用 A/、B/ 检索未获得有效对比文件时，可以考虑使用 FIG/ 进行检索。

第 12 章　期刊论文检索

前文主要介绍了各类在专利文献数据库中的检索策略和技巧，而为了更全面地评价某一技术方案的新颖性和创造性，有时还需要进一步在非专利文献数据库中进行技术方案的检索，尤其是检索期刊论文类文献。特别地，对于更偏向理论研究或技术前沿的技术方案，应当重点检索期刊论文类文献。本章将通过介绍几种常用的期刊论文检索数据库和常用的期刊论文检索策略，讨论利用期刊论文检索数据库来进行专利技术方案检索的技巧。

12.1　常用期刊论文数据库介绍

12.1.1　中国知网

中国知网（CNKI）网络资源共享平台通过大规模集成整合知识信息资源，为用户提供了学术期刊、报纸、学位论文、会议论文、标准、科技成果等多种类型的数字化文献信息。由于其涵盖范围广泛，是检索中文非专利文献的重要工具。

CNKI 主页上文献检索的搜索框提供普通检索的入口，可以通过选择搜索框下部的文献类型（期刊、博硕学位论文、会议等）以及搜索框前的检索字段（全文、主题、篇名、作者、关键词、摘要、参考文献等）并输入检索词进行检索。如图 12-1 所示。其中，主题检索是同时在篇名、关键词和摘要三个字段中检索。普通检索只有一个输入框，可以同时输入多个检索词，检索词之间用空格分隔，表示逻辑与的关系，但输入框中不支持使用逻辑运算符（AND、OR 等）。普通检索的优点是直观和快速，适合初步检索，但缺点是检索字段无法组合，检索不够灵活。

图 12-1　CNKI 普通检索入口

CNKI 主页上的文献检索还提供高级检索入口，高级检索提供了多种更加精确和灵活的检索方式，高级检索入口下又提供四个子检索入口，包括高级检索、专业检索、作者发文检索和句子检索。如图 12-2 所示。

图 12-2　CNKI 高级检索入口

高级检索的检索条件主要分为三部分。第一部分为文献内容检索，检索字段包括主题、篇名、关键词、摘要、全文、被引文献、中图分类号；同一个字段下可以输入两个检索词，检索词之间可以选择逻辑与、逻辑或和逻辑非的关系，并且在检索词后还可以进一步限制词频和进行精确检索或模糊检索；同一字段或不同字段之间同样可以以逻辑与、逻辑或和逻辑非的关系进行组合，最多可以设置 7 项组合的检索字段。第二部分为作者检索，检索字段包括作者、第一作者、通讯作者以及作者单位，同样地，可以选择精确检索或模糊检索。第三部分包括发表时间、文献来源、支持基金检索。检索结果可以按相关度、发表时间、被引数和下载数进行排序。高级检索为用户提供了检索字段组合的功能，可同时进行多个字段的组合检索，并可以选择词频、精确检索、模糊检索等，与普通检索相比更加灵活，准确度更高。

专业检索是通过专业检索表达式进行检索，界面只提供一个检索框，可在检索框内输入检索表达式进行检索。检索表达式主要通过检索字段和逻辑运算符来构造，其中主要检索字段包括 SU（主题）、TI（题名）、FT（全文）、AB（摘要）、KY（关键词）、AU（作者）等；运算符 "=" 表示包含检索词，"%" 表示包含检索词或包含检索词的切分词；同一个检索字段内的检索词之间的逻辑关系用 *（逻辑与）、+（逻辑或）、-（逻辑非）表示，不同检索字段之间的逻辑关系用 AND（逻辑与）、OR（逻辑或）、NOT（逻辑非）表示。例如，TI%' 光伏 'AND AU=' 李广 ' 可以检索到题名包括光伏或包含光伏的组合词，并且作者为李广的所有文献；SU=（' 三维 '+'3D'）*' 重建 ' AND FT=（' 曲线 '+' 曲面 ';）可以检索主题中包含检索词 "重建" 以及 "三维" 或 "3D"，同时全文中包含检索词 "曲线" 或者 "曲面" 的所有文献。此外，专业检索表达式还可以表达检索词之间的同句、同段等关系，详细语法说明可以点击检索框右侧的 "检索表达式语法" 查看。相比高级检索，专业检索可以使用超过 7 个检索字段的组合，组合不受固定格式的限制，能够使用的检索策略也更多，比高级检索更加灵活，但需要熟悉表达式语法。对于只希望进行几个检索字段简单组合的用户，可以使用高级检索，而对于希望更准确地限定检索条件，例如，全文同句、全文同段检索的用户，可以使用专业检索。如图 12-3 所示。

图 12-3　CNKI 专业检索入口

句子检索是在全文的同一句或同一段中进行检索，只能选择两个检索字段（同一句或同一段），每个字段能且只能输入两个检索词，检索字段之间可以进行"并且""或者""不含"的逻辑运算。虽然句子检索一次只能选择两个检索字段组合检索，但其还提供了二次检索的功能，可以在上一次检索的结果中进行再次检索，即通过二次检索可以选择多个检索字段进行组合检索。使用句子检索可以对输入的两个检索词的位置关系进行限制，避免检索结果过多。句子检索提供了一种在全文中进行快速检索的方法，当检索词之间的关系比较密切时，选择句子检索能缩小检索范围，有效去除噪声，更准确地定位期望的检索结果。此外，专业检索也可以通过检索表达式实现句子检索，并且可对句中两个检索词之间的间隔长度和先后关系进行限制，当需要进行更加精确、复杂的句子检索时，可以使用专业检索。如图 12-4 所示。

图 12-4　CNKI 句子检索入口

12.1.2　读秀学术搜索

读秀学术搜索数据库是由海量全文数据和资料基本信息组成的大型数据库，包括上百万种中文图书和数十亿页的全文资料，能提供全文检索、部分文献的原文阅读等服务。

读秀学术搜索数据库以出版发行的图书为核心资源，同时提供部分期刊、会议论文、学位论文等文献。读秀学术搜索具有两个特点：一是提供深入内容的章节和全文检索；二是提供便捷关联的多方面检索。

读秀检索的两个重要入口包括图书和知识。

使用图书检索，可以通过输入书名、作者、主题词、丛书名、目次等字段的关键词检索对应的图书，或者可以直接选择全部字段进行检索，此时检索字段不仅包括书名，还包括图书简介、章节题名等。此外，图书检索还提

供高级检索和专业检索入口，在高级检索中，可以对出版社、ISBN、分类、中图分类号、年代等进行检索，如图12-5所示。在专业检索中，检索框下方显示了常用的检索字段符号和命令符号，包括 T=书名，A=作者，K=关键词，S=摘要，Y=年，BKs=丛书名，BKc=目录；检索命令中，* 代表并且，| 代表或者，– 代表不包含，（）代表括号内的逻辑优先运算，= 代表后面为字段所包含的值，> 代表大于，< 代表小于，>= 代表大于等于，<= 代表小于等于。需要注意的是，专业检索中，用英文半角双引号引用的检索词，代表全字符匹配的精确检索，如果不使用双引号，则表示进行模糊检索。使用图书检索的检索结果包括几种可读类型，包库全文表示可以阅读该图书的完整内容，部分阅读表示可以阅读该图书目录页、版权页、前言页和正文的部分内容。图书检索主要适用于在已知书名或其他图书相关信息的情况下查找图书中具体章节内容，例如某文献中公开的某些内容没有被详尽记载，但其被图书类的参考文献标引。

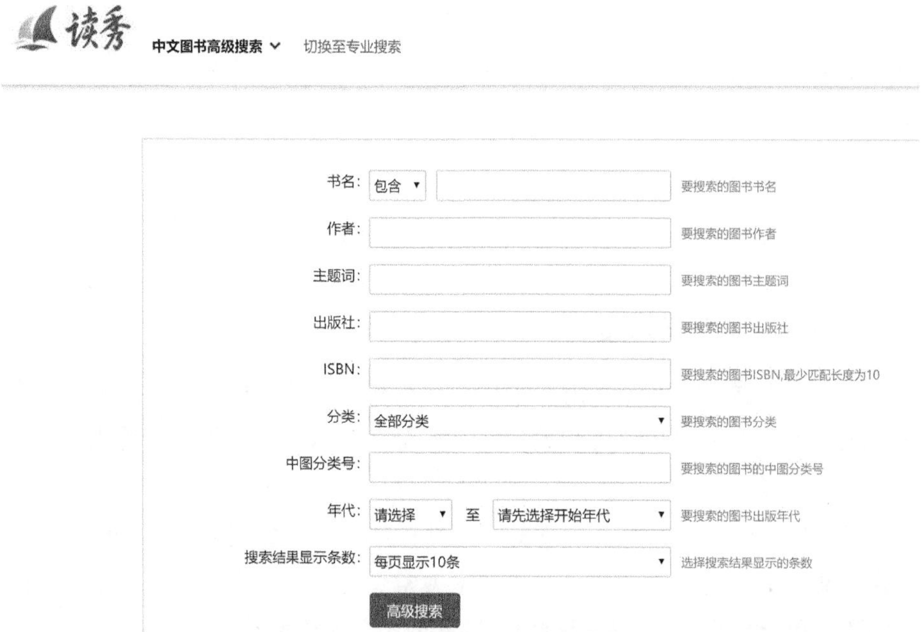

图 12-5　读秀中文图书高级搜索

读秀的知识检索是基于全文搜索技术的知识点搜索，读秀通过把图书打碎，以章节为基础重新整合在一起，使得通过检索词能快速在图书全文内容中准确命中所需结果。在知识检索入口下的检索目的在于了解词条的含义及与其相关的技术，默认为在全文范围内检索，且并无高级检索和专业检索的选项，不能使用逻辑运算符。检索栏默认对输入的检索词进行精确检索，检索出现在题名和全文中的检索词。

由于知识检索只能进行普通检索，无法编辑检索式或组合检索式，例如，无法进行两个检索词之间逻辑或关系的表达。因此，当需要进行较为复杂的检索词的组合时，需要利用"在结果中搜索"的功能或进行多次输入检索。例如，需要检索包含逻辑关系"海水淡化 AND（粗筛 OR 预处理）"的方案，需要在检索框中输入"海水淡化 粗筛"点击检索，阅读包含"海水淡化 AND 粗筛"的文献，然后重新在检索框中输入"海水淡化 预处理"点击检索，阅读包含"海水淡化 AND 预处理"的文献，如图 12-6 所示。

图 12-6　读秀知识搜索

在知识检索的检索结果界面的左侧可以选择包括年代和专题聚类的筛选条件，通过选择期望检索的年份和专题，可以缩小检索结果的范围。检索结果界面的右侧展示了和当前检索词和检索结果相关联的各个文献类别下的检索关联结果，例如，百科、图书、期刊、文档、学位论文、标准、专利等，可以通过点击相关的文献类型快速切换到相关类型文献的检索结果进行浏览。对于检索结果界面中间列出的各条检索结果，可以选择"展开"或"阅读"标签进行相关上下文的在线阅读，也可以选择 PDF 下载标签进行相关上下文的下载。

知识检索多用于对发明中的某个技术特征进行检索，或者用于公知常识的判断。

此外，读秀还提供了外文检索功能，通过在图书、期刊、学位论文、会议论文入口下输入英文，并选择外文搜索，可以检索到检索词相关的外文文献，并且提供了检索结果的获取途径连接或者邮箱接收全文的功能。

12.1.3　万方数据

万方数据知识服务平台是知识资源出版和增值服务平台，出版的资源总量超过 2 亿条，覆盖了自然科学、工程技术、医药卫生、农业科学、哲学政法、社会科学、科教文艺等各个学科。万方数据的可检索文献类型包括期刊、学位论文、会议论文、专利、科技报告、科技成果、标准等。

利用万方数据首页上部的搜索框可以进行普通检索，点击搜索框可以选择检索字段，不同文献类型的可选检索字段有所不同，例如，当文献类型选择期刊时，检索字段包括题名、作者、作者单位、关键词、摘要、刊名、基金；当文献类型选择全部时，检索字段包括题名、作者、作者单位、关键词、摘要。搜索框可以输入多个检索词，并支持逻辑与、或、非的运算，可以用 and 或 * 或空格表示与，用 or 或 + 表示或，用 not 或 ^ 表示非。例如，选择全部文献类型，在搜索框输入"摘要：NFC+ 近场通信"可以检索摘要中包含 NFC 或近场通信的全部文献，如图 12-7 所示。

图 12-7　万方普通检索入口

万方数据还提供高级检索和专业检索的入口。在高级检索界面中，包括文献类型选择、检索信息输入、发表时间输入三个部分。其中文献类型可以选择期刊论文、学位论文、会议论文、专利、中外标准、科技成果等类型的一个或多个。检索信息栏可以对检索字段进行任意组合检索，并且可以限定精确检索或模糊检索。此外，在高级检索中，还提供了智能检索功能，包括"中英文扩展"和"主题词扩展"两个选项，当勾选了这两个选项时，会对检索词进行相应的自动扩展。如图 12-8 所示。

图 12-8　万方高级检索入口

专业检索是通过检索字段和逻辑运算符构建检索式进行检索，可使用的运算符包括（ ）、not/^、and/*、or/+、"" 等，其中使用双引号 "" 可以对检索词进行精确匹配的限定。例如，检索式：题名或关键词:((" 协同过滤 " * " 推荐算法 ")+(" 协同过滤 " * " 推荐系统 " *" 算法 ")+(" 协同过滤算法 "))，其表示在题名或关键词字段中检索同时包括检索词协同过滤、推荐算法，或者同时包括检索词协同过滤、推荐系统、算法，或者包括检索词协同过滤算法的文献。具体检索式的编写可点击专业检索中的"教你如何正确编写表达式"查看。如图 12-9 所示。

图 12-9　万方专业检索入口

需要特别注意的是，对于学位论文的收录，CNKI 博硕优秀学位论文全文数据库和万方学位论文数据库资源并不完全相同，两者的数据存在部分重叠，同时也存在各自单独收录的情况，因此，当需要检索学位论文时，CNKI 硕博学位论文全文数据库和万方学位论文数据库两者均需要检索。

12.1.4　Web of Science

Web of Science 是美国科学情报研究所（ISI）推出的科学引文索引数据库的网络版本，是世界最大、覆盖学科最多的综合性学术信息资源库，收录了自然科学、工程技术、生物医学、社会科学、艺术与人文等各个学术领域最具影响力的核心学术期刊，凭借独特的引文检索机制和强大的交叉检索功能，有效整合了学术期刊、发明专利、会议录文献、化学反应、学术专著、研究基金、Internet 学术资源、学术分析与评价工具、学术社区等众多学术资源。Web of Science 核心资源包括三大引文数据库：科学引文索引（SCI）、社会科学引文索引（SSCI）和艺术与人文科学引文索引（A&HCI），以及两个化学信息事实型数据库：化学反应数据库 CCR 和化合物数据库 IC。

Web of Science 不仅建立了包括期刊、专利、会议录在内的多种类型文献之间的相互引证、相关参考的关系，还提供了对拥有权限的全文文献和事实数据（例如 GenBank）的链接。这种对资源的整合构成了动态的学术信息门户，可全方位地提供文献信息，使用户能够了解研究领域各种类型的相关文献，以及学科相关的发展脉络和交叉。Web of Science 是进行外文学术文摘检索的首选检索系统。

Web of Science 的检索界面核心内容包括选择数据库、检索命令和时间跨度选择。在选择数据库一栏选择"所有数据库"可以实现跨库检索，提供同时从所有子数据库中进行信息检索的功能。如图 12-10 所示。

图 12-10　Web of Science 基本检索入口

在检索命令区域，当在选择数据库栏选择了"所有数据库"时，可以选择基本检索、被引参考文献检索和高级检索。而在选择了"Web of Science 核心合集"时，还可以选择作者检索和化学结构检索。在基本检索中，可以选择的检索字段包括主题、标题、作者、出版物名称、出版年等，通过输入检索词进行检索，其中主题字段包括了标题、摘要、作者关键词。对于检索词的输入，应当注意：（1）在某一字段输入多个检索词，会默认这些检索词之间为 AND 关系；（2）可以对检索词使用 *、？等通配符；（3）支持词性和词根变化，如使用 defence 可以检索 defence、defense，使用 cite 可以检索 citing、cited、citation 等；（4）使用半角双引号可以检索精确匹配的短语，但此时不支持词性和词根变化。此外，每一个字段下都有链接"进一步了解"，点击可以获得更详尽的指引和说明。

在被引参考文献检索中，可选的检索字段包括被引作者、被引著作、引用的 DOI、被引年份、被引卷、被引期、被引页、被引标题，其中被引作者一般以被引文献的第一作者的姓名进行检索，被引著作以刊登被引文献的出版物名称进行检索（例如期刊名称、书名、专利号），被引年份以 4 位数年号进行检索。其中，各个字段之间默认为逻辑与关系，在每个字段内，如果输入多个检索词，则默认检索词之间为逻辑与的关系，如果需要表达逻辑或，需要在检索词之间添加运算符 OR。此外，检索按键旁还提供了"查看被引参考文献检索教程"的链接。被引参考文献检索通过引用发表文章的参考文献作为检索词，揭示了文献之间的引用关系，可以用于利用现有的论文作为基础进行追踪检索。如图 12-11 所示。

图 12-11　Web of Science 引文检索入口

　　高级检索可以使用字段标识、布尔运算符、括号和检索结果集构建的检索式来进行检索。高级检索界面的右侧提供了可使用的常见布尔运算符和字段标识，如何构建检索式可以参考检索框上方的链接"更多示例"和"查看教程"。检索框下方还可以选择语种和文献类型来对检索结果进行限制。如图 12-12 所示。

　　作者检索入口仅能在数据库选择了"Web of Science 核心合集"时使用，使用作者检索可以精确地查找某一作者发表的文献，其检索分为三个步骤：首先按照格式输入作者姓名，其中姓氏必填，名字可填写最多 4 个首字母，例如，要查找作者 He Kaiming 发表的论文，则在姓氏栏输入 HE，在首字母栏输入 KM，此外，还可以添加作者姓名的不同拼写姓氏。输入姓名后可以选择仅以姓名为条件进行检索，也可以选择进入第二步，选择研究领域，即在和作者姓名匹配的所有检索结果中进一步限定作者的研究领域，例如，选择理学和工学，选择完成后还可以选择进入第三步，选择所在机构，即在和作者姓名、研究领域匹配的所有检索结果中进一步限定作者所属的机构。如图 12-13 所示。

图 12-12　Web of Science 高级检索入口

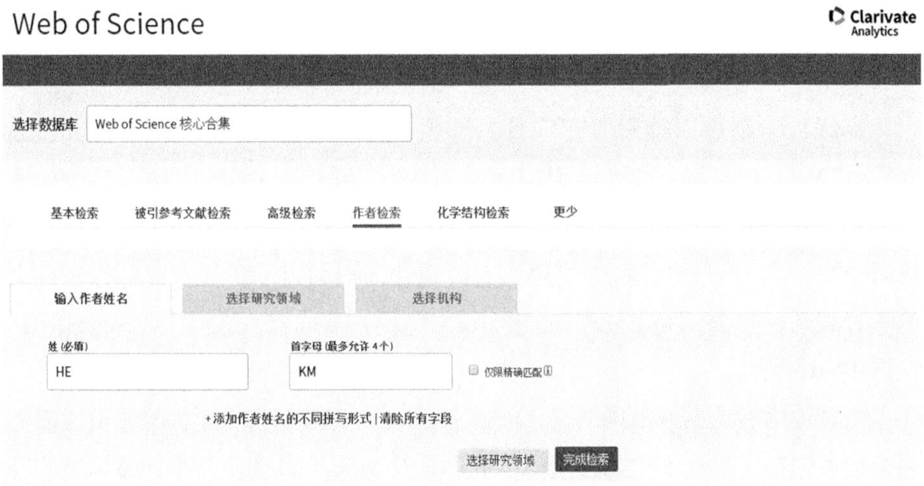

图 12-13　Web of Science 作者检索入口

化学结构检索提供了一种利用化学结构或反应类型进行检索的途径，可以通过使用结构式绘图插件来检索该结构式的上下游反应及反应条件等。其可以通过在检索框中输入化合物名称来检索，也可以通过绘制具体的化合物结构式来检索。

此外，应当注意的是，Web of Science 并不支持文献的全文检索。

12.1.5　ScienceDirect

ScienceDirect 是荷兰著名学术期刊出版商 Elsevier 出版的学术图书和学术期刊的数字化电子期刊全文数据库，数据库涉及众多学科，包括化学和化学工程、计算机科学、经济、商业和管理科学、工程技术、能源技术、生命科学、数学、环境科学、临床医学、地球和行星科学、社会科学、物理和天文学、材料科学等。

ScienceDirect 的检索界面分为简单检索和高级检索（Advanced Search）两部分，简单检索字段包括关键词、作者姓名、期刊 / 图书名称、卷号、期号和页数。如图 12–14 所示。

图 12–14　ScienceDirect 简单检索入口

高级检索则可以检索所有字段，包括全文、标题、参考文献等。其检索规则和 Web of Science 相似，以高级检索为例，在某一字段中输入多个检索词，检索系统默认这些检测词之间为 AND 关系；支持 AND/OR/NOT 等布尔运算符；支持 ？、* 等通配符的使用；支持词性词根的自动扩展；支持作者姓名的多种表达，例如 Wang Shengli、Shengli Wang、Wang Sheng–li、Wang SL 等。如图 12–15 所示。

与其他检索数据库不同的是，ScienceDirect 的高级检索中还提供了可以表达两个检索词在文献全文中的接近程度的运算符 W/nn，其表示两个检索词之间间隔有 nn（可取 1~255 范围的数值）个单词，且不限定两个检索词的出现顺序。

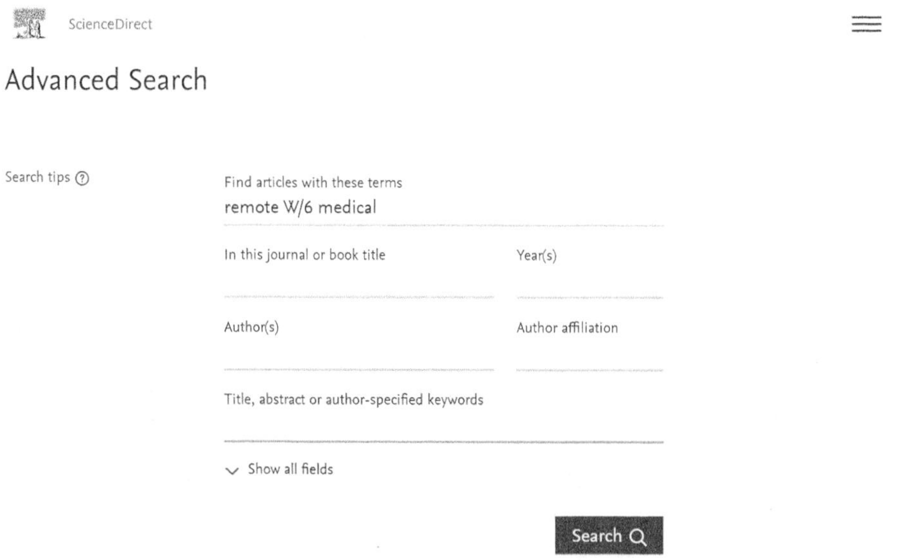

ScienceDirect

Advanced Search

Search tips ⑦

Find articles with these terms
remote W/6 medical

In this journal or book title

Year(s)

Author(s)

Author affiliation

Title, abstract or author-specified keywords

⌄ Show all fields

Search Q

图 12–15　ScienceDirect 高级检索入口

运算符 W/nn 可用于检索位于同一句或者同一段等情况的两个检索词，例如，检索和远程医疗相关的技术，期望检索 REMOTE 和 MEDICAL 出现在同一句的文献：可在全文检索框（Find articles with these terms）输入 REMOTE W/6 MEDICAL。此外，类似的运算符还包括 PRE/nn 和 W/SEG，其中，PRE/nn 和 W/nn 相似，表示两个检索词之间间隔有 nn 个单词，但两个检索词的出现顺序被限定为 W/nn 之前的检索词在文章中的位置出现在 W/nn 之后的检索词的前面。而 W/SEG 表示两个检索词出现在文章的同一区域，例如，同时出现在标题、摘要等区域中。

相对于 Web of Science 的跨库检索，ScienceDirect 的检索数据主要来源于 Elsevier 的出版物，但两者能够检索到的文献存在交叠，即 Web of Science 检索资源来源除了 ScienceDirect，还可以包括例如 Wiley 数据库、SpringerLink 数据库等，但并不是每篇来自 ScienceDirect 的文献都可以被 Web of Science 检索到。另外，ScienceDirect 是可以全文检索的数据库，其可以和只支持文摘检索的 Web of Science 互补使用。

12.1.6　IEEE Xplore

IEEE Xplore 是一个学术文献数据库，主要提供计算机科学、电机工程学和电子科学等领域文献的索引、摘要以及全文，基本覆盖了美国电气电子工程师学会（IEEE）和国际工程技术学会（IET）的文献资料。

　　IEEE Xplore 主要包括 IEEE 和 IET 两个机构的出版物，文献类型包括全文电子文档、期刊与杂志、IEEE 年会会议记录、技术标准等，覆盖学科包括太空、计算机、电子信息、生物医学、电力、消费级电子产品等。

　　IEEE Xplore 的检索界面包括简单检索、高级检索（Advanced Search）以及其他检索（包括命令行检索、引文检索等）。简单检索入口见图 12-16。

图 12-16　IEEE Xplore 简单检索入口

　　在简单检索中可以选择检索文献的类型，包括书籍、会议录、期刊、标准、作者、引文等；输入的检索词之间默认为逻辑与的关系，且不支持其他逻辑运算符。

　　在高级检索中，可以通过选择检索字段之间的逻辑关系（AND/OR/NOT）来实现不同检索字段的组合检索。检索选项包括元数据检索（Metadata only）和全文检索（Full Text & Metadata）。当选择元数据检索时，默认的检索字段是元数据（Metadata only），可选检索字段包括元数据（元数据包括题名、摘要、标引词）、标题、作者、摘要等，在元数据字段下检索的内容不包括全文。当选择全文检索时，可选检索字段包括全文、标题、作者、摘要、标引词等。同样地，IEEE Xplore 也支持？、＊等通配符。在高级检索界面的下部，还包括筛选过滤的选项，包括出版商（PUBLISHER）的筛选（可选 IEEE、IET、OUP 等）、文献类型（CONTENT TYPES）的筛选（可选会议、期刊、杂志、图书、标准、课程等）、出版年份（PUBLICATION YEAR）的筛选。如图 12-17 所示。

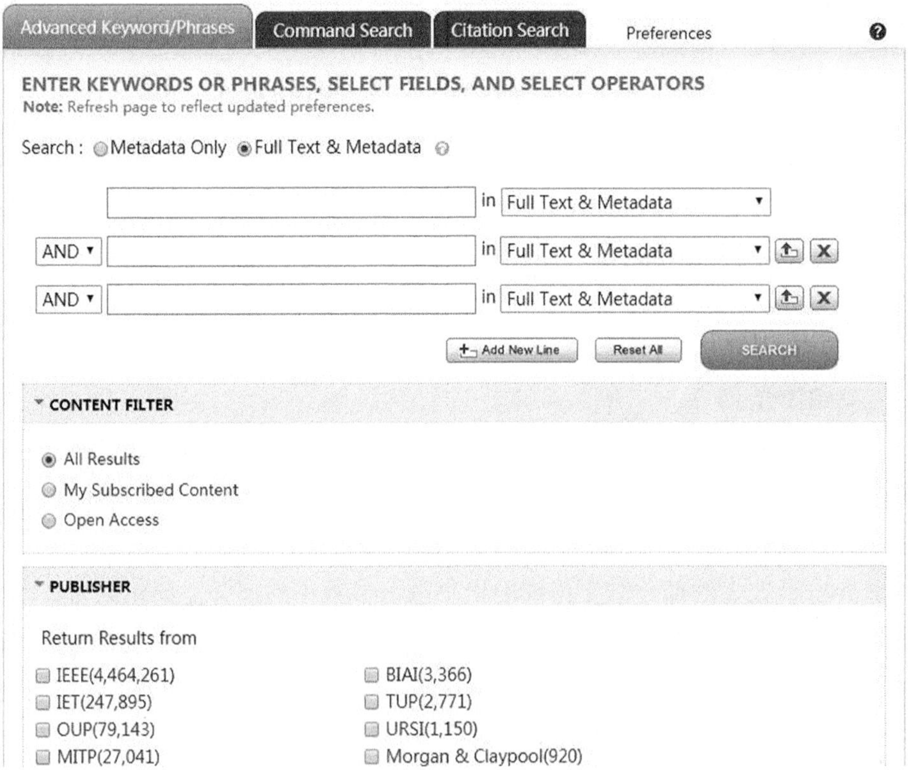

图 12-17 IEEE Xplore 高级检索入口

IEEE Xplore 中重点收录的学科主要为计算机科学、通信、电子和电气工程，并收录了众多会议文献和标准文献。因此，当需要对上述学科和类型的文献进行检索时，可以优先选择在 IEEE Xplore 中检索。

12.2 期刊论文的检索策略

12.2.1 期刊论文检索的适用情况

多数情况下，专利文献记载的方案侧重于实际应用，具有实用性和可操作性较强的特点。而对于更偏重理论性、学术性或者多领域交叉的技术方案，应当更多地考虑在学术期刊、论文或图书中检索相关技术。具体来说，当申请人为高校、研究所等科研机构，且方案更偏向理论研究时，应当优先考虑检索期刊论文。特别地，对于技术发展较快的技术领域、方案内容涉及学术发展前沿的情况，也适合在期刊论文中进行检索。

12.2.2　在万方学位论文数据库中检索学位论文

通常情况下，对于国内期刊的文献，CNKI 的收录量要多于万方数据，因此，期刊论文通常优选 CNKI 进行检索。但对于学位论文，CNKI 和万方学位论文的收录存在各自单独收录的情况，因此，多数情况下当在 CNKI 中未检索到相关的学位论文时，需要在万方学位论文数据库中补充检索。

【案例 12-1】

案情简介

背景技术：多尺度外形和材料的目标电磁特性分析是当前电磁工程设计中的难点之一，典型的问题是卫星、舰船等大平台上加载多天线系统。在建模中，天线需要精细网格离散，卫星、舰船等大平台需要粗网格离散。类似地，介电参数大的部分需要精细网格离散，参数小的部分需要粗网格离散。所以建模得到的网格是个典型的不均匀剖分网格。对于目标电磁散射特性数值计算，传统的数值方法如多层快速多极子方法，存在低频数值不稳定、收敛速度慢、计算精度低、计算资源消耗高的问题，而典型低秩压缩方法，虽然克服了低频数值不稳定的缺点，但是计算复杂度高。此外，采用传统的八叉树均匀分组方法，对于精细网格离散部分，会增加近场计算资源消耗。

要解决的技术问题：节省剖分后不均匀的平台加载天线的目标电磁散射特性的数值分析方法的运算时间和内存。

技术方案包括如下步骤：

（1）建立基于理想导体的电场边界条件的电磁散射积分方程；

（2）建立自适应八叉树分组，索引出每个组的近场和远场；

（3）在每个组上放置等效源，将两个远场组的作用矩阵转换为两个远场组的等效源作用；

（4）用电场积分方程填充近场矩阵，生成每个组的远场组对应的压缩矩阵并存储；

（5）求解矩阵方程，得到电流系数，根据电流系数计算电磁散射参量。

基本构思及检索要素分析

该方案的基本构思可以概括为：采用自适应八叉树分组代替嵌套等效源近似（NESA）方法中的传统八叉树均匀分组的方法，并且针对不同大小的远场分组，生成各自相对应的压缩矩阵。

根据该方案的基本构思和核心改进点，可以确定该方案的检索要素包括：

检索要素 1：多尺度目标的电磁散射分析；

检索要素 2：包括自适应八叉树分组的嵌套等效源近似算法。

检索过程

由于该方案的学术性较强，因此优先选择在期刊论文数据库中检索。选择关键词 multiscale、electromagnetic、adaptive octree、NESA 来表达检索要素 1~2，在 Web of Science 的主题中进行检索：

multiscale electromagnetic　　IN 主题

AND adaptive octree nesa　　IN 主题

检索到文献 "Nested equivalence source approximation with adaptive group size for multiscale simulations"，其公开该方案的基本构思，即采用自适应八叉树分组代替嵌套等效源近似（NESA）方法中的传统八叉树均匀分组的方法，并且针对不同大小的远场分组，生成各自相对应的压缩矩阵。

上述文献虽然公开了该方案的基本构思，但部分涉及 NESA 算法的细节并没有公开，例如，涉及 NESA 算法中在每个组上放置等效源，将两个远场组的作用矩阵转换为两个远场组的等效源作用的具体过程。还需要检索一篇公开了 NESA 算法中各组等效源之间相互作用矩阵的文献。通过在 CNKI 和搜索引擎中对该方案的发明人进行追踪检索，发现发明人是研究雷达电磁场方向的博士，因此，考虑其撰写的博士论文中可能公开更多 NESA 算法中的细节。在 CNKI 的博硕士学位论文库中对作者进行检索，但未找到发明人公开发表的博士论文，其原因可能为 CNKI 博士学位论文全文数据库未收录该作者的博士论文，或者该论文尚未在 CNKI 博士学位论文全文数据库中发表。而除了 CNKI 博士学位论文全文数据库外，万方学位论文数据库同样收录了大量的硕博论文，因此，转而在万方学位论文数据库中检索：

作者：李 ×× AND 作者单位：南京 ×× 大学

检索到该发明人的博士学位论文《多尺度目标电磁分析方法研究》，该论文中公开了 NESA 算法的细节。

小结

CNKI 和万方在学位论文的收录上存在不同，当需要对学位论文进行检索时，CNKI 博硕士学位论文全文数据库和万方学位论文数据库都需要进行检索，以免遗漏可用对比文件。此外，应当注意，同一篇学位论文在 CNKI 博硕士学位论文全文数据库和万方学位论文数据库的公开时间也存在差别。

12.2.3　在 CNKI 中进行全文检索和句子检索

当需要进行全文检索时，可以选择 CNKI 提供的高级检索入口，并选择在"全文"检索字段下输入检索词进行检索。除此之外，CNKI 还提供了句子检索的入口，其同样可以实现全文检索，并且可以限制检索词之间的距离。

【案例 12-2】

案情简介

背景技术：页岩气储层总有机孔隙度是指页岩气储层中全部有机孔隙体积与页岩气储层体积的比值，可用百分比表示。页岩气储层中有机质孔隙或称有机孔隙是页岩有机质在热演化排烃过程中形成的孔隙，有机孔隙是页岩中存在最广泛和最重要的孔隙类型，发育在页岩气储层有机质内，多为纳米级孔隙，是页岩气储存的主要孔隙空间。在页岩气的勘探开发过程中，页岩气储层有机孔隙度 是计算页岩气储量和制定开发方案的关键参数。页岩气储层中有机孔隙度计算是页岩气储层评价的重要内容，也是优选页岩气有利钻探目标的依据。现有技术中并没有实验仪器可以测定页岩气储层有机孔隙度，也即页岩气储层有机孔隙度不能检测获得，并且也没有标准计算公式。

要解决的技术问题：提供的页岩气储层总有机孔隙度的计算方法，通过可以计算或检测获得的相关参数计算出页岩气储层总有机孔隙度。

技术方案：（1）通过测量、计算或查表等方式获得以下参数：页岩气储层的有机孔隙率 K、页岩气储层中有机碳转换为有机质的转换系数 C、页岩气储层的有机碳含量 TOC、页岩气储层密度 ρ_r 和页岩气储层中的有机质密度 ρ_0；（2）计算出 ρ_r 除以 ρ_0 的比值，再用 C 和 TOC 的乘积乘以所述比值求得总有机质体积率 N_b，如下式：$N_b = \dfrac{V_o}{V_r} \cdot \dfrac{m_o}{P_o} \cdot \dfrac{P_r}{m_r} = \dfrac{m_o}{m_r} \cdot \dfrac{P_r}{P_o} = C \cdot TOC \cdot \dfrac{P_r}{P_o} \cdot 100\%$；（3）计算出 N_b 和 K 的乘积求得所述总有机孔隙度 φ，如下式：$\varphi = K \cdot N_b$。

基本构思及检索要素分析

该方案的基本构思可以概括为：通过页岩气储层的有机孔隙率和总有机质体积率计算页岩气储层的总有机孔隙度，其中总有机质体积率通过页岩气储层密度、有机质密度、有机碳含量和有机质转换系数来计算。

根据该方案的基本构思和核心改进点，可以确定该方案的检索要素包括：

检索要素 1：页岩气储层总有机孔隙度 $\varphi = K \cdot N_b$；

检索要素 2：总有机质体积率$N_b = \dfrac{V_o}{V_r} = \dfrac{m_o}{P_o} \cdot \dfrac{P_r}{m_r} = \dfrac{m_o}{m_r} \cdot \dfrac{P_r}{P_o} = C \cdot TOC \cdot \dfrac{P_r}{P_o} \cdot 100\%$。

检索过程 1

该方案的目的是通过数学计算为工业应用提供理论支持，其方案核心为理论计算方法，在学术性较强的期刊论文中出现的可能性更大。因此，优先选择在学术期刊论文数据库中检索。

分析该方案的技术方案，其核心在于步骤（2）~（3）中的两个公式，进一步分析检索要素的关键词表达，该方案的工业应用主要涉及页岩气的开采，而技术方案中对页岩总孔隙度的计算同样可以用在岩油开采的技术领域，因此，可以使用"页岩""岩""气""油"等关键词表达技术领域。对于计算有机质体积率的表达，由于技术领域已经限定了产油或产气，其必然涉及有机质、有机碳等，因此可以省略对有机质的表达，而体积率可以使用"体积率""体积比""体积分数""体积百分率""体积百分比"等关键词表达。此外，表达有机质体积率的计算可以使用关键词"转换系数""有机碳""密度"等，表达计算总孔隙可用"总孔隙""孔隙率"等关键词。

选择 CNKI 数据库进行检索，由于方案中公式的计算通常为技术细节，更可能出现在全文中而非主题中，因此使用 CNKI 高级检索或专业检索入口，在"主题"中检索"页岩""岩""气""油"等，在"全文"中检索"总孔隙""体积分数""体积百分""转换系数""有机碳"。获得的检索结果很少，经阅读没有获得合适的对比文件（见图 12–18）。

由于全要素检索获得的文献量太小，因此考虑使用部分要素检索，根据上文对技术方案的分析可知，整个方案可以分两步实现，先计算得到有机质体积率，再利用有机质体积率计算总孔隙度。因而，预期可以通过检索两个 Y 文献来公开上述方案。

在专业检索中检索计算总孔隙度的方案（由于高级检索中的 OR 运算只能连接两个关键词，因此使用支持更复杂逻辑运算的专业检索，见图 12–19）：

SU = ('岩'+'页岩') * ('气'+'油') AND FT='总孔隙'*('体积率'+'体积比'+'体积百分'+'体积分数')（在专业检索中，SU 表示在主题中检索，FT 表示在全文中检索；不同字段之间的逻辑与 / 或运算符使用 AND/OR，不同关键词之间的逻辑与 / 或运算符使用 */+）

检索结果获得 190 篇文献，其中文献《渝东南两套富有机质页岩的孔隙结构特征》（对比文件 1）公开了"渝东南地区下古生界页岩样品二维统计扫

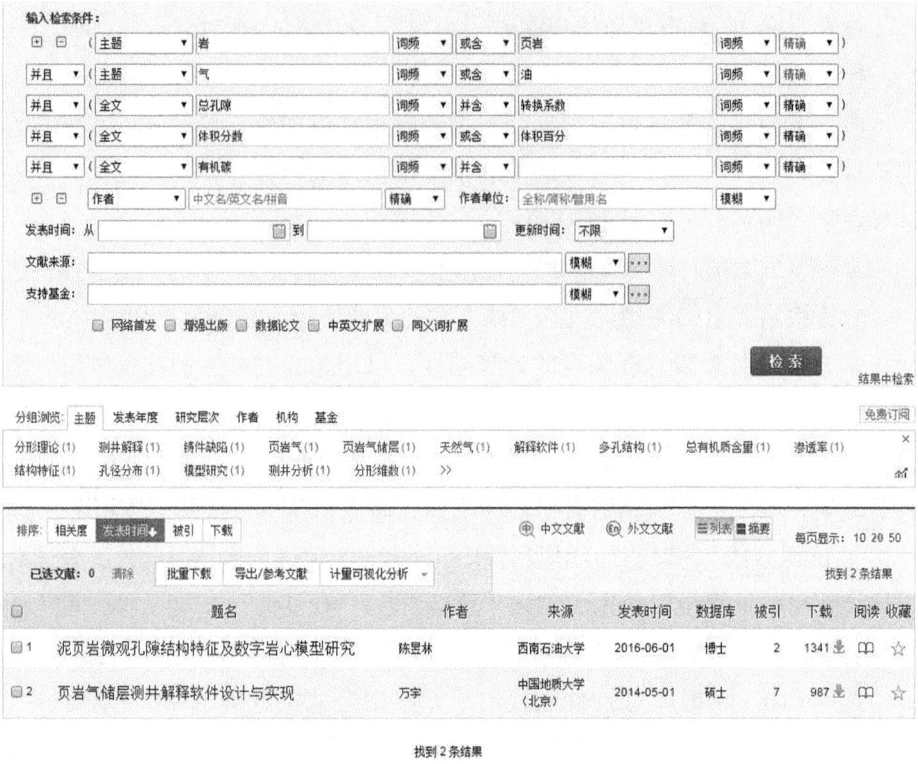

图 12-18 案例 12-2 检索结果 1

描电镜观测得到有机质面孔率，三维重构计算得到有机质孔隙度；岩石中有机质的总孔隙度 = 岩石中有机质孔隙度 × 有机质体积百分含量"，即公开了通过有机孔隙率 K 和总有机质体积率 N_b 相乘来计算总孔隙度，可以作为最接近的现有技术。

在此基础上，需进一步检索公开了如何计算岩石的总有机质体积率的文献。继续在专业检索中检索（见图 12-20）：

SU = ' 岩 '+' 页岩 ' AND FT = ' 转换系数 '*(' 有机碳 '+'TOC')*(' 体积率 '+' 体积比 '+' 体积百分 '+' 体积分数 ')

检索结果获得 39 篇文献，经阅读，其中文献《利用测井资料确定页岩储层有机碳含量的方法优选——以焦石坝页岩气田为例》（对比文件 2）和《利用测井资料进行生油岩评价——以王 46 井生油岩评价为例》（对比文件 3）均公开了有机碳含量 TOC 的计算公式：$TOC = \dfrac{V_{ker} \triangle \rho_{ker}}{K_{\rho b}}$、$TOC = V_{om} \cdot (d_{om}) / d \cdot 1/K_{CH}$，经简单数学变形即可得到利用有机碳含量、转换系数以及密度比计算有机质体积率的计算公式。

图 12-19 案例 12-2 检索结果 2

检索过程 2

通过上述全文检索方法可以检索到两篇 Y 类文献，但全文检索获得的文献量较大。而通过进一步分析该方案可知，表达一个数学公式的各个物理参数（即关键词）之间的联系是十分紧密的，通常在同一段或同一句中出现。因此，全文检索虽然可以避免遗漏，但也带来较多的噪声。

CNKI 中还提供了句子检索入口，对于两个关键词之间存在紧密联系的情况检索效率更高。从该方案中计算总孔隙度子方案可知，总有机孔隙度的计算与孔隙率和体积率相关，即总有机孔隙度、孔隙率和体积率三者之间密切相关，在现有技术文献中有较大可能同时出现在同一句或同一段中。

因此，在句子检索中选择在"同一句"中输入检索词"体积百分"和"总孔隙"，同时为了明确限定检索的技术领域，在另一项"同一句"中输入检索词"页岩"和"气"，检索获得的 5 篇结果文献中即可获得上述对比文件 1。如图 12-21 所示。

SU = '岩' + '页岩' AND FT = '转换系数' * (有机碳' + ' TOC') * (体积率' + ' 体积比' + '体积百分' + '体积分数')   检索表达式语法

检 索

发表时间：从 [   ] 到 [   ]   结果中检索

☐ 网络首发 ☐ 增强出版 ☐ 数据论文

可检索字段：
SU=主题,TI=题名,KY=关键词,AB=摘要,FT=全文,AU=作者,RP=通讯作者,FI=第一责任人,AF=机构,JN=文献来源,RF=被引文献,YE=年,FU=基金,CLC=中图分类号,SN=ISSN,CN=
统一刊号,IB=ISBN,CF=被引频次
示例：
1) TI='生态' and KY='生态文明' and (AU % '陈'+'王') 可以检索到篇名包括'生态'并且关键词包括'生态文明'并且作者是'陈'姓和'王'姓的所有文章；
2) SU='北京'·'奥运' and FT='环境保护' 可以检索到主题包括'北京'及'奥运'并且全文中包括'环境保护'的信息；
3) SU='经济发展'·'可持续发展'·'转变'-'泡沫' 可检索'经济发展'或'可持续发展'有关'转变'的信息，并且可以去除与'泡沫'有关的部分内容。

分组浏览：**主题** 发表年度 研究层次 作者 机构 基金   免费订阅

页岩气(8) 泥页岩(8) 天然气(7) 页岩气储层(7) 烃源岩(6) 孔隙度(6) 孔隙率(5) 页岩储层(5) 渗透率(5) 泥页岩储层(5) 测井评价(5) ×
测井资料(4) 孔隙结构(4) 声波时差(4) 烃源岩层(3) >>

排序：相关度 **发表时间↓** 被引 下载   ⊕中文文献 ⊕外文文献 ☰列表 ▤摘要 每页显示：10 20 50

已选文献：0 清除   批量下载 导出/参考文献 计量可视化分析 ▾   找到39条结果 2/2 ‹

☐	题名	作者	来源	发表时间	数据库	被引	下载	阅读	收藏
☐ 21	页岩储层化学元素测井产额计算方法研究	范德昌	中国石油大学(北京)	2016-05-01	硕士		43⬇	▥	☆
☐ 22	页岩油气储层岩石组构特征及测井评价方法研究	高春贵	西南石油大学	2015-09-01	硕士		14⬇	▥	☆
☐ 23	一种泥页岩系岩相划分方法	董春梅;马存飞;林承焰;孙雪;袁梦影	中国石油大学学报(自然科学版)	2015-06-20	期刊	15	615⬇	HTML	☆
☐ 24	泥页岩储盖层测井评价	刘李伟	中国石油大学(华东)	2015-06-01	硕士		71⬇	▥	☆
☐ 25	苏北盆阜二段泥页岩储层非均质性研究	杨元	中国石油大学(华东)	2015-06-01	硕士		90⬇	▥	☆

图 12-20 案例 12-2 检索结果 3

☐ ☐ 在全文 同一句 话中，含有 [体积百分] 和 [总孔隙] 的文章
并且 ▾ 在全文 同一句 话中，含有 [页岩] 和 [气] 的文章

检 索   结果中检索

分组浏览：**主题** 发表年度 研究层次 作者 机构 基金   免费订阅

多孔隙构(3) 孔隙结构(3) 微观孔隙(2) 储层保护(1) 富有机质泥页岩(1) 页岩气(1) 岩心分析数据(1) 孔隙度(1) 土壤酸化(1) ×
图像分析(1) 牛蹄塘组(1) 岩性控制(1) 上奥陶统(1) 含水饱和度(1) 储层参数(1) >>

排序：相关度 **发表时间↓** 被引 下载   每页显示：10 20 50

☐ 已选文献：0 清除   批量下载 导出/参考文献 计量可视化分析 ▾   找到5条结果

☐ 1 句子来自：胶结物质对土壤孔隙结构的影响及土壤性状对酸化的响应研究
    作者：韦杨鹍 来源：浙江大学 硕士
                              被引频次： 下载频次：208 发表时间：2016-06-01   ▥ ☆

☐ 2 句子来自：鄂尔多斯盆地延长组长7段富有机质泥页岩储层微孔隙特征及表征技术
    作者：曹西 来源：成都理工大学 博士
                              被引频次：2 下载频次：460 发表时间：2016-05-01   ▥ ☆

☐ 3 句子 1：...渝东南地区下古生界页岩样品二维统计和三维重...TOC) /%有机质体积百分含量/%氮气测孔隙度/%扫描电镜...../%岩石中有机质的总孔
    隙度/%YDN-12...
    句子来自：渝东南两套富有机质页岩的孔隙结构特征——来自FIB-SEM的新启示
    作者：马勇;钟宁宁;程礼军;潘哲君;李红英;谢庆明;李超 来源：石油实验地质 期刊
                              被引频次：58 下载频次：1640 发表时间：2015-01-28   HTML ☆

☐ 4 句子 1：表4-3有机质孔隙度及其对页岩孔隙度的贡献率~~TOC/%面孔率有机质孔隙度 C°，/%泊■机质孔占总孔隙体积百分含量/%31 o1K9 0¯4.1
    15.0 1.3 27.8WG 1/7 3⁵统计发现，龙马溪组有机孔隙度的上限值为91.7%，而其对页岩孔隙度的最大贡献率只有37%，表明页岩气的储集空间仍以
    非有机质孔隙为主。
    句子来自：基于高分辨率成像技术的页岩孔隙结构表征
    作者：陈强 来源：西南石油大学 硕士
                              被引频次：13 下载频次：1764 发表时间：2014-06-01   ▥ ☆

图 12-21 案例 12-2 检索结果 4

　　同样地，对于该方案中计算有机质体积率的子方案，在句子检索中选择在"同一句"中输入检索词"体积百分"和"转换系数"，同时为了明确限定检索的技术领域，在另一项"同一句"中输入检索词"岩"和"有机碳"，未检索到合适的对比文件，此时适当调整检索范围，选择在同一段中检索"体积百分"和"转换系数"，并在"同一段"中检索"岩"和"有机碳"，检索结果获得的 11 篇文献中即可获得上述对比文件 2 和 3（见图 12-22）。

图 12-22　案例 12-2 检索结果 5

小结

　　CNKI 数据库提供了全文检索和句子检索这两种常用的检索功能，全文检索可以检索在全文任何位置出现的关键词，适用于发明构思涉及较多技术细节的情形的检索；而句子检索可以在全文中进行快速检索，当检索词之间的关系比较密切时，选择句子检索能缩小检索范围，有效去除噪声，更准确地定位期望的检索结果。

12.2.4　外文期刊文献检索、涉及公知常识的检索

在常用的外文期刊文献检索数据库中，Web of Science 只能对文献的文摘部分进行检索，而 ScienceDirect 和 IEEE Xplore 允许在文献全文范围内进行检索。因此，在检索时可以依据需求选择最合适的检索数据库。由于上述三个数据库包含的数据范围不完全相同，因此通常情况下为避免遗漏，Web of Science、ScienceDirect 均应当检索，并可根据技术领域的需求检索 IEEE Xplore。

读秀的知识检索适合用来检索与公知常识相关的技术，但不仅限于公知常识的检索。在读秀知识检索中同样可以检索书籍之外的文献，包括期刊、报纸、学位论文、会议论文等，可以使用读秀知识检索对 CNKI 的检索结果进行补充。

【案例 12–3】

案情简介

背景技术：动力电池系统被广泛地运用在当今的混合动力汽车、燃料电池汽车以及纯电动汽车上，在动力电池的选择上，目前应用最广泛的是具有比能量高，自放电小，循环寿命长，无记忆效应和对环境污染小等特点的磷酸铁锂动力电池。但是磷酸铁锂动力电池也有很明显的非线性和时变特性，其部分特性和参数在汽车行驶过程中随电池的充放电电流、环境温度和健康状态等因素变化。从理论上看，动力电池等效电路模型参数估计问题计算复杂性很高。

要解决的技术问题：提高磷酸铁锂动力电池等效电路模型参数估计的准确性。

技术方案：（1）对磷酸铁锂动力电池建立 PNGV 等效电路模型，需要估计的参数包括电池内阻 R_o、描述随着负载电流的时间累计而产生的开路电压变化的电容 C_a、电池内部极化电阻 R_p、电池内部极化电阻的并联电容 C_p；（2）将磷酸铁锂动力电池等效电路模型参数估计问题转化成适于粒子群优化的排列问题，粒子以 P 表示，P_i 为（R_{oi}，C_{ai}，R_{pi}，C_{pi}），；（3）确定粒子群算法的适应度函数；（4）粒子群算法优化迭代输出参数优化结果。

基本构思及检索要素分析

该方案的基本构思可以概括为：应用粒子群算法优化磷酸铁锂动力电池等效电路模型参数估计。

根据该方案的基本构思和核心改进点，可以确定该方案的检索要素包括：

检索要素1：磷酸铁锂电池的等效电路的参数估计；

检索要素2：粒子群算法优化参数估计。

检索过程1

该方案主要涉及利用算法来进行计算机仿真，属于动力电池实际设计和制造前的理论基础。因此，在学术期刊论文数据库中可能有更多的现有技术。

选择中文期刊和论文文献相对更全的 CNKI 数据库进行检索，采用"磷酸铁锂""LiFePO""等效电路""粒子群""PSO"等关键词表达上述检索要素1和2，并利用 CNKI 高级检索或专业检索，在"主题"中检索上述检索要素，并适当扩展关键词：

SU = '磷酸铁锂'*'电池'*（'粒子群'+'PSO'）*（'等效电路'+'等效模型'）

检索结果如图 12-23 所示，获得文献《纯电动汽车用磷酸铁锂电池的模型参数分析》，其公开了应用粒子群算法优化磷酸铁锂动力电池等效电路模型参数估计的基本构思：等效电路模型的选择，在大多数充放电频率较低的情

图 12-23 案例 12-3 检索结果 1

况下，利用电阻电容等原件组成电路网络来描述电池的工作特性具有较高精度，元件串并联得到的电路模型通过查表可以较好地表征电池在不同使用条件下的电学性能；粒子群优化参数辨识，利用粒子群优化算法分析模型参数：粒子群算法（PSO）首先在可行域中初始化一群粒子，每个粒子都有速度、位置和适应度 3 个特征。速度决定移动方向和距离，位置是粒子所在的空间点，适应度代表粒子的优劣。每次迭代中粒子跟踪两个极值：自身经历位置中的最优位置和群体最优位置；根据被优化函数的复杂程度，选取粒子总数 80，迭代次数 800，适应度目标为均方根误差 RMS 最小。

检索过程 2

选择在外文期刊和论文数据库中检索，考虑到该方案的技术领域，可以选择在 Web of Science 或者 ScienceDirect 中检索。

使用关键词 "LiFePO" "equivalent circuit" "particle swarm" 分别表达检索要素：磷酸铁锂电池、等效电路、粒子群算法优化参数估计，在 Web of Science 中主题字段检索 "LiFePO equivalent circuit particle swarm"，如图 12-24 所示，检索结果为 "未找到任何相关文献"。而使用相同的关键词，在 ScienceDirect 中检索，检索到文献 "A comparative study of equivalent circuit models for Li-ion batteries"，同样公开了应用粒子群算法优化磷酸铁锂动力电池等效电路模型参数估计的基本构思（见图 12-25）。通过阅读该文献，发现其仅在全文中记载了对 LiFePO4 电池进行等效电路的参数估计，但并未在标题、摘要、关键词中记载 LiFePO4 电池。因此，由于 ScienceDirect 可以针对全文内容进行检索，在 ScienceDirect 能检索到上述对比文件 "A comparative study of equivalent circuit models for Li-ion batteries"，而 Web of Science 只能检索文摘，故在 Web of Science 中未检索到上述对比文件。

此外，结合对比文件 "A comparative study of equivalent circuit models for Li-ion batteries" 进一步分析该方案，发现实质上粒子群算法可以对任何锂电池 PNGV 电路模型进行参数估计优化，其基本构思其实并不依赖于动力电池是否为 "磷酸铁锂电池"。因此，可以重新调整检索要素 1 为：锂电池的等效电路的参数估计。在 Web of Science 中主题字段检索 "Li battery equivalent circuit particle swarm" 即可检索到上述对比文件 "A comparative study of equivalent circuit models for Li-ion batteries"（见图 12-26）。

另外，由于 Web of Science、ScienceDirect 会对检索关键词做词性、单复数等简单的扩展或模糊处理，因此输入的英文关键词在表达上不必精确无误。

Web of Science

Clarivate
Analytics

工具 ▾   检索和跟踪 ▾   检索历史   标记结果列表

选择数据库   所有数据库

Try our new Author Search^BETA

基本检索   被引参考文献检索   高级检索

检索后没有发现记录。
检查您的检索式的拼写。
将您的检索式与检索页面和 "帮助" 中的检索式示例相比较。
使用通配符 (*, $, ?) 查找单词复数和不同形式。(例如,graph*nanofib* 可检索石墨纳米纤维)。
使用多个词语查找类似的概念。(例如,cell* phone* OR mobile phone*)。
考虑清除检索表。此前的检索式可能保存在其他字段中。
请参见 检索规则 和 培训视频

LiFePO equivalent circuit particle ✕   主题   检索   检索提示

+添加行 | 重设

图 12-24   案例 12-3 检索式

检索过程 3

上述文献虽然均公开了该方案的基本构思,但在技术细节上仍有一些不同:该方案的电池等效电路模型为 PNGV 模型,而上述文献公开的电池等效电路模型并非 PNGV 模型。而通过在专利数据库或百度等搜索引擎中进行简单检索,可了解 PNGV 模型是一种常用的电池等效电路模型,可以预期它的具体实现和数学表达式应当已经在图书类文献中公开。

因此,选择书籍类文献的常用检索数据库读秀进行检索:由于当前检索需求是对某一技术点进行检索而非已知技术点来源的图书检索,因此选择读秀的知识检索入口,在输入框输入关键词:"电池 等效 PNGV",检索得到的《电动汽车动力电池应用技术》《混合动力城市公交车系统设计》《先进电动汽车技术》等图书均详细介绍了动力电池的 PNGV 等效电路模型,其等效电路图和该方案记载的 PNGV 模型电路图完全相同。需要注意的是,读秀中知识检索结果界面的右侧栏还提供了和检索词相关的文献的分类展示,如图 12-27 所示,和检索词 "电池 等效 PNGV" 相关的图书包括《混合动力汽车系统建模与控制》《先进电动汽车技术》等;相关的期刊文献包括 "一种改进的锂离子 PNGV 模型研究" 等;相关学位论文包括 "基于改进 PNGV 模型的动力锂电池 SOC 估计和充电优化" 等。即读秀数据库中不仅提供书籍类的文献,同样也提供期刊、学位论文、会议论文等文献,并且其收录范围和 CNKI 等数据库并不完全相同,对于在 CNKI 中未检索到对比文件的方案,可以选择在读秀中进一步检索。

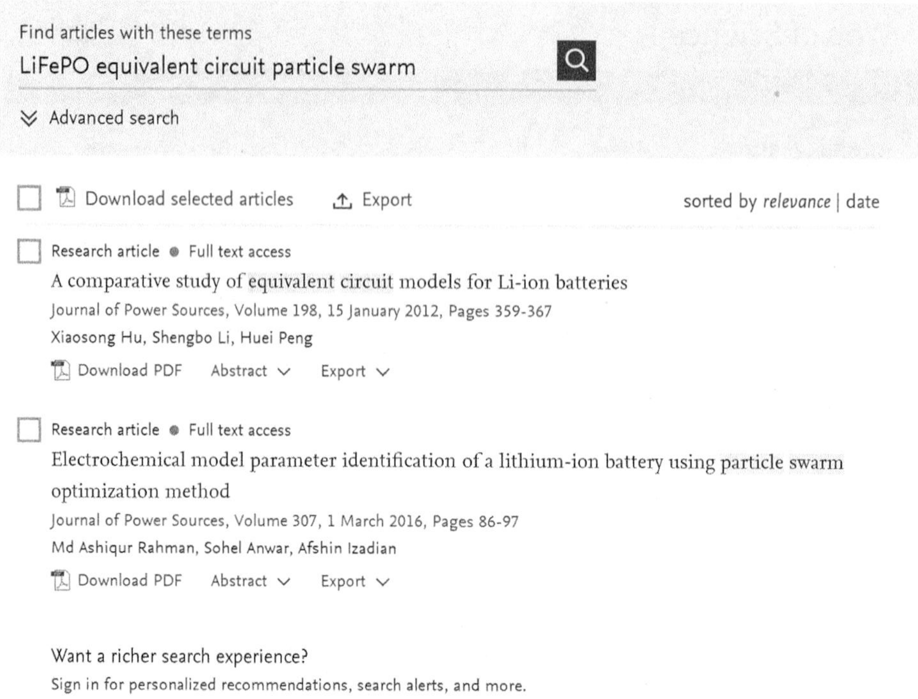

Find articles with these terms
LiFePO equivalent circuit particle swarm
Advanced search
Download selected articles
Export
sorted by relevance | date
Research article
Full text access
A comparative study of equivalent circuit models for Li-ion batteries
Journal of Power Sources, Volume 198, 15 January 2012, Pages 359-367
Xiaosong Hu, Shengbo Li, Huei Peng
Download PDF
Abstract
Export
Research article
Full text access
Electrochemical model parameter identification of a lithium-ion battery using particle swarm optimization method
Journal of Power Sources, Volume 307, 1 March 2016, Pages 86-97
Md Ashiqur Rahman, Sohel Anwar, Afshin Izadian
Download PDF
Abstract
Export
Want a richer search experience?
Sign in for personalized recommendations, search alerts, and more.

图 12–25 案例 12–3 检索结果 2

Web of Science
Clarivate Analytics
检索
工具
检索和跟踪
检索历史
标记结果列表
检索结果: 12
(来自所有数据库)
您的检索: 主题: (Li battery equivalent circuit particle swarm)
精炼依据: 研究领域: (SCIENCE TECHNOLOGY) AND 数据库: (WOS)
时间跨度: 所有年份. 数据库: WOS, BIOSIS, CCC, DIIDW, KJD, MEDLINE, RSCI, SCIELO.
检索语言=自动
...更少内容
精炼检索结果
在如下结果集内检索...
过滤结果依据:
领域中的高被引论文 (1)
开放获取 (2)
精炼
排序方式: 日期 被引频次 使用次数 相关性 更多
2 / 2
选择页面
导出...
添加到标记结果列表
分析检索结果
创建引文报告
11. State of Charge Estimation of Li-ion battery in EVs Based on Second-order Sliding Mode Observer
作者: Han, Huachun; Xu, Haiping; Yuan, Zengquan; 等.
会议: IEEE Transportation Electrification Conference and Expo (ITEC Asia-Pacific) 会议地点: Beijing, PEOPLES R CHINA 会议日期: AUG 31-SEP 03, 2014
会议赞助商: IEEE; IEEE Ind Appl Soc; IEEE Power Elect Soc; IEEE Power & Energy Soc; Beijing Inst Technol; Inst Elect Engn; China Electrotechn Soc; Beijing Elect Vehicle Co Ltd; Yutong Grp Co Ltd
2014 IEEE TRANSPORTATION ELECTRIFICATION CONFERENCE AND EXPO (ITEC) ASIA-PACIFIC 2014 出版年: 2014
查看摘要
被引频次: 0
(来自所有数据库)
使用次数
12. A comparative study of equivalent circuit models for Li-ion batteries
作者: Hu, Xiaosong; Li, Shengbo; Peng, Huei
JOURNAL OF POWER SOURCES 卷: 198 页: 359-367 出版年: JAN 15 2012
出版商处的全文
查看摘要
被引频次: 691
(来自所有数据库)
高被引论文
使用次数

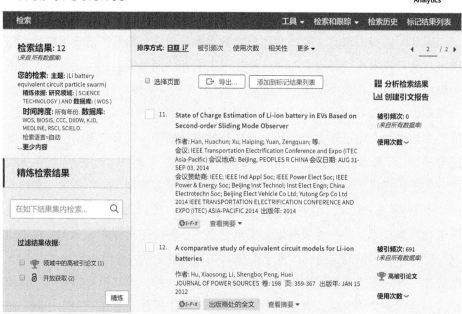

图 12–26 案例 12–3 检索结果 3

图 12-27　案例 12-3 检索结果 4

小结

Web of Science 只能对文献的文摘部分进行检索，而 ScienceDirect 和 IEEE Xplore 允许在文献全文范围内进行检索。因此，需要根据所选择的数据库合理调整检索策略，选择更合适的检索词。

读秀除了用来检索书籍和公知常识类知识外，同样可以检索期刊、学位论文、会议论文等。但应当注意，读秀知识检索只提供了一个检索框，只能进行简单检索，不能通过区分主题、全文、作者等字段进行高级检索。

12.2.5　通过读秀检索外文期刊文献

读秀具有多面搜索功能，检索可以同时得到相关工具书、图书、期刊、报纸、会议论文、学位论文、网页、图片、视频、专利、标准等。虽然使用读秀检索多数情况是为了对书籍内容进行检索，但事实上读秀也提供了外文搜索功能，并且其能够同时检索 IEEE Xplore、ScienceDirect、Springer、Wiley 等众多外文科技文献数据库。

【案例 12-4】

案情简介

背景技术：在电子器件发热时，相变材料吸收热量并熔化，并保持在相变温度；当电子产品停止使用时，相变材料再释放出热量并凝固，为下一个循环使用做准备。石蜡是一类广泛应用于电子器件热管理的相变材料，石蜡类相变材料的最大缺陷是其热导率极低，一种改善方式是在石蜡相变材料内部添加高热导率的金属翅片，内部填充的金属翅片占据了一定空间却不能提供相变潜热，这使得石蜡类相变热沉往往体积庞大；另一种改善方式是直接从相变材料上做出变革，也就是寻找具有更高热导率的相变材料，可利用低熔点金属，然而，低熔点金属相变材料成本较高，且重量大。

要解决的技术问题：改善传统石蜡类相变温控装置传热效率低、体积庞大的问题和低熔点金属相变温控装置质量重、成本高的问题。

技术方案：复合式相变热沉包括腔体1，一块或两块以上隔板2，一块或两块以上石蜡类相变材料3，一块或两块以上低熔点金属4；石蜡类相变材料与低熔点金属间隔填充在腔体内，石蜡类相变材料与低熔点金属中间使用隔板分开。

其中，腔体1用于承载石蜡类相变材料3、低熔点金属4及隔板2，底部与热源接触，吸收热源热量，并传递给石蜡类相变材料3和低熔点金属2；低熔点金属2同时充当腔体1内部金属翅片和相变材料，用于吸收热量并向左右两边的石蜡相变材料3传递，温度到达熔点后融化；石蜡类相变材料3用于吸收热量，温度到达熔点后融化，保持发热元件在较低的温度；隔板2用于将石蜡类相变材料3和低熔点金属4分隔开来。具体参见图12-28。

上述技术方案一方面通过利用低熔点金属做内部翅片，增强了石蜡相变材料内部的热量传递；另一方面，相比于纯粹的低熔点金属相变热管理技术而言，石蜡类相变材料的加入可以很大程度上减轻整个温控装置的质量。

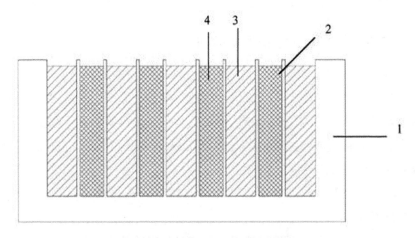

图 12-28 案例 12-4 技术方案附图

基本构思及检索要素分析

该方案的基本构思可以概括为：分别将不同熔点的相变材料用竖直隔板分隔开形成内部翅片。

根据该方案的基本构思和核心改进点，可以确定该方案的检索要素包括：

检索要素1：相变热沉；

检索要素2：隔板分隔相变材料和低熔点金属。

检索过程1

相变热沉可以表达为关键词"热沉""散热器""heat sink"等，隔板分隔相变材料和低熔点金属可分别用"隔板""分隔""隔离""相变材料""石蜡""低熔点金属""低熔点相变材料""镓/铋/铟"等组合表达。

在专利文献库中使用以下检索式进行组合检索：

低熔点金属 AND 石蜡

（镓 OR 铋 OR 铟）AND 石蜡

分隔 OR 隔开 OR 隔离 OR 隔板 OR 间隔

热沉 OR 散热器

石蜡 S（隔板 OR 腔）

不同 S（相变 2W 材料）

heat 1W sink

（phase change material?）OR PCM?

bismuth OR gallium

（low 1W melt+）S metal

未获得公开了该方案基本构思的对比文件。

进一步考虑在期刊论文数据库中检索，在 CNKI、万方、超星读秀中进行检索，用相变材料、石蜡、低熔点、散热器、热沉等关键词检索，也没有获得有效对比文件。但通过浏览相关的期刊文献，获得两点信息：第一，低熔点金属可能通过具体记载的熔点温度来表达，而不使用关键词"低熔点金属"或具体金属元素表达；第二，该技术领域中文期刊文献中的参考文献绝大多数都是英文期刊文献，说明国外对该项技术有比较广泛的研究。在此基础上，选择外文期刊论文数据库进行检索。

在外文科技学术文献数据库中，Web of Science 是覆盖核心学术期刊最广的数据库，因此首选在 Web of Science 的主题字段中检索："different PCMs heat plate"，如图 12-29 所示，获得文献"Single phase–change analysis of two different PCMs filled in a heat transfer module"，其公开了两种不同的相变材料用隔板隔开，而且其整体构成的是一个散热模块，并且公开高熔点相变材料 HPCM 熔点 78~79℃，低熔点相变材料 LPCM 熔点 28~29℃，和该方案记载的"低熔点金属达到熔点 80℃熔化吸热，石蜡类相变材料分子式不同，熔点在 25~70℃范围内"相吻合。对比文件技术方案附图如图 12-30 所示。

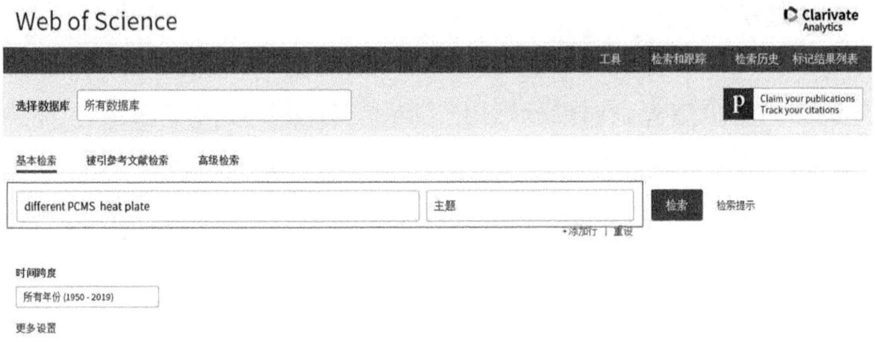

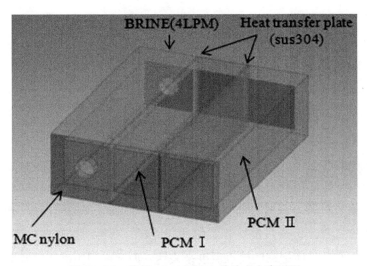

图 12-29　案例 12-4 检索式

图 12-30　案例 12-4 对比文件技术方案附图

检索过程 2

由于 Web of Science、IEEE Xplore、ScienceDirect、Springer 等外文科技文献数据库收录的文献存在交叉，因此在检索外文期刊文献时，为避免遗漏对比文件，常常需要分别在多个数据库中进行检索，操作相对比较烦琐。而除了通过直接登录外文科技文献数据库进行检索外，还可以通过读秀数据库进行外文期刊文献的检索。读秀数据库提供了外文期刊、论文、会议等检索的入口，其集中了 IEEE Xplore、ScienceDirect、Springer、Wiley 等众多外文科技文献检索数据库，可以更方便地同时检索多个数据库中的外文文献。对于该方案，采用英文关键词在读秀的期刊文献中进行外文检索：different PCMs fill heat plate，如图 12-31 所示，同样可以快速检索到对比文件 "Single phase-change analysis of two different PCMs filled in a heat transfer module"。

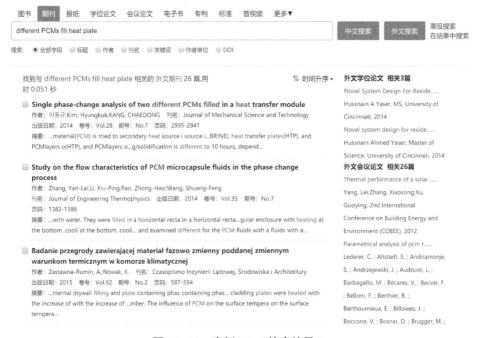

图 12-31　案例 12-4 检索结果 1

　　但在使用读秀进行外文期刊论文检索时应当注意，和通过直接登录 IEEE Xplore、ScienceDirect 等数据库时可以进行全文及其他检索字段的检索不同，在读秀进行外文期刊论文检索时无法进行不同检索字段组合的高级检索，仅支持在单一的检索框内进行简单检索，并且其检索范围仅包括文摘部分（例如标题、摘要），无法直接检索全文内容。因此，在使用读秀进行外文跨库检索时，应选择相对更能体现方案整体构思的关键词（更可能出现在标题、摘要等文摘位置的关键词）进行检索。

小结

读秀外文搜索也是检索外文期刊的一种有效途径。当外文关键词较为准确时，可以先尝试用外文关键词在读秀外文检索入口中进行检索。

12.2.6　总结

（1）对于中文期刊论文的检索，CNKI 的覆盖范围相对较大，通常优先选择 CNKI 检索期刊、学位论文、会议论文、标准等；对于学位论文，还应在万方学位论文数据库中进行补充检索。

（2）可根据技术方案中各个技术特征之间的相关性选择 CNKI 全文检索或句子检索，或者采用 CNKI 专业检索同时进行全文和句子检索。

（3）读秀主要用来检索中文书籍和公知常识，同时也可以用来检索期刊、论文、会议资料等。此外，读秀还可以用来检索外文期刊论文。但除书籍检索外，读秀只能提供一框式简单检索入口，无法实现复杂的逻辑检索式。

（4）外文数据库中，Web of Science 文献收录范围更广，但仅支持对文摘部分进行检索，当需要对方案的整体构思进行检索时，可以优先选择 Web of Science 数据库；ScienceDirect、IEEE Xplore 等外文数据库同样收录了大量的学术文献，并且支持全文的检索，当需要对技术细节进行检索时，可以使用 ScienceDirect、IEEE Xplore 等数据库。

第三部分
各领域特色检索策略篇

第13章　化学材料领域特色检索策略

与其他领域相比，化学领域属于传统的技术领域，材料既属于传统领域，也涉及新兴领域内容，其与化学领域也存在复杂的联系。而且，化学属于传统的自然科学学科，其研究对象以宏观的可见现象为入口，去研究微观的变化，研究在分子、原子层次上物质的组成、性质、结构与变化规律，创造新物质的科学，进而主动地去改造世界。化学领域并不像机械领域，研究的对象是宏观可见的且客观存在的物体。因此，化学领域与其他领域存在极大的不同。化学是一门以实验为基础的学科，其可预期性较低，很多事实结论需要实验来验证。上述化学领域与其他领域的不同也表明其存在与其他领域不同的领域特点。

具体而言，由于领域特点，化学、材料领域也有着其特色检索，主要表现在：（1）涉及中药组合物的检索；（2）涉及有机化合物的检索（包括具体有机化合物的检索和马库什化合物的检索）；（3）涉及催化剂的检索；（4）涉及高分子聚合物的检索；（5）涉及方法的检索。下面将从上述五个方面来介绍化学领域特色检索。

13.1　涉及中药组合物的检索

中药极具中国特色，它以中国传统医药理论为指导，根据治法治则，按照君、臣、佐、使的原则将药物进行复配以达到治疗疾病的目的。中药主要来源于天然药物及其加工产品，包括植物药、生物药以及部分的化学、生物制品类药物，以植物药居多。我国有着历史悠久的中药研究基础，且随着知识产权的普及，中药配方也更多以发明专利的形式来对其成果进行保护。由于我国在中药方面较为领先，因此，中药组合物的检索很多都是集中在中文文献的检索，少量辅以其他国家（比如日本和韩国）文献的检索。本章将就中药组合物特点、中药组合物检索方式进行介绍。

13.1.1　中药组合物特点介绍

一般组合物通常指由至少两种不同的组分按一定比例组合而成的具有特定性质和用途的物质或材料。一般而言，组合物中组分种类只有几种，而且各个组分所起的作用一般不同，而且是相互独立的，其组分之间的作用一般互不影响。比如，一种通信设备清洗剂，其特征在于，由以下重量份的材料组成：正溴丙烷主溶剂 70~75 份；正己烷 15~20 份；稳定剂 3~8 份；抑制剂 2~4 份。其中，"正溴丙烷"作为主溶剂；"正己烷"作为辅助溶剂；稳定剂起着稳定的作用，抑制剂起着避免溶剂分解变色的作用。

然而，中药是以中医学理论为基础，中药各组分根据一定的治法治则，按照君、臣、佐、使相互搭配，有着独特的理论体系和应用形式。因此，中药组合物从形式上来看，其具有一般组合物的特点，又有着它独特的特点。这也就决定了中药组合物的检索方式既可以采用一般组合物的检索思路，也可以采用独特的检索方式。

中药配方都是前人经过经验总结逐步提炼出来的，组分间的配伍需要考虑治法治则以及君、臣、佐、使的搭配。因此，中药组合物的发展是逐步发展的，一般不可能突然提出以前没有出现过的中药配方，因此，中药组合物的改进一般都有相应的改进的基础配方，俗称"基础方"。中药组合物的发展特点表明了检索的时候可以先确定技术方案的基础方，优先考虑采用"基础方"进行检索。而"基础方"一般出现在书籍中，因此，中药组合物的一个检索特点就是在书籍中检索"基础方"。而书籍检索的常用检索数据库就是超星读秀数据库。

中药组合物强调君、臣、佐、使的搭配，即使是相同的功效，其往往也会加入具有相同功效的不同组分。因此，中药组合物一般包括很多组分（一般十种以上）。而一般组合物其组分往往较少（一般四五种，很少超过十种）。由于中药组合物的组分较多，如将组合物中的每一个组分作为检索要素进行检索，一般很难检索到对比文件。因此，对于中药组合物，可以采用方剂检索。方剂检索可以设定检索到对比文件包含组分数，方剂检索的具体界面如图 13-1 所示。

图 13-1　"方剂"检索界面

13.1.2　一般组合物的检索方式

如本书第八章第二节介绍的一般组合物的检索方式，在检索前，理解待检索技术方案，确定检索要素。检索要素的确定一般需要考量两个方面：（1）组合物中解决技术问题的关键组分；（2）含量较高的组分。

确定完检索要素后，检索要素可以用分类号和关键词进行表达，然后进行相应的逻辑运算检索。由于各组分一般涉及的是具体物质，与分类号相比，关键词表达一般较为准确，因此，中药组合物检索要素的表达一般采用关键词表达。

【案例 13-1】一种治疗乳腺癌、乳腺增生的中药组合物

案情简介

一种治疗乳腺癌、乳腺增生的中药组合物，其特征在于，由如下重量份的原料组成：甘遂 25~35 份，半夏 25~35 份，僵蚕 7~17 份，白芥子 10~20 份，藤黄 10~20 份。

待检索技术方案涉及中药组合物，其包含五种组分，与一般的组合物种类数相差无几。

从技术角度来看，待检索技术方案涉及一种治疗乳腺癌、乳腺增生的中药组合物。其要解决的技术问题是提供一种治疗乳腺癌、乳腺增生的中药组合物及其制备方法，该中药组合物为一种外用消核液，适用于乳腺癌、乳腺增生、淋巴结节、子宫肌瘤、卵巢瘤和外表疤痕。待检索技术方案将不同的中药组分进行复配，只需使用时涂抹或喷洒于患处。每天一次，3~5 天见效，30mm×30mm 的肿块基本 1~2 个月即可消融。

基本构思及检索要素分析

（1）基本构思。

以甘遂和半夏为主要成分治疗乳腺癌、乳腺增生。

（2）检索要素分析。

从基本构思角度来看，其检索要素为：①乳腺癌、乳腺增生（体现所述组合物用途）；②甘遂；③半夏。

检索过程

通过上述中药组合物来看，其与一般组合物组分种类数差不多，且甘遂和半夏是用量较多的组分，因此，按照一般组合物检索，甘遂和半夏应当是后续检索的重点。

按照一般组合物检索思路，根据各组分作用，分清主次，构建检索式。因此，该技术方案采用组合物作用对象"乳腺"、组合物主要成分甘遂和半夏进行检索。具体检索过程如下：

21　　　　　乳腺 and 甘遂 and 半夏

从上述检索式获得 21 篇检索结果，其中有效对比文件为 CN105943770A。

【案例 13-2】一种用于治疗母猪产后无乳综合症的中草药组合物

案情简介

一种用于治疗母猪产后无乳综合症的中草药组合物，其特征在于：所述中草药组合物由以下重量份的原料药组成：王不留行 200~250 份，黄芪 120~150 份，皂角刺 50~80 份，当归 200~230 份，党参 100~130 份，川芎 200~300 份，漏芦 50~80 份，防风 30~50 份，路路通 50~80 份。

上述待检索中药组合物有着一般组合物的特点，即包含不同的组分并限定了组分含量。然而，从组分种类数来看，上述中药组合物包含较多的组分数（9 种）。

从技术角度来看，母猪产后缺乳症多发于初产母猪和年龄偏大的母猪，许多农户或者养殖场饲养母猪时，由于饲料单一，管理不当，从而造成母猪产后缺乳，缺乳后会严重影响仔猪的生长发育，造成僵猪，甚至引起仔猪的死亡，同时这种综合症还包含许多并发症，比如：产后气血不足，身体虚弱，食少倦怠，泄泻，气短；宫内膜炎，胎衣不下，恶露不尽，子宫垂脱。仔猪患黄痢、白痢、水肿、肠炎等。针对上述技术问题，待检技术方案根据中兽医学辨证施治的原则，治疗母猪产后缺乳综合症，效果明显。

母猪产后无乳综合症发病机理：乳汁为气血精微所化，而气血又赖于脾胃水谷精微物质化生，因此营养不足、气血虚弱或气血瘀滞均可导致缺乳。气血虚弱，多因饲养管理不当，营养供应不足或脾胃运化减弱，导致营养吸收不良，或产后各种疾病的因素，使母体气血亏损，而造成缺乳；气血瘀滞，多为饲料单一或母猪过于肥胖，运动不足，使气血运行不畅，乳络受阻而造成缺乳。

因此，待检索技术方案根据上述发病机理，将不同功效的药物进行组合。该方案中"君"药为王不留行和川芎；"臣"药为黄芪、当归、党参；"佐"药为皂角刺、漏芦和路路通；"使"药为"防风"。

基本构思及检索要素分析

（1）基本构思。

以王不留行和川芎为"君"药；黄芪、当归、党参为"臣"药；皂角刺、漏芦和路路通为"佐"药；"防风"为"使"药来治疗母猪产后无乳综合症。

（2）检索要素分析。

中药组合物中关键组分是"君"药和"臣"药，因此，检索要素为：王不留行、川芎、黄芪、当归、党参。

检索过程

上述技术方案中涉及主要组分均为特定名称的中药组分，其采用关键词表达准确。而且基于上述分析，"君"药和"臣"药为主要组分，因此，检索式构建也主要围绕该组分，对其进行关键词的逻辑"and"运算。具体检索过程如下：

17　　　　关键词＝王不留行 and 川芎 and 黄芪 and 当归 and 党参

从上述检索式中获得17篇结果，其中2篇为有效对比文件：CN104606296A；CN105267573A。

小结

虽然中药组合物有着不同于一般组合物的特点，但是其仍然属于组合物的范畴，因此，一般组合物的检索思路仍然适合中药组合物的检索，即根据中药组合物各组分作用，分清主次，找准解决技术问题的关键组分（在中药领域即为分清"君""臣""佐""使"），构建检索式。

13.1.3　中药"基础方"检索

"基础方"检索是中药领域的一种特色检索方式。因为中药技术方案一般是在前人的基础上完成改进的，然后经过实践不断去验证进而完成的配方。因此，中药技术方案的改进程度都是缓慢的，前人改进的成果也就是所谓"基础方"。

【案例 13-3】一种用于治疗母猪产后无乳综合征的中草药组合物

案情简介

待检索技术方案与案例 13-2 的技术方案相同，案情简介也相同。

检索过程

在中药领域"基础方"一般是技术方案改进的基础。而"基础方"一般也存在前人积累的成果。因此，对于中药"基础方"的检索也就需要在书籍中检索，而书籍检索一般在超星读秀数据库中进行。因此具体到该技术方案的检索，在超星读秀数据库中以中药组合物主要的五个组分，超星读秀数据库的具体检索过程如下：

王不留行 and 黄芪 and 皂角刺 and 当归 and 党参

从上述检索式即可获得有效对比文件：《兽医中药学》，郑继方等，金盾出版社，第 593 页，2012 年 12 月 31 日。

小结

"基础方"检索是中药领域的特色检索方式，因此中药组合物的检索需要关注书籍中"基础方"的检索。

13.1.4　方剂检索

方剂检索也是中药检索的重要且具有特色的检索方式，其针对组分较多的中药组分，可以预期对比文件至少应当包括待检中药组分中的组分数。因此，其检索得到的对比文件一般较为准确。

【案例 13-4】一种用于治疗母猪产后无乳综合征的中草药组合物

案情简介

待检索技术方案与案例 13-2 的技术方案相同，案情简介也相同。

检索过程

方剂检索是中药组合物中药的检索手段，进入"专利检索及分析"→药物检索→方剂检索（具体如图 13-2 所示）。

图 13-2 "方剂"检索操作界面

具体操作：将待检索的技术方案中涉及的 9 个中药组分输入检索界面，其可限定的参数包括"中药方剂中药物的数量"和"检索结果中至少包括其中一味"。以上述界面为例，其检索的目标文献包括：（1）目标文献涉及的中药方剂中药物的数量为 1~15 味；（2）目标文献包括上述 9 个组分（王不留行、黄芪、皂角刺、当归、党参、川芎、漏芦、防风和路路通）中的至少 6 味。经过上述检索即可获取有效的目标文献：CN104161889A；CN101700352A。

通过上述检索过程可以看出，采用方剂检索时，可调整三部分来调整具体的检索结果，分别为：

（1）调整输入检索的组分种类和数量。由于待检索的技术方案仅包括 9 种组分，其数量较少，因此，上述检索直接将涉及的 9 种组分全部输入。其他检索时，可以根据待检索的组分多少来调整，比如输入待检索的关键组分，无须输入次要组分。

（2）调整中药方剂中药物的数量，即可以调整目标文献中中药方剂中药物数量，如不需要获取数量较多的目标文献则可对其进行相应的限定。

（3）调整目标文献包括的结果数。检索时，可调整目标文献包括的待检索组分的组分数。以上述检索界面为例，目标文献中包括待检索技术方案组分中至少 6 个组分。如想获得相关度更高的目标文献，可进一步增大该数值，这是根据检索结果数量以及对目标文献的需求进行调整的。

小结

方剂检索是中药检索的重要且具有特色的检索方式，其可调整目标文献包括待检索组分的种类和数量来调整检索结果，检索一般较为精准，且检索界面操作简单。

13.2 涉及有机化合物的检索

有机化合物是含碳化合物或碳氢化合物及其衍生物的总称，由于有机化合物有很多不同的命名方式（比如普通命名法、衍生命名法、系统命名法），因此，采用有机化合物名称往往不能对其进行全面检索。而且有机化合物的命名往往比较复杂，直接采用其名称进行检索往往得到的检索结果也较少。因此，有机化合物的检索有着其重要的特点。本章将介绍有机化合物的特点、检索有机化合物的特色检索工具——STN，并具体案例形式来说明有机化合物的几种方式：CAS 号检索、结构式检索以及环系代码 RID 检索。

13.2.1 有机化合物特点介绍

有机化合物是含碳化合物或碳氢化合物及其衍生物的总称，是一类非常重要的物质，比如与生命体息息相关的脂肪、氨基酸、蛋白质、糖类、激素等均涉及有机化合物；与人类生活密切相关的物质比如石油、天然气、燃料、塑料、化纤、有机玻璃等；生物体内的新陈代谢和生物的遗传现象都涉及有机化合物。有机化合物也是西药、农药、新型材料等领域常见的表现形式，也是相关领域专利保护的重点。因此，有机化合物渗透在生活的方方面面。

从有机化合物的检索来看，其包括具体化合物的检索，也包括马库什化合物的检索。对于该类有机化合物检索，在常规检索方式中，仅限于采用物质名称进行检索。而有机化合物通常表现形式多样，包括有机化合物名称、分子式、结构式等。虽然国际纯化学和应用化学联合会（International Union of Pure and Applied Chemistry，IUPAC）对有机化合物制定了统一的命名规则，但是实际出现了很多不同的命名方式，包括普通命名法、衍生命名法、系统命名法，甚至还有经验命名法。有机化合物有时还存在多个俗名，即有机化合物的命名和表达存在多样化，因此，从有机化合物的名称入手，很难保证检索全面。采用常规检索方式很难满足化学领域有机化合物的检索。化学领域有机化合物的检索也极具其特色。

在化学领域，每一个化合物都有着像"身份证"标识的号码来帮助识别其身份（即有机化合物的结构）。不同的数据库对化合物的标引不同，比如化学文摘数据库（CA）采用 CAS 登记号（CAS RN）来标引不同的化合物；德温特世界专利索引（DWPI）对每个化合物指定了唯一的标识号，即 DCR 号。这些数据库的统一标识为实现有机化合物的高效检索提供了便利。就目前而言，CAS 登记号具有普遍性，因此，在化学、材料领域，具体化合物常常采用 CAS 登记号来进行检索。

另外，由于有机化合物通常以相应的结构式来判断其结构和性能，很多数据库也提供了相应的结构检索绘制功能。因此，有机化合物的另一种方式就是绘制结构进行检索。

CAS 登记号检索通常仅用于检索破坏技术方案新颖性的对比文件，其具有快速、低廉的优点。而绘制结构检索除了检索破坏新颖性的对比文件外，其还可以检索到破坏创造性的技术方案，但是其绘制结构一般需要花费较长时间且检索成本较高，尤其针对结构复杂的物质。因此，实际检索时，可以利用 CAS 登记号和绘制结构式的检索特点，合理选择检索方式。

无论是采用 CAS 登记号检索还是直接绘制结构式来检索，其均需要在特定数据库中开展检索。一般可以在 STN 数据库、Sciencefinder 数据库和 Web of Science 数据库中检索。而化学领域中由于 STN 收录数据库相对较为完整，因此，一般信息分析、专利导航以及专利审批的单位采用的就是 STN 数据库检索，比如国家知识产权局对有机化合物的结构主要采用 STN 数据库检索。而 Sciencefinder 数据库和 Web of Science 数据库检索界面比较简单，检索容易上手，一般高校、科研机构或者一般研发单位采用 Sciencefinder 数据库和 Web of Science 数据库进行检索。

在正式介绍有机化合物检索前，下面先重点介绍化学材料领域特色检索工具——STN。

13.2.2　特色检索工具介绍——STN 检索介绍

13.2.2.1　STN 基本介绍

科学与技术信息网（The Scientific and Technical Information Network，STN）是由美国化学文摘社（CAS）和德国能源、物理暨数学中心（FIZ Karlsruhe）

联合开发的在线科技信息检索平台，提供化学文摘等各学科数据库检索服务。平台收录超过 200 个科学和技术数据库，涵盖了广泛的学科（比如化学、生物科学、医药、材料、石油、电子、能源、工程、物理等），涉及期刊、图书、专利、会议论文和学位论文等各种类型的科技文献，其可以检索专利文献、化学物质结构、基因 / 蛋白序列、研究进展等各类文献。目前世界主要知识产权局均将 STN 数据库作为其重要的检索工具，我国的国家知识产权局于 2009 年正式引进 STN 数据库，作为其主要的检索工具。

STN 平台通过 http：//stnweb.cas.org 网址输入账号和密码即可登录。具体界面如图 13-3 所示。

图 13-3　STN 登录界面

STN 平台收录了 200 多个数据库，包括非专利数据库和专利数据库。其中，非专利数据库包括 CAplus、Registry、CasReact、Marpat 等常用的 CAS 自己开发的数据库，也包括其合作方提供的 Inspec、Compendex、Biosis 等各个领域比较权威的数据库。专利数据库涉及 100 多家专利授权机构的全文和题录数据，收录专利文献超过 3 亿篇，约占 STN 总文献量的 1/3。上述数据库中，CAplus 数据库是化学领域常检的数据库，其除了收录专利文献外，还收录了美国专利商标局、欧洲专利局、世界知识产权组织等主要知识产权组织在 2 天内公布的专利文献。通过 Registry 可检索所有类型的无机和有机物质，包括合金、序列、配位化合物、矿物质、混合物、聚合物、盐等。Marpat 是检索专利文献中马库什结构的唯一资源，目前只能在 STN 平台实现检索。而结构检索中，以前被诟病结构检索复杂、费时，STN 也引入了 Sciencefinder

数据库友好的检索界面，因此，目前 STN 结构检索也具有和 Sciencefinder 数据库结构式检索同样快捷的功能。

为了方便了解 STN 检索，下面介绍化学、材料领域中经常使用的被 STN 收录的数据库。

（1）CAplus 数据库。

CAplus 数据库收录了 150 多个国家的约 10000 万多种期刊及 50 个国家和两个专利组织的专利文献，最早的文献可以回溯到 1840 年。CAplus 中的记录包含题录信息、摘要和主题及物质索引等。

（2）Registry 数据库。

它是世界上最大、最全面的物质数据库；收录 1907 年后科学文献中已被确认的化学物质；给予每个化学物质独一无二的登记号（CAS RN），并有结构式和化学名称；涵盖所有类型的无机和有机物质，包括合金、基因序列、配位化合物、矿物质、混合物、聚合物、盐等；是查询登记号最权威的数据库（不是所有的化学物质都有登记号，没有登记号的物质在该数据库找不到；提供多种检索切入点，可用结构式检索）。

13.2.2.2　STN 常用指令

（1）进入数据库（File 指令）。

进入 STN 数据库后，在箭头提示符处（=>）输入指令 "File"（不区分大小写）进入指定的数据库，其中 "File" 也可简写为 "Fil"。如进入多个数据库，则在 File 后面输入多个数据库名，数据库名间用空格或逗号隔开。例如 File Caplus，表示进入 Caplus 数据库；File Biosis Embase，表示进入 Biosis 和 Embase 数据库。

（2）常见检索相关指令。

Search：可以简单以 "S" 表示，表示检索，比如 S L1，表示检索记录 L1 式表示的检索式。

Display：简写 D，显示检索结果，比如 D 1-5 L1 bib abs，显示检索式 L1 第 1~5 个检索结果的著录项目和摘要信息。

LOGOFF（LOG Y）：退出 STN。

LOGOFF Hold（LOG H）：退出 STN，检索结果在服务器上保存 2 小时。

13.2.2.3　截词符

使用截词符可以检索到包含相同一组字母的词语，从而做到省钱和省时。STN 数据库中的截词符如表 13-1 所示。

表 13-1 STN 中截词符及其含义

符号	含义
?	零个或任意个字母，可放在词首和词尾
#	零个或一个字母，放在词尾
!	一个字母，放在词中间

13.2.2.4 连接符

在 STN 数据库中，使用的连接符如表 13-2 所示。

表 13-2 STN 中连接符及其用途

符号	用　途
（W）	用指定的顺序连接词语
（A）	字相邻，但以任何顺序排列
（S）	连接的词语在同一个句子中出现
（L）	连接的词语在同一个字段中出现
（P）	词语出现在同一个段落中

13.2.2.5 布尔逻辑运算符

表 13-3 STN 中布尔逻辑运算符及其含义

符号	含义
AND	词语必须同时出现在记录中
NOT	检索记录中包括第一个词语，不包含第二个词语
OR	检索记录中至少包含一个词语

13.2.2.6 数值运算符

表 13-4 STN 中数值运算符及其含义

符号	含义	符号	含义
= or /	具体数值	>= or =>	大于等于指定值
<	小于指定值	<= or =<	小于等于指定值
>	大于指定值	-	一个范围

13.2.2.7 运算符优先顺序

STN 数据库中同时包含多个运算符，按照如下顺序运行：

（1）括号；（2）数值运算符；（3）（W）和（A）；（4）（S）；（5）（P）；（6）

（L）；（7）AND 或 NOT；（8）OR（无括号）。

13.2.3　CAS 登记号检索

CAS 登记号是化学领域物质的"身份证"标识，因此，采用 CAS 登记号检索，其检索结果一般较为精准。特别对于具体化合物而言，如采用 CAS 登记号检索可以获取对比文件，其一般检索的是破坏待检索技术方案新颖性的对比文件。CAS 登记号检索一般在 STN 数据库中检索。

【案例 13-5】一种水溶性咖啡酸结构油脂

案情简介

一种水溶性咖啡酸结构油脂，其特征在于化学命名为 1- 单咖啡酸甘油酯，化学结构如式（一）所示：

（一）

待检索技术方案涉及具体的有机化合物，因此，首先需要检索现有技术是否已经公开了该化合物，即获取破坏其新颖性的目标文献。

基本构思及检索要素分析

（1）基本构思。

一种水溶性咖啡酸结构油脂，具有如下结构。

（2）检索要素分析。

从上述基本构思来看，检索要素为水溶性咖啡酸结构油脂，从结构上来看，其为 ；从名称来看，其为 1- 单咖啡酸甘油酯。

检索过程

如上所述，每一个化合物有一个标识其身份的 CAS 登记号，因此，通过查询该化合物 CAS 登记号即可检索破坏其新颖性的对比文件。

通过一般方法（比如化合物名称或者结构式）获取该化合物的 CAS 登记号为 2179-24-0。

首先进入 STN 中的物质库——Registry 数据库（该数据库标引具体的物质），然后检索 CAS 登记号，具体如下：

File Reg（进入物质库 Registry 数据库，"Reg"为 Registry 简写）；

S 2179-24-0/RN（"S"表示检索，即表示检索该 CAS 登记号的物质）；

L1 1 2179-24-0/RN（L# 显示结果，"L1"表示第一条检索记录，"1"表示该 CAS 登记号检索结果只有一个物质，一个 CAS 登记号对应一种物质）。

然后转库检索，一般转入 CAplus 数据库中检索，即检索包含上述物质的所有文献，具体如下：

File CAplus（从物质库 Reg 中转入 CAplus 数据库中）；

S L1（L1 为上面物质库检索结果，此处检索包括该物质且被 CAplus 数据库收录的文献）；

L2 20 L1（共检索到公开上述有机化合物的 20 篇文献）。

小结

CAS 登记号是化学领域物质的"身份证"标识，因此，采用 CAS 登记号检索可以获取破坏化合物新颖性的对比文件。而且由于 CAS 登记号标引的普遍性，CAS 登记号一般是检索破坏有机化合物新颖性的必检方式。

13.2.4　结构式检索

有机化合物除了用 CAS 登记号表征外，其还具有唯一的结构。因此采用结构式检索也能获取精准的检索结果。相对 CAS 登记号检索方式而言，结构式检索需要花费时间绘制结构，因此，其没有 CAS 登记号检索方式方便。但是结构式检索，其可调整的方式也较大，除了获取破坏新颖性的对比文件外，检索时可通过调整结构去获取破坏创造性的文件。除了常用的 STN 数据库外，而结构式检索还可以在 Sciencefinder 和 Web of Science 数据库中检索。

【案例 13-6】一种水溶性咖啡酸结构油脂

案情简介

待检索技术方案与案例 13-5 的技术方案相同，案情简介也相同。

待检索技术方案为具体的有机化合物，每一个有机化合物，其对应的结构是确定的。因此，可以采用直接绘制结构检索获取破坏其新颖性的对比文件。

检索过程

在化学领域中，很多平台均可提供结构式检索，比如 STN 结构式检索、Sciencefinder 结构式检索、Web of Science 结构式检索。

13.2.4.1　STN 或 Sciencefinder 结构式

新版本的 STN 和 Sciencefinder 结构式检索模板较为相近，且比较容易上手。直接在 STN 结构模块中绘制上述结构 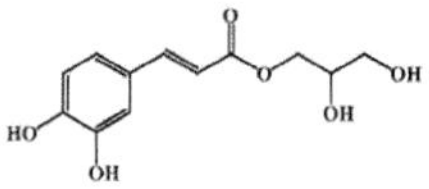  即可完成结构检索。

具体如下：

（1）输入网址：http：//stnweb.cas.org；

（2）点击右侧的 "next.stn.org"；

（3）点击 "Start Session Now"（见图 13-4）；

图 13-4　STNext 登录起始界面

（4）输入账号和密码，点击 "Log In"（见图 13-5 和图 13-6）；

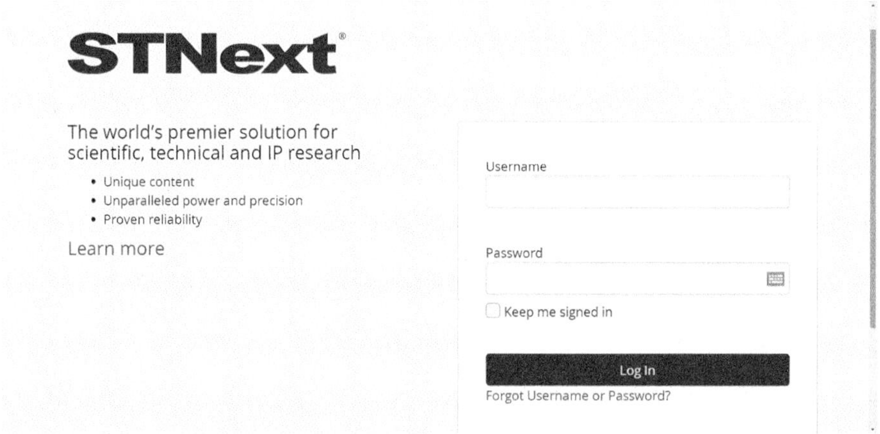

图 13-5　STNext 登录账号——密码输入界面

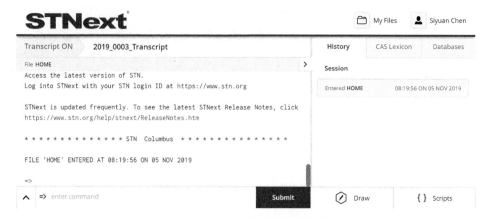

图 13-6 STNext 检索登录起始界面

（5）点击右下角的 "Draw"，并绘制结构检索即可得到检索结果（见图 13-7）。

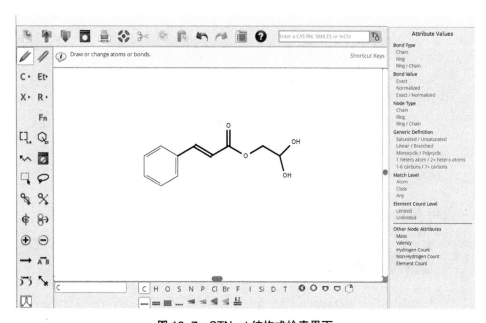

图 13-7 STNext 结构式检索界面

13.2.4.2 Web of Science 结构式检索

在 Web of Science 数据库中直接绘制结构进行检索，具体如下：

（1）在 Web of Science 画出相应的化合物结构；

（2）选中检索记录；

（3）显示检索结果（见图 13-8）。

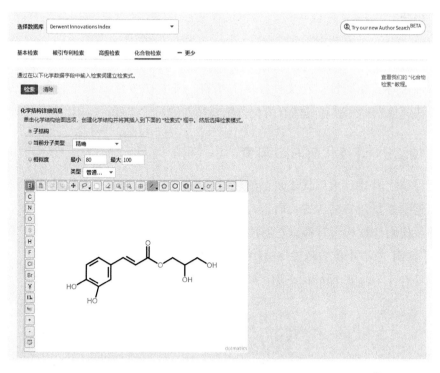

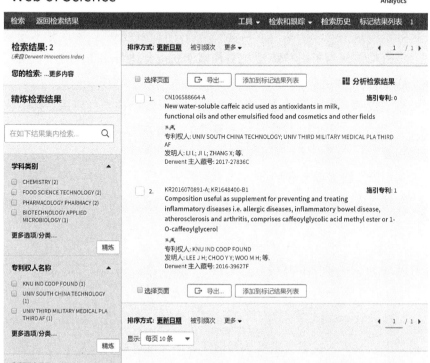

图 13-8　Web of Science 结构式检索过程

小结

由于每一个有机化合物均有一个标识其身份的唯一号码，即 CAS 登记号；且每一个有机化合物结构也是唯一确定的。因此，上述"唯一"性为检索获取破坏其新颖性对比文件提供了便利。通过 CAS 登记号和结构式检索，可以快速检索得到破坏具体有机化合物新颖性的对比文件。

13.2.5 环系代码 RID 检索

环系代码 RID 可以代表复杂的环系结构，因此，采用环系代码 RID 检索可以避绘制复杂的结构式。而且，在 STN 数据库中，相对于结构式检索，采用环系代码 RID 检索其检索费用往往较低，是一种低廉的检索方式。

【案例 13-7】具有特殊环结构的化合物

具有式（I）结构的化合物：

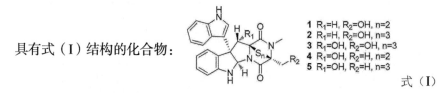

1 R_1=H, R_2=OH, n=2
2 R_1=H, R_2=OH, n=3
3 R_1=OH, R_2=OH, n=3
4 R_1=OH, R_2=H, n=2
5 R_1=OH, R_2=H, n=3

式（I）

案情简介

待检索的技术方案实质上涉及五个具体化合物，因此，优先会采用 CAS 登记号进行检索，当采用 CAS 登记号检索未获得合适对比文件时可采用其他检索方式。

待检索技术方案涉及的化合物具有相同的母核结构，且环系结构也较为复杂，采用环系代码 RID 检索是一种有效的检索方式，且其相对于结构式检索低廉很多。

基本构思及检索要素分析

（1）基本构思。

具有式（I）结构的化合物：

1 R_1=H, R_2=OH, n=2
2 R_1=H, R_2=OH, n=3
3 R_1=OH, R_2=OH, n=3
4 R_1=OH, R_2=H, n=2
5 R_1=OH, R_2=H, n=3

式（I）

（2）检索要素分析。

通过上述分析，检索要素可从结构式表达，也可从 CAS 登记号表达，也可从环系代码 RID 表达。

检索过程

首先采用 CAS 登记号检索，未获取得到合适对比文件。经分析，这是因为在 STN 数据库中，对于结构复杂的物质，特别是含有较多手性中心的化合物，STN 标引往往会发生错误，比如漏标、重复标引或者错标。因此，对于结构复杂的化合物，在采用 CAS 登记号未检索得到合适对比文件时，还需结合其他检索。

通过上述检索化合物结构来看，其含有特殊的环系结构，因此，可采用环系代码 RID 进行检索，检索过程如图 13-9 所示。

```
=> s 1414774-32-5
L1          1 1414774-32-5
              (1414774-32-5/RN)

=> d rsd

L1   ANSWER 1 OF 1  REGISTRY  COPYRIGHT 2014 ACS on STN

Ring System Data

   Elemental  |Elemental |Size of  |Ring System|  Ring      |  RID
   Analysis   |Sequence  |the Rings|Formula    |Identifier  |Occurrence
     EA       |  ES      |  SZ     |  RF       |  RID       |  Count
===========+=========+=========+===========+===========+==========
C4N-C6     |NC4-C6   |5-6      |C8N        |333.151.57 |1
C4N-C4N-   |NC4-NC4- |5-5-6-6-6|C13N3S2    |4970.1.1   |1
C3NS2-C3NS2-|NCS2C2-  |         |           |           |
C6         |NCS2C2-C6|         |           |           |

=> s 4970.1.1/rid
L2         110 4970.1.1/RID

=> s 333.151.57/rid
L3     1553147 333.151.57/RID

=> s l2 and l3
L4          29 L2 AND L3
```

图 13-9　案例 13-7 检索过程

从 L4 检索结果中可筛选出多篇公开了上述化合物的文献。

小结

（1）对于结构复杂的物质，除了采用 CAS 登记号进行常规检索外，还应当采取其他检索手段予以辅助检索，否则很容易造成漏检。

（2）采用环系代码 RID 检索是一种有效的检索方式，其是针对具有特殊环状结构的复杂有机化合物的检索，且其相对于一般结构式检索费用低廉很多。

13.3 涉及催化剂的检索

化工领域主要是指化学工业以及其他过程工业生产过程中有关化学过程与物理过程的技术领域，而催化剂领域是化工领域的典型代表，属于材料化学中典型的一个分支。目前 90% 以上的化工产品，是借助催化剂生产出来的，没有催化剂就不可能建立现代的化学工业。因此，催化剂被誉为现代化学工业的心脏。催化剂和催化技术的研究与应用对国民经济的许多重要部门是至关重要的。现有技术中，工业催化剂的开发研究分两种情况，一种是全新工艺过程开发的催化剂，从构思开始都是全新的；另一种则是在已有催化剂的基础上加以更新改造，具体如催化剂的组成、结构、晶相、电子结构以及表面的酸性、吸附性能和氧化－还原能力等。催化剂与其他化学领域相比，因其催化反应具有选择性等特点从而导致其具有特定的领域特点。因此，对于催化剂领域，在实际检索过程除了具有一般化学领域的检索特点之外，还具有自身领域的专有特点，下面主要针对催化剂特点，以及典型检索策略进行具体介绍。

13.3.1 催化剂特点介绍

根据 IUPAC 于 1981 年提出的定义，催化剂是一种物质，它能加速反应的速率而不改变该反应的标准 Gibbs 自由焓变化。当然，在文献中也能见到其他的催化剂定义，其实质与上述定义一致，例如催化剂是一种物质，它加速化学反应趋于平衡，而自身在反应的最终产物中不显示，或者说在反应过程中不会自始至终地将自身陷入。

催化剂根据其催化作用和吸附作用的基本原理，可以分为酸碱催化剂、分子筛催化剂、金属催化剂、金属氧化物和硫化物催化剂、络合催化剂等。催化剂按反应体系的相态分为均相催化剂和多相催化剂；按照反应类型又可以分为聚合、缩聚、酯化、缩醛化、加氢、脱氢、氧化、还原、烷基化、异构化等催化剂。但回归催化剂物质本身组成，现有技术中，催化剂基本可以划分为三类：（1）单一化合物或元素；（2）组合物；（3）络合化合物。

不过，工业催化剂通常不是单一的物质，而是由多种物质组成，绝大多数工业催化剂有三类可区分的组成，即活性组分、载体、助催化剂。活性组分是催化剂的主要成分，有时由一种物质组成，有时则由多种物质组成。载体是催化活性组分的分散剂、黏合物或支撑体，是负载活性组分的骨架。载体不仅关系到催化剂的活性、选择性，还关系到它们的热稳定性和机械强度，关系到催化过程的传递特性。助催化剂是加入催化剂中的少量物质，是催化剂的辅助成分，其本身没有活性或者活性很小，但把它加入催化剂中后，可以改变催化剂的化学组成、化学结构、离子价态、酸碱性、晶格结构、表面构造、孔结构、分散状态、机械强度等，从而提高催化剂的活性、选择性、稳定性和寿命。助催化剂可以元素状态加入，也可以化合物状态加入，有时加入一种，有时则加入多种。

正如前所述，催化剂通常为组合物形式，且各组分在催化剂中起到的作用不同，检索时若不加以区分，直接将所有组分均作为检索要素进行检索，通常很难得到相关对比文件。因此，在实际检索过程中，通常需要结合本领域技术知识，对催化剂组分进行逐一分析判断，确定出哪些组分为本领域常用的组分，哪些组分或哪些组分组合为关键发明点，进而提取确定合适的、有价值的检索要素，从而高效获取对比文件，当然这也是催化剂领域的检索难点与重点之一。

由于表达催化剂的结构或性能时通常需要结合物理化学参数特征和 / 或制备方法特征进行表征。常用的参数包括：表面积、孔体积、孔径、粒径、晶型、晶格参数、酸量、机械强度、原料用量、温度、时间等。而上述参数多数出现在说明书、正文或图表中，实际检索时，选择合适的数据库也是检索需要考量的重要方面，同时还要注意运用检索手段和技巧进行合理表达和合理降噪。另外，需要注意，有可能对比文件中并没有对上述相关参数进行表征，或者表征方式存在差异，因此，如何筛选检索要素，以及怎么扩展检索要素，均是需要经过进一步思考的，这也是催化剂领域检索的一大难点。

再者，虽然催化剂领域具有一定的领域特殊性，但整体来讲，与其他领域也是类似的，在检索专利数据库时，同样是从分类号和关键词两个方面进行组合表达。关于分类号，催化剂领域的 IPC 分类号主要是根据元素周期表对催化剂化学元素组成的分类、含分子筛催化剂的分类，以及有关催化剂的载体、保护、形态、制备、活化以及再生的分类。IPC 分类体系对元素组成的分类较为详细，但对其他分类比较简单，例如催化剂的再生分类号。但对于催化剂化学元素组成的分类号，通常由于催化剂中的组分种类通常为两种或更多，且组分的作用各不相同，仅用分类号难以准确表达出催化剂的组成，因此，在实际检索中，应注意对分类号进行合理扩展。但整体来讲，分类号是检索的一个高效途径，恰当地运用分类号，可以大大提高检索效率。

关于关键词的选取，一般需要考虑相应检索要素的各种同义或近义表达形式，而且在必要时需要考虑相关的上位概念、下位概念以及其他相关概念及其各种同义或近义表达形式。由于催化剂的化学组成基本涉及各种化学物质和元素，而这些组分通常具有通用名、俗名、化学名、商品名、简称缩写、外来词等；而对于有机化合物的组分，有机化合物命名更加复杂，表达方式更多样，表达上很难扩展完全；再加上同一组分有不同的表达方式，存在检索到的对比文献与本案中使用的关键词差异很大的情况。例如，当催化剂中含有钾元素时，可能采用"氧化钾""氢氧化钾""碱""碱金属""第 I 主族"等不同的表述形式来表述；而若直接采用"钾"或"K"进行检索时，则会带来巨大的噪声，检索无效性大大增强。因此如何对可检索要素进行合理表达，进行合理扩展，扩展到什么样的程度也是催化剂领域检索的难点和重点。

13.3.2　催化剂组合物检索

催化剂组合物是催化剂领域最常遇到的情形。如前所述，催化剂组合物一般包括活性组分、载体、助催化剂组分。而这三类组分在催化剂中的作用各不相同，对催化效果的影响也各不相同。因此，在实际检索中，并非所有的催化剂化学组分都需要作为检索要素进行检索，通常需要根据技术方案中对于催化剂各组分的发明贡献侧重点以及结合本领域技术知识去提取和确定准确的检索要素，从而制定合适的检索策略进行检索。而下述提出的"活性组分"检索、"助剂"检索，以及"载体"检索则是更为典型的检索策略，不同于常规检索中以活性组分、助剂或载体提取作为检索要素。

13.3.2.1　"活性组分"检索

催化剂的研究，主要在于寻找活性组分的过程。活性组分是指催化剂中产生活性、可活化反应分子的部分。在检索要素的确定中，要根据具体的催化反应，判断催化剂中的化学组成哪些属于活性组分，而催化剂中的活性组分通常直接影响了具体的应用方向，因此，通常情况下催化剂中的活性组分都是需要作为检索要素之一的。而"活性组分"检索策略则主要针对技术方案的技术贡献仅在于活性组分的选择或改进上，而与载体、助剂组分并无协同作用。与此同时，若活性组分包括特殊组分（即非常规物质或化合物），可以直接对该特殊组分进行针对性检索，通常可以获得很高的检索效率。例如若活性组分为特殊的高分子通式化合物，直接采用 CAS 登记号、化学结构式进行检索。另外，某些特殊组分还具有特定的分类号，此时也可以采用分类号进行检索，可以起到事半功倍的效果。下面结合实际案例进行阐述。

【案例 13-8】一种甲基氨基碘化亚锡 – 二氧化钛可见光催化材料

案情简介

一种甲基氨基碘化亚锡 – 二氧化钛（$MASnI_3$-TiO_2）可见光催化材料，该可见光催化材料中甲基氨基碘化亚锡（$MASnI_3$）与二氧化钛（TiO_2）的质量比为（1~9）：（9~1）。

该待检索技术方案强调了现有技术中由于二氧化钛（TiO_2）的带隙宽度过大，只能吸收波长小于 387nm 的紫外光，而紫外光仅占太阳光总能量的 4% 左右，大大限制了其在实际生产和生活中的应用，而甲基氨基碘化亚锡（$MASnI_3$）的光响应范围更宽。然而，甲基氨基碘化亚锡（$MASnI_3$）是一种直接带隙半导体，带隙能量为 1.3eV，当应用于光催化反应中时，甲基氨基碘化亚锡（$MASnI_3$）较小的禁带宽度，使产生的光生电子与空穴迅速复合，虽然光响应范围变宽，但其催化效率并不高。而具体通过构思甲基氨基碘化亚锡 – 二氧化钛复合，克服了窄带隙甲基氨基碘化亚锡（$MASnI_3$）半导体光生载流子复合过快的缺点和单一的二氧化钛（TiO_2）仅在紫外光激发下才具有光催化活性的不足，使材料对太阳光的利用率有所提高，光响应范围宽，催化性能增强。

基本构思及检索要素分析

从技术方案分析可以看出，该可见光催化剂的活性组分为甲基氨基碘化亚锡和二氧化钛，检索要素应提取确定为：甲基氨基碘化亚锡、二氧化钛。同时结合现有技术，活性组分甲基氨基碘化亚锡相较于二氧化钛来说，文献量少很多，在光催化剂领域并不算很常见的活性组分，因此，在全要素检索未获得合适检索结果时，应重点对活性组分甲基氨基碘化亚锡进行检索，这样以其特殊性进行检索，可以获得更好的检索效率。在此不再详述具体的检索过程。

13.3.2.2　"助剂"检索

助剂负责调变活性组分的催化性能，其自身没有活性或者活性很低，但是其可以与活性组分产生某种作用，使催化剂的活性、选择性、寿命等性能得以显著改善。大多数情况下，催化剂的活性组分和助剂在协同作用时才会产生良好的催化效果，因此，通常情况下，在实际检索中，如果催化剂中含有助剂，助剂组成也需要作为检索要素之一，同时应注意其与活性组分的联合使用。而"助剂"检索策略则主要针对技术方案的技术贡献仅在助剂的选择或改进上，而与活性组分、载体组分无协同作用。下面结合实际案例进行阐述。

【案例 13-9】一种多金属半再生重整催化剂

案情简介

一种多金属半再生重整催化剂，包括氧化铝载体和以干基氧化铝为计算基准的含量如下的活性组分（按质量百分比计）：

Ⅷ族金属	0.01%~2.0%
ⅦB 族金属	0.01%~5.0%
镧系金属	0.01%~3.0%
磷	0.01%~5.0%
卤素	0.1%~3.0%

待检索技术方案主要是针对现有技术中重整催化剂中催化活性稳定，选择性和抗积碳性能均有待提高。而该技术方案针对上述问题，通过在半再生重整催化剂中加入磷和稀土金属钆，可有效改善催化剂的性能，提高催化剂的持氯能力，使其液体收率和选择性提高，并使催化剂的再生恢复性能得到提高。

基本构思及检索要素分析

（1）基本构思。

在催化剂中同时引入磷和稀土金属钆产生协同作用，可有效改善催化剂性能，提高液体收率和选择性，并改善催化剂的再生性能。

（2）检索要素分析。

结合催化重整催化领域现有技术，铂铼系列催化剂是该领域的常规催化剂（铂属于第Ⅷ族元素，铼属于ⅦB 族元素），即从上述技术方案来看，第Ⅷ族和第ⅦB 族属于本领域的常规活性组分，同时卤素也是本领域的常规助剂组分。从基本构思角度来看，技术方案中强调了催化剂中助剂组分磷和稀土金属的协同作用所达到的优异技术效果，因此，在实际检索时，确定其检索要素为：①再生重整催化剂（体现催化剂领域）；②磷和稀土金属钆。

检索过程

在中国专利检索及分析数据库中进行检索，主要从分类号和关键词角度进行表达。具体检索式如下：

IC=（C10G35/085 or C10G35/09）AND 关键词 =（GD or 钆）AND（磷 or "P"）

其中，经筛选获得有效对比文件 CN1611575A，可以评述上述技术方案的新颖性。

13.3.2.3　"载体"检索

载体通常对活性组分起到机械的承载作用，大多数载体是化学惰性的。但是某些载体与活性组分或助剂之间可以发生化学作用，导致具有催化性能的新的表面物种的形成。因此，判断是否要以载体作为检索要素，需要结合具体技术方案的改进点所在。如果改进点在于活性组分和助剂的选择，而所选用的载体为常规的惰性载体，则为了提高检索效率，更快速命中对比文件，通常会先将其作为检索要素，然后根据初步的检索结果，看是否需要将其省略；如果改进点在于活性组分、助剂和载体的化学协同作用，则载体也是需要作为检索要素进行检索的。而在此，"载体"检索策略则主要针对于技术方案的技术贡献仅在于载体的选择或改进上，而与活性组分、助剂组分无协同作用。下面结合实际案例进行阐述。

【案例 13-10】一种馏分油加氢精制催化剂

案情简介

一种馏分油加氢精制催化剂，以改性氧化铝载体，第Ⅷ族金属和第ⅥB族金属为活性组分，其中，改性氧化铝载体按重量百分比计包括：

（1）68%~69.5%选自氧化铝、氧化硅或无定形硅铝中的至少一种；

（2）10%~20%小孔氧化铝；

（3）0.5%~2%的 P；

（4）1%~8%金属 Zr；

（5）0.5%~2%金属 Mg。

该待检索技术方案主要是针对现有技术中克服传统加氢精制催化剂孔径分布不集中、抗结焦性和稳定性较差的问题，提供一种新的馏分油加氢精制催化剂载体，该催化剂载体具有孔径分布集中、抗结焦性和稳定性好的特点。具体的，P 和 Mg 的加入调变了载体的酸性，显著提高了载体的抗结焦能力，此外，磷酸的加入可提高孔容，同样提高了载体的容碳能力，延缓结焦，提高了载体的稳定性，取得了较好的技术效果。

基本构思及检索要素分析

（1）基本构思。

通过改性载体，在载体中引入改性金属获得孔径分布集中、抗结焦性和稳定性好的载体，有效改善催化剂性能。

（2）检索要素分析。

结合上述技术方案基本构思的分析，技术方案中主要强调了催化剂中载体改性所带来的优异技术效果，并指出了载体改性中的关键技术手段——P和Mg的加入调变了载体的酸性，显著提高了载体的抗结焦能力，磷酸的加入可提高孔容；因此，在实际检索时，确定其检索要素为：①加氢（体现催化剂应用领域）；②氧化铝、P、Zr、Mg。

检索过程

在中国专利检索及分析数据库中进行检索，主要从分类号和关键词角度进行表达。具体检索式如下：

关键词＝加氢 AND（氧化铝 or AL2O3 or 三氧化二铝）AND（锆 or zr）AND（mg or 镁）AND（磷 or P）

即可获得有效对比文件 CN1302850A，即可评述上述技术方案的创造性。

13.3.3 分子式表征的催化剂检索

如前所述，有一类催化剂的组成为化合物形式，当催化剂涉及一种具体化合物，或者是通式化合物时，根据催化剂领域的现有技术，多数情况下是针对该化合物进行了相关改进，因此，实际检索时，通常会首先针对该具体化合物进行检索，恰当地对该化合物进行表达和检索可以大大提高检索效率。而对于化学化合物而言，通常具有对应的分子式，即用元素符号表示物质（单质、化合物）分子的组成及相对分子质量的化学式。众所周知，在化学领域，美国化学学会的下设组织化学文摘社（CAS）为每一种出现在文献中的物质分配了一个 CAS 登记号。因此，当经过简单检索，发现该涉及的具体化合物为一种催化剂领域相对不常见的化合物时，优先选择 STN 数据库是一个高效的检索策略，尤其是，STN 数据库特别适合检索影响化合物新颖性的对比文件。

同时，在 STN 数据库中常用的检索方式有：CAS 登记号检索，分子式检索和元素个数检索等。下面借助实际案例进行详细阐述。

13.3.3.1 CAS 登记号检索

【案例 13-11】一种排气净化用催化剂

案情简介

排气净化用催化剂，其特征在于，通式 $A_{10}(PO_4)_6(OH)_2$ 所示的磷灰石化合物负载有贵金属成分，所述通式中，A 为 Ba；贵金属为铂、钯中的至少一种。

待检索技术方案涉及催化剂领域，包括分子式表达的组分。

从汽车等的内燃机中排出的气体中包含烃（THC）、一氧化碳（CO）、氮氧化物（NO$_x$）等有害成分。而且，一直以来，净化这些有害成分来进行无害化的是三效催化剂（three-way catelyst）。然而，以往的三效催化剂对内燃机的排气中所包含的 THC、CO、NO$_x$ 开始起效的温度高，三效催化剂无法充分净化在低于开始起效温度下排出的 THC、CO、NO$_x$。例如，存在无法充分净化汽车等的发动机刚启动之后排出的 THC、CO、NO$_x$ 的问题。因此，寻求能够获得在更低温度下对排气的净化效果，即使在高温区域中也会充分地发挥净化性能的排气净化用催化剂。鉴于上述情况，待检技术方案提供从低温区域至高温区域，对在周期性富氧或贫氧条件下供给燃料而进行燃烧的内燃机的排气中包含的 THC、NO$_x$ 均发挥高净化性能的排气净化用催化剂。

基本构思及检索要素分析

（1）基本构思。

通式 $A_{10}(PO_4)_6(OH)_2$ 所示的磷灰石化合物负载有贵金属成分，所述通式中，A 为 Ba；贵金属为铂、钯中的至少一种。

（2）检索要素分析。

该产品涉及一种用通式表示的具体化合物（即磷灰石化合物），同时，该技术方案中涉及 A 包括多种技术方案，若依次采用关键词进行表达或者化学式进行检索，加上化学式在表达上还存在多种形式，以钡磷灰石为例，如 $Ba_{10}(PO_4)_6(OH)_2$、$Ba_5(PO_4)_3(OH)$ 等，加上在不同的数据库进行表达很容易因为各数据库的标引不同，产生漏检。针对此方案，优先采用 STN 数据库进行检索。

从上述基本构思分析来看，其检索要素包括两部分，一个是分子式表达 $Ba_{10}(PO_4)_6(OH)_2$ 所示的磷灰石化合物，另一个检索要素就是铂或钯。

检索过程

待检索技术方案涉及载体 $Ba_{10}(PO_4)_6(OH)_2$ 和贵金属成分铂、钯，经常规搜索（比如百度检索）即可获取其 CAS 登记号分别为：

$Ba_{10}(PO_4)_6(OH)_2$：12377-63-8；

Pd：7440-05-3；

Pt：7440-06-4。

因此，在 STN 数据库检索中，可以先进入物质库 Reg 检索相应的 CAS 登记号代表的物质，然后转而进入 CAplus 中检索含有上述 CAS 登记号代表的物质的文献，具体如下：

=> fil reg

S 12377-63-8/rn （采用载体 Ba_{10}（PO_4）$_6$（OH）$_2$ 进行检索）

L1   1 12377-63-8/RN

=> S 7440-05-3/RN （采用 Pd 的 CAS 登记号进行检索）

L2   1 7440-05-3/RN

=> S 7440-06-4/RN （采用 Pt 的 CAS 登记号进行检索）

L3   1 7440-06-4/RN

=> fil Caplus（转库：由物质库 Reg 转入到文献库 Caplus）

S L1（检索含有载体 Ba_{10}（PO_4）$_6$（OH）$_2$ 的文献）

L4   72 L1（共有 72 篇文献）

=> S L2 or L3（检索含有 Pd 或 Pt 的文献）

　　164894 L2

　　273250 L3

L5   372825 L2 OR L3（共有文献 372825 篇）

=> S L4 and L5（检索含有载体 Ba_{10}（PO_4）$_6$（OH）$_2$ 和 Pd 或 Pt 的文献）

L6   2 L4 AND L5（共检索到 2 篇文献）

=> d L6 1-2 bib Abs（显示含有上述两篇文献的著录项目信息和摘要信息）

13.3.3.2　分子式检索

分子式也是化学物质的表征方式，因此，采用分子式检索也可以获取有效的对比文件。

案情简介

案情与上述案例 13-11 相同。

检索过程

待检索技术方案仍然为上述技术方案，其检索要素涉及具体的分子式，STN 数据库也提供了分子式的检索，因此，可对其直接进行分子式检索，具体检索过程如下：

=> fil reg

=> S Ba10H2O26P6/MF（MF 为分子式，即检索分子式为 $Ba_{10}H_2O_{26}P_6$ 的化学物质）

L7   0 BA10H2O26P6/MF

上述直接采用分子式 $Ba_{10}H_2O_{26}P_6$ 进行检索，最终检索结果为 0。这也就表明了在 STN 数据库中并未标引分子式 $Ba_{10}H_2O_{26}P_6$ 的载体。然而，上述采用该载体 $Ba_{10}H_2O_{26}P_6$ 的 CAS 登记号检索，STN 的物质库 Reg 是对该载体标引过的，仅仅标引方式不同。

在分子式检索中，一般是对分子式进行整体检索，分子式表示方式有完整分子式检索，也有最简式检索。分子式 $Ba_{10}H_2O_{26}P_6$ 的最简式为 $Ba_5HO_{13}P_3$。因此，在 STN 数据库中采用上述最简式进行检索。具体如下：

=> S Ba5HO13P3/MF

L8   2 Ba5HO13P3/MF

=> fil caplus

=> S L8

L9   111 L12

=> S L9 and L5

L10   2 L16 AND L5（该检索结果与上述 CAS 登记号检索结果一致）

小结

（1）STN 数据库中提供了分子式的直接检索，因此，可以采用分子式直接检索获取相关对比文件。

（2）用分子式检索时，当采用完整的分子式表达未获取相关对比文件时，还应当采用该分子式的"最简式"进行检索。

13.3.3.3 **按照元素个数检索**

从形式上来看，分子式是由相应的原子和表征原子的数量组成的。因此，相应的元素个数可以检索相应的分子式物质。

案情简介

案情与上述案例 13-11 相同。

检索过程

待检索技术方案中涉及具体的分子式 $Ba_{10}(PO_4)_6(OH)_2$，可以按照元素个数进行检索，具体检索过程如下：

=> fil reg

=> S 10/Ba（P）6/P（P）26/O（P）2/H（按照元素个数进行检索）

136 10/Ba

33399 6/P

73878 26/O

607563 2/H

L1　2 10/Ba（P）6/P（P）26/O（P）2/H

=> S 7440-05-3/RN（采用 Pd 的 CAS 登记号进行检索）

L2　1 7440-05-3/RN

=> S 7440-06-4/RN（采用 Pt 的 CAS 登记号进行检索）

L3　1 7440-06-4/RN

=> S 5/Ba(P)3/P（P）13/O（P）1/H

912 5/Ba

113170 3/P

290859 13/O

3439081 1/H

L4　14 5/Ba（P）3/P（P）13/O（P）1/H

=> fil caplus

=> S L2 or L3

165254 L2

273995 L3

L5　373761 L2 OR L3

=> S L1

L6　1 L1

=> S L4

L7　142 L4

=> S L6 and L5

L8　0 L6 and L5

=> S L7 and L5

L9　2 L7 and L5（该检索结果与上述 CAS 登记号检索结果一致）

最终，经阅读筛选，上述三种方式均可获得有效对比文件：OXIDATIVE DEHYDROGENATION OF PROPANE ON VANADATE CATALYSTS SUPPORTED ON VARIOUS METAL HYDROXYAPATITES, Shigeru Sugiyama et al., Phosphorus Research Bulletin，第 22 卷，第 13~16 页。

【案例 13-12】一种 6- 羟基金鸡纳碱季铵盐不对称相转移催化剂

案情简介

一种 6- 羟基金鸡纳碱季铵盐不对称相转移催化剂，其特征在于，其化学结构如下：

R₁ 选自氢原子、烷基、芳基、氟原子单取代、氟原子多取代苯基、氟取代和三氟甲基取代组合、三氟甲基；

X 为 Br 或 Cl。

待检索技术方案主要涉及一个大环结构的有机化合物。其主要针对现有技术中 β-二羰基化合物的 α-羟基化催化反应中使用的重金属催化剂，环保性和安全性差，且反应条件苛刻等问题，提供了一种新型的 6-羟基金鸡纳碱季铵盐作为催化剂，并将其应用于 β-二羰基化合物的羟基化催化，该方法反应条件温和、绿色、反应效率高，适合规模化生产制备。

基本构思及检索要素分析

（1）基本构思。

该方案涉及一种新型的 6-羟基金鸡纳碱季铵盐作为催化剂，将其应用于 β-二羰基化合物的羟基化催化。

（2）检索要素分析。

基于上述分析，对于产品而言，确定检索要素：6-羟基金鸡纳碱季铵盐。从该技术方案可以看出，其涉及一种 6-羟基金鸡纳碱季铵盐不对称相转移催化剂，具体保护一种具有特定结构的化合物催化剂，且为大环结构，如前所述，正因为产品为有机化合物，在关键词提取上存在很大难度，且有机化合物的命名多种多样，极难表达完全，加之并没有特别准确对应的分类号，分类号表达上也存在一定难度，众所周知，STN 数据库中的 Registry 数据库，可对化学物质给出特定的 CAS 登记号，利用 CAS 登记号的独特性进行检索就可以很好地解决关键词表达上的困难，且检索过程简单、高效。采用 STN 数据库进行检索的一般流程为：首先在 CAplus 数据库中检索本案，获取该相关化合物的 CAS 登记号，再转入 Registry 数据库，检索获得 CAS 登记号的结果集，再重新转入 CAplus 数据库利用上述结果集进行检索。具体检索过程示例如下：

Fil caplus

s cn105457675/pn

L4 1 CN105457675/PN

=> d all

获得所需化合物的 CAS 登记号。

```
IT   Dicarbonyl compounds
     RL: IMF (Industrial manufacture); SPN (Synthetic preparation); PREP
     (Preparation)
         (chiral α-Hydroxy-β-dicarbonyl compds.; 6-hydroxy quinine
         quaternary ammonium salt asym. phase-transfer catalyst, its prepn.
         method and application)
IT   1802885-14-8P    1902966-94-2P    1902966-96-4P    1902966-98-6P
     1902967-00-3P    1902967-02-5P
     RL: CAT (Catalyst use); IMF (Industrial manufacture); SPN (Synthetic
     preparation); PREP (Preparation); USES (Uses)
         (6-hydroxy quinine quaternary ammonium salt asym. phase-transfer
         catalyst, its prepn. method and application)
IT   923569-21-5P    1261666-31-2P    1261666-33-4P    1402836-06-9P
     1403882-02-9P    1848250-28-1P    1902967-05-8P
     RL: IMF (Industrial manufacture); SPN (Synthetic preparation); PREP
     (Preparation)
         (6-hydroxy quinine quaternary ammonium salt asym. phase-transfer
         catalyst, its prepn. method and application)
IT   60-29-7, Ethyl ether, processes    68-12-2, N,N-Dimethylformamide,
     processes    74-82-8, Methane, processes    75-09-2, Dichloromethane,
     processes    108-88-3, Toluene, processes    109-99-9, Tetrahydrofuran,
     processes    110-54-3, n-Hexane, processes    110-82-7, Cyclohexane,
     processes    115-10-6, Methyl ether    127-09-3, Sodium acetate    144-55-8,
     Sodium bicarbonate, processes    298-14-6, Potassium bicarbonate
     497-19-8, Sodium carbonate, processes    534-17-8, Cesium carbonate
     584-08-7, Potassium carbonate    1310-58-3, Potassium hydroxide, processes
     1310-73-2, Sodium hydroxide, processes    1330-20-7, Xylene, processes
     1634-04-4    7758-11-4    7778-77-0    15519-28-5, Cesium bicarbonate
     16068-46-5, Potassium phosphate    27359-10-0, Trifluorotoluene
     RL: PEP (Physical, engineering or chemical process); PROC (Process)
         (6-hydroxy quinine quaternary ammonium salt asym. phase-transfer
         catalyst, its prepn. method and application)
```

Fil reg

=> S   1802885-14-8/rn

L6   1 1802885-14-8/RN

=> S   1902966-98-6/rn

L7   1 1902966-98-6/RN

=> S   1902966-94-2/rn

L8   1 1902966-94-2/RN

=> S   1902967-00-3/rn

L9   1 1902967-00-3/RN

=> S   1902966-96-4/rn

L10   1 1902966-96-4/RN

=> S   1902967-02-5/rn

L11   1 1902967-02-5/RN

Fil caplus

=> S l6 or l7 or l8 or l9 or l10 or l11

  3 L6

  2 L7

  2 L8

  2 L9

  1 L10

  1 L11

L12 3 L6 OR L7 OR L8 OR L9 OR L10 OR L11

上述结果集中即可获得有效对比文件：Organic base-promoted enantioselective electrophilic cyanation of β-keto esters by using chiral phase-transfer catalysts, Min Chen et al., Org. Biomol. Chem.，第 13 卷，第 8812~8816 页及 Supporting Information，第 1~154 页，可以影响产品部分并列技术方案的新颖性。

小结

正如前述两个案例，对于类似具体无机化合物或有机化合物，即对于具有明确结构的单体或产物结构的技术方案，优先采用 STN 数据库中的 CAplus 数据库检索是催化剂领域的一个高效检索策略，检索过程十分简便、高效，但也需要注意，该检索方式更适宜检索获得新颖性审查对比文件，对于创造性的审查对比文件获取并不具备太多优势。不过 STN 数据库的检索功能虽然强大，但是也要注意其收录文献信息的不全面性，所以若是采用 STN 数据库并未获得有效对比文件，也不能直接认定检索可以终止，还应采用其他检索手段进行补充检索。而在 STN 数据库检索的基础上结合其他数据库也是非常有必要的。同时，对于未提供化学名称，仅以采用结构式表达的络合物或化合物，难以提取关键词，同样也是优先选择 STN 数据库进行检索。

13.4　涉及高分子聚合物的检索

高分子聚合物是化学领域一类重要的物质，其是指由键重复连接而成的高分子量的化合物，其分子所含原子数通常几万、几十万甚至高达几百万，其涉及塑料、橡胶和纤维等领域。由于其结构复杂且分子量大，因此，其检索往往是化学领域的检索难点。

13.4.1　CRN 检索

在有机化合物领域，采用 CAS 登记号检索和结构式检索可以获得较为准确的结果。然而，对于高分子聚合物而言，由于其结构复杂，往往较难通过结构式检索聚合物。从高分子聚合物合成来看，其实质上是由具体单体化合物，按照一定的机理聚合而成为高分子量的聚合物。因此，从单体的检索实质上也可以来表征并检索高分子聚合物。而 CRN 检索就是从单体的角度来表征检索高分子聚合物。

【案例 13-13】基于乙烯的聚合物

案情简介

基于乙烯的聚合物，其由至少以下组分反应形成：乙烯和至少一种包含"α,β 不饱和端基"和"C–C 双键端基"的不对称多烯，其中所述反应在至少一种自由基引发剂存在下进行。

待检索技术方案中涉及多种具体不对称多烯单体结构。从形式来看，待检索技术方案实质上是采用单体原料限定形成得到的乙烯聚合物。

从技术角度来看，常规低密度聚乙烯（LDPE）具有良好的加工性，但是当 LDPE 应用于膜的制备时，其对熔体强度提出了更高的要求。因此，上述技术方案就是提高 LDPE 的熔体强度。

待检索技术方案涉及一种由乙烯和至少一种包含"α,β 不饱和端基"和"C–C 双键端基"的不对称多烯聚合而得的基于乙烯的聚合物（共聚物）。因此，可以确定检索要素为基于乙烯的聚合物 / 共聚物，以及聚合物的合成原料 A：乙烯，B：α,β 不饱和端基、C–C 双键端基、不对称多烯。

基本构思及检索要素分析

（1）基本构思。

乙烯和至少一种包含"α,β 不饱和端基"和"C–C 双键端基"的不对称多烯形成的基于乙烯的聚合物。

（2）检索要素分析。

通过上述基本构思分析来看，其检索包括乙烯、"α,β 不饱和端基"和"C–C 双键端基"的不对称多烯。其中乙烯表达较为精准，而"α,β 不饱和端基"和"C–C 双键端基"的不对称多烯表达上位且不准确，因此，一般采用待检索技术方案中涉及的"α,β 不饱和端基"和"C–C 双键端基"下位概念进行表达。

检索过程

由于待检索技术方案采用原料单体进行限定，而 STN 数据库中采用 CRN 来检索聚合物单体。因此，待检索技术方案的整体检索思路为：采用共聚单体的 CAS 登记号配合 CI 字段进行检索。具体检索过程如下：

首先获取相应原料乙烯单体的 CAS 登记号：74-85-1；

获取待检索技术方案涉及多种不同的具体不对称多烯单体，其 CAS 登记号分别为：1709-71-3，13438-19-2，31467-34-2，31621-69-9，38582-32-0，68169-18-6，111597-64-9。

STN 检索过程如下：

L4   17161 74-85-1/CRN（乙烯单体）

L5   721（1709-71-3 OR 13438-19-2 OR 31467-34-2 OR 31621-69-9 OR 38582-32-0 OR 68169-18-6 OR 111597-64-9）/CRN（不对称多烯单体）

L6   16 L4 AND L5 AND PMS/CI（含有乙烯单体和不对称多烯单体的聚合物，用 CI 字段将其限定到聚合物领域中）

FIL CAPLUS

L7   8 S L6（得到影响上述技术方案创造性的对比文件 JP2010120991A，20100603）。

【案例 13-14】具有特定结构的聚合物

案情简介

具有如下通式结构的聚合物：

从形式来看，与一般简单有机化合物相比，上述高分子聚合物明显复杂得多。

从技术角度来看，聚酰亚胺是一类综合性能优异的树脂材料，但是，大多数聚酰亚胺树脂由于分子内和分子间的相互作用较强，一方面使树脂颜色较深，光学性能差，透明性不好；另一方面使其很难进行熔融或溶解加工，后续的材料应用受到一定限制。酚酞是一种大规模生产的工业化产品，价格低廉。由于侧挂的芳香内酯酞结构的存在，降低了链堆叠密度，聚合物往往具有较好的溶解性。因此，现有技术中也会向所述聚酰亚胺中引入相应的酚酞结构，通常是由二酐和含酚酞结构的二胺，或者二胺和含酚酞结构的二酐反应制备聚酰亚胺。然而，其原料酚酞二酐或酚酞二胺合成过程烦琐，工艺复杂，且二酐储存时容易水解，二胺容易在空气中氧化，聚合物合成路线复杂导致成本较高。待检索技术方案是针对上述缺陷提出来的，其酚酞型共聚酰亚胺树脂具有溶解性好、耐热性好、透明性好、加工性好、机械性能好等特点，适合注塑、挤出、模压、熔融纺丝和溶液纺丝加工，在耐高温的工程塑料、薄膜、纤维、胶黏剂、涂料以及先进复合材料等相关领域有很好的应用前景。

从待检索技术方案的高分子聚合物结构来看，所述高分子聚合物实质上是由酚酞单体、聚酰亚胺单体与另一种单体缩聚形成的聚合物。三种单体中，只有酚酞单体的结构是确定的，二聚酰亚胺单体的结构不确定，另一种单体包含了多种不同的类型，其中一些是聚合物领域常用的单体。因此，可以确定，酚酞型单体、聚酰亚胺单体是该聚合物中具有重要功能作用的单体，是检索的重点。

基本构思及检索要素分析

（1）基本构思。

（2）检索要素分析。

从基本构思来看，其可以采用具体结构式表达；其为高分子聚合物，也可采用单体进行表达，其高分子聚合物实质上是由酚酞单体、聚酰亚胺单体与另一种单体缩聚形成的聚合物。因此，可从单体角度进行表达。

检索过程

在高分子聚合物领域中，如单体是确定的，一般存在像 CAS 登记号一样标引聚合物单体的标识，即 CRN。因此，单体确定的高分子化合物一般可以转化为其单体的检索。具体到待检索技术方案，其中酚酞单体是确定的，可以采用 CRN 标引方式检索，具体如下：

FIL REG（先进入 STN 数据库中的 Registry 物质库）

L1　　　　1014 S 77-09-8/CRN（其中 77-09-8 是酚酞单体的 CAS 登记号，该检索式表示检索以包含酚酞为单体的聚合物检索）

L2　　　　370 S L1 AND 3/NC（NC 表示组分数，表示含有酚酞单体且聚合物单体数为 3）

L3　　　　STRUCTURE UPLOADED（上传具有如下结构的聚酰亚胺单体）

L4　　　　373670 S L3 SSS FUL（检索具有上述结构的物质，共 373670 篇文献）

L5　　　　13 S L2 AND L4（检索含有酚酞单体、上述结构的聚酰亚胺结构且单体数为 3 的聚合物，共得到 13 个检索结果）

从 13 个检索结果中即可得到如下文献：特开平 5-9289，其公开了如下聚合物：

CM　　1

CRN　　145151-14-0
CMF　　C36　H18　F2　N2　O6

CM　　2

CRN　　383-29-9
CMF　　C36　H8　F2　O2　S

CM   3

CRN   77-09-8
CMF   C20   H14   O4

上述文献破坏了待检索技术方案的创造性。

小结

（1）对于这种多单体形成的聚合物，STN 数据库中对其进行标引时，给出该聚合物的 CRN 号，同时以其单体形式（每一个单体给出其 CRN 号码）对聚合物的结构进行标引，并不对聚合物链本身的结构进行标引。因此，检索中需要注重对单体进行检索。

（2）高分子聚合物检索时，可采用 "/NC" 来限定聚合物中单体数；采用 "PMS/CI" 限定到聚合物领域中。这种采用单体的检索方式，实质上是将复杂的高分子聚合物转化为简单的有机化合物的检索。

13.4.2　结构式检索

虽然高分子聚合物本身较为复杂，但是其可通过结构简单的单体化合物来表征化合物，因此，适用有机化合物中单体的检索方式也同样适合高分子聚合物的检索。

案情简介

待检索技术方案与案例 13-14 的技术方案相同，案情简介也相同。

具有如下通式结构的聚合物：

检索过程

由于构成聚合物的三个单体，酚酞型单体的结构是被固定的，聚酰亚胺单体的结构已经扩展至最大范围，而第三单体的结构未进行表达。如果使用检索方式 1 未得到有效对比文件，可以考虑拓展酚酞型单体的结构，检索与其具有相同母核结构的单体形成的聚合物。

检索方式 1：

L6　　　　　STRUCTURE UPLOADED

L7　　　　　2002 S L6 SSS FUL

L8　　　　　466 S L7 AND 3/NC（与上述采用 CRN 检索的 L2 记录，检索结果数量增加，证实确实有上述 L6 结构被取代的单体形成的聚合物）

L9　　　　　13 S L8 AND L4

检索方式 2：直接画结构

L10　　　　STRUCTURE UPLOADED（对酚酞型单体和聚酰亚胺单体形成的骨架片段进行检索）

L11　　　　25 SEA SSS FUL L10

L12　　　　24 L11 AND PMS/CI（将检索结果限定在聚合物中）

小结

对于多种单体共聚或缩聚形成的聚合物，STN 数据库是采用构成聚合物的单体进行标引的，当其中一种单体 A 结构固定，而其他单体结构可变时，可先获取该单体 A 的 CAS 登记号，在 Registry 数据库中将该 CAS 登记号作为组分登记号进行检索（CAS 登记号 /CRN 命令），获得含有该单体 A 的所有共聚物，如果明确通式结构中的单体组分数，例如三种单体形成的聚合物，再利用命令 3/NC 缩小检索结果，能够快速命中对比文件。此外，利用这种检索方式可以省略对结构不确定的单体进行表达，避免对结构不确定的单体进行关键词或结构表达时过于固定造成的漏检。同时，STN 数据库中对于一些常见聚合物也会采用直接对其骨架结构即重复单元进行标引，因此在检索的过程中，也需要对聚合物的骨架结构进行检索，以保证检索结果的全面性。

13.4.3 分类号检索

在化学领域，对于具体产品而言，分类号表达不如关键词表达直接和精准，因此，在产品技术方案新颖性 / 创造性检索过程中，往往习惯性地忽略掉分类号检索。无论是方法技术方案检索，还是产品技术方案的检索，如果分类号能很好地体现技术方案涉及的主题或者改进点，也需要采用分类号进行检索。

【案例 13-15】一种 Z 形树脂成型柔性防刺面料及其制备方法

案情简介

一种 Z 形树脂成型柔性防刺面料，所述面料由成衣面料和 Z 形树脂固化物组成；其中，Z 形树脂固化物利用热熔胶按规律粘贴在成衣面料表面。

上述技术方案中采用具有 Z 字形结构的侧面实现包括树脂层、热熔胶层以及成衣面料的多层结构的防刺以及柔性的双重效果。具有的 Z 字形结构为其解决技术问题的关键手段。

基本构思及检索要素分析

（1）基本构思。

一种 Z 形树脂成型柔性防刺面料，所述面料由成衣面料和 Z 形树脂固化物组成。

（2）检索要素分析。

从上述基本构思分析，其检索要素为防刺面料和 Z 形树脂固化物。

检索过程

经核实，纺织面料分类号为 D06M 17/00（多层纺织品的生产），该分类号虽然体现了多层结构，但是未对关键技术手段 Z 字形进行表达，而 Z 字形也难以用关键词进行表达。因此，考虑从其技术效果与该分类号组合检索，检索过程如下：

序号	命中数量	检索式
1	8123	IPC 分类号 =（D06M 17/00）
2	1539537	关键词 =（Flexib+）
3	143097	关键词 =（penetrat+ and resist+）
4	19	1 and 2 and 3

从检索结果来看，其主要包括通过材料种类的改进实现防刺效果，并没有对具体的层状结构进行改进的现有技术。

重新理解待检技术方案，虽然其一直强调防刺以及柔性的技术效果，但其根本目的在于该面料的实际应用，即用于防弹服装。而根据防弹特征，能够得到更为准确的 CPC 分类号：F41H 5/0478，其含义是具有板结构的多层装甲，包括纤维或织物的增强层与可塑层结合。因此，该 CPC 分类号完全表达了具有多层结构的装甲，包括树脂固化物以及热熔胶层。因此，采用该分类号进行检索，检索过程如下：

序号	命中数量	检索式
1	1937	CPC 分类号 =（F41H 5/0478）
2	1539537	关键词 =（Flexib+）
3	137	1 and 2（获取有效对比文件 US3867239A）

小结

采用分类号检索是化学领域容易被忽视的检索方式。而分类号往往可以比较精准地体现领域优势，而且很多用关键词难以表达的检索要素（比如技术方案中的 Z 字形结构），采用分类号能准确体现。因此，如果分类号能较好体现待检技术方案主题或者改进点，采用分类号检索可以起到事半功倍的效果。

13.5　涉及方法的检索

方法是化学和材料领域常见的保护类型，其既包括上述各种产品（比如组合物、有机化合物、高分子聚合物）特征，也包括具体的方法步骤和参数特征。因此，方法类方案的检索既包括上述产品方法的检索，也包括具体方法步骤和参数的检索。

由于分类号能较好体现制备方法，因此，与具体物质的检索不同，方法的检索常常涉及分类号的检索，特别是分类号可以体现技术方案的主题或者改进点。

13.5.1　基本构思检索

方法的检索不同于具体物质的检索，其强调方案的整体性，即需要弄清楚待检索技术方案解决的技术问题是什么、解决该技术问题的关键步骤是什么以及该方案能达到的技术效果。

【案例 13-16】一种盐酸丙帕他莫氨化后母液中丙酮和二乙胺的回收方法

案情简介

一种盐酸丙帕他莫氨化后母液中丙酮和二乙胺的回收方法，所述方法包括如下反应步骤：

（1）取氨化反应后蒸出的母液，投入反应釜，将釜内温度降至 0~5℃；

（2）缓慢通入氯化氢气体，调节母液 pH 值为 4.5~5；

（3）升温至 25~30℃，用接收设备具有冷凝效果的回收装置减压浓缩回收丙酮，得到浓缩剩余物；

（4）将釜内浓缩剩余物温度控制在 25~30℃，加入 pH 调节剂使 pH 值维持在 11；

（5）升温至 55~60℃，采用常压蒸馏装置进行蒸馏，回收二乙胺；向收集的二乙胺中加入干燥剂，室温搅拌 1.5~2.5h；

（6）升温至 55~60℃，常压蒸馏，回收二乙胺。

待检索技术方案属于化学领域产品回收方法，提供一种处理盐酸丙帕他莫氨化后母液的方法，一方面，回收母液中的丙酮和二乙胺，减少了资源的浪费。另一方面，所得的丙酮和二乙胺纯度高，含水量低，可再次用于盐酸丙帕他莫的生产，具有一定的经济效益，而且该方法在提取丙酮和二乙胺后，残余的母液含有大部分的氯化钠和少量的碱，可以集中蒸出水后固化或加水稀释溶解，送污水厂处理，不会产生二次污染，具有良好的社会效益。

基本构思及检索要素分析

（1）基本构思。

采用酸化、蒸馏/精馏、中和手段从废液中提取丙酮和二乙胺。

（2）检索要素分析。

从上述基本构思来看，检索要素包括：酸化、蒸馏/精馏、中和、丙酮和二乙胺。

检索过程

待检索技术方案涉及废液中两种物质即丙酮和二乙胺的提纯，然后，从具体技术方案涉及的技术手段，可以选择酸化、蒸馏 / 精馏等关键词，采用上述检索要素进行检索仅检索到两类文献：（1）未涉及具体提纯的文献；（2）提纯手段相差较大的文献。

上述检索要素的提取仅仅依据文字记载的信息，并未真正把握待检技术方案的技术构思。

通过分析可以确认待检索技术方案实质上是对于沸点接近的物质丙酮（56.5℃）和二乙胺（55℃），向所述体系中加入酸，将所述的二乙胺转化为沸点较大的盐，进而拉大待分离的物质的沸点，通过普通精馏即可实现丙酮和相应二乙胺的盐分离，而所述的盐通过加入碱中和酸进而得到所述二乙胺，由于体系中与之沸点接近的丙酮已经被提取出来，通过常规精馏即可分离得到二乙胺。因此，通过该技术构思可以提取其检索关键词：酸、胺、盐、精馏、沸点、接近、难、分离。具体检索过程如下：

18　　酸 and 胺 and 盐 and 精馏 and 沸点 and 接近 and 难 and 分离

即可获取有效对比文件 CN1644523A。

小结

理解技术方案、提取技术构思是关键，检索应当围绕技术方案的技术构思展开。

13.5.2　分类号检索

前述已经分析了化学领域，对于涉及有机化合物、高分子化合物的产品而言，其采用分类号一般不易表达，而对于化学领域方法类技术方案而言，其一般存在比较准确的分类号，因此，对于化学领域方法类技术方案，采用准确的分类号检索可以达到快速检索的目的。

【案例 13-17】一种合成气制乙烷和丙烷的方法

案情简介

一种合成气制乙烷和丙烷的方法，其特征在于：合成气通过一种多功能复合催化剂一步转化生成乙烷和丙烷；所说的复合催化剂指由 CO 加氢催化剂作为催化剂第一组分、与金属改性的分子筛一种或两种以上作为第二组分混合而成；第一组分与第二组分质量比为 10 : 1 ~ 1 : 10，优选为 5 : 1 ~ 1 : 5，更选为 3 : 1 ~ 1 : 3；

CO加氢催化剂为$CuO/ZnO/Al_2O_3$、Cu/ZrO_2、ZnO/Cr_2O_3、$Pd/ZnO/Cr_2O_3$、Pd/CeO_2中的一种或两种以上；

改性分子筛所用金属包括Pd、Pt、Ru、Rh、Cu、Fe、Co、Mn中的一种或两种以上；所用分子筛为SAPO-n类、ZSM-5型；金属为Pd、Pt、Ru、Rh时，其在改性分子筛中的比例为0.01wt%～5wt%；金属为Cu、Fe、Co、Mn时，其在改性分子筛中的比例为2wt%～20wt%。

从形式来看，待检索技术方案属于化学领域典型的方法类技术方案。

从技术角度来看，待检索技术方案及乙烷和丙烷的制备方法，目前乙烷和丙烷多是从天然气或炼油厂副产品中分离出来的。然而随着石油资源的日益减少，由煤或天然气经合成气制取烃类，是当今学术界的研究热点。文献报道较多的是由合成气经费托路线合成烃类，该方法所得产品以重质烃为主，C2/C3组分较少。到目前为止，由合成气高选择性制取低碳烃（C2/C3）的技术相对较少。针对上述缺陷，待检索技术方案提供一种新的合成气制乙烷和丙烷的方法。该方法用于合成气制乙烷和丙烷反应时，经过大量的实验探究发现，将CO加氢催化剂和某一或某两种以上金属改性的分子筛混合制得复合催化剂，该催化剂用于合成气一步制乙烷和丙烷反应。结果显示，CO转化率可达到75%以上，乙烷和丙烷在烃类中的总选择性可达到70%以上，甲烷在烃类中的选择性低于5%。该产品气用于裂解制乙烯和丙烯生产中，可以减少设备投资、降低能耗、减少操作费用，且副产品少，能够带来很好的经济效益。

基本构思及检索要素分析

（1）基本构思。

采用特定的复合催化剂从合成气制乙烷和丙烷，复合催化剂指由CO加氢催化剂作为催化剂第一组分、与金属改性的分子筛一种或两种以上作为第二组分混合而成。

（2）检索要素分析。

从上述基本构思来看，检索要素包括：原料合成气、产品乙烷和丙烷、特定的复合催化剂，复合催化剂可采用具体催化剂组分表达。

检索过程

从技术方案来看，其涉及乙烷和丙烷的制备方法，其采用原料合成气，采用复合催化剂，其创新点在于使用的催化剂。因此，待检索技术方案的检索要素为：

　产品：乙烷和丙烷；原料：合成气（合成气为一氧化碳和氢气的混合气）；催化剂：由 CO 加氢催化剂作为催化剂第一组分、与金属改性的分子筛一种或两种以上作为第二组分混合而成。

　在化学领域，对于方法类技术方案，一般需要去寻找是否存在准确的分类号，然后采用相应的检索要素进行 "and" 运算。经查找可以得到如下 IPC 分类号：

　C07C 1/04：从一氧化碳与氢制备烃；

　CO7C 9/06：乙烷；

　C07C 9/08：丙烷。

　可见，上述分类号可以准确表达待检索技术方案涉及的方法和产品。而对于方法类技术方案而言，如果存在相应的分类号可以准确体现其方法，则优先采用分类号进行检索。

1	6805	分类号 =C07C 1/04/IC	方法分类号
2	825	分类号 =C07C 9/06/IC	乙烷
3	617	分类号 =C07C 9/08/IC	丙烷
4	68	1 and（2 or 3）	
5	226362	关键词 =ethane or C2	
6	209062	关键词 =propane or C3	
7	373	关键词 =1 and（5 or 6）	
8	16308	关键词 =synthe+ gas	
9	186	7 AND 8	US5064865A； US7973086B1； US4980326A； EP0211228A1
10	620167	关键词 =（Cu and Zn and Al）or（Cu and ZnO and Al2O3）or（ZnO and Cr2O3）or（Pd and ZnO and Cr2O3）or（Copper and zinc and aluminium）or（zinc and chromium）	
11	133132	（Pd and SAPO）or（Pd and ZSM）or（Palladium or（molecular sieve））	
12	25737	10 AND 11	
13	88	12 AND 1	US4980326A；

			US7973086B1； US5064865A
14	17	12 AND（2 OR 3）	JP2009195815A
15	1432	12 AND（5 OR 6）	
16	32	15 AND 8	US4980326A； US7973086B1； US5064865A； JP2009195815A

通过上述检索式可以看出，待检索技术方案无论是采用"分类号 + 关键词"的检索思路还是采用纯关键词表达的检索要素组合均可以检索得到影响其新颖性或创造性的技术方案。而采用"分类号 + 关键词"的检索结果明显少于纯关键词的检索。因此，当存在准确表达技术方案涉及的主题的分类号时，优先采用分类号进行检索。

小结

对于化学领域方法类技术方案，需要提炼技术方案的技术构思，寻找准确的分类号，采用分类号检索一般可以提高检索效率，起到事半功倍的效果。

13.5.3　CASReact 数据库检索

采用化学反应来制备有机化合物是化学领域最常见的方式，因此，对该制备方法的检索既是化学领域的检索重点，也是化学领域的检索难点。CASReact 数据库检索是在 STN 数据库中直观检索化学反应的有机化合物制备方法，其可以绘制结构，标引不同结构式物质的角色（比如原料、产品等）。

【案例 13-18】碳硫键引发剂的制备方法

案情简介

具有式 I 结构的碳硫键引发剂的制备方法，包括以下步骤：将 2- 巯基苯并恶唑类化合物（I）溶解在三氯甲烷溶剂中，搅拌下加入三乙胺和 1- 氯苯乙烷，回流反应至少 4 小时，溶液冷却至室温，并用三氯甲烷稀释，将所得溶液依次用水和饱和食盐水洗涤，将油相用无水硫酸镁干燥后，旋转除去溶剂后得粗产物，对粗产物过柱分离，得到纯净的碳硫键引发剂，式 I 结构

为：，R 为苯环上的取代基，为 H、–CH₃、–CH₂CH₃、–

$CH_2CH_2CH_3$、$-F$、$-Cl$、$-Br$、$-OCH_3$、$-OCH_2CH_3$、$-OCH_2CH_2CH_3$、$-NO_2$、$-CN$ 或 $-COOH$；X 为 O 或 S。

从上述待检索技术方案来看，其是化学领域典型的化合物制备方法，根据本领域的普通技术知识可知，其化学反应式为：

基本构思及检索要素分析

（1）基本构思。

（2）检索要素分析。

通过上述基本构思分析，检索要素包括原料和产品，然后对其进行扩展。

检索过程

CASReact 数据库是 STN 数据库中检索化学反应方程式常用数据库，因此，在 STN 数据库中的 CASReact 数据库检索上述化学反应方程式。

Fil reg（进入物质库 REG，在 STN 结构式绘制模板中画出上述反应式中的结构，并利用 Rxn、A → B、→等按钮将反应式中涉及的物质进行标引）

L1　　STRUCTURE UPLOADED

=> fil casreact

=> s L1 sss full

L2　　2 SEA SSS FUL L1（5 REACTIONS）

小结

CASReact 数据库是 STN 数据库中检索化学反应方程式常用数据库，因此，在 CASReact 数据库中可以检索化学反应方程式。

13.5.4　利用 STN 中字段"/P"检索

"/P"字段是表示反应产物角色的字段，因此，采用"/P"字段可以检索化合物制备方法，避免绘制复杂的化学结构。而在使用该字段前，需要知道代表所述制备化合物的检索式结果。

【案例 13-19】一种三氟乙酰基取代环胺衍生物的制备方法

案情简介

一种式（I）三氟乙酰基取代环胺衍生物的制备方法，

（I）

包括下列步骤：

以式 II 所示化合物为底物，溶于高沸点溶剂或二氯甲烷，加入三氟醋酸酐、有机碱，反应生成以式 I 所示化合物，反应式如下：

（II）　　　　　　　　　　　（I）

其中，R 选自：$C_1 \sim C_6$ 烷基，芳香基，苄基，R_2CO-，R_3OCO-，Cbz，$CF_3C(O)-$；R_1 选自：$C_1 \sim C_{18}$ 烷基，羰基；R_2 选自：$C_1 \sim C_{18}$ 烷基，芳香基，苄基；R_3 选自：$C_1 \sim C_{18}$ 烷基，芳香基，苄基；$n=0$，1，2，3，4，5；在以上基团中，各自可不被取代或被一个或多个取代基取代。

待检索技术方案涉及化学领域典型的化学反应的制备方法。其制备的产品三氟乙酰基取代的环胺尤其是三氟乙酰基取代的哌啶是新药研发中一类很重要的中间体。目前为止，三氟乙酰基取代的环胺及其衍生物的制备方法主要是通过羰基边上的碳负离子与三氟乙酸酐或三氟乙酸酯类衍生物反应得到〔WO 2008053031 A1；Organic Preparations and Procedures International，26（2），249（1994）〕。该方法的局限性在于一定要有一羰基存在，而且反应后生成的产物中，仍然保持有额外的羰基。目前为止，直接通过转换醛基、羧基或酯基为三氟乙酰基的方法制备三氟乙酰基取代环胺衍生物的方法非常有限。待检索技术方案所要解决的技术问题为提供一种三氟乙酰基取代环胺衍生物的制备方法，尤其是一步法将羧基转化为三氟乙酰基，同时在氮原子上进行保护基或取代基转换。待检索技术方案具有原料、试剂便宜，路线操作方便，条件温和，收率高，制备工艺可放大等特点。

基本构思及检索要素分析

（1）基本构思。

（Ⅱ）　　　　　　　　（Ⅰ）

（2）检索要素分析。

通过上述基本构思的分析可知，其检索要素为原料和产品，因此，检索要素的扩展也就是从上述原料和产品角度进行扩展。

检索过程

根据对上述待检索技术方案的理解，待检索技术方案属于有机化学领域典型的化学反应的制备方法，且其技术构思的关键在于所述产品的制备。因此，检索的重点就是产品的制备。

对于所述产品，其为马库什结构，因此，采用 STN 数据库检索。检索时，可利用 STN 数据库中的产物检索字段 "/P" 进行检索。具体检索过程如下：

在 STN 结构绘图板上画出产品结构：　　　　　并上传至 Registry 数据库中。

=> file Registry（上传产品的结构通式得到检索记录 L1）

=>D L1（查看检索结构式是否正确）

=>S L1 SSS SAM（免费试检索 L1 结构的可能结果）

=>D scan（免费查看检索结果是否与本案相关）

=>S L1 SSS Ful（检索具有产品通式结构的化合物）

L3　　95 SEA SSS FUL L1（检索得到 95 个结果）

=>File CAplus（从 Registry 物质库转入检索文献库 CAplus）

=>s L3/P（检索具有所画通式结构化合物的制备方法）

L4　　57　s L3/P（共检索到 57 篇文献涉及上述通式化合物的制备方法）

上述 57 个检索结果属于本领域可阅读的数量。但是还可以采用如下途径进一步减少文献阅读量，相关人员可自行选择。

根据对待检索技术方案的理解，在所述制备方法中涉及具体的化合物三氟醋酸酐，可利用该具体物质进一步缩小文献量。

通过检索该物质获取三氟醋酸酐的 CAS 登记号为 407–25–0，由于其作为反应物，可利用 "RCT/ROLE" 字段将其限定为反应物，具体如下：

=> file Registry（进入物质库）

=>s 407-25-0/rn（检索三氟醋酸酐）

=>L5　　1 407-25-0/rn

=>File CAplus（从 Registry 物质库转入检索文献库 CAplus）

=>s L5/RCT（检索三氟醋酸酐作为反应物的文献）

=>L6　　3801 L5/RCT（共检索到 3801 篇文献涉及三氟醋酸酐作为反应物）

=>S L4 and L6（L4 表示具有通式结构作为产物的文献，L6 表示三氟醋酸酐作为反应物的文献）

L7　　7 L4 and L6（共检索到 7 篇文献涉及所述反应，并且进一步筛选其中多篇均可单独破坏待检技术方案创造性。并且，采用 "RCT" 字段后，检索结果从 57 篇减少至 7 篇，大幅度减少了阅读量）

小结

检索化学反应的有机化合物制备方法时，充分利用 "/P" 字段，必要时，可采用 "RCT" 来进一步缩减阅读数量。

与 CASReact 数据库相比，由于 Registry 和 CAplus 数据库标引更全面，因此，利用 "/P" 和 / 或 "RCT" 字段检索的结果会更全。不过实际检索时，由于不同数据库的标引特点不一样，如当采用其中一种方式未获取合适对比文件的时候，也需要用其他检索方式进行检索。

13.5.5　化学物质的缩写检索

化学领域属于传统学科领域，因此，很多化学物质都有其领域经验性的缩写表达，因此，采用相应的缩写检索可以起到较好的检索效果。

【案例 13–20】一种植物油脂阴离子型高分子表面活性剂的制备方法

案情简介

一种植物油脂阴离子型高分子表面活性剂的制备方法，其特征在于，包括顺序相接的如下步骤：

（1）将环氧植物油脂溶解于溶剂中，搅拌加热至 30~70℃，滴加引发剂溶液，保温反应 0.5~2h 后去除溶剂，得聚合植物油脂，引发剂质量用量为环氧植物油脂质量的 0.1%~5%；

（2）将步骤（1）所得的聚合植物油脂与浓度为 0.2~1.0mol/L 的催化剂水溶液按每 1 克聚合油脂对应 15~30mL 催化剂水溶液的比例混合，在温度为 70~100℃的条件下充分水解 8~24h 后，将所得产物提纯，即得植物油脂阴离子型高分子表面活性剂，其中，催化剂为 NaOH、KOH 或 LiOH 中的一种或两种以上任意比的混合物。

基本构思及检索要素分析

（1）基本构思。

将环氧植物油进行聚合得到聚合植物油脂，然后进行环氧化水解过程得到所述产品。

（2）检索要素分析。

通过上述基本构思分析可知，检索要素为原料、中间产物、聚合和水解方法。

检索过程

根据本领域的普通技术知识，环氧植物油常见的是环氧大豆油（ESO），其聚合后得到聚合环氧大豆油（PESO），再水解得到水解聚合环氧大豆油（HPESO）。上述简称是本领域常见的通俗表达，因此其具有一定的代表性，检索时应当充分利用。

百度学术中用双引号进行关键词的精确检索，具体检索式如下："ESO" "PESO" "HPESO" "oil" polymerization epoxidized hydrolysis，进行检索得到 "Investigation of the Surface Properties of Polymeric Soaps Obtained by Ring–opening Polymerization of Epoxidized Soybean oil"，其参考文献 US2007/0077298A1 破坏了待检索技术方案的创造性。

小结

由于化学属于传统学科，因此，很多该领域的技术人员为了方便有着其特色的标记，比如很多技术人员根据物质名称有统一的缩写方式。因此，在化学领域采用特色的缩写方式检索往往可以获得较为准确的相关文献。

第 14 章　通信领域特色检索策略

通信领域涉及的范围比较广，既包括专业性较强的细分领域，例如通信标准协议、图像编码等，也包括通俗易懂的领域，如各种常见的手机应用等。专利文献的检索往往并不能覆盖所有的领域，在日常实践中，针对不同类型的技术方案，经常会使用到各种非专利文献资源。本章选取了几类经常需要使用非专利文献进行检索的技术方案，包括：涉及 3GPP 标准的技术方案、App 类技术方案、图像领域"可视化"技术方案，通过具体的案例来分别介绍这几类技术方案所采取的特色检索策略。

14.1　涉及通信标准的检索

通信技术标准是指通信生产、通信建设以及一切通信活动中共同遵守的技术规定，通信标准的出现最初是基于全球不同通信设备之间互联互通的需求，标准的参与者往往设法将技术标准中的技术方案申请专利，即所谓的"标准必要专利"，因此涉及标准的专利申请往往需要在标准组织所提供的数据库中进行检索。本节将聚焦 3GPP、IEEE 两大标准组织数据库，以实际的案例来介绍涉及通信标准的检索策略。

14.1.1　涉及 3GPP 标准的技术方案检索策略

14.1.1.1　3GPP 标准组织简介

3GPP 成立于 1998 年 12 月，是由多个电信标准组织伙伴签署的《第三代伙伴计划协议》。3GPP 最初的工作范围是为第三代移动通信系统制定全球适用技术规范和技术报告。第三代移动通信系统基于的是发展的 GSM 核心网络和它们所支持的无线接入技术，主要是 UMTS。随后 3GPP 的工作范围得以扩大，增加了对 UTRA 长期演进系统（4G）以及 5G 的研究和标准制定。目前欧洲 ETSI、美国 TIA、日本 TTC、ARIB、韩国 TTA 以及我国 CCSA 是 3GPP 的 6 个组织伙伴（OP）。目前独立成员有 300 多个，此外，3GPP 还有 TD-SCDMA 产业联盟（TDIA）、TD-SCDMA 论坛、CDMA 发展组织（CDG）等 13 个市场伙伴（MRP）。

　　3GPP 的组织结构中，最上面是项目协调组（PCG），由 ETSI、TIA、TTC、ARIB、TTA 和 CCSA 6 个 OP 组成，对技术规范组（TSG）进行管理和协调。3GPP 共分为 4 个 TSG（之前为 5 个 TSG，后 CN 和 T 合并为 CT），分别为 TSG GERAN（GSM/EDGE 无线接入网）、TSG RAN（无线接入网）、TSG SA（业务与系统）、TSG CT（核心网与终端）。每一个 TSG 下面又分为多个工作组。如负责 LTE 标准化的 TSG RAN 分为 RAN WG1（无线物理层）、RAN WG2（无线层 2 和层 3）、RAN WG3（无线网络架构和接口）、RAN WG4（射频性能）和 RAN WG5（终端一致性测试）5 个工作组。如图 14-1 所示。

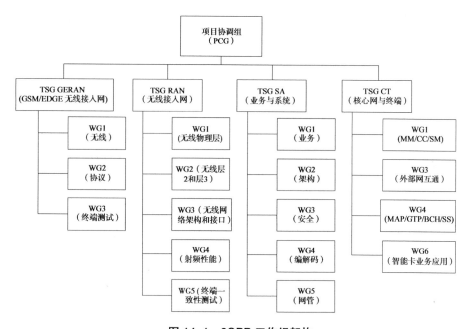

图 14-1　3GPP 工作组架构

　　3GPP 主要的参与者是全球范围内的各个通信设备厂家以及运营商，其主要研究目的是实现不同通信厂家的设备互联互通，因此其标准化的对象基本是网络架构、功能、接口。这决定了其数据库所收录的文献有其自身的特点，具体如下。

（1）面向规模商用：一旦某个技术方案在 3GPP 被标准化，意味着全球将采用统一的技术方案，显然对没有规模商用价值的技术方案进行标准化而耗费大量的人力财力是得不偿失的。

（2）面向不同设备厂家间的互联互通：这是由 3GPP 的研究内容和目的决定的，但具体的设备内部实现还是由设备厂家自行解决，所以即使是遵循同样的标准开发，不同厂家的设备在性能方面也可能会存在较大差异。因此其收录的文献特点是：①主要涉及网络架构、业务流程、参数定义；②技术方案往往非常下位，有时甚至具体到某一个消息中携带的字段定义。

（3）虽然 3GPP 的标准会广泛征求参与者的意见，但这并不意味着其制定的标准在实际应用中不会出现问题，因此 3GPP 数据库里收录了大量为解决现有标准的问题而提出的技术方案。

3GPP 标准化的流程主要分为 SI（Study Item）阶段和 WI（Work Item）阶段，SI 阶段的输出文档为 TR 即技术报告，基于 SI 阶段的研究，经过 WI 阶段最终形成技术规范，也就是 TS。除了 TS、TR 类型的文献，常见的文档类型还有各种提案，例如 CRXXXXX、R1XXXX，CR 即 Change Request，即针对技术标准进行修改的提案，而以工作组命名的如 R1-XXXXX 文献一般是供会议讨论的技术文稿。

14.1.1.2 3GPP 数据库检索适用情形

在 3GPP 库中检索到可用对比文献可能性较低的情形有以下几类。

（1）对现有标准体系的改动较大而导致商用推广可能比较困难，例如待检索的技术方案：一种用户面配置参数的处理方法，其核心技术方案大致分为两步：① UE 和 eNB 预先将具体业务与对应的用户面配置参数进行绑定并进行存储；②业务发起时，eNB 将当前业务的层 2 用户面参数配置索引发送给 UE，UE 找到对应的参数建立层 2 用户面实体。如图 14-2 所示。

虽然表面上看起来该技术方案是对现有协议 TS 36.331 的改进，使得网络侧为业务建立承载过程中，RRC 重配置消息不用每次都携带层 2 用户面实体的配置参数，从而节省了空口的信令开销。但实际上该方案对现有网络的改造要求太高，无线接入网和终端都需要进行改造，特别是对于终端的改造将导致无线侧需要根据不同版本的终端采用不同的策略，这将是非常巨大的工作量。而其解决的技术问题仅仅是针对特定业务的几十 K 比特的信令面开销。显然，这样的方案对于设备厂家、移动运营商而言是得不偿失的，因此不具备大规模商用前景，几乎不可能在 3GPP 被标准化。因此即使该技术方案是

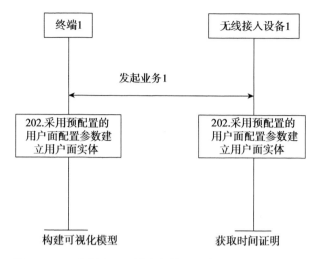

图14-2　一种用户面配置参数的处理方法技术方案示意图

在现有标准基础上的改进，在 3GPP 库中也是不太可能存在可用的对比文件的，最终在专利库中检索到可用的对比文件。

（2）各种通信设备内部实现，例如各种资源调度算法。无线通信领域的各种资源调度算法非常重要，然而这些算法几乎不会出现在 3GPP 库中，因为这些算法属于设备的内部实现，例如待检索的技术方案：用于控制信道发射和接收的方法和装置。其核心技术方案为：在将不同信道的参考信号映射到若干天线端口时，采用一个散列算法，既避免某一些天线端口阻塞，同时也要避免无线资源的浪费。其说明书中描述了大量的现有 3GPP 标准中的内容，看似和 3GPP 非常相关，但实际上参考信号向天线端口的映射算法各无线厂商都有自身的考虑，不可能也没有必要标准化。

（3）各种无线参数的具体配置。在移动通信网络中，各种参数的配置也会很大程度影响到系统的性能。然而这些参数具体应该如何配置却是各个运营商网优部门需要考虑的工作，要根据不同的网络规模、无线条件具体进行优化。因此这些参数的配置很难标准化，也不太可能出现在 3GPP 当中。例如一种优化异频切换时延的方法和设备。其技术方案是通过缩短 A4 事件测量报告上报的时延 Time To Trigger，从而减少终端进行异频测量期间收到切换命令的概率，进而优化异频切换时延。然而，虽然异频切换的时延得到了优化，但是切换的风险也相应增加了，运营商在实际配置该参数的时候需要结合自身考虑进行折中，因此这样的技术方案是很难标准化的。由此可知，在 3GPP 中检索到可用对比文件的概率是很小的。

在 3GPP 库中检索到可用对比文献可能性较高的情形有以下几类。

（1）对现有协议的流程优化，解决了亟须解决的技术问题。例如案例：增强型连接恢复和无损失数据恢复方法。发明人认为现有的 RLF 恢复流程恢复时间长，而且向新的小区迁移的过程中会造成数据丢失。因此提出了解决方案，如图 14-3 所示。

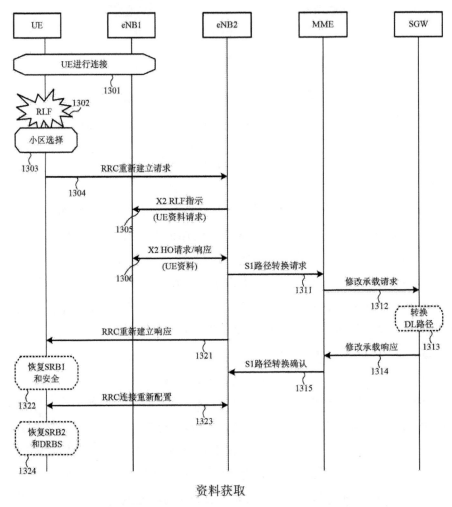

图 14-3 增强型连接恢复和无损失数据恢复方法技术方案示意图

对现有技术的改进主要包括：①发生 RLF 时，目标基站收到 UE 的 RRC 重建立请求后，向源基站进行 RLF 指示，请求源基站将 UE 上下文以及缓存的数据和 PDCP 层的 SN 状态发送给目标基站；②收到上述消息后，目标基站就可以接受 RRC 重连接，同时通知核心网进行数据传输路径转换从而实现

RLF 恢复。可以看出，本发明所涉及的 RLF 指示、上下文获取、路径改变通知等都是利用现有的 3GPP 中的 X2 和 S1–AP 接口，不需要开发新的接口协议，而且只涉及无线接入网进行少量的改造，对终端侧和核心网侧均无影响。同时 RLF 也经常发生问题，造成用户体验严重下降。因此这样的技术方案是很可能能够在 3GPP 找到可用对比文件的，检索方向应优先确定为 3GPP。

（2）解决不同协议版本的兼容问题。3GPP 会不断引入新的技术，在演进的过程中需要对旧版本标准进行更新，这是 3GPP 必须要解决的问题。类似的案件在 3GPP 库中检索到合适对比文件的概率是很高的。例如技术方案：移动终端装置以及通信控制方法。其解决的技术问题是：原有的 R8/9 版本由于不存在载波聚合，用于 HARQ 反馈的 ACK/NACK 的 PUCCH 资源是基站和 UE 通过隐含的方式进行确定的。而在 R10 当中由于引入了载波聚合，而且仅有 PCC 存在 PUCCH，而每个 CC 包括 PCC 和 SCC 都需要反馈 ACK/NACK，因此不同的 CC 上的 ACK/NACK 都需要映射到 PCC 的 PUCCH 上。这就是需要一个映射机制，因此提出如下方案：利用 TPC 字段来承载 HARQ 反馈资源的索引，从而指示 UE 用于 ACK/NACK 的 PUCCH 资源。

HARQ 是 MAC 层的重要功能，显然本技术方案是因为在 R10 中引入了载波聚合造成的原有机制不兼容的问题，对于该问题 3GPP 不可能不考虑解决方案，否则在载波聚合的场景下 HARQ 无法工作。因此极大可能能够在 3GPP 找到对应的解决方案。检索方向应优先确定为 3GPP。

（3）3GPP 主导研究的项目，3GPP 常常会对一些亟须解决的技术问题或者市场迫切需求的技术进行立项研究，例如 SRVCC/eSRVCC、ProSE、ANDSF、MTC、ICIC/eICIC 等，这些项目是由 3GPP 的内部工作组牵头研究的。例如技术方案：一种通信装置和方法。其技术方案中涉及对 MTC 组内的终端分配一个专用的接入时隙，以避免大量的 MTC 终端同时接入网络时出现剧烈的竞争。该案件属于 MTC 领域，是由 3GPP SA2 组主导研究的，其发明日期非常早，为 2010 年 10 月 25 日，该日期甚至早于 3GPP 关于 MTC 标准的公开日，而专利库由于申请日和公开日间之有延迟，因此几乎只可能在 3GPP 找到可用的对比文件。检索方向应优先确定为 3GPP。

14.1.1.3　3GPP 常见的检索技巧

（1）基于 Advanced FTP Search 工具的关键词检索。

在 3GPP 主页的右下角给出了 Advanced FTP Search 检索入口，如图 14–4 所示。Advanced FTP Search 虽然可以根据关键词对协议和提案进行全文检索，但

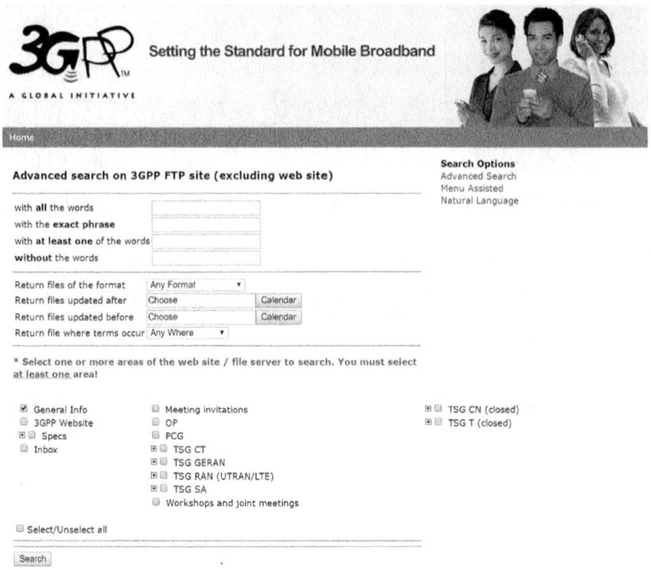

图 14-4　3GPP Advanced FTP Search 检索入口

是检索手段十分有限，无法对关键词进行智能扩展，对确定检索的关键词表达要求较高，必须是 3GPP 常用的术语或者表达才可能命中到对比文件。这就决定了使用 Advanced FTP Search 检索的技术方案必须满足基本构思才能够比较准确地使用专用术语表达准确的条件。以下结合一个实例进行具体检索分析。

【案例 14-1】

案情简介

待检索的技术方案：一种选择演进的分组数据网关（ePDG）/分组数据网关（PDN GW）的方法，其特征在于，该方法包括：用户设备（UE）获取当前接入网的位置信息；所述 UE 根据获取的当前接入网的位置信息向演进的分组系统（EPS）发起 ePDG/PDN GW 查询；所述 UE 根据 EPS 返回的查询结果选择 ePDG/PDN GW。

基本构思及检索要素分析

通过阅读背景技术可知本技术方案的基本构思在于：根据 UE 当前接入网的位置信息选择 ePDG/PDN GW。

检索过程

检索要素表达：ePDG、PDN GW、location。根据该技术方案基本构思提炼关键词表达：ePDG、PDN GW、location，可以看到关键词 ePDG、PDN GW 都是本领域的专有名词，在协议中均采用这种表达，并且表达很固定，可以预见通过 Advanced FTP Search 能够找到对比文件。

检索结果的第一页第五个就是能够影响本技术方案新创性的相关提案 S2-112314。

在提案 S2-112314 中明确提到了 SA#83（S2-111045），该提案就公开了该技术方案的基本构思。

图 14-5　案例 14-1 检索结果

小结

从上述检索过程可以看到，基本构思的英文表达就是本领域专有术语，该术语表达很准确，此类案件适用于使用 Advanced FTP Search 检索。在进行检索时，可以高效、快速地在 3GPP 数据库中命中对比文件。

（2）基于会议报告追踪检索。

一般来说，一个 SI 或 WI 中的某个小议题会在连续的几次会议当中进行讨论，因此如果能找到目标技术方案涉及的议题所属的会议，就能大大地缩小范围，降低检索的难度。具体而言，可以通过目标技术方案发明日或者 Advanced FTP Search 检索确定涉及目标议题的若干次会议，然后通过阅读会议报告中的相关章节初步筛选出目标提案，最后对目标提案进行精读，最终确定对比文献。以下结合实例进行具体检索分析。

【案例 14-2】

案情简介

待检索的技术方案：一种 D2D 通信资源重选方法，经由空闲的时频资

源接收侧向控制指示信息；根据所述侧向控制指示信息确定当前终端与对侧
终端存在时域资源冲突，并进行传输资源的重选，所述对侧终端与当前终端
使用 D2D 通信。该技术方案的发明日期为 2016 年 6 月 15 日。技术方案涉及
D2D 资源池冲突和重选，D2D 是 3GPP 标准组织主导研究的课题之一，因此
本技术方案极有可能在 3GPP 数据库中找到合适的对比文件。

检索过程

该技术方案涉及无线资源的冲突解决机制，属于 RAN1 工作组的研究范
围，3GPP Calendar Home 可以找到 2016 年 6 月 15 日之前的若干次会议，如
图 14-6 所示。

图 14-6　案例 14-2 涉及的相关会议

然后进入 3GPP FTP 中，其涉及这几次会议的目录，从 Report 文件夹中
下载会议报告，在会议报告中寻找到涉及目标技术方案的章节，以 RAN1#84
次会议的会议报告为例，7.3.2.2 节涉及侧链的资源分配增强，其子章节
7.3.2.2.1、7.3.2.2.2 涉及资源的控制选择、资源池与目标技术方案密切相关，
阅读这两个子章节，发现这些子章节中记载了相关的提案以及部分提案的讨
论情况，如图 14-7 所示。

从中可以筛选出与目标技术方案密切相关的提案，例如：

R1-160393　Resource collision detection and handling　　　　NEC

R1-160432　Sensing based collision avoidance schemes for V2V
communication　Intel Corporation

R1-160493　Collision avoidance and Resource Pool Configuration for PC5
based V2VFujitsu

最终对这些筛选出的提案进行精读，发现 R1-160493 Collision avoidance
and Resource Pool Configuration for PC5 based V2V Fujitsu 公开了以下内容：对
于常规数据的传输，首先感知 SA 池，选择空闲的资源发送 SA（SA 通过侧链
控制信道发送），对端的终端以及其他的终端读取 SA，如果发现存在资源冲

R1-160282　Enhancement on Mode 1　Huawei, HiSilicon.
R1-160393　Resource collision detection and handling　NEC.
R1-160431　Support of geo-based transmission schemes for V2V communication　Intel Corporation.
R1-160432　Sensing based collision avoidance schemes for V2V communication　Intel Corporation.
R1-160485　Considerations for SA resource selection for V2V in mode 2　Sequans Communications.
R1-160486　Methods to estimate the SA pool load　Sequans Communications.
R1-160492　Discussion on the resource allocation enhancement for PC5-based V2V communication　Fujitsu.
R1-160573　Scan-based collision avoidance for V2V　Samsung.
R1-160574　Enhancement on TRP based resource allocation　Samsung.
R1-160634　Discussion on UE autonomous resource allocation mechanism for PC5-based V2V　LG Electronics.
R1-160635　Discussion on eNB scheduling enhancement for PC5-based V2V resource allocation　LG Electronics.
R1-160664　V2V autonomous resource allocation enhancements　ITRI.
R1-160678　Location based resource selection on LTE sidelink for V2V services　Sony.
R1-160689　Discussion on resource allocation and procedure for V2V　ZTE.
R1-160723　Discussion on same subframe scheduling in V2V　Panasonic.
R1-160733　Number of data transmissions for V2V communication　Huawei, HiSilicon.
R1-160894　V2V System Level Performance　Qualcomm Inc..
R1-160909　On resource control/selection mechanisms for V2V operation　Nokia Networks, Alcatel-Lucent, Alcatel-Lucent Shanghai Bell.
R1-160960　UE-controlled PC5 Scheduling for OOC V2V　Guangdong OPPO Mobile Telecom.
R1-161014　Mechanisms for V2V resource allocation　Lenovo (Beijing) Ltd.
R1-161049　Discussion on Resource control and selection for PC5 based V2V Communications　NTT DOCOMO, INC..
R1-161069　Centralized Resource Allocation for V2X over PC5　Ericsson.
R1-161070　Distributed Resource Allocation for V2X over PC5　Ericsson.
R1-161073　System Level Simulation Results of Potential PC5 Design Options for V2X　Ericsson.

R1-161194　WF on Geographical Information Reporting for V2X　Ericsson, Intel, Qualcomm, Interdigital, Sharp.
The document was presented by Stefano Sorrentino from Ericsson.
- Geo-information (e.g. vehicle location) signaled in the radio layers (access stratum) can be used to assist resource selection to support V2V communication.
- Mechanisms to report UE geographical information coordinates to the eNB for the purpose of assisting V2X scheduling and routing are supported..
    - FFS the protocol and exact content of the report.

Decision: The document is noted. Continue offline discussion until Thursday.

Conclusion: (from offline summary in R1-161405).
- Geo-information (e.g. vehicle location) signaled in the radio layers can be used by eNB, e.g., for sidelink resource allocation..
    o This does not preclude reporting any other information to eNB..
    o Note: Using geo-information at the transmitter UE for UE autonomous resource selection is already agreed..

Agreements: (from offline summary in R1-161405).
- Mechanisms to report UE geographical information to the eNB are supported..
    o FFS the protocol and exact content of the report..
    o FFS whether the report is carried as L1 control information (in which case it is FFS which physical channel(s) carry such information) or L2/3 control information (e.g. MAC or RRC signaling)..

图 14-7　案例 14-2 涉及的会议中的提案

突情况，则需要选择另外的资源传输数据。这与目标技术方案的构思基本相同，可作为有效的对比文献。

小结

对于类似于 V2X 这类比较前沿的技术领域，通过跟踪与技术方案发明时间相近的 3GPP 标准组织的会议相关提案文件往往能获得不错的检索效果。

（3）基于技术标准的修订记录追踪。

一般来说，3GPP 的标准都是通过采纳参与标准的各个机构提交的各个提案进行不断地修改而来的，因此标准文档（TS、TR 类）公开的时间往往会比提案时间晚。如果在检索实践中遇到虽然标准文档公开了所要检索的方案，但标准发布的时间不可用的情形，可以尝试顺藤摸瓜，追踪该标准修订过程中的时间可用的提案文档。具体而言，每一份标准在结尾处都会有一个 Change History 附录，列出了该标准在修订过程中被采纳的提案或者历史版本，可以依据该附录来进行提案的检索，以下以实例进行说明。

【案例 14-3】

案情简介

待检索的技术方案：为每一个 MTC 设备预先分配一个与其他设备不同的接入的时隙，从而避免造成拥塞。发明日期为 2010 年 10 月 25 日。技术方案涉及 MTC 即机器类型的通信，是 3GPP 标准组织主导研究的课题之一，因此该技术方案极有可能在 3GPP 数据库中找到合适的对比文件。

检索过程

考虑到目标技术方案主要涉及的是无线接入网针对 MTC 的接入优化，是属于 MAC 层的内容，而在 3GPP 中这是属于 RAN2 工作组的研究内容，因此下一步考虑在 RAN 组范围内查找相关标准。进入 RAN2 组 Specifications 页面，同样以 MTC、Machine-Type 等关键字进行页面查找，不难找到 TR 37.868：RAN Improvements for Machine-type Communications，根据标题判断该标准与该技术方案相关度较大，在其 5.1.5 节公开了以下内容：

5.1.5　Slotted access

In this method, the access cycle/slots (similar to paging cycle/slots) are defined for MTC devices and each MTC device only accesses at its dedicated access slot. The access slots are synchronized with the corresponding System Frames. An MTC device is associated with an access slot through its ID (IMSI). At it simplest, the access slot could be the paging frame for the MTC device.

在该方法中，为每一个 MTC 设备定义了专用的接入周期 / 时隙，而且每一个接入时隙与其 IMSI 号是相关联的，也就是说每一个 MTC 设备都拥有一个与其 IMSI 相关联的专用的时隙用来进行接入。很明显 TR 37.868 公开了上述目标技术方案。

然而遗憾的是，该研究报告的最早公开日期为 2011 年 9 月 26 日，晚于本技术方案的发明日期 2010 年 10 月 25 日。

如前所述，虽然标准文档公开了所要检索的方案，但标准发布的时间不可用，可以考虑顺藤摸瓜，追踪该标准修订过程中的时间可用的提案文档。

按照时间顺序查找 TR 37.868 的 Change History，发现在 2010 年 9 月的 R2-105246 文件（实际为 TR 37.868 的 0.6.0 版本），同样公开了以上内容。如图 14-8 所示。

Annex C:
Change history

Date	TSG #	TSG Doc.	CR	Rev	Subject/Comment	Old	New
2010-01	RAN2 #68bis	R2-100847	-	-	Agreed skeleton TR at RAN2 #68bis	-	0.1.0
2010-02	RAN2 #69	R2-101801	~	~	Captured agreements of R2-091327	0.1.0	0.1.1
2010-02	RAN2 #69	R2-101892	~	~	Agreed version at RAN2 #69	0.1.1	0.2.0
2010-04	RAN2 #69bis	R2-102629	~	~	Captured agreements of RAN2 #69bis	0.2.0	0.2.1
2010-04	RAN2 #69bis	R2-102657	~	~	Agreed version at RAN2 #69bis and captured agreements of R2-102628	0.2.1	0.3.0
2010-05	RAN2 #70	R2-103401	~	~	Captured agreements of RAN2 #70 and agreed TP from R2-103269, R2-103141, R2-102824	0.3.0	0.3.1
2010-05	RAN2 #70	R2-103454	~	~	Agreed version at RAN2 #70	0.3.1	0.4.0
2010-06	RAN2 #70bis	R2-104080	~	~	Captured agreed TP from R2-103691 and R2-103692	0.4.0	0.4.1
2010-06	RAN2 #70bis	R2-104207	~	~	Agreed version at RAN2 #70bis	0.4.1	0.5.0
2010-08	RAN2 #71	R2-104963	~	~	Captured agreements of RAN2 #71	0.5.0	0.5.1
2010-09	RAN2 #71	R2-105246	~	~	Agreed version at RAN2 #71 and captured agreements of R2-104999	0.5.1	0.6.0

图 14-8　案例 14-3 涉及的技术标准的修改记录

进一步通过 3GPP 提案的 FTP 查看可确定其公开日期为 2010 年 9 月 4 日，早于本技术方案的发明日。如图 14-9 所示。

R2-105236.zip   20.4 kB   2010/8/27 下午11:33:00
R2-105237.zip   60.7 kB   2010/8/27 下午10:11:00
R2-105238.zip   173 kB   2010/9/3 下午8:38:00
R2-105244.zip   7.6 kB   2010/8/27 下午11:33:00
R2-105245.zip   10.6 kB   2010/8/27 下午11:33:00
R2-105246.zip   346 kB   2010/9/4 下午7:09:00
R2-105247.zip   7.6 kB   2010/9/4 下午10:50:00
R2-105248.zip   24.0 kB   2010/8/31 下午10:14:00
R2-105249.zip   17.3 kB   2010/8/31 下午10:14:00
R2-105250.zip   17.5 kB   2010/8/31 下午10:14:00
R2-105251.zip   63.5 kB   2010/8/31 下午10:14:00
R2-105252.zip   63.5 kB   2010/8/31 下午10:14:00

图 14-9　案例 14-3 涉及的技术标准的修改记录中的历史版本文件

小结

3GPP 标准都是通过不断接纳相关的提案而最终形成的，技术标准记载的技术方案较多，而且检索相对比较容易，可以从技术标准入手，如果确定待检索的技术方案的基本构思已被技术标准所记载，则可以采取顺藤摸瓜的方式，看目标技术方案涉及的提案公开时间是否可用。

14.1.2　涉及 IEEE 标准的技术方案的检索策略

14.1.2.1　IEEE 标准化组织概述

电气和电子工程师协会（Institute of Electrical and Electronics Engineers，IEEE）是一个美国的电子技术与信息科学工程师的协会，是目前世界上最大的非营利性专业技术学会，其会员人数超过 40 万人，遍布 160 多个国家。IEEE 致力于电气、电子、计算机工程和与科学有关领域的开发和研究，在太空、计算机、电信、生物医学、电力及消费性电子产品等领域已制定了 900 多个行业标准，现已发展成为具有较大影响力的国际学术组织。

IEEE 在学术研究领域发挥重要作用的同时也非常重视标准的制定工作。IEEE 专门设有 IEEE 标准协会（IEEE Standard Association，IEEE-SA），负责标准化工作。IEEE-SA 下设标准局，标准局下又设置两个分委员会，即新标准制定委员会（New Standards Committees）和标准审查委员会（Standards Review Committees）。IEEE 的标准制定内容包括电气与电子设备、试验方法、元器件、符号、定义以及测试方法等多个领域。

14.1.2.2　IEEE 标准数据库检索适用情形

IEEE 现有 42 个主持标准化工作的专业学会或者委员会。为了获得主持标准化工作的资格，每个专业学会必须向 IEEE-SA 提交一份文件，描述该学会选择候选建议提交给 IEEE-SA 的过程和用来监督工作组的方法。当前有 25 个学会正在积极参与制定标准，每个学会又会根据自身领域设立若干个委员会进行实际标准的制定。

而在通信领域，由 IEEE 计算机专业学会下设的 802 委员会负责主持制定的 802.11、802.16、802.20 等系列标准被广泛使用。IEEE 802 又称为局域网 /城域网标准委员会（LAN /MAN Standards Committee，LMSC），致力于研究局域网和城域网的物理层和 MAC 层规范。因此在通信领域，涉及 802.11 物理层和 MAC 层的相关改进的技术方案往往需要在 IEEE 标准数据库中进行检索。

14.1.2.3　IEEE 标准数据库常见的检索技巧

（1）IEEE 技术标准的检索。

IEEE 的标准检索工具与论文检索工具相同，都是 IEEE Xplore Digital Library，其支持智能检索、高级检索、命令检索等检索选项。本节将通过一个实际案例介绍如何使用 IEEE Xplore Digital Library 来检索 IEEE 的标准。

【案例 14-4】

案情简介

待检索的技术方案：将媒体接入控制协议数据单元 MPDU 封装为聚合媒体接入控制协议数据单元 A-MPDU 的子帧，其中 MPDU 之前设置定界符，所述定界符由定界符标识和所述 MPDU 的长度校验信息组成，将一个或者多个所述子帧封装为 A-MPDU；发送所述 A-MPDU。

也就是说，该技术方案将多个 MAC 层的数据单元聚合成一个"聚合 MPDU"，从而实现高吞吐量，具体还通过定界符来确定 MPDU 的边界，以及设置了长度校验信息进行容错。因此该技术方案的关键点就在于"聚合媒体接入控制协议数据单元 A-MPDU"。

检索过程

该技术方案属于无线局域网领域，无线局域网的技术标准 802.1 系列是由 IEEE 制定的，因此 IEEE 标准可作为一个优先检索数据库。进一步地，由于待检索的技术方案具体涉及 MAC 层和物理层的改进，可以考虑到 MAC 层和物理层的相关标准中进行检索。在 IEEE Xplore Digital Library 的检索选项中选择 Advanced Search，选择和输入相应的检索字段，如图 14-10 所示。

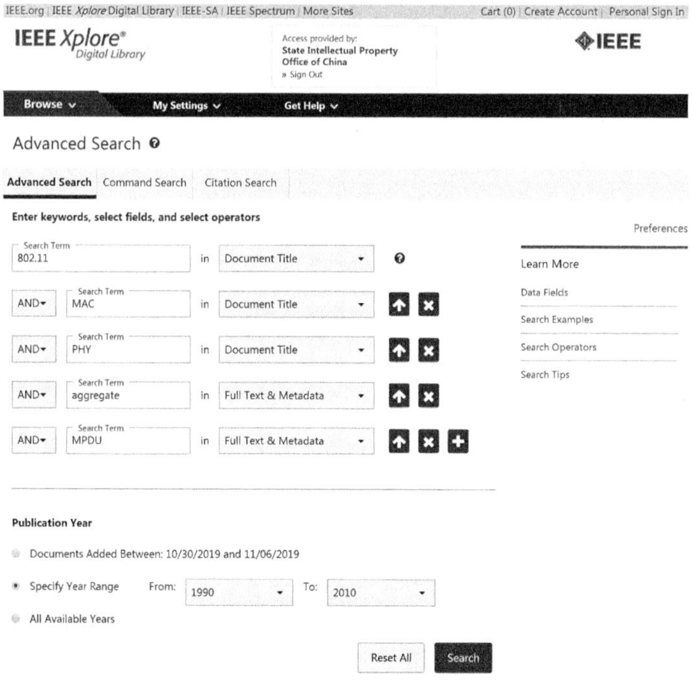

图 14-10　案例 14-4 检索界面

通过上述简单的检索过程就可以得到多个检索结果，如图 14–11 所示。

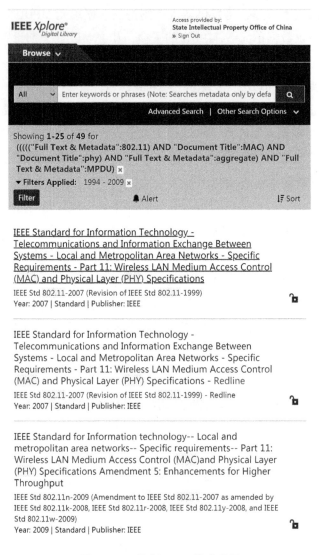

图 14–11 案例 14–4 检索结果

其中文献：IEEE Standard for Information technology— Local and metropolitan area networks— Specific requirements— Part 11：Wireless LAN Medium Access Control（MAC）and Physical Layer（PHY）Specifications Amendment 5：Enhancements for Higher Throughput 就公开了上述技术方案中所涉及的聚合 MPDU，如图 14–12 所示。

7.4a Aggregate MPDU (A-MPDU)

7.4a.1 A-MPDU format

An A-MPDU consists of a sequence of one or more A-MPDU subframes as shown in Figure 7-101o.

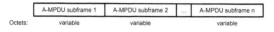

Figure 7-101o—A-MPDU format

Each A-MPDU subframe consists of an MPDU delimiter followed by an MPDU. Except when an A-MPDU subframe is the last one in an A-MPDU, padding octets are appended to make each A-MPDU subframe a multiple of 4 octets in length. The A-MPDU maximum length is 65 535 octets. The length of an A-MPDU addressed to a particular STA may be further constrained as described in 9.7d.2.

The MPDU delimiter is 4 octets in length. The structure of the MPDU delimiter is defined in Figure 7-101p.

图 14-12 案例 14-4 涉及的对比文件

该文献既公开了聚合 MPDU，还公开了定界符和长度校验符等信息，可以影响上述技术方案的新颖性。

小结

待检索的技术方案如果涉及对 IEEE802.11 物理层或 MAC 层的相关协议、流程，则需要关注 IEEE 标准库的检索。

（2）IEEE 技术标准提案的检索。

IEEE 的标准化过程与 3GPP 类似，最终标准都是通过各个标准参与者的提案并经过最终讨论确定的。在很多情况下，可能标准中并没有明确地公开待检索技术方案中的内容，或者标准的时间不能用，此时可能需要检索 IEEE 的提案。但 IEEE Xplore Digital Library 并不能提供标准中间文件的检索，此时就需要借助另外一个 IEEE 的检索工具：mentor.ieee.org。以下将通过一个实例介绍如何检索 IEEE 标准的中间文献。

【案例 14-5】

案情简介

在现有的无线局域网技术标准中，PPDU 后往往会跟随一个 ACK 信息，而如果数据包并不是发送给该 STA，该 STA 可能无法正确获取 MAC 头中的长度字段，进而不知道后续的响应帧的长度，而如果使用现有的 EIFS 机制，有可能造成 STA 等待不恰当的时间间隔再尝试接入信道，造成冲突或者资源的浪费。

待检索技术方案：一种基于早期反馈的信道延迟接入方法，包括：移动台 STA 接收数据单元 PPDU，根据 PPDU 所携带的信号 SIG 字段中的响应帧类型信息，确定信道接入的时延，并进行相应的信道接入。

检索过程

该技术方案属于无线局域网领域，无线局域网的技术标准 802.1 系列是由 IEEE 制定的，因此 IEEE 标准可作为一个优先检索数据库。进一步地，由于待检索的技术方案具体涉及 MAC 层和物理层的改进，可以考虑到 MAC 层和物理层的相关标准中进行检索。在 IEEE Xplore Digital Library 的检索选项中选择 Advanced Search，选择和输入相应的检索字段。

通过检索现有的 802.11 标准并没有发现公开了上述技术方案且时间可用的标准文本，因此考虑可能需要检索标准提案。

该技术方案涉及 802.11 技术标准，因此进入 mentor.ieee.org 选择 LAN/MAN 802 Groups，再进入 IEEE 802.11 WLAN 工作组。出现了如图 14-13 所示的检索界面。

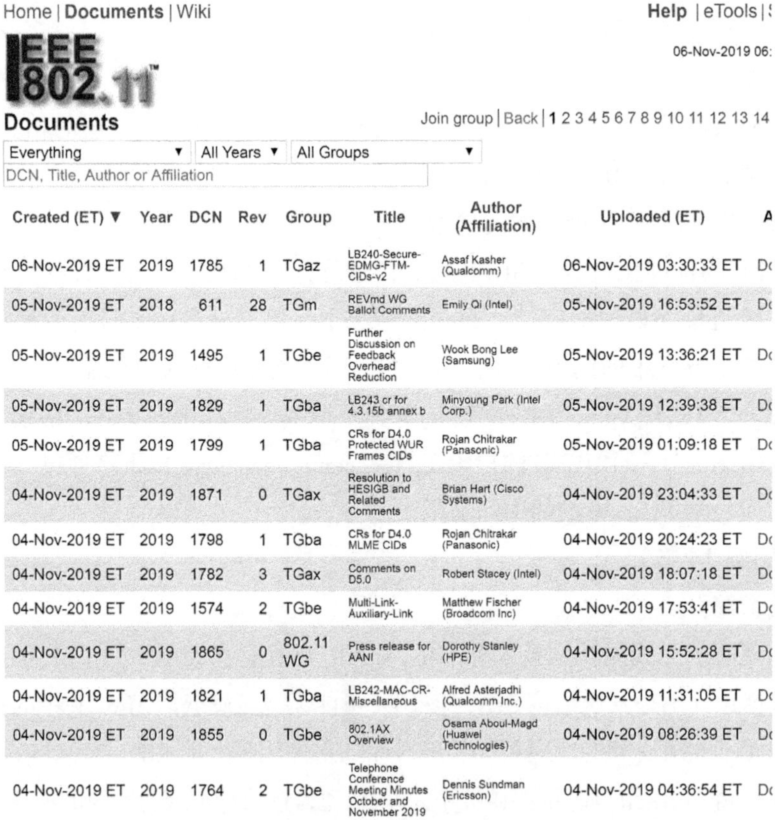
Home | Documents | Wiki   Help | eTools |
06-Nov-2019 06:
Documents   Join group | Back | 1 2 3 4 5 6 7 8 9 10 11 12 13 14
Everything ▼ All Years ▼ All Groups ▼
DCN, Title, Author or Affiliation

Created (ET) ▼	Year	DCN	Rev	Group	Title	Author (Affiliation)	Uploaded (ET)	A
06-Nov-2019 ET	2019	1785	1	TGaz	LB240-Secure-EDMG-FTM-CIDs-v2	Assaf Kasher (Qualcomm)	06-Nov-2019 03:30:33 ET	D
05-Nov-2019 ET	2018	611	28	TGm	REVmd WG Ballot Comments	Emily Qi (Intel)	05-Nov-2019 16:53:52 ET	D
05-Nov-2019 ET	2019	1495	1	TGbe	Further Discussion on Feedback Overhead Reduction	Wook Bong Lee (Samsung)	05-Nov-2019 13:36:21 ET	D
05-Nov-2019 ET	2019	1829	1	TGba	LB243 cr for 4.3.15b annex b	Minyoung Park (Intel Corp.)	05-Nov-2019 12:39:38 ET	D
05-Nov-2019 ET	2019	1799	1	TGba	CRs for D4.0 Protected WUR Frames CIDs	Rojan Chitrakar (Panasonic)	05-Nov-2019 01:09:18 ET	D
04-Nov-2019 ET	2019	1871	0	TGax	Resolution to HESIGB and Related Comments	Brian Hart (Cisco Systems)	04-Nov-2019 23:04:33 ET	D
04-Nov-2019 ET	2019	1798	1	TGba	CRs for D4.0 MLME CIDs	Rojan Chitrakar (Panasonic)	04-Nov-2019 20:24:23 ET	D
04-Nov-2019 ET	2019	1782	3	TGax	Comments on D5.0	Robert Stacey (Intel)	04-Nov-2019 18:07:18 ET	D
04-Nov-2019 ET	2019	1574	2	TGbe	Multi-Link-Auxiliary-Link	Matthew Fischer (Broadcom Inc)	04-Nov-2019 17:53:41 ET	D
04-Nov-2019 ET	2019	1865	0	802.11 WG	Press release for AANI	Dorothy Stanley (HPE)	04-Nov-2019 15:52:28 ET	D
04-Nov-2019 ET	2019	1821	1	TGba	LB242-MAC-CR-Miscellaneous	Alfred Asterjadhi (Qualcomm Inc.)	04-Nov-2019 11:31:05 ET	D
04-Nov-2019 ET	2019	1855	0	TGbe	802.1AX Overview	Osama Aboul-Magd (Huawei Technologies)	04-Nov-2019 08:26:39 ET	D
04-Nov-2019 ET	2019	1764	2	TGbe	Telephone Conference Meeting Minutes October and November 2019	Dennis Sundman (Ericsson)	04-Nov-2019 04:36:54 ET	D

图 14-13 案例 14-5 检索界面

mentor.ieee.org 提供的检索功能比较单一，仅能够从时间（年）、工作组、文献编号、标题、作者的角度进行文档的筛选。对于该案例，仅仅通过简单的 early-ack 关键词，就可以检索到可用的对比文件 IEEE802.11-12/0119r0，如图 14-14 所示。

图 14-14　案例 14-5 检索结果

该对比文件明确公开了在 sig 字段中增加 2 个 bit 用于指示 PPDU 后续的响应帧的类型，从而帮助 STA 获取合理的信道，延迟接入时间间隔。

小结

如果待检索的技术方案涉及 IEEE802.11 系列标准，除了需要关注技术标准，还可能需要关注相关的标准提案，但在大多数情况下，对于 IEEE 提案的检索，检索人员可能需要综合从时间（年）、工作组、文献编号、标题、作者的角度进行文档的筛选以减小噪声，当然这对检索人员的技术素养以及对 IEEE 标准化的了解程度提出了比较高的要求。

14.2　涉及 App 类技术方案的检索

随着移动互联网技术的不断发展，各种手机 App 逐渐占领了用户的手机屏幕，App 为人们的生活提供了巨大便利，但究其本质，实际是一个个独立的技术方案。目前越来越多的开发者将其开发 App 申请专利，这类技术方案的特点往往技术性不强，贴近日常生活。本小节将聚焦 App 类技术方案，探讨针对这类技术方案的特定检索策略。

14.2.1 App 类技术方案简介

App（外语缩写：App；外语全称：Application）指的是智能手机的第三方应用程序。App 往往借助于网络中的服务器或者其他用户的智能手机进行信息交互的技术手段，来实现诸如交互式游戏、聊天、内容分享等特定的功能。因此，一方面 App 其本质是由一个或多个相关的技术方案构成，其本身就属于技术方案的范畴，另一方面 App 往往涉及与日常生活相关的领域。

14.2.2 互联网资源适合用于 App 类技术方案检索

近年来，随着 App 产品的爆发式发展，App 的开发者为了更好地保障其合法权益，往往将涉及 App 产品的技术方案提交专利申请，对于这类技术方案，在专利库以及 CNKI 等非专利库中往往并不能检索到相关的对比文件。但不能忽视的是，除了上述检索资源以外，互联网中存在大量的信息资源，例如各种咨询类网站、论坛中也包括了大量的技术方案，这些技术方案往往与日常生活相关，当使用常规检索方法在专利库中和 CNKI 等非专利库中不能检索到相关的对比文件时，可以考虑利用互联网搜索引擎针对互联网资源进行检索，这些搜索引擎大多都使用人工智能技术持续改进推荐算法，对专业检索技能要求较低，检索结果准确度高，往往能快速为用户检索到相关内容。以下将结合几个实际案例针对几种常见的检索策略进行具体说明。

14.2.3 利用互联网资源的 App 类技术方案检索技巧

14.2.3.1 根据生活经验确定关键词

【案例 14-6】

案情简介

一种驾驶中来电处理方法：预先将通信终端与设置在车内的蓝牙免提设备配对；在配对完成后，所述通信终端在感知到与所述蓝牙免提设备连接后，将回铃音修改为预先设置的驾驶提示音，在感知到与所述蓝牙免提设备断开后，将回铃音修改为默认的回铃音。

检索过程

在专利库中进行检索，检索到通过速度感知或者用户手动设置等方法来启动驾驶模式，在驾驶模式中接收到来电信息后，通过短信或者语音提示对方被叫方正在驾驶，但是未检索到通过与蓝牙设备配对来触发驾驶模式的设置。联想到该技术方案涉及手机应用，可能已经存在相应的 App 产品，因此考虑使用百度搜索引擎进行互联网资源的检索。

在百度经验中给出了"教你如何使用华为手机的驾驶模式"，其中一张图片上显示"连接蓝牙耳机时自动开启驾驶模式"，如图 14-15 所示，但该图片的日期在本技术方案的发明日期之后。

图 14-15 案例 14-6 检索过程 1

从搜索结果可以看出，此为华为 mate 系列，因此，审查员在百度中搜索华为 mate 的驾驶模式，从前几页内容发现一般都在讨论华为 mate8/9 的驾驶模式，而华为 mate8 的上市时间为 2015 年，在本技术方案的发明日期之后。

接下来，考虑除了华为手机存在驾驶模式，其他公司的手机产品是否也存在驾驶模式，因此，使用 Google 搜索引擎搜索"蓝牙 驾驶模式"，发现 windows phone 10/8.1 和华为 mate7 中存在驾驶模式，如图 14-16 所示。

Windows phone 8.1 的内容为 Windows 官网的产品说明，文章最后修订时间在发明日之后，华为 mate7 的内容为论坛，考虑到论坛作为对比文件的信服度，放弃对它的使用，继续检索。根据百度百科的记载，Windows phone 8.1 和华为 mate7 产品的公开时间皆在发明日之前，因此，认定关于 Windows phone 8.1 和华为 mate7 的相关文献可以作为对比文件。

接下来，使用 Google 搜索引擎的图片搜索"华为 mate7 驾驶模式""华为

图 14-16　案例 14-6 检索过程 2

mate7 car mode""华为 mate7 driving mode""Windows phone 8.1 driving mode"。

　　检索到的界面中会以图片的形式出现各种驾驶模式设置的介绍，形象且直观，从这些图片中找到了多个网站介绍了通过蓝牙触发驾驶模式启动。如图 14-17 所示。

图 14-17　案例 14-6 检索结果

小结

　　待检索的技术方案是文字型的表述，虽然其实质上记载的是 App 应用上的某一个功能，但需要检索人员能够依据日常生活中的经验敏锐地进行识别，并确定合适的检索策略。

14.2.3.2 通过互联网锁定主要申请人以缩小专利库检索范围

【案例 14-7】

案情简介

待检索的技术方案：一种无线保真 WiFi 热点隐藏方法，其特征在于，包括：接收到启动终端 WiFi 热点功能触发指令后，根据所述终端存储的标识符判断是否需隐藏 WiFi 热点名称；当判断出需隐藏 WiFi 热点名称时，启动所述终端的 WiFi 热点功能并隐藏所述 WiFi 热点的名称。

检索过程

待检索的技术方案涉及设置隐藏 WiFi 热点名称，笔者首先在专利库中进行检索，检索后找到设置隐藏 WiFi 名称，考虑到 WiFi 与 WiFi 热点虽然领域相近，但还是存在一定区别，因此，继续检索。考虑到目前存在很多关于 WiFi 热点的 App 产品，因此，使用互联网搜索引擎搜索现有的 App 产品的工作原理。

首先使用 WiFi 热点进行试探性检索。如图 14-18 所示。

通过百度搜索发现，在 WiFi 热点领域，360 公司产品比较知名，因此，搜索 360 的产品，定位"360 随身 WiFi"作为待检索技术方案的"终端 WiFi 热点"，检索发现 360 随身 WiFi 可以设置是否"隐藏 WiFi"的"标识符"。

但上述互联网资源的公开日期比较模糊，为了减少不必要的争议，使用携带"360"和"随身 WiFi"回归专利库继续检索，从而锁定申请人进行检索，缩小检索范围，找到公开了用户能够对随身 WiFi 的连接方式进行设置，能够选择是否对 WiFi 热点进行隐藏的对比文件。如图 14-19 所示。

图 14-18 案例 14-7 检索过程 1

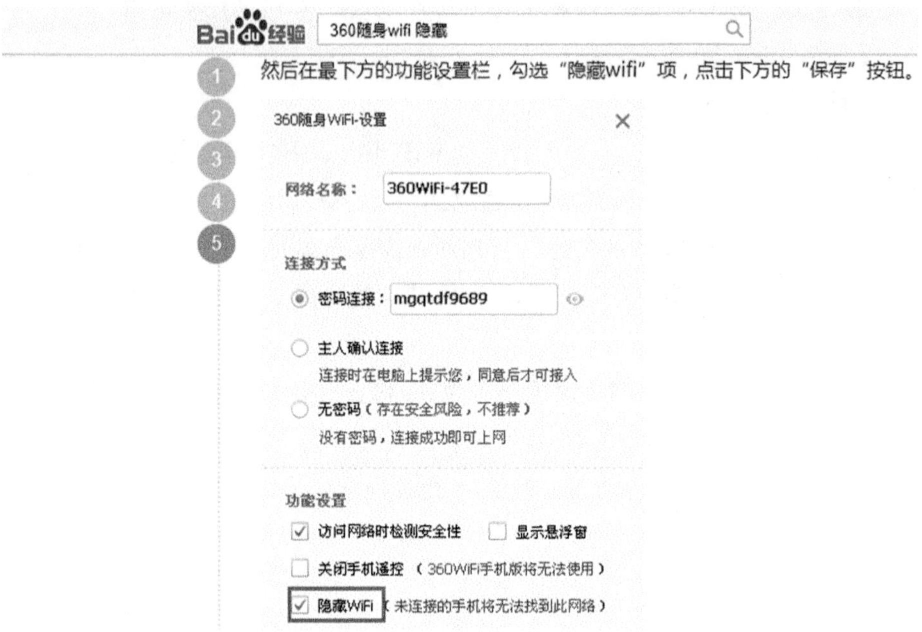

图14-19 案例14-7检索过程2

小结

某些 App 类的技术方案其文字表达往往都是比较常规的词语,在专利库中检索可能会出现较大的噪声,但如果能够通过互联网资源的检索确定其主要的申请人、产品名称这类进一步的限定因素,再回归到专利库中进行检索,往往能达到很好的降噪效果。

14.2.3.3 通过附图信息快速追踪到相关 App 产品

【案例 14-8】

案情简介

待检索的技术方案:一种投资平台的数值处理方法,获取用户输入的代理平台的登录信息并发送给代理平台服务器;接收并展示代理平台服务器推送的与所述代理平台具有关联关系的至少一个投资平台展示窗口;获取对任一所述投资平台展示窗口的触发操作,并根据所述触发操作跳转进入对应的所述投资平台的详情页面;获取用户作用于所述详情页面中的数值处理操作,所述数值处理操作携带用户输入的待处理的数值信息;根据所述数值处理操作,在所述投资平台内对所述数值信息对应的数值进行处理。

该技术方案还附带了若干附图。

检索过程

按照传统的检索策略，提取检索要素，通过分类号、关键词等对检索要素进行表达，分别在专利库、搜索引擎中进行了检索，都没有获得可用的对比文献，但通过阅读该技术方案的文件，从附图中发现拍拍贷，通过百度检索拍拍贷，发现拍拍贷是一个投资平台，同时，获取到"拍拍贷入驻风车理财"的信息。通过百度检索风车理财，发现相应的风车理财产品 v3.0.1 Android 版本，如图 14-20 所示。

图 14-20　案例 14-8 检索结果

通过下载并对风车理财产品 v3.0.1 Android 版本进行相应的操作，确认风车理财产品 v3.0.1 Android 版本公开了上述技术方案的全部技术特征。

小结

某些 App 类的技术方案本身往往或多或少携带了一些产品的相关信息，例如在说明书或者相关的附图中。抓住这些细节，有可能直接找到技术方案所对应的产品。

14.3　涉及"可视化"类技术方案的检索

在图像领域，检索人员经常需要面对哪些不太易于通过文字而比较容易使用图像来表达的技术方案。笔者将这类技术方案称为"可视化"类的技术方案，本小结将聚焦这类技术方案，探讨针对"可视化"类技术方案的特定检索策略。

14.3.1 "可视化"类技术方案概述

14.3.1.1 "可视化"类技术方案的基本概念

图像处理是通信领域的重要组成部分，其包括了关于界面显示、图像译码、安全家居、视频监控、虚拟现实等种类繁多的技术领域，这些技术方案的检索难度也大不相同。特别是图像领域中存在许多关键词辨识度低、分类号难以细化的技术方案，其中的一部分用一个或者多个具体图像进行表达，本书将该类技术方案定义为"可视化"技术方案。本节将详细描述这类"可视化"技术方案，并针对可视化技术方案的特点给出相应的检索策略。

14.3.1.2 "可视化"类技术方案的特点

本节通过实际案例详细说明可视化技术方案的特点，通过以下具体案例进行说明。

【案例 14-9】

案情简介

一种多媒体分享方法，包括：

获取终端播放页面的属性信息，所述属性信息包括全屏播放和 / 或半屏播放；

若所述属性信息为半屏播放，则获取半屏播放页面的布局信息；

根据获取到的半屏播放页面的布局信息，确定分享入口位置；

在所述分享入口位置处显示分享入口。

该技术方案涉及多媒体分享，当多媒体半屏显示时获取半屏播放的布局信息以确定并显示分享入口，其技术方案的关键点在于无需呼出弹层，直接进行分享入口选择，即分享入口直接显示在半屏页面上，以解决分享入口太不明显而无法找到分享入口。上述权利要求的关键词"半屏播放""分享""入口 / 微信 / 微博 / 应用图标""位置""页面布局"识别度不高，分类号难以细化，对上述关键词和分类号的组合构造检索式，无法精确确定检索范围，限制多篇幅少易漏检，限制少噪声大筛选难。回归到技术方案，结合平时生活常识，可以直接构建出该技术方案的图像表达，如图 14-21 所示。

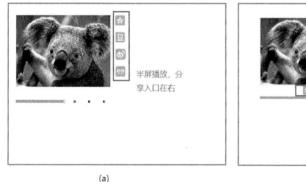 

图 14-21　"可视化"技术方案图片表达示意

　　该技术方案的播放方式只有两种即全屏和半屏，（a）（b）中视频只在蓝色框指代的页面的左上角播放，不是全屏播放，故而体现了"终端播放页面的属性信息为半屏播放"，视频播放画面位于页面的左上方，反映了特定的"播放页面布局"，也隐含了"获取半屏播放页面的布局信息"，否则无法实现播放视频与相关图标例如播放控制键等的整齐排布。（a）是分享入口图标位于视频右边的示意图，（b）是分享入口图标位于视频下方的示意图，均体现了"在所述分享入口位置处显示分享入口"，由于分享入口与视频播放画面均在页面上整齐排布，其隐含了"根据获取到的半屏播放页面的布局信息，确定分享入口位置"。因此，图像（a）（b）以及在半屏播放下分享图标直观显示在页面可视范围内的任意位置的图像，均完整地体现了整个技术方案，即所谓的技术方案的"可视化"。

　　通过上述案例，"可视化"技术方案的特点可具体概括为：

　　（1）技术方案易理解，可以用一个或多个具体的图像来表达；

　　（2）难以提取到辨识度高的关键词，难以细化分类号，导致大量噪声；

　　（3）常涉及视频播放、视频分享、图像显示、界面显示、拍照、视频监控、文件管理等侧重于用户体验层面的技术领域；多为手机、软件、电视等大众生活化电子产品，为大众熟知且经常使用。

14.3.2　"可视化"类技术方案的检索策略

　　"可视化"技术方案的一大特点便是关键词辨识度不高、技术方案可以用图像表达，针对该显著特点，总结出了一套具有针对性的检索策略：首先，根据该类技术方案获取可视化图片，进而得到可视化模型，即根据可视化图片构建可视化模型；其次，根究图片的直观性，将检索使用的数据库重点放在图片搜索和新闻追踪上，即在特定数据库构造式检索，在搜索结果中筛选出与可视化模型相匹配的图片；最后，根据匹配成功的图片，追踪图片来源网站，从而确定在发明日之前的时间公开证明。上述检索策略如图 14–22 所示。

图 14–22 "可视化"技术方案的检索策略流程图

构建可视化模型：通过获取技术方案的可视化图像，进而得到可视化模型，其中可视化模型指的是能够表达权利要求技术方案的可视化图像的集合。

特定数据库检索：在特定非专利数据库中进行特定检索式检索。可视化权利要求的检索数据库主要针对百度图片（https：//image.baidu.com）、谷歌图片（https：//images.google.com）、谷歌（https：//www.google.com）、百度网页（https：//www.baidu.com）和具体产品官网。"可视化"技术方案的检索策略：具体产品名 and 技术领域/关键词、技术领域 and 关键词（限于图片搜索）、具体产品官网的具体型号追踪。

获取时间证明：获取搜索结果的来源网页的新闻标题或者长短语，再次进入百度网页或者谷歌网页利用上述获取的标题或者长短语进行二次搜索，在相同新闻的搜索结果中筛选出发布方为大型权威网站（例如网易、腾讯、搜狐等）的新闻，进而获取其对应的时间信息。

构建可视化模型的获取可视化图像是整个检索策略的核心，下文将对其进行详细阐述。

可视化图像的获取有三种方法，分别是复制法、构图法、试验法。

复制法：待检索的技术方案文件提供的附图能够直接体现技术方案的"可视性"，即该附图可以作为待检索的可视化图像。

构图法：适用于待检索技术方案比较简单、明确，而且技术方案说明文档中没有给出附图或给出的附图与技术方案表达不够相关。由于该技术方案通常要解决的技术问题致力于提高用户观看体验或者用户操作使用体验，该技术方案经常会应用于日常生活的电子设备中，当检索人员看到该技术方案时，容易基于该技术方案产生联想，在头脑中构建该技术方案的可视化图像表达，上述第一小节中的案例就比较适合采取构图法来构建待检索的可视化图像，如图 14–23 所示。

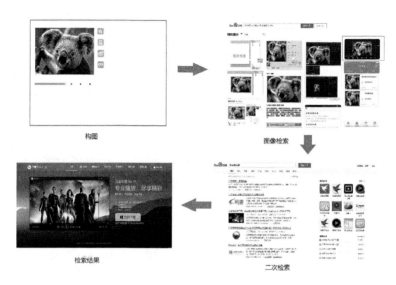

构图

图像检索

检索结果

二次检索

图 14–23　构图法示例

试验法：联想或者通过简单的检索得知现有的产品中是否已存在相似的方法，并基于已获得的产品确定可视化图像。在具体实践过程中，该方法适用于两类"可视化"技术方案，第一类是技术方案的文件提供可以直观体现整个技术方案的附图，但是由于涉及大量详细的技术特征，不适用于完全使用图片举证或者根据附图的图片检索结果不甚理想的"可视化"技术方案。针对这种场景，根据所解决的技术问题的不同，对整个技术方案进行拆分，将拆分后的多个技术方案进行双轨并行检索，例如涉及大量细节技术方案采用技术特征记载翔实的文件，涉及简略直观可视性强的技术方案采用试验法获取可视化图像。第二类是技术方案的文件没有提供可以直观体现技术方案的图像，并且难以直接构建出可视化图像。针对该类技术方案，可以直接通过试验法获取可视化图像，下文以案例 14–10 为例详细论述该类技术方案的处理方式。

【案例 14–10】

案情简介

待检索的技术方案：一种基于变电站地图定位视频的监控方法，首先建立一套基于变电站管理的数据库系统，包括变电站的名称、地址、类型、管辖点位、站内设备、外观照片及摄像机位置、数量的相关信息；其次，通过在服务器端建立的地图服务器，将所有在库的变电站信息地理位置在客户端电子图片中展现；最后，用户只需通过点击客户端设备中电子地图上的变电站坐标展示点，即可直观地了解变电站的基础信息以及查看变电站内的所有即时视频信息。

该技术方案涉及视频监控，要解决的技术问题在于：现有的技术对变电站的信息无法记录，更无法了解变电站的具体位置，只能满足简单的视频监控的需要。

为了解决上述技术问题，该技术方案提出将所有在库的变电站信息地理位置在客户端电子图片中展现，用户点击客户端设备中电子地图上的变电站坐标展示点，可观看对应变电站的监控视频，并且能够直观地了解到该站的详细信息。

构图过程

尽管说明书附图直观表达了完整的技术方案，但是经过大量检索后发现，难以获取可影响新颖性或者创造性的对比文件。然而，经过对技术方案的研究，发现该技术方案可以拆分为 2 个独立的部分：视频监控 GIS 地图显示和

基本信息的详细显示，针对"视频监控 GIS 地图显示"在专利库中较容易获取对比文件，针对"基本信息显示"可以较容易地联想到日常使用的产品，例如高德地图、腾讯地图、百度地图等。因此，进行产品试验，打开手机高德地图，输入感兴趣地点，搜索结果如图 14-24 所示，搜索结果显示了感兴趣的具体地点的位置、外观照片、评价信息等。

该搜索结果也清晰地表达了"基本信息显示"的显示方式，即在结合公开了上述监控细节的基础上结合类似具有有效时间证明的图片，可以评述该权利要求的创造性。所以可将上述高德地图的图片同样作为该技术方案的可视化图像。

图 14-24　案例 14-10 构图法示例

【案例 14-11】

案情简介

待检索的技术方案：一种手机拍照的控制方法，其特征在于，包括以下步骤：

（1）在接收到拍照触发信号之后，自动检测是否在对焦，若是则跳转至步骤（2），若否则返回拍照亮度调节子步骤；

（2）不响应拍照，检测马达对焦状态，并判断对焦是否完成，若完成对焦则返回拍照亮度调节子步骤，若没有完成对焦则跳转至步骤（3）；

（3）等待对焦完成后返回拍照亮度调节子步骤；在等待时间超过预设时长后提示用户对焦失败并返回拍照亮度调节子步骤或返回步骤执行拍照并保存图片。

其中，所述对焦控制子步骤的优先级高于拍照亮度调节子步骤的优先级，在对焦控制子步骤完成后，在锁定对焦状态下响应拍照亮度调节子步骤的操作。

构图过程

该技术方案涉及拍照控制，要解决的技术问题在于：对焦之后拍照的亮度就会自动重新调整，这样亮度并不一定是较好的，很可能也不是用户需要的亮度，从而无法拍出让人满意的图片。为了解决上述技术问题，该方案是在对焦完成后通过手动进行亮度拍摄。手机拍照功能是现实生活中使用频率较高的功能，基本上智能手机均能够满足，例如华为、iphone、三星、小米等。基于手机照相的易验证性，打开手机拍照功能，进行拍照测试，发现iphone6 在拍照时长按对焦框 2 秒后，在对焦框旁跳出对应的亮度调节进度条，用户通过拖动该亮度条的滑块可以调节画面亮度（如图 14-25 所示），与此同时对焦框并未发生变化。

图 14-25　案例 14-11 构图法示例

上述手机拍照对焦调节亮度的截图能够清晰且直观地体现该技术方案的发明点，可以作为该技术方案的可视化图像。

小结

"可视化"类技术方案的检索策略最关键的步骤是关于如何来构建目标图像，通过实际的案例，本小节具体阐释了"复制法""构图法""试验法"三种构图策略。在实际的检索过程中，需要检索人员根据具体案情灵活使用相应的策略。

第15章　机械领域特色检索策略

机械领域的技术改进范围比较广，通常包括产品结构、制造工艺流程、加工方法、控制方法等。一般来说，通过前文介绍的专利检索技巧能完成大部分机械领域技术方案的检索，但仍然有部分技术方案通过前述专利检索技巧无法获取有效对比文件。为了防止技术方案的漏检，经常需要通过其他检索策略来进一步检索，如涉及产品结构/装置连接技术方案的图片检索以及涉及工艺流程技术方案的视频检索。

15.1　涉及产品结构/装置连接的图片检索

产品结构/装置连接类技术方案一般指专利申请中主要保护产品的结构或者装置的连接关系，该类案件通常情况下会用文字的形式介绍产品或装置的整体结构、具体部件间的连接关系以及位置关系，并配有附图。但当产品或装置的整体结构、具体部件间的连接关系以及位置关系，记载较为复杂且难以提炼关键词进行常规检索，或者经过常规检索无法获取有效对比文件时，由于产品或装置整体结构、具体部件间的连接关系以及位置关系均可用图片展示，因此可以考虑利用图片检索策略进行检索。

根据涉及产品结构/装置连接类技术方案的特点，一般又可分为偏学术化的产品结构/装置连接类技术方案以及偏生活化的产品结构/装置连接类技术方案，前者比如学术研究用的实验装置、科研用的产品及装置等，后者比如生活常用物品如桌子、手动工具、杯子等。

通常情况下，对于偏学术化的产品结构/装置连接类技术方案，鉴于其较强的学术性，可以先利用学术数据库的图片检索功能进行检索，比如利用CNKI图片进行检索。对于偏生活化的产品结构/装置连接类技术方案，鉴于其较强的生活性，可以先利用搜索引擎、门户网站、购物平台等工具进行图片检索。

15.1.1 利用 CNKI 图片检索功能进行检索

CNKI 图片检索有两种基本方法，第一种方法是进入中国知网的高级检索页面，选取图片检索功能，如图 15-1 所示。可以以图片主题、图片标题、图片关键词以及图片说明四种方式输入关键词进行检索。每一种输入方式的检索结果为包含该信息的文献的所有相关图片，文献中的一幅图片为一条结果。

图 15-1　中国知网高级检索中的图片检索界面

第二种方法是利用 CNKI 学术图片库进行检索，具体方法为首先进入中国知网首页，找到研究学习平台中的大数据研究平台，点击学术图片进入 CNKI 学术图片库，如图 15-2 所示。

图 15-2　中国知网首页界面

CNKI 学术图片库提供了简单搜索和高级搜索两种检索方式，其中简单搜索有图片搜索和相似搜索，点击图片搜索可以输入关键词进行检索，点击相似搜索可以上传图片进行检索，如图 15-3 所示。

图 15-3　中国知网学术图片库检索界面

高级检索可对图片主题、出版日期、图片类别、学科类别、图片大小、来源数据库等进行输入检索，其中图片类别及学科类别可通过打开选择框的方式进行选择输入，如图15-4所示。

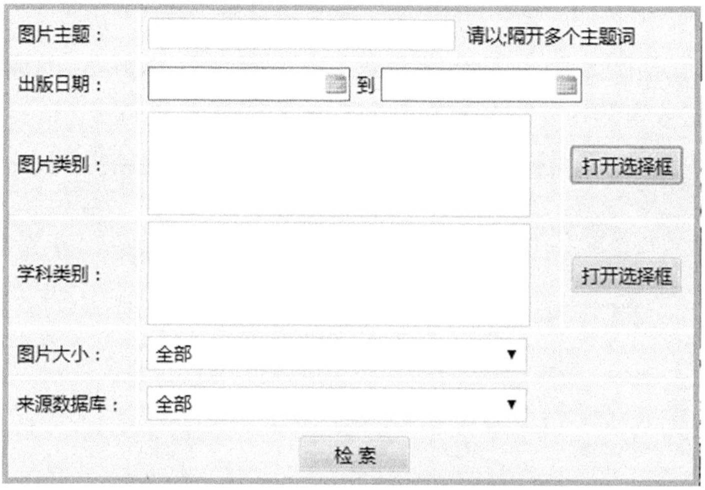

图 15-4 中国知网学术图片库高级检索界面

下面通过一个案例来介绍这两种 CNKI 图片检索的方法。

【案例 15-1】一种室内模拟岩心驱油装置

案情简介

一种室内模拟岩心驱油装置，该装置包括用于分配注入试剂的试剂配注系统，用于模拟油藏环境的模拟油藏系统和用于整个系统的控制检测系统。所述试剂配注系统包括平流泵、盛水用储液瓶、盛驱油剂用储液瓶、盛油用储液瓶、管阀件和过滤装置；所述模拟油藏系统包括岩心夹持器和岩心；所述的控制检测系统包括环压表、水箱、手摇泵、恒温箱、真空泵、流量控制器、上位机和出液接收容器。其中，所述平流泵通过管道和阀门与所述盛水用储液瓶、盛驱油剂用储液瓶和盛油用储液瓶上端连通，所述盛水用储液瓶和盛驱油剂用储液瓶的下端均设有出液管，所述盛水用储液瓶和盛驱油剂用储液瓶的出液管通过三通的两个接口连接，且两种储油瓶的出液管上均设有排液控制阀，所述压力表设置在所述三通上；所述盛油用储液瓶的下端设有出液口，所述盛油用储液瓶的出液口通过排液控制阀与所述过滤装置的进液口连接；所述三通的另外一个接口通过管路和检漏阀与所述岩心夹持器的进液口连通，所述过滤装置的出液口通过所述检漏阀与所述岩心夹持器的进液口连通，所述岩心夹持器的出液口通过管道与出液接收容器连接，所述真空泵设置在所述岩心夹持器的出液口处的管道上，所述水箱与所述手摇泵的一端连接，所述手摇泵通过管道与岩心夹持器连接，所述环压表设置在所述手摇泵与岩心夹持器连接的管道上，所述流量控制器设置在所述检漏阀与岩心夹持器连接的管道上，所述环压表、过滤装置、流量控制器、岩心夹持器、盛水用储液瓶、盛驱油剂用储液瓶、盛油用储液瓶、排液控制阀、压力表、检漏阀、真空泵、出液接收容器均设置在所述恒温箱内；所述上位机与所述恒温箱、平流泵、排液控制阀、流量控制器和真空泵控制连接。该装置结构如图 15-5 所示。

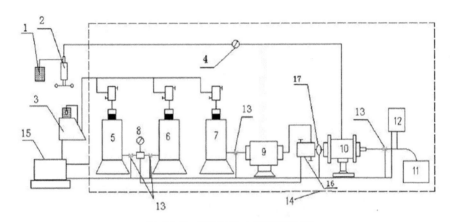

图 15-5 案例 15-1 装置结构图

图中：1 水箱、2 手摇泵、3 平流泵、4 环压表、5 盛水用储液瓶、6 盛驱油剂用储液瓶、7 盛油用储液瓶、8 压力表、9 过滤装置、10 岩心夹持器、11 出液接收容器、12 真空泵、13 排液控制阀、14 恒温箱、15 上位机、16 检漏阀、17 流量控制器

该技术方案中还记载，新的采油技术——"三次采油技术"应用于实际之前需要进行室内模拟实验，为了保证实验的可靠性，实验过程中要求模拟地层环境，如温度、压力等因素，针对不同油藏环境条件，考虑适度扩大模拟的因素范围。而现有的岩心驱油实验装置虽然能够模拟地层条件，但其结构往往过于复杂，操作比较烦琐，有待进一步改进。

基本构思及检索要素分析

该技术方案基本构思在于通过模拟地层条件进行驱油，同时设置过滤装置以防止出现模型岩心堵塞问题，从而提高实验的可靠性。

从对现有技术改进的角度确定该技术方案的检索要素为"模拟岩心驱

油""聚合物驱""表面活性剂驱"及"过滤装置"。

检索过程

通过常规检索策略检索未获得有效专利文献，尝试利用 CNKI 检索非专利文献，鉴于该领域实验装置通常直接以图示形式进行展示的特点，因此优先尝试在 CNKI 中进行图片检索。

在 CNKI 高级检索中选择图片检索入口，考虑到该技术方案以聚合物方式进行驱油，因此选择"图片主题"检索入口，输入"驱；实验；聚合物"进行检索，检索过程如图 15-6 所示。

图 15-6　案例 15-1 图片检索过程

通过该检索式得到了 934 条结果，浏览检索结果后，得到如图 15-7 所示的图片。

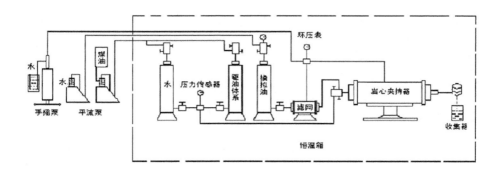

图 15-7　案例 15-1 图片检索结果

图 15-7 源自对比文件《渤海 LD10-1 油田聚合物驱实验研究》，隆锋，中国优秀硕士学位论文全文数据库（电子期刊），2007 年第 2 期，第 52~55 页，2007 年 08 月 15 日，其用于聚合物驱油实验模拟。该篇对比文件公开了

该技术方案大部分特征。

此外，通过 CNKI 学术图片库检索的方式也能检索到该对比文件，进入 CNKI 学术图片库，选择图片搜索，输入"实验；驱；聚合物"，检索过程如图 15-8 所示。

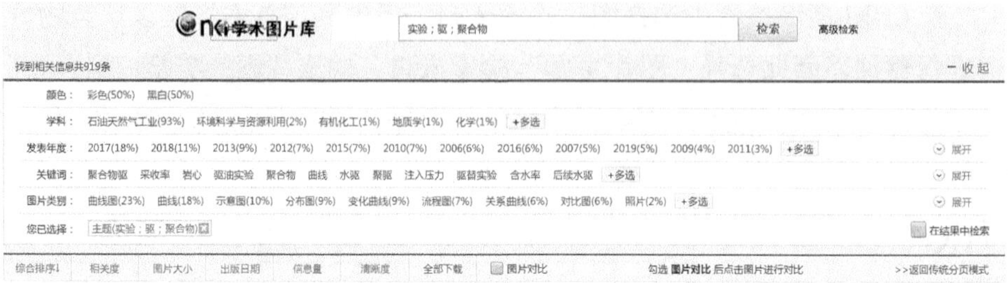

图 15-8　案例 15-1 在学术图片库中的检索过程

通过该检索式获得了 905 条结果，浏览检索结果后，同样能快速得到上述图片及对比文件。

小结

当涉及产品结构 / 装置连接类技术方案偏学术化且利用常规检索策略未能获取有效对比文件时，可以尝试利用 CNKI 图片检索。而 CNKI 图片检索有两种基本方法，需要注意的是，针对不同的领域，两种检索方法得到的检索结果略有差异。

15.1.2　利用搜索引擎进行图片检索

搜索引擎是指根据一定的策略、运用特定的计算机程序从互联网上采集信息，在对信息进行组织和处理后，为用户提供检索服务，将检索的相关信息展示给用户的系统。其具有大量信息可供检索，对此，搜索引擎能根据不同需要进行网页、新闻、图片、视频、文库等的检索。

搜索引擎图片检索有两种基本方法，第一种是直接在输入框中输入描述图片信息的关键词，第二种是通过图片上传按钮上传图片后进行检索。其中第一种检索方法较为常见。

下面通过实际案例来介绍搜索引擎图片检索的方法。

【案例 15-2】一种折叠桌

案情简介

该技术方案涉及一种折叠桌，包括桌面和支撑部，所述桌面由桌面本体、辐条及支架组成，桌面本体为可扇形折叠的平面，至少六根辐条呈散射状紧贴在桌面本体的下面，其中桌面本体的接缝处两边各有一根辐条，桌面本体打开后所述的两根辐条并在一起由螺丝紧固，每根辐条的中部与一个支架的一端轴连接，所述的支架的自由端与相邻的辐条活动连接；支撑部由八个主支撑件、八个辅支撑件、八个连接件及一个中心件组成，八个主支撑件分别由铰链连接在正方形的中心件的四条边上，每个主支撑件上分别由铰链连接一个辅支撑件及一个连接件，四个间隔的主支撑件向上翻折呈斜向上的状态，相应的四个连接件的自由端由长钉固定在一起呈十字形，四个辅支撑件向下翻折成垂直状态，另外四个间隔的主支撑件向下翻折呈斜向下的状态，相应的四个连接件的自由端由长钉固定在一起呈十字形，四个辅支撑件向上翻折成垂直状态，与所述的向下垂直的四个辅支撑件一一对应，对应的两个辅支撑件由螺栓固定。

基本构思及检索要素分析

该技术方案针对现有固定桌占用空间大且不便于搬运及储藏的问题，提供了一种桌面可以扇形折叠成柱状、支撑部可以折叠成平板的折叠桌。

从技术主题确定检索要素"折叠桌"，从对现有技术改进角度确定检索要素"扇形"及"支撑平板"。

检索过程

该技术方案的改进点在于桌面可扇形折叠，支撑部可折叠成平板。因此直接在搜索引擎图片检索输入框中输入"折叠 桌 扇形 平板"进行检索，通过浏览检索结果，获得如图 15-9 所示图片。

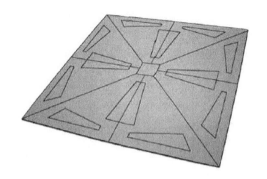

图 15-9　案例 15-2 在搜索引擎中的检索结果

小结

当涉及产品结构/装置连接类技术方案偏生活化且利用常规检索策略未能获取有效对比文件时，可以尝试利用搜索引擎图片检索。而搜索引擎图片检索有两种基本方法，目前来说通过输入描述图片信息的关键词进行图片检索是较为常见的方法。

15.2　涉及工艺流程的检索

涉及工艺流程类技术方案一般指专利申请中主要保护加工工艺的流程步骤，该类技术方案通常情况下会对每个步骤进行详细的描述，从而导致技术方案较为复杂。在各个步骤均被详细描述的情况下，通常难以提炼关键词进行常规检索。虽然工艺流程类技术方案可以用图片进行展示，但这一类图片通常是流程图，图中信息也仅仅是文字信息。因此利用图片检索通常也难以获取有效对比文件，但如果工艺流程用视频的信息记载，那么不需要文字信息即能确认视频中公开了该工艺流程。

因此，当涉及工艺流程类技术方案利用常规检索方式未能获取有效对比文件时，可以尝试利用视频检索策略进行检索。

视频检索的方法通常在搜索引擎、门户网站等外网资源直接输入描述视频信息的关键词进行检索。下面通过两个实例进行介绍。

【案例 15-3】一种轮毂生产加工工艺

案情简介

一种轮毂生产加工工艺，包括如下步骤：

（1）选择材料，锻造轮毂采用的铝棒材质为6063；

（2）打磨，在锻造前对铝棒进行打磨，将其表面打磨光滑；

（3）进料与切料，将表面打磨光滑的铝棒进行切割，使其大小符合制造轮毂所需的大小；

（4）预热，加热炉设定温度，将切割好的铝棒置于加热炉中进行加热，达到所设定的温度后，取出铝棒，进行锻造；

（5）锻压，使用锻压机对预热后的铝棒的一端进行锻压；

（6）预热，将一端已经进行锻压过的铝棒重新置于加热炉中进行加热，温度设定与第四步相同，达到所设定的温度后，取出铝棒，进行锻造；

（7）锻压，将铝棒的另一端进行锻压，直至铝棒成毛坯；

（8）成型，采用旋压机将毛坯旋压成型；

（9）热处理，铝轮毂在旋压成型后，进行热处理；

（10）车床加工处理，将经过热处理后的铝棒，此时初具轮毂形状，进行车床加工；

（11）打磨，对车床加工后的轮毂进行再次打磨，使其表面光滑；

（12）钻孔，对轮毂进行打孔；

（13）表面处理，对打孔后的轮毂进一步进行精华处理，直至最后成型。

基本构思及检索要素分析

该技术方案依次通过选择铝棒、打磨铝棒、切割铝棒、预热、锻压、再次预热、锻压、旋压成型、热处理、车床加工、打磨、钻孔、表面处理这 13 步制造出高品质的轮毂。

从技术主题角度确定检索要素 "轮毂生产工艺"。从对现有技术改进的角度确定检索要素 "铝棒打磨""加工后打磨""两次预热锻压"。

检索过程

在国家知识产权局专利检索及分析系统中利用如下检索式进行检索：

IPC 分类号 =（B23P15/00）AND 摘要 =（铝棒）AND 权利要求 =（轮毂）

在上述检索式的 10 条检索结果中得到一篇对比文件 1（CN105666043A），其与该技术方案的主要区别在于两次打磨（一次是选材后切料前，一次是车床加工后）以及采用了两步的预热和锻压（先预热，然后锻压铝棒的一端；再预热，再锻压铝棒的另一端）。

考虑到打磨工艺是机械加工领域较为常见的工艺，因此将检索重点放在两次预热、锻压，且分别是针对铝棒的两端依次进行锻压的设置上。

经检索发现，针对铝棒两端分别锻压的特征属于加工细节，关键词不易表达，且专利文献中通常不会详细记载。因此尝试检索相关视频。

在搜索引擎中输入 "轮毂生产 + 锻压"，同样选择视频类检索结果浏览，发现大量结果来源于涉及轮毂生产的专业网站。进入该专业网站，利用站内搜索框搜 "轮毂"，得到两页结果。在视频列表的选项卡中选择 "锻造" 以去噪，得到如图 15-10 所示结果。

依次浏览这些视频，发现视频 "12000 吨锻造液压机铝轮毂生产线" 公开了预热、针对铝棒一端锻压、再针对铝棒另一端锻压的步骤，因此该视频可以作为对比文件 2 结合评述该技术方案的创造性。

图 15-10　案例 15-3 在搜索引擎中的检索结果

【案例 15-4】一种衣夹组装自动生产工艺

案情简介

一种衣夹组装自动生产工艺，包括以下步骤：

（1）弹簧圈由弹簧圈振动盘（101）震动整列送出；

（2）弹簧圈经 CCD（102）检测缺口定位；

（3）将弹簧圈放入机头夹具（1）上；

（4）左侧衣夹由位于左侧的衣夹震动盘（103）震动整列送至弹簧圈内；

（5）右侧衣夹由位于右侧的衣夹震动盘（104）震动整列送至弹簧圈内；

（6）两侧衣夹自动导正；

（7）衣夹自动翻转卡入弹簧圈；

（8）挂钩由挂钩震动盘（105）震动整列卡入弹簧圈内；

（9）成品自动计数下料。

该衣夹组装自动生产工艺如图 15-11 所示。

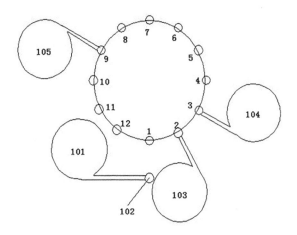

图 15-11 案例 15-4 工艺附图

该技术方案针对衣夹采用手工进行组装中效率差、产量低且难以保证各产品夹紧力一致的问题，提供了一种衣夹组装自动生产工艺。

基本构思及检索要素分析

该技术方案基本构思在于利用自动整列装置，将弹簧圈、衣夹等依序在指定位置排列送出，经由 CCD 判断调整弹簧圈缺口位置，自动送入自动设备内进行组装并自动计数下料，全自动生产工艺取代了人工的不确定性，实现了全天全时的不间断生产，提高了生产效率和质量。

从技术主题角度确定检索要素"衣夹组装自动生产工艺"，其分类号为 B23P 21/00，表示用于将多种不同的部件装配成为组合单元的机械。从对现有技术改进的角度确定检索要素"CCD 检测""自动组装"。

检索过程

在搜索引擎中输入"衣夹，自动，组装"，检索到两个视频"东莞市大朗明宏自动化设备厂的全自动夹子组装机，衣夹组装机"以及"全自动衣夹组装机＿东莞市永宏自动化设备厂洪"。两个视频均公开了该技术方案大部分工艺流程。

小结

当涉及工艺流程类技术方案利用常规检索策略未能获取有效对比文件时，可以尝试利用搜索引擎进行视频检索，从而提高检索全面性。

参考文献

［1］中华人民共和国国家知识产权局. 专利审查指南 2010［M］. 北京：知识产权出版社，
  2010.

［2］田力普. 发明专利审查基础教程·检索分册（修订版）［M］. 北京：知识产权出版社，
  2012.

［3］田力普. 化学领域计算机检索高级培训教程［M］. 北京：知识产权出版社，2012.

［4］计算机检索高级培训工作组研究小组编著，国家知识产权局专利局人事教育部组织编
  写. 计算机检索高级教程·检索策略与专利审查分册（试用版）［M］. 北京：知识产
  权出版社，2009.

［5］郭永菊. 电子器件领域专利检索策略及应用［M］. 北京：知识产权出版社，2015.

［6］孟俊娥. 专利检索策略及应用［M］. 北京：知识产权出版社，2010.

［7］魏保志. 专利检索之道［M］. 北京：知识产权出版社，2018.

［8］国家知识产权局专利局. 国际专利分类表［M］. 北京：知识产权出版社，2006.

［9］国家知识产权局专利局专利审查协作北京中心. 化学领域文献实用检索策略［M］. 北
  京：知识产权出版社，2011.

［10］张晓东. 专利检索与信息分析实务［M］. 上海：华东理工大学出版社，2017.

［11］信息检索利用技术编写组. 信息检索利用技术（第 2 版）［M］. 成都：四川大学出版
  社，2008.

［12］黄仲涛，耿建铭. 工业催化［M］. 北京：化学工业出版社，2006.

［13］陆和建，崔登赢. 读秀与万方：二维检索空间与多维检索空间的演绎［J］. 图书馆，
  2014（2）.

［14］马宏珺，郭震宇. 浅析发明与实用新型专利侵权检索［J］. 中国发明与专利，2019（5）.

［15］赵传海，张钰. 专利检索漫谈［J］. 中国发明与专利，2017（3）.

［16］张旋. 浅谈专利检索资源及检索策略［J］. 科技创新导报，2017（10）.

［17］左林子. CPC 之利于检索的分类思想在通信领域中的应用［J］. 中国发明与专利，
  2016（1）.

［18］王林娜，等. 从一个实际案例的检索浅谈 CPC 分类体系［J］. 中国发明与专利，2014（8）.

［19］李莹. CPC 专利分类体系在 OLED 领域的应用［J］. 河南科技，2017（4）.

［20］卢士燕，等. 追踪检索在化工领域专利申请审查中的应用［J］. 广东化工，2019（3）.

［21］罗立国，余翔，郑婉婷，等. 专利检索网站比较研究［J］. 情报杂志，2012（3）.

［22］戚敏. 国内专利网站专利检索的比较评析［J］. 情报杂志，2002（12）.

［23］李健康，许四洋，张政宝. 九个常用中国专利检索网站比较研究［J］. 图书馆论坛，2010（6）.

［24］胡诗婷，舒思，彭云. 多公式专利申请的"三要素"检索方法［J］. 中国发明与专利，2018（S1）.

［25］李思航，等. 浅议通信领域中 APP 产品申请的互联网检索［J］. 中国发明与专利，2018（S1）.

［26］谢雅婷，等. 适用于图像领域"可视化权利要求"的检索策略［J］. 中国发明与专利，2018（S1）.

［27］叶盛. 浅谈电路领域中如何通过理解发明提供检索效能［J］. 中国发明与专利，2018（S1）.